Freundschaft oder „amitié“?

ZEITSCHRIFT FÜR HISTORISCHE FORSCHUNG

Vierteljahresschrift zur Erforschung des Spätmittelalters u. der frühen Neuzeit

Herausgegeben von

Johannes Kunisch, Klaus Luig, Peter Moraw,
Heinz Schilling, Bernd Schneidmüller,
Barbara Stollberg-Rilinger

Beiheft 40

Freundschaft oder „amitié“?

Ein politisch-soziales Konzept der Vormoderne im zwischensprachlichen Vergleich (15. – 17. Jahrhundert)

Herausgegeben von

Klaus Oschema

Duncker & Humblot · Berlin

Bibliografische Information der Deutschen Nationalbibliothek

Die Deutsche Nationalbibliothek verzeichnet diese Publikation in der Deutschen Nationalbibliografie; detaillierte bibliografische Daten sind im Internet über http://dnb.d-nb.de abrufbar.

Fremddatenübernahme und Druck:
Berliner Buchdruckerei Union GmbH, Berlin
Printed in Germany

ISSN 0931-5268
ISBN 978-3-428-12630-9

Gedruckt auf alterungsbeständigem (säurefreiem) Papier
entsprechend ISO 9706 ♾

Internet: http://www.duncker-humblot.de

Inhalt

Einführung

Von *Klaus Oschema*, Bern

Das Phänomen der Freundschaft ist in den letzten Jahren in die Rolle eines „Kernkonzepts" für unser Verständnis der Gesellschaften in der europäischen Vormoderne eingerückt. Lange Zeit von den sozial- und kulturwissenschaftlichen Disziplinen vernachlässigt, zeugt derzeit schon die hohe Zahl an Publikationen mit verschiedensten Frageansätzen wenn schon nicht notwendigerweise von der Erklärungskraft, so doch zumindest von der Attraktivität der Freundschaft als Gegenstand oder als heuristische Kategorie der historischen Analyse. Die Disziplinen und Themenbereiche, in denen das Phänomen der Freundschaft Verwendung findet, spiegeln seine Vielseitigkeit wider: Schon in der deutschsprachigen Mediävistik weisen die einschlägigen Beiträge eine Bandbreite auf, die von der politischen Geschichte bis hin zur kulturanthropologischen Analyse reicht – und dies in einer zeitlichen Streuung, die mittlerweile die gesamte Epoche in der üblichen universitären Abgrenzung umfasst[1].

Eine kurze Durchsicht der vorliegenden Untersuchungen macht trotz der feststellbaren thematischen Breite aber auch spezifische Schwerpunktsetzungen deutlich. Gerade im Bereich der Mittelalterlichen Geschichte wurde schon früh auf die Bedeutung der Freundschaft für das Verständnis der „feudalen Gesellschaft"[2] mitsamt der für sie charakteristischen, schwach

---

1 In erster Linie sind hier aus historischer Sicht zu nennen *Gerd Althoff,* Verwandte, Freunde und Getreue. Zum politischen Stellenwert der Gruppenbindungen im frühen Mittelalter, Darmstadt 1990, *Verena Epp,* Amicitia. Zur Geschichte personaler, sozialer, politischer und geistlicher Beziehungen im frühen Mittelalter (Monographien zur Geschichte des Mittelalters, 44), Stuttgart 1999, und *Claudia Garnier,* Amicus amicis – inimicus inimicis. Politische Freundschaft und fürstliche Netzwerke im 13. Jahrhundert (Monographien zur Geschichte des Mittelalters, 46), Stuttgart 2000. Vgl. auch *Klaus Oschema,* Freundschaft und Nähe im spätmittelalterlichen Burgund. Studien zum Spannungsfeld von Emotion und Institution (Norm und Struktur, 26), Köln / Weimar / Wien 2006, v.a. 83 – 103, für weitere bibliographische Hinweise. Zahlreiche Beiträge zum Mittelalter, die aus verschiedenen disziplinären Hintergründen stammen, versammelt jüngst der Band Freundschaft. Motive und Bedeutungen, hrsg. v. *Sibylle Appuhn-Radtke / Esther P. Wipfler* (Veröffentlichungen des Zentralinstituts für Kunstgeschichte in München, 19), München 2006. An der Universität Freiburg im Breisgau existiert seit Mai 2006 ein Graduiertenkolleg zur Thematik „Freunde, Gönner, Getreue: Praxis und Semantik von Freundschaft und Patronage in historischer, anthropologischer und kulturvergleichender Perspektive".

2 Auszuklammern ist im vorliegenden Zusammenhang die Diskussion über den Stellenwert des Konstrukts „Feudalsystem", s. *Susan Reynolds,* Fiefs and vassals: the

ausgeprägten Staatlichkeit hingewiesen. Freundschaft erschien hier häufig als Ersatz, Ergänzung oder Synonym für die Verwandtschaft, welche aus der Sicht so unterschiedlicher Historiker wie Otto Brunner und Marc Bloch die eigentliche kohäsiv wirkende Größe darstellte[3]. Obwohl die von Theodor Mayer vorgeschlagene Formel vom „Personenverbandsstaat" eine erfolgreiche Karriere durchlief[4], wurden die personalen Bindungen, welche den Zusammenhalt dieser Formationen garantieren sollten, üblicherweise zuvorderst mit den Paradigmen der Verwandtschaft oder der Herrschaft erklärt, wobei letztere auf der Basis der Lehensbindung zumindest ein starkes Element der individuellen Treuebeziehung enthielt. Die dennoch feststellbare Konzentration auf die rechtlich verbindliche Ebene der Beziehung zwischen Herr und Vasall[5] wurde erst spät in einem grundlegenden Beitrag von Jacques Le Goff aufgebrochen, der mit dem Blick auf das Ritual des Lehnsaktes eine Art kulturalistische Wende bei der Untersuchung des Vassalitätsverhältnisses vorschlug[6]. Der neue Blick auf die Symbolik der zwischen Herr und Vasall durchgeführten Gesten und Handlungen rückte auch die Frage nach der Natur der hierauf aufbauenden personalen Bindung verstärkt in den Mittelpunkt. An die Stelle formaljuristischer Gedanken konnte damit die Suche nach den sinnstiftenden Prozessen im Sinne einer modernen Kulturgeschichte treten, die mit der symbolischen Aufladung etwa des Kusses verbunden waren[7].

---

medieval evidence reinterpreted, Oxford 1994; vgl. die Bemerkungen von *Alain Guerreau,* L'avenir d'un passé incertain. Quelle histoire du Moyen Age au XXIe siècle?, Paris 2001, 14-17.

3 *Otto Brunner,* Land und Herrschaft. Grundfragen der territorialen Verfassungsgeschichte Österreichs im Mittelalter, 5. Aufl., Wien 1963, 20-22; *Marc Bloch,* La société féodale. 2 Bde., Paris 1939-40, Bd. 1, 191-221.

4 Siehe knapp zusammenfassend *Klaus van Eickels,* Vom inszenierten Konsens zum systematisierten Konflikt. Die englisch-französischen Beziehungen und ihre Wahrnehmung an der Wende vom Hoch- zum Spätmittelalter (Mittelalter-Forschungen, 10), Stuttgart 2002, 19, Anm. 13 (mit bibliographischen Hinweisen).

5 Vgl. hierzu die klassischen Darstellungen von *Heinrich Mitteis,* Lehnrecht und Staatsgewalt: Untersuchungen zur mittelalterlichen Verfassungsgeschichte, Weimar 1933, und *François Louis Ganshof,* Qu'est-ce que la féodalité?, 2. Aufl., Brüssel 1957.

6 *Jacques Le Goff,* Le rituel symbolique de la vassalité [1976], in: ders., Pour un autre Moyen Age. Temps, travail et culture en Occident: 18 essais, Paris 1977, 349-420. Der hier vorbereitete Perspektivenwechsel findet sich in lehrbuchartigen Darstellungen am Rande erwähnt, vgl. etwa *Karl-Heinz Spieß,* Das Lehnswesen in Deutschland im hohen und späten Mittelalter (Historisches Seminar. N.F. 13), Idstein 2002, 22. Auch ältere Werke beschrieben die Akte des Rituals, interessierten sich aber vor allem für dessen rechtliche Implikationen, weniger für die symbolische Dimension, s. *Mitteis,* Lehnrecht (Anm. 5), 479-518, oder *Ganshof,* Féodalité (Anm. 5), 89-100.

7 Zum Beispiel des Lehnskusses s. *Yannick Carré,* Le baiser sur la bouche au Moyen Age. Rites, symboles, mentalités, à travers les textes et les images, XIe-XVe siècles, Paris 1992, 187-215; vgl. allgemein zum weiteren Konzept des Friedenskusses *Kiril Petkov,* The kiss of peace. Ritual, self, and society in the high and late medieval west, Leiden 2003, und die Beiträge in *Karen Harvey* (Hrsg.), The Kiss in History, Manchester/New York 2005.

Insgesamt bot die hier angesprochene Verlagerung wohl die Ausgangsbasis, die es erst erlaubte, die Freundschaftsbeziehung als eine Größe gleichen Rechts neben die personalen Bindungen auf der Grundlage von Herrschaft und Verwandtschaft zu stellen, wie dies Gerd Althoff in einer einflussreichen Publikation tat[8]. Wenn damit die *amicitia* zunächst des frühen Mittelalters eine Aufwertung erfuhr, so erfolgte dies zwar unter Bezugnahme auf die Ergebnisse auch der soziologischen Forschung, bedeutete aber keinen Abschied von einer Konzentration auf die politische Geschichte[9]. Vielmehr ging es gerade darum, letztere um eine Dimension zu erweitern, die für das Verständnis einer hochgradig personalisierten Gesellschaftsordnung unabdingbar erscheint. Für ein solches Untersuchungsinteresse sind vor allem jene Aspekte der Freundschaft von Bedeutung, welche konzeptionell die Kluft zwischen quasi privatem und öffentlichem Handeln zu überbrücken vermögen: einerseits in der konzeptionellen Fassung zwischenstaatlicher Bindungen mittels der Kategorie ‚Freundschaft', andererseits beim Abwägen zwischen Verpflichtungen, die aus den unterschiedlichen Bindungsmustern erwachsen. Für diesen Ansatz eigneten sich neben der Untersuchung der sprachlichen Fassung von diplomatischen Verbindungen als Modell vor allem jene Denkanstöße der soziologischen Forschung, die sich mit Phänomenen der Patronage auseinandersetzen und folglich eine funktionale Sicht der Freundschaft entwickeln[10]. Bringt man daher die vor allem in der anglophonen Forschung weithin übliche Dichotomie von expressiver (emotionaler) und instrumentaler Freundschaft in Anschlag[11], so

---

8 *Althoff*, Verwandte (Anm. 1).

9 Programmatisch ebd., 1 f.

10 Grundlegend unter anderem *Shmuel N. Eisenstadt / Luis Roniger*, Patrons, clients and friends. Interpersonal relations and the structure of trust in society, Cambridge 1984; s. a. jüngst *Antoni Maczak*, Ungleiche Freundschaft. Klientelbeziehungen von der Antike bis zur Gegenwart (Klio in Polen, 7), Osnabrück 2005, sowie die bibliographischen Hinweise bei *Birgit Emich / Nicole Reinhardt / Hillard von Thiessen / Christian Wieland*, Stand und Perspektiven der Patronageforschung. Zugleich eine Antwort auf Heiko Droste, in: ZHF 32 (2005), 233–265. In der mediävistischen Forschung werden analoge Forschungskonzepte aufgrund der häufig unzureichenden Quellenlage seltener umgesetzt, wenngleich auch hier die Analyse von personalen Netzwerken zunehmend bedeutender wird. Hinzuweisen ist hier vor allem auf *Garnier*, Amicus amicis (Anm. 1); vgl. auch *Walter Ysebaert*, Schriftelijke communicatie en de uitbouw van relatienetwerken in de twaalfde eeuw. De brievencollecties van Stefaan van Orléans als spiegel van het kerkelijk milieu in het Capetingisch koninkrijk? Een methodologisch onderzoek, Brüssel (Diss. phil., Vrije Universiteit Brussel) 2004. Weitere Beiträge sind zu erwarten von einem von der British Academy finanzierten Forschungsverbund zu „Medieval Friendship Networks" (URL http://www.univie.ac.at/amicitia/Introduction.htm, 29. 01. 2007).

11 Kritisch hierzu bereits *Robert Paine*, Anthropological Approaches to Friendship, in: The Compact. Selected Dimensions of Friendship, hrsg. v. Elliott Leyton (Newfoundland Social and Economic Papers, 3), Newfoundland 1974, 1–14, hier 3 f.; vgl. auch *Graham Allan*, Friendship. Developing a Sociological Perspective, Boulder / San Francisco 1989, 2–4, und jüngst (erneut kritisch zur dichotomischen Kategorisierung) *Michael Eve*, Is friendship a sociological topic?, in: Archives Européennes de Sociologie 43 (2002), 386–409.

liegt der Schwerpunkt der Analyse bei einem auf das Politische ausgerichteten Frageinteresse zumeist auf dem zweiten Aspekt[12].

Zwar können auch bei diesem Ansatz die Effekte etwa des „Gleichheitsanspruchs", der in der symbolischen Konstruktion des Freundschaftsgedankens immer wieder zu beobachten ist, in ihren praktischen Auswirkungen untersucht werden. Dennoch besteht auch die Gefahr, den Einfluss aus dem Blick zu verlieren, den die lange Tradition der theoretischen Reflexionen über Freundschaft auf ein Idealmodell der personalen Bindung gehabt haben mag, das in ganz verschiedenen inhaltlichen Kontexten, medialen Formen und literarischen Gattungen Anwendung fand. Blickt man aus unserer Gegenwart zurück, so lässt sich über die Jahrhunderte hinweg eine Kontinuität des Nachdenkens über Freundschaft aufzeigen, deren markanteste Wegmarken mit den Namen einiger einflussreicher Autoren bezeichnet werden können: Platon, Aristoteles, Cicero, Aelred von Rievaulx, Michel de Montaigne[13]. Vielen dieser Autoren ging es augenscheinlich um die Herausbildung eines philosophischen oder theologischen Ideals, das sich am Leitbild der „wahren Freundschaft" orientiert. Was daher in ihren Texten mit der expliziten Diskussion des Gegenstands geleistet werden sollte, ließ sich auch auf anderem Wege anstreben: Die literarischen Texte, die in Antike, Mittelalter und Neuzeit das Ideal der Freundschaft exemplarisch durch die Darstellung konkreter Freundschaftsbindungen vorführten, sind wohl ebenso zahllos wie jene, die ein Bild der „romantischen" Liebe zwischen Mann und Frau entwarfen[14].

Im Ergebnis ist die Wirkung dieser langen philosophischen und literarischen Tradition noch auf die heutigen Auffassungen von Freundschaft nicht zu unterschätzen. Zweifellos würde sich die Untersuchung der Frage lohnen, wie stark unser gegenwärtiges Bild von „echten" und „falschen"

---

12 Vgl. etwa *Garnier,* Amicus amicis (Anm. 1).

13 Für einen gerafften diachronen Überblick s. *Andreas Schinkel,* Freundschaft. Von der gemeinsamen Selbstverwirklichung zum Beziehungsmanagement – die Verwandlungen einer sozialen Ordnung, Freiburg / München 2003; zahlreiche Quellentexte aus Antike und Mittelalter versammeln *Jacques Follon / James McEvoy* (Hrsg.), Sagesses de l'amitié. 2 Bde., Paris / Fribourg 1997 – 2003. Die Entwicklung im byzantinischen Umfeld fasst zusammen *Gerhard Podskalsky,* Von Photios zu Bessarion. Der Vorrang humanistisch geprägter Theologie in Byzanz und deren bleibende Bedeutung (Schriften zur Geistesgeschichte des östlichen Europa, 25), Wiesbaden 2003, 19 – 37.

14 Vgl. etwa zum Mittelalter und zur Renaissance die einschlägigen Monographien von *Reginald Hyatte,* The Arts of Friendship. The Idealization of Friendship in Medieval and Early Renaissance Literature (Brill's Studies in Intellectual History, 50), Leiden / New York u. a. 1994, und *Ullrich Langer,* Perfect Friendship. Studies in Literature and Moral Philosophy from Boccaccio to Corneille, Genf 1994. Weitere Beispiele bei *Alan Bray,* The Friend, Chicago / London 2003, und *Michel Rey,* L'Amitié à la Renaissance. Italie, France, Angleterre 1450 – 1650, Florenz 1999. Zahlreiche literarische Quellen bezieht auch ein *Schinkel,* Freundschaft (Anm. 13); zur Entwicklung seit dem 18. Jahrhundert s. *Jobst Hermand,* Freundschaft. Zur Geschichte einer sozialen Beziehung, Köln / Weimar / Wien 2006.

Freundschaften von den Kategorien geprägt ist, die bereits im System von Aristoteles' *Nikomachischer Ethik* angelegt sind. Wie später auch Cicero in seinem Dialog *Laelius* ging es dem griechischen Philosophen um die Darstellung einer echten und dauerhaften Beziehung, frei von Partikularinteressen, deren Grundlage die Weisheit und Tugendhaftigkeit der Partner bilden sollte. Wenn heute im Alltagsverständnis die Authentizität der wechselseitig empfundenen Emotionen zwischen den Beteiligten zum Prüfstein der Aufrichtigkeit ihrer Beziehung geworden ist, so herrscht damit weiterhin die Auffassung vor, dass Freundschaft sich im Gegensatz zu anderen Typen personaler Bindungen unter anderem dadurch auszeichne, dass es ihr eben nicht um die Frage des gegenseitigen Nutzens gehen solle.

Wer sich nun als Historiker auf die Untersuchung der Freundschaft in vergangenen Zeiten und Kulturen einlässt, wird aber rasch feststellen, dass gerade die Frage nach der emotionalen Basis besonders große Probleme bereitet und nur zu häufig in analytische Sackgassen führt[15]. Wie sollte sich schließlich feststellen lassen, was ein bestimmtes Individuum in einer bestimmten Situation gefühlt haben könnte? Der Aporie, in die ein solcher Ansatz zweifellos führen müsste[16], ist wohl nur durch eine Verlagerung der Frageebene zu entkommen, die zugleich dazu führt, eine gewandelte Quellenbasis zu erschließen: Anstatt die Beziehungen der Vergangenheit an einem idealtypisch konstruierten Freundschaftsbegriff zu messen, erscheint es aufschlussreicher, dem diskursiven Gebrauch der Freundschaftsterminologie und den damit verbundenen Praktiken nachzugehen. Diese Einsicht ist keineswegs neu, sondern steht zumindest im Bezug auf die erste Forderung an der Wurzel zahlreicher älterer Studien, die noch heute als Basis der weiteren Forschung gelten können, da sie wichtige Schneisen durch das Material vorspurten[17].

---

15 Hierzu jüngst die ausführlichen methodologischen Erwägungen von *Rüdiger Schnell,* Historische Emotionsforschung. Eine mediävistische Standortbestimmung, in: FMSt 38 (2004), 173–276. Der historische Zugriff bekommt in erster Linie Repräsentationen von Emotionen in den Blick, was aber natürlich den Erkenntniswert der jeweiligen Ergebnisse nicht vermindert, s. etwa die Beiträge in *Elodie Lecuppre-Desjardin / Anne-Laure Van Bruaene* (Hrsg.), Emotions in the heart of the city (14th-16th century) / Les Émotions au cœur de la ville (XIVe-XVIe siècle) (Studies in European urban history [1100–1800], 5), Turnhout 2005; vgl. allgemein auch die Besprechungen im Dossier „Émotions médiévales", hrsg. v. *Piroska Nagy* (= Critique 716–717 [2007]).

16 Dies gilt trotz einzelner optimistischer Beiträge, wie etwa *Lucien Febvre,* La sensibilité et l'histoire. Comment restituer la vie affective d'autrefois?, in: Annales d'Histoire Sociale 3 (1941), 5–20. Für eine Rehabilitation der Affektivität als zu beachtende Größe in der Geschichtswissenschaft plädierte jüngst *Ramsay MacMullen,* Feelings in History, Ancient and Modern, Claremont 2003. Trotz des Werts seiner Anregung, der emotionalen Motivation historischer Akteure mehr Aufmerksamkeit zu schenken, wird man MacMullens Aufforderung kaum folgen wollen, sich als Historiker stärker emphatisch seinem Gegenstand anzunähern und auch in der Darstellung auf die emotionale Bewegung des Lesers hinzuwirken (ebd., 134 f.). Ein ebenso optimistisches wie problematisch umzusetzendes Konzept der Untersuchung „emotionaler Gemeinschaften" schlug kürzlich vor *Barbara H. Rosenwein,* Emotional Communities in the Early Middle Ages, Ithaca 2006.

So verdienstvoll die vorliegenden Arbeiten sind, die grundlegende Einblicke in einzelne Ausprägungen der Freundschaftsterminologie ermöglichen, so fällt bei der genaueren Lektüre doch gelegentlich ein Unschärfefaktor auf, der vor allem bei der Frage nach der Verallgemeinerbarkeit einzelner Ergebnisse und Beobachtungen deutlich wird. Schon für das frühe Mittelalter mit seiner relativ einheitlich durch das Lateinische geprägten Überlieferung konnte Verena Epp eine beeindruckende Bandbreite der mit dem *amicitia*-Begriff verbundenen Deutungsmuster aufzeigen, die sich in einem entsprechend komplexen und offenen Definitionsansatz niederschlagen. Epp fasst die *amicitia* als „eine *wechselseitige, wertbezogene und moralisch bindende Verpflichtung* [...], die von zwei oder mehreren Partnern – Individuen oder Kollektiven – geschlossen wird, affektive und kontraktuelle Elemente enthält und sich in gegenseitigen Diensten äußert."[18] Konkretisiert man diese offene Formel, die wohl auch andere Typen personaler und kollektiver Bindung beschreiben könnte, so lassen sich einzelne Sphären der Applikation identifizieren, innerhalb deren sich weiterhin eine große Bandbreite möglicher Phänomene ergibt. Schon das Prinzip der „personalen Beziehung" eröffnet verschiedenste Perspektiven, die von einer vorrangig affektiv basierten und ausgerichteten Zweierbindung bis hin zur vertraglich fixierten, gruppenorientierten Kooperation reichen[19].

Die Variationsmöglichkeiten vermehren sich noch, so legt es zumindest ein Blick auf das späte Mittelalter nahe, beim Einbezug volkssprachlicher Quellen. Deutlich macht dies schon die Frage nach dem Vergleich zwischen Verwandtschaft und Freundschaft, der bereits die antiken Autoren beschäftigte. Auch in den Quellen des späten Mittelalters wird beim expliziten Nachdenken über Freundschaft diese Differenz nicht nur erwähnt, sondern sogar auf die Möglichkeit einer hierarchisierenden Gegenüberstellung hin untersucht, gemäß der Leitfrage, welcher der beiden Typen wertvoller, wichtiger und stabiler sei[20]. Auch wenn die nicht selten zu beobachtende

---

17 Zu denken ist hier allem an stark begriffsgeschichtlich ausgerichtete Arbeiten, wie etwa *Wolfgang Fritze*, Die fränkische Schwurfreundschaft der Merowingerzeit. Ihr Wesen und ihre politische Funktion, in: ZSRG Germ. Abt. 71 (1954), 74–125, oder *Reinhard Schneider*, Brüdergemeine und Schwurfreundschaft. Der Auflösungsprozeß des Karolingerreichs im Spiegel der caritas-Terminologie in den Verträgen der karlingischen Teilkönige des 9. Jahrhunderts (Historische Studien, 388), Lübeck/Hamburg 1964. Zahlreiche Verweise auf die ältere Literatur bieten die Beiträge in *Luigi Cotteri* (Hrsg.), Il concetto di amicizia nella storia della cultura europea/Der Begriff Freundschaft in der Geschichte der Europäischen Kultur, Meran 1995.

18 *Epp*, Amicitia (Anm. 1), 299.

19 Die Breite der anzutreffenden Phänomene spiegelt sich wider in zwei Sammelbänden, die sich dem Thema der Freundschaft aus vorwiegend historischer Sicht widmeten, s. *Julian Haseldine* (Hrsg.), Friendship in medieval Europe, Stroud 1999, und *Cotteri* (Hrsg.), Il concetto di amicizia (Anm. 17).

20 Knapp *Oschema*, Freundschaft und Nähe (Anm. 1), 258–262. Hierzu demnächst die Einleitung zu meiner Edition von Guillaume Fillastres Kapitel über die Freundschaft in seinem „Zweiten Buch vom Goldenen Vlies".

Bevorzugung der Freundschaft einiges mit dem Idealbild zu tun haben mag, das den jeweiligen Autoren vorschwebte, sollte eine solche Einschätzung die moderne Forschung, die nur zu gerne nach den Verwandtschaftsbindungen zwischen den Akteuren sucht, nachdenklich stimmen. Die Konzentration auf biologische und künstliche Verwandtschaftszusammenhänge bietet sicher den Vorteil, dass diese einfacher zu identifizieren und klarer zu benennen sind als Freundschaftsbindungen. Sie birgt aber zugleich das Risiko, die Wirkungszusammenhänge anderer Typen der personalen Bindung zu sehr auf ein vereinfachendes Erklärungsraster zu reduzieren, dessen vorgebliche „Naturhaftigkeit" letztlich nur trügerischen Erkenntniswert besitzt und in den letzten Jahren entsprechende Kritik erfuhr[21].

Aber auch wenn man die Vorstellung der Verwandtschaft in der wohl zutreffendsten Weise als stets kulturell determiniert auffasst[22], stellt sich unausweichlich die Frage nach den Verbindungen zum Konzept der Freundschaft in ihren verschiedenen kulturellen Ausprägungen. Obwohl diese spezifische Thematik an sich beinahe nebensächlich wirken könnte, zumal ohnehin für das analytische Verständnis stets von einer Kombination verschiedener Bindungsformen auszugehen ist[23], scheint sich hier ein Kernproblem abzuzeichnen: Für die Bedeutung der Freundschaft als Gegenstand intensiver Forschung ist es nämlich entscheidend, ob wir es mit einem eigenständigen Konzept personaler Bindung zu tun haben, oder ob es sich stattdessen für die verschiedenen Kulturen des vormodernen Europa lediglich um eine „Chiffre" handelt, mit der bestimmte Aspekte der eigentlich durch Verwandtschaft oder Herrschaft bestimmten Bindungen angesprochen werden. Plakativ ließe sich daher die Frage formulieren, ob die „Freunde" unserer Quellen nicht schlicht „Verwandte" unter einem anderen

21 Sowohl von Seiten der ethologischen wie der soziologischen Forschung wurde Kritik an der Vorstellung geäußert, der Verwandtschaftsbindung wohne eine quasi biologisch fundierte kohäsive Kraft inne, s. etwa *Gerhardt Vowinckel*, Verwandtschaft, Freundschaft und die Gesellschaft der Fremden. Grundlagen menschlichen Zusammenlebens, Darmstadt 1995, hier v.a. 87, sowie *Claude Meillassoux*, Mythes et limites de l'anthropologie. Le sang et les mots, Lausanne 2001. Vgl. auch *Bernhard Jussen*, Künstliche und natürliche Verwandtschaft? Biologismen in den kulturwissenschaftlichen Konzepten von Verwandtschaft, in: Das Individuum und die Seinen. Individualität in der okzidentalen und in der russischen Kultur in Mittelalter und früher Neuzeit, hrsg. v. Yuri L. Bessmertny / Otto G. Oexle (VMPG, 163), Göttingen 2001, 39–58.

22 Vgl *Anita Guerreau-Jalabert*, Parenté, in: Dictionnaire raisonné de l'Occident médiéval, hrsg. v. Jacques Le Goff / Jean-Claude Schmitt, Paris 1999, 861–876, hier 861, sowie *Anita Guerreau-Jalabert / Régine Le Jan / Joseph Morsel*, Familles et parentés, in: Les tendances actuelles de l'histoire du Moyen Age en France et en Allemagne hrsg. v. Otto G. Oexle / Jean-Claude Schmitt, Paris 2002, 433–460.

23 Vgl. den Beitrag von Klaus van Eickels im vorliegenden Band, sowie *ders.*, Tradierte Konzepte in neuen Ordnungen. Personale Bindungen im 12. und 13. Jahrhundert, in: Ordnungskonfigurationen im hohen Mittelalter, hrsg. v. Bernd Schneidmüller / Stefan Weinfurter (VuF, 64), 93–125, und *ders.*, Der Bruder als Freund und Gefährte. *Fraternitas* als Konzept personaler Bindung im Mittelalter, in: Die Familie in der Gesellschaft des Mittelalters, hrsg. v. Karl-Heinz Spieß (VuF, im Druck).

Begriff sind? Gerade für den deutschsprachigen Raum des späten Mittelalters und der frühen Neuzeit wird diese Konvergenz der Konzepte mit guten Argumenten behauptet[24]. Nicht nur der Befund in literarischen Texten des deutschsprachigen Mittelalters weist darauf hin, dass der Begriff *friunt* zuweilen (oder sogar vorrangig) im modernen Sinne den „Verwandten" bezeichnet[25], auch aus den stärker kommunikationspraktischen Zusammenhängen spätmittelalterlicher Korrespondenz lässt sich diese Konsequenz ziehen[26].

Akzeptiert man den mittelhochdeutschen *friunt* nun als Synonym für den Verwandten, so muss der vergleichende Blick auf die Situation in den französischsprachigen Gebieten umso mehr überraschen. Zwar kennt man auch hier die konzeptionelle Nähe zwischen *ami* und *parent,* die im Blick der modernen Forschung häufig zugunsten der Verwandtschaft aufgelöst wird. Aber gerade zum Ende des Mittelalters hin scheinen sich die Begriffe stärker voneinander zu entfernen. Erkennbar ist dieser Prozess durch das Auftreten der erklärenden Wendung von den *amis charnels,* also den „fleischlichen Freunden", die vor allem im 14. Jahrhundert in juristischen Zusammenhängen prominent nachzuweisen ist[27]. Im 15. Jahrhundert schließlich entfällt diese Formel weitgehend und es begegnen nur noch die *parents* und die *amis,* zuweilen alleine, zuweilen in Kombination. Im zeitlichen Verlauf scheint sich daher eine Entzerrung der beiden Begriffe und der damit verbundenen Konzepte zu ergeben, während sich die Entwicklung im Deutschen zum Teil gegenläufig, zum Teil phasenverschoben darstellt[28]. Allem

---

24 Siehe etwa Hinweise im Beitrag von Claudia Garnier in diesem Band, v.a. Anm. 43.

25 Eine Belegübersicht bietet *Martin Przybilski,* ‚sippe' und ‚geslehte'. Verwandtschaft als Deutungsmuster im ‚Willehalm' Wolframs von Eschenbach (Imagines Medii Aevi, 4), Wiesbaden 2000, 46–85; s. a. *Manuel Braun,* Versuch über ein verworrenes Verhältnis: Freundschaft und Verwandtschaft in mittelalterlichen und frühneuzeitlichen Erzähltexten, in: Freundschaft, hrsg. v. Appuhn-Radtke / Wipfler (Anm. 1), 67–96.

26 Vgl. *Simon Teuscher,* Bekannte – Klienten – Verwandte. Soziabilität und Politik in der Stadt Bern um 1500 (Norm und Struktur, 9), Köln / Weimar / Wien 1998, u. a. 76 f. und 109–113.

27 Siehe *Juliette M. Turlan,* Amis et amis charnels d'après les actes du Parlement au XIVe siècle, in: Revue historique de droit français et étranger 47 (1969), 645–698, hier 655–662, sowie knapp zusammenfassend *Nathalie Nabert,* Les réseaux d'alliance en diplomatie aux XIVe et XVe siècles, Paris 1999, 292. Zum Wortfeld um *ami, dru, frère* und *compagnon* im 12. Jahrhundert s. *Huguette Legros,* Amitié, féodalité, liens de parenté dans les chansons de geste d'oc et d'oil au XIIe siècle. 3 Bde., Aix-en-Provence (Diss.) 1993, Bd. 1, 25–82.

28 Die jüngeren Forschungsbeiträge zeichnen hier ein leicht divergentes Bild: *Theodor Nolte,* Der Begriff und das Motiv des Freundes in der Geschichte der deutschen Sprache und älteren Literatur, in: FMSt 24 (1990), 126–144, erklärt, dass das mhd. *friunt* näher am Konzept der Verwandtschaft stehe als seine ahd. Vorläufer. Von einer Ausdifferenzierung der beiden Konzepte ab dem 15. Jahrhundert spricht dagegen *Johannes Erben,* Freundschaft – Bekanntschaft – Verwandtschaft. Zur Bezeichnungsgeschichte der Ausdrucksformen menschlicher Verbundenheit im frühen Neu-

Anschein nach bildeten sich also im späten Mittelalter begriffliche und damit vielleicht auch konzeptionelle Unterschiede heraus, die es in der Konsequenz verbieten, von der „Freundschaft im späten Mittelalter" zu sprechen, ohne der Differenzierung zwischen verschiedenen Kulturräumen hinreichenden Platz einzuräumen, die in erster Linie als Sprachgemeinschaften zu fassen sind. Da es sich dabei nicht lediglich um unterschiedliche Konzeptionalisierungen im Denken verschiedener Autoren handelt, sondern um Verschiebungen semantischer Natur, die den Sprachgebrauch im weitesten Rahmen betreffen, legt dies einen zwischensprachlich vergleichenden Zugriff nahe, der über die linguistische Grenze hinweg ausgewählte Aspekte des Phänomens „Freundschaft" in den Blick nimmt.

* * *

Der vorliegende Band versammelt die Beiträge eines an diesem Grundgedanken orientierten Kolloquiums, das im Mai 2005 an der Universität Bern stattfand. Die Autoren haben sich bei dieser Veranstaltung, die ein anregendes Diskussionsforum bot, auf einen in zwei Dimensionen ausgreifenden Versuch eingelassen. Ausgehend von eigenen Forschungsgebieten sollten ihre Beiträge einen doppelten Vergleich ermöglichen: Zum einen wurde eine kontrastierende Betrachtung der Verhältnisse in den frankophonen und germanophonen Bereichen angestrebt, die es erlauben sollte, divergierende Entwicklungen genauer in den Blick zu nehmen. Ein durchaus erwünschter Nebeneffekt dieser Ausrichtung lag in der gegenseitigen Kenntnisnahme der Arbeiten, die heute in den beiden Wissenschaftskulturen zum Freundschaftsthema vorliegen, aber leider noch viel zu selten wechselseitig rezipiert werden[29]. Angesichts der bereits angedeuteten Entwicklungslinien der begrifflichen und konzeptionellen Verschiebungen, die über die übliche Epochengrenze von 1500 hinausweisen, sollte zudem ein gemeinsames Gespräch von Mediävistik und Frühneuzeit-Forschung angestrebt werden.

Die folgenden Beiträge ordnen sich daher in ein Muster zwischensprachlicher und epochenüberschreitender Kontrastierung ein. Um den Blick trotz der skizzierten Vielseitigkeit der Freundschaftsthematik pragmatisch zu

---

hochdeutschen, in: Vielfalt des Deutschen. Festschrift für Werner Besch, hrsg. v. Klaus J. Mattheier u. a., Frankfurt a. M. 1993, 111–121.

29 Einen wertvollen Anstoß lieferten zwar der bereits zitierte, von Otto G. Oexle und Jean-Claude Schmitt herausgegebene Sammelband zu „Les tendances actuelles" (Anm. 22) und die beiden Kolloquien, an denen die dort publizierten Beiträge präsentiert und diskutiert wurden. Abgesehen von solchen bewusst ausgerichteten Projekten wäre die wechselseitige Kenntnisnahme der deutsch- und französischsprachigen mediävistischen Forschung aber sicher noch zu intensivieren, trotz der vergleichsweise optimistischen Auflistung von *Michel Parisse*, Les médiévistes français et l'histoire allemande, in: Die deutschsprachige Mediävistik im 20. Jahrhundert, hrsg. v. Peter Moraw / Rudolf Schieffer (VuF, 62), Ostfildern 2005, 365–380.

bündeln, orientieren sich alle Autorinnen und Autoren in wechselnder Intensität an Fragen, die auf die enge Verbindung von Freundschaft und Politik abzielen, ohne dass damit unausweichlich die konzeptuelle Verengung auf „politische Freundschaft" verbunden wäre. Ganz im Gegenteil, ist doch auch diese für das Mittelalter in ihrer kulturellen Einbettung nur zu verstehen, wenn man die intensiven Verbindungen zu weiteren Typen personaler Bindungen entsprechend in den Blick nimmt, wie Klaus van Eickels in seinem Panorama zu „Freundschaft im (spät)mittelalterlichen Europa: Traditionen, Befunde und Perspektiven" einführend verdeutlicht.

Ausgehend von Beobachtungen zu den Verhältnissen in der Gruppe der Kurfürsten untersucht daher Claudia Garnier (Münster) in ihrem Beitrag zu „Politik und Freundschaft im spätmittelalterlichen Reich" den Konnex der beiden im Titel aufscheinenden Größen. Der geographisch breit gestreute Blick auf spätmittelalterliche *amicitiae* zwischen dem Niederrhein und dem süddeutschen Raum verdeutlicht aber, dass die politische Bezugnahme auf das Freundschaftskonzept zum einen mit einem ganzen Bündel an sozialen Phänomenen einherging, die von der Tischgemeinschaft bis zum Tragen gleicher Kleidung reicht. Zum anderen überlagerten sich Kernelemente der semantischen Aufladung von Freundschaft mit zentralen Aspekten der Verwandtschaftsvorstellungen. Biologische Verwandtschaft erweist sich hier als brüchiges Bindungsmuster, das durch die Bezugnahme auf kulturell geprägte Normenhorizonte erst gefestigt und operationalisierbar gemacht werden musste. Wenn Freundschaft und Verwandtschaft also im Sinne synonymer Begriffe ähnliche Sachverhalte in den Blick nehmen, so gilt dies vorwiegend für die Ebene der mit den Konzepten verbundenen Idealmodelle. Das Beispiel des Kyburger Brudermordes zeigt deutlich auf, wie der Harmonie- und Solidaritätsgedanke, der eng mit den Idealen verwandtschaftlicher Kooperation verbunden ist, in der Realität leicht an seine Grenzen geraten konnte, so dass sich die Freundschaft hier als subsidiärer Anspruchsrahmen zur Stabilisierung einsetzen ließ (im konkreten Fall offensichtlich ohne Erfolg). Im Ergebnis betont Garnier, zumal nach ihrem Vergleich der Freundschafts- mit der Lehensbindung, die Variabilität der *amicitiae*, die sich nicht nur durch ihre Flexibilität auszeichneten, indem sie auf horizontale wie vertikale Bindungen angewandt werden konnten, die sie vorwiegend temporär befestigten, sondern auch durch das stets aufscheinende Element der Reziprozität.

Beide Aspekte lassen sich auch im Beitrag Nicolas Offenstadts (Paris) zu „Freundschaft, Liebe und Friede im Krieg (Frankreich, 14.-15. Jahrhundert)" erkennen, der die Verhältnisse in der zentralen Phase des 100jährigen Krieges in den Blick nimmt. In dieser lang anhaltenden Krisensituation stellten englische wie französische Autoren Freundschaft und Liebe als Größen vor, welche die Hoffnung auf eine friedliche Beilegung der Konflikte nähren konnten. Von besonderer Bedeutung ist für Offenstadt die Bezugnahme auf einen Horizont der Emotionalität, die im zeitgenössischen Diskurs immer wieder als personale Bewegung mit politischer Tragweite aufscheint. Entgegen der deutschen Anlehnung an die Verwandtschaft stellt der Autor eine semantische Nähe des Freundschaftsbegriffs, also der *amitié*, zum abstrakter gefassten Konzept des Friedens fest. Dauerhafter Frieden war in der Vorstellung der von Offenstadt untersuchten Texte, die politische Traktate ebenso umfassen wie diplomatische Quellen, nur auf der Grundlage von Freundschaft und Liebe denkbar. Die zahlreichen Friedensschlüsse der Zeit verdeutlichen dies, wenn sich die hier geschlossenen Verträge wie die Beschreibungen der Chronisten immer wieder um die Darstellung einer unbeschatteten Harmonie bemühen. Offenstadt schlägt vor, diese mit dem Konzept der *Agapè* zu fassen, das der Soziologe Luc Boltanski zur Untersuchung sozialer Mechanismen im modernen Kontext in die Forschung einführte. Ausagiert wird dies bei den untersuchten Beispielen freilich im „öffentlichen Raum“, so dass sich hier die Frage nach den Hintergründen der Performanz sowie nach den Strategien der feierlichen (Re-)Präsentation der Harmonie stellt.

Performative Akte, vor allem aber schriftlich-vertragliche Fixierungen dominieren die besonderen „Gebrauchsformen der Freundschaft“, die Jérémie Foa (Clermont-Ferrand) in den Blick nimmt. In der Phase der französischen Religionskriege zur Zeit Karls IX. entstanden vor allem in kleineren Städten im Süden Frankreichs, deren Bevölkerung in die katholische und protestantische Konfession gespalten war, explizite „Freundschaftsverträge“. Mit diesen vertraglichen Abmachungen sollten die interne Spaltung überwunden und der Frieden innerhalb der Bürgergemeinde gesichert werden. Foa kann detailliert herausarbeiten, wie die Verträge sich nicht nur in die Rhythmen der überregionalen Konflikte einordnen lassen, da sie vor allem in ausgesprochenen Krisenzeiten der 1560er und 1570er Jahre geschlossen wurden. Darüber hinaus zeigt er auf der Grundlage dieser Texte eine Entwicklung auf, in der von einer Situation der „Gesellschaft“ im Tönnies'schen Sinne eine „Gemeinschaft“ der Bürger in den betroffenen Orten neu hergestellt werden sollte. Das Konzept der Freundschaft verwies hierbei nicht nur auf eine Vorgabe aus den monarchischen Befriedungsbestrebungen, sondern bot sich zudem durch die starke Aufladung als Kategorie der individuell-personalen Bindung an.

Den Hintergrund dieser äußerst positiven Wahrnehmung des Freundschaftskonzepts untersucht der Beitrag von Klaus Oschema (Bern), indem er auf den „Weg zur Neutralität“ fokussiert und der Frage nachgeht, inwiefern ein solcher dritter Pol zwischen Freundschaft und Feindschaft im späten Mittelalter überhaupt denkbar war. Ausgehend von Beobachtungen der Rechtsgeschichte zur Entwicklung des Neutralitätskonzepts wird hier die Frage nach den breiteren kulturellen Grundlagen für eine solche Vorstellung gestellt. Literarische, historiographische und diplomatische Texte lassen erkennen, dass nicht nur der Begriff der Neutralität erst am Ende des Mittelalters auf den politischen Gebrauch hin geprägt wurde. Wichtiger noch scheint die Beobachtung, dass er eine Haltungs- und Handlungsoption markiert, die über weite Zeiten negativ aufgeladen war: Während Freundschaft und Feindschaft eine klare Entscheidung der jeweiligen Akteure implizieren, dominiert in Bezug auf die Neutralität die Wahrnehmung als Wankelmütigkeit und Unfähigkeit zur Entscheidungsfindung, die mit den dominierenden Wertekanones nicht vereinbart werden konnte. Eine pragmatischere Einschätzung, die den Einsatz des Konzepts erst ermöglichte, ergab sich im späten 15. Jahrhundert auf der Grundlage der vorangegangenen religiös-politischen Verunsicherungen durch die Kirchenspaltung. Sie ging in ihrer Bedeutung aber weit über dieses Umfeld hinaus, indem sie die binäre Vorstellung von Freundschaft und Feindschaft, die das mittelalterliche Denken weitgehend dominierte, zu einer Trias erweiterte, in der nun auch personale Beziehungen verortet werden konnten.

Damit ergab sich aber noch nicht ohne weiteres ein neuer Denkansatz für die Erklärung der menschlichen Vergesellschaftung überhaupt, wie Andrea Iseli (Bern) in ihrer „Spurensuche" zeigt, in der sie der „Freundschaft als konstitutivem Element in der Theorie des frühneuzeitlichen Staates" nachspürt. So ging Jean Bodin in seinen einflussreichen „Sechs Büchern über den Staat" selbstverständlich davon aus, dass die Freundschaft als „heilige Flamme" der Verbindung zwischen Mann und Frau, der prototypischen Kerngruppe der Gesellschaft, am Beginn der Entwicklung von Staatlichkeit stehen müsse. Auch für die komplexeren Gruppenbildungen wie Zünfte oder Bruderschaften, die für das Bestehen des Staates unabdingbar seien, sieht Bodin aber die *amitié* als notwendige Basis – eine Vorstellung, die sich auch im Werk von Althusius spiegelt. Interessanterweise bedeuten vertragstheoretische Ansätze, wie sie etwa bei Pufendorf oder Rousseau zu finden sind, hier nicht notwendigerweise einen Bruch, da sie der gesellschaftlichen Verbindung über die rein kontraktuelle Basis hinaus eine transzendente Würde verleihen. Obwohl entsprechende Vorstellungen in der Reflexion über die Grundlagen der Bildung von Staatlichkeit häufig mitschwingen, werden sie in den Texten nach Bodin aber aus dem Argumentarium zur konkreten Struktur der Vergesellschaftung konsequent verbannt. Der einzige Bereich, in dem die Freundschaft weiterhin eine zentrale Größe des Diskurses bietet, ist jener der außenpolitischen Kontakte.

Diese letzte Einschätzung untermauern auch die beiden abschließenden Beiträge zu den Verhältnissen in der spätmittelalterlichen und frühneuzeitlichen Eidgenossenschaft, die hier gewissermaßen in den Rang eines „Laboratoriums" einrückt. Dabei kommt Michael Jucker (Münster) in seiner Untersuchung der „Freundschaft als politisches Medium in Bündnissen und Korrespondenzen der Eidgenossenschaft (1291–1501)" zum überraschenden Befund, dass die Freundschaftsterminologie für eidgenössische Bündnisse erst in der Mitte des 14. Jahrhunderts erscheint, während der Bruderschaftsbegriff gar erst in den 1470er Jahren durch die Berner Kanzlei eingeführt wird. Freundschaft und Bruderschaft als konzeptuelle Rahmen der eidlich bestätigten Bündnisse sind daher als Gegenstand kultureller Transfers auszuweisen, die sich von der Frage der Zugehörigkeit zu einer bestimmten Sprachgemeinschaft abheben.

In Bezug auf die Freundschaftsthematik liegt vor allem hierin eine Sonderstellung der Eidgenossen begründet, während die sprachliche Gemengelage auf dem Sattel zwischen romanischen und germanophonen Regionen kaum zu besonderen Entwicklungen führen konnte, wie Andreas Würgler (Bern) in seinem Beitrag über „Freunde, *amis, amici.* Freundschaft in Politik und Diplomatie der frühneuzeitlichen Eidgenossenschaft" betont: Der Einfluss des Deutschen war schlicht zu dominant, während das Italienische und das Französische vor allem im Rahmen außenpolitischer Kontakte zum Tragen kam. Würgler kann in seiner Bestandsaufnahme auf eine ähnliche semantische Nähe von Freundschaft und Friede (hier noch ergänzt um die „Nachbarschaft") verweisen, wie Nicolas Offenstadt im Frankreich des späten Mittelalters. Zugleich ergibt sich im Rahmen der Diplomatie aber noch eine besondere Bedeutungsebene, wenn die personale Komponente im Zusammenhang mit diplomatischen Kontakten betont wird, die als „besondere Freundschaften" entgegentreten. Die Rede vom „sehr teuren Freund" erhält einen besonderen Klang, wenn sie uns auf Beziehungen verweist, die wir aus moderner Warte als korrupt empfinden mögen, die im zeitgenössischen Umfeld aber normaler Bestandteil eines internationalen Pensionenwesens waren. Aber auch in der eidgenössischen Binnendiplomatie rückte die Freundschaft ab dem 15. Jahrhundert in eine besondere Rolle ein, wie Würgler betont, indem er die Befunde fortschreibt, die Jucker für das späte Mittelalter vorstellte. Gerade angesichts der tiefen Spaltungen zwischen den katholischen und den protestantischen Orten im 16. Jahrhundert fungierte die emphatische Beschwörung der Freundschaft unter den Eidgenossen als Kitt für den Zusammenhalt. Die Analogien zu den südfranzösischen Verhältnissen der gleichen Zeit, wie sie von Jérémie Foa vorgestellt wurden, sind unverkennbar – und zwar sowohl auf diskursiver Ebene, wie auf der Ebene der rituellen Praktiken, da die religiöse Spaltung den Einsatz neuer Rituale der gemeinschaftlichen Harmonie erfordert.

* * *

Wie dieser knappe Überblick zeigt, kann es bei der vorliegenden Publikation nicht darum gehen, das vorgestellte Thema systematisch und erschöpfend zu behandeln – zu zahlreich sind die aufzugreifenden Facetten der Freundschaftsthematik und zu unterschiedlich die Hintergründe der einzelnen Beiträge. In der Gesamtschau fallen Divergenzen wie inhaltliche Gemeinsamkeiten gleichermaßen ins Auge. Die vorgestellte Vielfalt abschließend im Sinne einer Synthese auf einen gemeinsamen Nenner bringen zu wollen, wäre nicht nur vermessen, sondern aus der Sicht der Erkenntnismöglichkeiten vor allem auch kontraproduktiv: Die hier publizierten Untersuchungen ermöglichen zahlreiche Verbindungen zwischen den betrachteten Einzelphänomenen, zeigen zugleich aber auf, wie unterschiedlich und variantenreich die Bezugnahme auf den Freundschaftsbegriff ausfallen konnte.

Will man ein Fazit ziehen, so ist wohl zu gleichen Teilen auf die zeitliche Entwicklung wie auf die zwischensprachliche (und damit auch räumliche Differenzierung) hinzuweisen. Neuzeitliche Theorien der Vergesellschaftung tendieren ganz offensichtlich dazu, auf die Freundschaft als Grundlage der konkreten Ausgestaltung gesellschaftlicher Ordnungen im Detail zu verzichten, ohne dass damit das Phänomen ganz aus dem Blick geriete – fragt man sich, was die Gesellschaft „in ihrem Innersten zusammenhält“, so tauchen altbekannte Gedanken wieder auf. Allerdings wurde mit der Entstehung der Neutralitätsvorstellung ein Konzept entwickelt, das es nunmehr ermöglichte, personale wie kollektive Beziehungen in einem neuen Gesamtrahmen zu denken. Dass hiermit zunächst aber kein radikaler Wechsel stattfand, sondern vielmehr eine Erweiterung der konzeptionellen Optionen, belegen die zahlreichen und intensiven Bezüge auf die Freundschaft in einer Zeit, die auch mit „wertneutraleren“ Begriffen hätte operieren können, diese Möglichkeit aber offensichtlich nicht immer wahrnehmen wollte.

Die Ausdifferenzierung zwischen Sprachgruppen nimmt dem gegenüber eine nachrangige, aber dennoch markante Stellung ein. Auffällig ist etwa die Gemeinsamkeit des strategischen Einsatzes der Freundschaftsterminologie angesichts der konfessionellen Spaltung der Gesellschaft im Süden Frankreichs wie in der frühneuzeitlichen Eidgenossenschaft. Dass trotz solcher Befunde Differenzierungen angebracht sind, zeigen aber nicht zuletzt die Unterschiede, die sich hinsichtlich der semantischen Nähe zwischen Freundschaft/*amitié* einerseits und Verwandtschaft/*parenté* andererseits feststellen lassen. Darüber hinaus muss, wie der Beitrag Michael Juckers nachdrücklich vorführt, auch innerhalb einer Sprachgruppe deutlicher differenziert werden, als dies bislang der Fall ist.

In diesem Sinne möchte sich die vorliegende Publikation als Baustein und Impuls in einem weiterhin offenen und bewegten Forschungsfeld verstehen. Ermöglicht wurde sie, wie abschließend betont werden soll, durch die großzügige Unterstützung des zugrundeliegenden Kolloquiums von Seiten des „Nachwuchsförderungsfonds der Universität Bern“ sowie durch die Bereitschaft der Herausgeber, diesen Band in die Reihe der „Beihefte der Zeitschrift für Historische Forschung“ aufzunehmen – ihnen sei hiermit ausdrücklich gedankt.

Dank gebührt auch Thomas Schwitter, Hilfskraft an der Abteilung für Mittelalterliche Geschichte des Historischen Instituts in Bern, der die Erstellung des Registers übernahm, sowie Isabelle Deflers (Universität Heidelberg) für die stete Hilfsbereitschaft bei der Korrektur der französischsprachigen Kurzzusammenfassungen.

Freundschaft im (spät)mittelalterlichen Europa: Traditionen, Befunde und Perspektiven

Von *Klaus van Eickels*, Bamberg

Im Jahr 1254 besuchte Heinrich III. von England zum ersten Mal in seinem Leben Ludwig IX. von Frankreich. Seit mehr als zwei Jahrzehnten waren beide Herrscher miteinander verschwägert, und dies gleich in vierfacher Weise: Heinrich III. und sein Bruder Richard von Cornwall, Ludwig IX. und sein Bruder Karl von Anjou hatten jeweils eine der vier Töchter des Grafen von der Provence geheiratet. Trotz der engen, durch die Eheverbindungen begründeten Verwandtschaftsbeziehungen, fehlte beiden Herrschern der Konsens über die rechtlichen Rahmenbedingungen ihrer Beziehungen.

Matthaeus Paris zufolge, der seinen Bericht kurz nach den Ereignissen seiner Chronik einfügte, sagte Ludwig IX. zu Heinrich III. anlässlich eines gemeinsamen Gastmahls: „Haben wir nicht zwei Schwestern geheiratet und unsere Brüder die beiden anderen? Alle Nachkommen, die aus diesen Ehen hervorgehen, werden sein wie Brüder und Schwestern. Wenn unter Menschen, die keine Herrschaft zu behaupten haben, eine solch enge Verwandtschaft bestände, wie sehr würden sie sich gegenseitig lieben, wie herzlich sich einander verbinden?“ Er bedaure sehr, dass Heinrich wegen des Widerstands der französischen Barone seine Lehen auf dem Festland nicht in vollem Umfang zurückerhalten könne, um so ihre Liebe (*caritas*) vollkommen zu machen (*compaginare*)[1].

Liebe, Verwandtschaft, politische Freundschaft und Lehenstreue gehen in diesem Bericht eine Verbindung ein, die den an rechtshistorische Differenzierung gewohnten modernen Leser erstaunt, in Texten des Hoch- und Spätmittelalters jedoch vollkommen geläufig ist.

---

1 *Matthaeus Paris*, Chronica maiora. Bd. 5, hrsg. v. Henry Richard Luard (RS 57,5), London 1880, 481: *Nonne duas sorores desponsavimus, et fratres nostris reliquas? Omnes quotquot ex illis ortum sunt productura vel producendæ, vel producturi vel producendi, tanquam fratres erunt et sorores. O si esset inter pauperes talis affinitas vel consanguinitas, quantum mutuo sese diligerent, quam præcordialiter confæderarentur! Doleo, novit Deus, quod per omnia nequit caritas nostra compaginari; sed baronagii pertinacia voluntati meæ se non inclinat. Dicit enim, quod Normanni nescirent suas metas vel limites inviolatas vel inviolatos pacifice observare; et sic jura tua non prævales reaccipere.* Vgl. *Klaus van Eickels*, Vom inszenierten Konsens zum systematisierten Konflikt. Die englisch-französischen Beziehungen und ihre Wahrnehmung an der Wende vom Hoch- zum Spätmittelalter (Mittelalter-Forschungen, 10), Stuttgart 2002, 205.

I. Die Semantik personaler Bindungen im Mittelalter

Exemplarisch zeigt der Bericht des Matthaeus Paris über die Begegnung Heinrichs III. mit Ludwig IX., dass die Konzepte personaler Bindung

- Freundschaft und Liebe
- Verwandtschaft
- Ehe
- Lehenstreue

im Mittelalter ein komplexes Begriffsfeld aufspannten, dessen einzelne Termini weit stärker als in der Gegenwartssprache aufeinander bezogen waren. Innerhalb dieses semantischen Feldes bildete der Diskurs von Liebe und Freundschaft eine Einheit, einen in sich geschlossenen sprachlichen Raum, in dessen Rahmen die einzelnen Begriffe für Liebe, Freundschaft und Zuneigung vielfach austauschbar gebraucht wurden. *Amor, dilectio, caritas* wurden zwar in der philosophisch-theologischen Sprache entsprechend ihrer antiken Differenzierung verwendet, in historiographischen Quellen begegnen sie dagegen häufig als Synonyme (nicht selten als variierende Reihung von Begriffen, die in ihrer Summe eine feste unerschütterliche Bindung markieren). Sie können ebenso auf persönliche wie auf rechtliche, soziale und politische Bindungen angewandt werden. Freundschaft (*amicitia*) unterscheidet sich von Liebe dabei nicht hinsichtlich der Intensität oder des Anwendungsbereiches, sondern lediglich durch das in ihr notwendig implizierte, in der Liebe lediglich potentiell vorhandene Attribut der Wechselseitigkeit. Im Gegenzug ist die Anwendung des Begriffs der „Liebe" nicht auf das Umfeld der Bindung an den Lebenspartner oder an nahe Verwandte (und die als verwandtschaftsähnlich gedeutete Bindung an Gott, König, Vaterland oder Heimat) beschränkt[2].

Sprachlich-semantische Untersuchungen zur Bedeutung von Freundschaft oder *amitié* müssen daher stets auch die Liebesterminologie miteinschließen. Wenn dies unterbleibt, zerfällt das mittelalterliche Anwendungsspektrum des Freundschaftsdiskurses in den Augen des modernen Betrachters in zahlreiche unzusammenhängende Einzelformen (politische, geistliche, persönliche Freundschaft)[3] – die Kohärenz des gesamten semantischen Feldes geht damit verloren und die ständigen Interferenzen zwi-

---

2 *Van Eickels,* Vom inszenierten Konsens (Anm. 1), 23.

3 Dies wird besonders deutlich in der grundlegenden Studie von *Verena Epp,* Amicitia. Zur Geschichte personaler, sozialer, politischer und geistlicher Beziehungen im frühen Mittelalter (Monographien zur Geschichte des Mittelalters, 44), Stuttgart 1999, die zwar hervorragend die Differenziertheit des Begriffs aufzeigt, jedoch keine überzeugende Antwort auf die Frage zu geben vermag, warum für die zahlreichen unterschiedlichen Anwendungsbereiche dennoch ein und derselbe Begriff verwendet wurde.

schen den verschiedenen Anwendungsbereichen geraten aus dem Blick (etwa die Verbindung von der Lehenstreue über die politische Freundschaft zur höfischen Liebe, die das Verhältnis von Dame und Ritter nach dem Vorbild der Freundschaft zwischen Herr und Vasall gestaltet und das beiden Modellen gemeinsame Element des ehrenvollen, weil freiwillig aus Liebe geleisteten Dienstes in den Mittelpunkt stellt)[4].

II. Die soziale und politische Funktion des Freundschaftsdiskurses

1. L'amour du roi *und die* aequalitas amicorum*: Freundschaft als sozialer Raum rangfreier Kommunikation in der agonalen Ranggesellschaft des mittelalterlichen Adels*

In der unter den Briefen und Schriften Alkuins überlieferten *Pippini Regalis et Nobilissimi Juvenis Disputatio cum Albino Scholastico*[5] antwortet in beiden erhaltenen Textzeugen Alkuin auf die Frage *Quid est amicitia?* mit den Worten: *Aequalitas amicorum.* In der Tat ist die Fiktion der Gleichheit ein permanentes Wesensmerkmal der Rede von der Freundschaft. In der Freundschaft sind Freunde gleich: Sie sind verpflichtet, sich wie Gleichrangige zu behandeln. Dies gilt jedoch nur insoweit und solange, wie beide Partner „freundschaftlich" miteinander verkehren; im Konfliktfall ist es jedoch im Mittelalter (anders als heute) jederzeit möglich, auf Rangunterschiede und Abhängigkeitsverhältnisse zurückzukommen.

Der Diskurs von Freundschaft und Liebe markiert folglich einen sozialen Raum, in dem beide Partner sich darauf verständigt haben, auf die ständige Demonstration und Aktualisierung von Rang- und Abhängigkeitsverhältnissen zu verzichten. Dies aber setzt Einigkeit über die bestehenden hierarchischen Verhältnisse voraus. Streit um Vorrang und Unterordnung schließt freundschaftlichen Verkehr aus. Freundschaft verhält sich zu Herrschaft wie *misericordia* zum *rigor iustitiae*[6]. Nachsicht und Milde gehören zu den

4 *Walter Haug,* Die höfische Liebe im Horizont der erotischen Diskurse des Mittelalters und der Frühen Neuzeit (Wolfgang-Stammler-Gastprofessur für Germanische Philologie. Vorträge, 10), Berlin 2004; *Rüdiger Schnell,* „Höfische Liebe" als „höfischer" Diskurs über die Liebe, in: Curialitas. Studien zu Grundfragen der höfisch-ritterlichen Kultur, hrsg. von Josef Fleckenstein (VMPG, 100), Göttingen 1990, 231–301; *ders.,* Causa Amoris. Liebeskonzeption und Liebesdarstellung in der mittelalterlichen Literatur (Bibliotheca Germanica, 27), Bern / München 1985; vgl. auch *Margreth Egidi,* Höfische Liebe: Entwürfe der Sangspruchdichtung. Literarische Verfahrensweisen von Reinmar von Zweter bis Frauenlob (Germanisch-romanische Monatsschrift. Beihefte, 17), Heidelberg 2002.

5 Disputatio regalis et nobilissimi iuvenis Pippini cum Albino scholastico, hrsg. v. *W. Wilmans,* in: Zeitschrift für deutsches Altertum N.F. 2 = 14 (1869), 530–555, hier 540 (Nr. 82). Der Text ist hier wohl entsprechend der *Altercatio Hadriani Augusti cum Epicteti philosophi* zu *aequalitas animorum* zu emendieren. Immerhin erschien die Definition als *aequalitas amicorum* den Schreibern der beiden überlieferten Handschriften so plausibel, dass sie keinen Änderungsbedarf sahen.

Pflichten des Herrschers, jedoch nur denjenigen gegenüber, die seine Herrschaft anerkennen. Wer die Strafgewalt des Herrschers infragestellt, den trifft die volle Härte strenger Gerichtsbarkeit – entsprechend dem Grundsatz, den bereits Vergil als Leitlinie römischer Politik formulierte: *parcere subiectis et debellare superbos*[7].

Als abgrenzbarer Raum rangfreier Kommunikation setzt die mittelalterliche und vormoderne Freundschaft damit, anders als der heutige Freundschaftsbegriff, die Anerkennung tatsächlicher Gleichheit der Freunde in allen Lebensbereichen nicht voraus. Ohne weiteres konnten daher in der spätmittelalterlichen Stadtgesellschaft Patronageverhältnisse[8] als Freundschaft definiert werden, ebenso wie schon seit dem Hochmittelalter das Verhältnis von Herr und Vasall im Lehenswesen als Sonderform der Freundschaft verstanden wurde.

Erkennbar ist die Asymmetrie der Beziehung in der Regel an der Einseitigkeit der Anwendung des Freundschaftsdiskurses: In einer intakten Lehensbeziehung hatte der Vasall Anspruch darauf, von seinem Lehensherrn als Freund angesprochen und behandelt zu werden (indem etwa Dienste zunächst nicht eingefordert, sondern erbeten werden). Dies gab dem Lehensmann die Gelegenheit sein Gesicht zu wahren und als freiwilligen Freundschaftsdienst zu leisten, was er aufgrund seiner Treuepflicht ohnehin zu leisten verpflichtet gewesen wäre. Er selbst hatte seinen Herrn jedoch zumindest öffentlich stets als *dominus* anzureden. Die als Ehrung gewährte Gleichrangigkeit durch die Anrede des Herrn als „Freund" tatsächlich ein-

---

6 Zur Komplementarität der Herrschertugenden Milde und Strenge vgl. *Theo Broekmann,* ‚Rigor iustitiae'. Herrschaft, Recht und Terror im normannisch-staufischen Süden (1050–1250) (Symbolische Kommunikation in der Vormoderne), Darmstadt 2005; *Knut Görich,* Die Ehre Friedrich Barbarossas. Kommunikation, Konflikt und politisches Handeln im 12. Jahrhundert (Symbolische Kommunikation in der Vormoderne), Darmstadt 2001.

7 *Vergil,* Aeneis, VI 853. Von Immanuel Kant in einem Kommentar zu Gottfried Achenwalls *Juris naturalis pars posterior* als „abscheuliche maxime des tyrannischeren Völkerrechts" erklärt, „da man sich selbst zum Besorger der Glükseeligkeit anderer aufwirft und ihnen die Freyheit nimmt, um sie nach seiner Meynung gluklich zu machen" (s. die elektronische Edition im Rahmen des „Bonner Kant-Korpus", URL http://www.ikp.uni-bonn.de/kant/aa19/597.html, Nr. 8058, 15. 03. 2007), ist dieser Grundsatz vormoderner Herrschaftslegitimation heute in seiner mittelalterlichen Selbstverständlichkeit nicht mehr nachvollziehbar. Letztere erschließt sich nur, wenn man davon ausgeht, dass die legitime Ordnung der Welt durch Gottes Willen gegeben ist und nicht aus dem letztlich kontingenten Miteinander und Gegeneinander souveräner Staaten erwächst.

8 *Klaus Oschema,* Freundschaft und Nähe im spätmittelalterlichen Burgund. Studien zum Spannungsfeld von Emotion und Institution (Norm und Struktur, 26), Köln/Weimar/Wien 2006, 26; *Simon Teuscher,* Bekannte – Klienten – Verwandte. Soziabilität und Politik in der Stadt Bern um 1500 (Norm und Struktur, 9), Köln/Weimar/Wien 1998; *Wolfgang Reinhardt,* Freunde und Kreaturen. Verflechtung als Konzept zur Erforschung historischer Führungsschichten. Römische Oligarchie um 1600 (Schriften der Philosophischen Fachbereiche der Universität Augsburg, 14), München 1979.

zufordern, wäre ebenso eine Provokation gewesen wie die erniedrigende Behandlung eines dienstbereiten Vasallen als Befehlsempfänger.

Der Lehenskuss, wie er sich in Westeuropa seit dem 12. Jahrhundert allgemein durchsetzte, steht daher konsequenterweise am Ende der Lehenshuldigung[9]: Der Handgang und der kniend geleistete Lehenseid dienten der Klarstellung der Rangverhältnisse, der anschließende Kuss auf den Mund, zu dem sich der Herr erhob und den Vasallen zu sich aufrichtete, diente der Ehrung des Vasallen als Freund seines Herrn.

Auch außerhalb des Aktes der Lehenshuldigung war die Zeichensprache von Freundschaft und Liebe eine wichtige Form der Ehrung, durch die ein Herrscher Getreue auszeichnen und frühere Gegner an sich binden konnte. Die „Liebe des Königs" (*l'amour du roi,* Stephen Jaeger) war ein unverzichtbares Element der Herrschaftspraxis mittelalterlicher Könige[10]. Dies reichte vom vertrauten Umgang, etwa bei Gesprächen und gemeinsamen Jagdausflügen, bis hin zu Gesten räumlich-körperlicher Nähe wie dem gemeinsamen Essen aus einer Schüssel oder dem gemeinsamen Schlafen in einem Bett, durch das Philipp Augustus als König von Frankreich und Richard Löwenherz als Graf von Poitou 1187 in Paris ihre gegen Richards Vater Heinrich II. gerichtete Einigung nach einem erbittert geführten bewaffneten Konflikt demonstrierten[11]. Herrscher, die ihre Liebe falsch einsetzten, indem sie sie auf einen einzelnen Favoriten konzentrierten (man denke an Eduard II. von England und Piers Gaveston) zerstörten damit die Grundlagen der Kohäsion, auf der ihre Herrschaft über die Adligen ihres Reiches beruhte[12]. Königinnen, denen die Sprache der Liebe im Verhältnis zu den

---

9 Zur Geschichte des Kusses auf den Mund im Mittelalter vgl. umfassend *Yannick Carré,* Le baiser sur la bouche au Moyen Âge. Rites, symboles, mentalités, XIe-XVe siècles, Paris 1992.

10 *C. Stephen Jaeger,* Ennobling love. In Search of a lost Sensibility, Philadelphia 1999; *ders.*, L'amour des rois. Structure sociale d'une forme de sensibilité aristocratique, in: Annales ESC 46 (1991), 547–571; *ders.*, Mark and Tristan. The Love of Medieval Kings and their Courts, in: ‚In hôhem prîse'. A Festschrift in Honor of Ernst S. Dick Presented on the Occasion of his Sixtieth Birthday, April 7, 1989, hrsg. v. Winder McConnell (Göppinger Arbeiten zur Germanistik, 480), Göppingen 1989, 183–197.

11 Zum Besuch Richards in Paris im Juni 1187 vgl. *van Eickels,* Vom inszenierten Konsens (Anm. 1), 343 f., sowie *ders.*, ‚Homagium' and ‚Amicitia'. Rituals of Peace and Their Significance in the Anglo-French Negotiations of the Twelfth Century, in: Francia 24/1 (1997), 133–140. Zu den gemeinsamen Ausflügen mit kleinem Gefolge am Beispiel Eduards IV. von England und Henrys Beaufort im Jahre s. William Gregory's Chronicle of London. The Historical Collections of a Citizen of London in the Fifteenth Century, hrsg. v. *James Gairdner* (Camden Society. Publications. N.S., 27), Westminster 1876, 219, und *van Eickels,* Vom inszenierten Konsens (Anm. 1), 375, Anm. 271.

12 Siehe *van Eickels,* Vom inszenierten Konsens (Anm. 1), 191–196; *Pierre Chaplais,* Piers Gaveston. Edward II's Adoptive Brother, Oxford / New York 1994; *Jeffrey S. Hamilton,* Piers Gaveston, Earl of Cornwall, 1307–1312. Politics and Patronage in the Reign of Edward II, Detroit / London 1988; *Harald F. Hutchinson,* Edward II and His Minions, in: History Today 21 (1971), 524–549; vgl. *Roy Martin Haines,* King

männlichen Adligen ihres Reiches aufgrund der Doppeldeutigkeit des Liebesdiskurses im Verhältnis von Mann und Frau nicht zur Verfügung stand, konnten die ihnen etwa in Vertretung ihres minderjährigen Sohnes zustehenden Herrschaftsrechte nur mit äußerster Vorsicht, also zurückhaltend-vermittelnd ausüben, wollten sie nicht als herrschsüchtig gelten[13].

2. Freund oder Gefährte? Freundschaft als Friedenssicherung vs. Freundschaft als Aktionsgemeinschaft (negative und positive Konzeptualisierungen der Treue unter Freunden)

Ebenso wie Verwandtschaft und das Verhältnis von Herr und Vasall gehört auch die Freundschaft zu den Bindungen, die auf der Treue beruhten. In den Quellen diskutiert wird vor allem die Definition der Treue im Lehenswesen, da sie hier rechtlich relevant war. Es geht jedoch in den Texten nicht um eine Definition der Lehenstreue in Abgrenzung zu anderen Formen der Treue, sondern um die allgemeine Definition des Begriffs. Eine nähere Betrachtung der Lehenstreue kann daher Einblick in das Treueverständnis geben, das unter anderem auch der Freundschaft zugrundeliegt.

Eine umfassende Definition der Lehenstreue hat sich im Brief Fulberts von Chartres an Herzog Wilhelm von Aquitanien aus dem Jahr 1020 erhalten[14]. Fulbert betont, es sei dem Vasallen verboten, die körperliche Unversehrtheit, Sicherheit, Ehre, Nutzen, Handlungsspielräume und -möglichkeiten des Herrn zu beeinträchtigen. Dies sei der justiziable Kern der Lehenstreue: *ut haec autem fidelis nocumenta caveat, justum est.* Die positive

---

Edward II. Edward of Caernarfon, His Life, His Reign, and Its Aftermath, 1284–1330, Montreal 2003; *Peter Horne,* The Besotted King and His Adonis. Representations of Edward II and Gaveston in Late Nineteenth-Century England, in: History Workshop Journal 47 (1999), 31–48. Ein Aufsatz von Jochen Burgtorf zu Piers Gaveston wird demnächst im Sammelband The Love of Friends and the Friendship of Lovers, hrsg. v. *Klaus van Eickels / Asdis Egilsdottir* (im Druck), erscheinen.

13 *Klaus van Eickels,* Warum mittelalterliche Königinnen herrschten, aber nicht regierten ..., in: Genderforschung in Bamberg, hrsg. v. Marianne Heimbach-Steins / Bärbel Kerkoff-Hader / Eleonore Ploil / Ines Weinrich (Forschungsforum. Berichte aus der Universität Bamberg, 11), Bamberg 2003, 117–119.

14 *Fulbertus Carnotensis,* The letters and poems of Fulbert of Chartres, hrsg. v. Frederick Behrends (Oxford Medieval Texts), Oxford 1976, Nr. 51; vgl. *van Eickels,* Vom inszenierten Konsens (Anm. 1), 289; *Lothar Kolmer,* Promissorische Eide im Mittelalter (Regensburger Historische Forschungen, 12), Kallmünz 1989, 164–167; *Heinrich Fichtenau,* Lebensordnungen des 10. Jahrhunderts. Studien über Denkart und Existenz im einstigen Karolingerreich. 2 Bde. (Monographien zur Geschichte des Mittelalters 30), Stuttgart 1984, Bd. 1, 210 f.; *Alfons Becker,* Form und Materie. Bemerkungen zu Fulberts von Chartres ‚De forma fidelitatis' im Lehnrecht des Mittelalters und der frühen Neuzeit, in: HJb 102 (1982), 325–361; *Frederick Behrends,* Kingship and Feudalism According to Fulbert of Chartres, in: Medieval Studies 25 (1963), 93–99; *Heinrich Mitteis,* Lehnrecht und Staatsgewalt. Untersuchungen zur mittelalterlichen Verfassungsgeschichte, Weimar 1933, 312–315.

Pflicht, *consilium et auxilium* zu leisten, lässt er dagegen unbestimmt: Nur soweit es notwendig ist, um sich des Lehens würdig zu erweisen (*si beneficio dignus videri vult*), müsse der Vasall seinem Herrn in den genannten Punkten treu Rat und Hilfe leisten. Vor allem aber stellt Fulbert die Reziprozität des Treueverhältnisses heraus (*dominus quoque fideli suo in his omnibus vicem reddere debet*).

Die Treue, die sich Freunde schulden, ist der Treue zwischen Lehensherr und Vasall äquivalent. Sie besteht aus zwei Elementen:

(a) Einer negativen Muss-Bestimmung: Der Vasall darf seinen Herrn nicht töten, verletzen oder persönlich angreifen[15].

(b) Einer positiven Soll-Bestimmung: Der Vasall soll seinem Herrn umfassend Rat und Hilfe leisten.

Die „negative Treue" (Kienast) ist der für die soziale und politische Praxis relevante Kern des Konzepts. So konnte sich Ludwig VII. von Frankreich 1157 in die von Heinrich II. von England belagerte Stadt Toulouse begeben und Heinrich II. durch seine persönliche Anwesenheit dazu zwingen, die Belagerung aufzugeben. Über die Verpflichtung zur „negativen Treue" bestand Konsens. Verstöße gegen die elementaren Unterlassenspflichten des Vasallen waren unentschuldbar (allenfalls einseitig zu rechtfertigen in Form der Aufsagung der Lehenstreue nach einem unrechtmäßigen Akt der anderen Seite). Für eine Nichterfüllung der aus dem Lehensband resultierenden positiven Pflichten dagegen konnte es zahlreiche Entschuldigungsgründe geben, zu denen etwa Krankheit, konkurrierende Bindungen oder Gefahr von dritter Seite zu zählen wären. Im Mittelpunkt lehensrechtlicher Prozesse, die auf eine Aberkennung der Lehen zielen, stehen daher fast immer Verstöße gegen die „negative Treue". Die Lehenstreue bestand somit aus einem justiziablen Kern (der „negativen Treue") und aus einer umfassenden reziproken Verpflichtung zu Rat und Hilfe, der nach Möglichkeit nachzukommen, die einzufordern jedoch in der Praxis schwierig war.

Die Verpflichtung zum umfassenden wechselseitigen Beistand steht dagegen in politischen Aktionsbündnissen im Vordergrund, in denen Freundschaft mit gemeinsamen Interessen zusammenfällt. So kam etwa Richard I. 1198 Hand in Hand mit Graf Rainald von Boulogne und Graf Balduin von Flandern zu Philipp II. Augustus, um zu demonstrieren, dass sie sich miteinander gegen ihren König und Lehensherrn verbündet hatten[16]. Als un-

---

15 Zur „negativen Treue" s. *Walther Kienast,* Untertaneneid und Treuvorbehalt in Frankreich und England. Studien zur vergleichenden Verfassungsgeschichte des Mittelalters, Weimar 1952, 166 f. („negative Treueide"), und *François Louis Ganshof,* Charlemagne et le serment, in: Mélanges d'histoire du Moyen Âge dédiés à la mémoire de Louis Halphen, Paris 1951, 259–279, hier 261 f. und 268 („concept négatif"); vgl. auch Mitteis, Lehnrecht (Anm. 14), 531 f. („primäre Unterlassungspflicht").

auflösliche, gegen jedermann gerichtete Verbindung erscheint ähnliches auch in den Freundschaftssagen vom Typ „Amicus und Amelius“, wo sich in der literarischen Überhöhung eine verwandtschaftsähnliche Bindung ergibt (*brotherhood-in-arms*)[17].

3. Christliche Tugend oder systemfremdes Element in Kirche und Kloster: Freundschaft (auch) eine Lebensform für Kleriker und Mönche?

Anders als in der Adelsgesellschaft hat die Freundschaft in Kirche und Kloster keine für das Funktionieren des Systems notwendige Funktion. Es fehlt ihr daher der sozial relevante Grund, der im weltlichen Bereich Freundschaft bis zum Beweis des Gegenteils grundsätzlich unverdächtig macht.

Wie die Beamten des spätantiken römischen Reiches sind die Kleriker zur *oboedientia* verpflichtet. Die Mönche eines Klosters schulden ihrem Abt Gehorsam und sollen eine unteilbare Gemeinschaft bilden. „Sonderfreundschaften“ einzelner Mönche werden als Gefährdung dieser alle gleichmäßig erfassenden Gemeinschaft wahrgenommen, auch als Gefährdung der Autorität des Abtes, der allen Mönchen gleichermaßen ein liebender Vater sein muss. Einer individuellen Anwendung des Liebesdiskurses steht im Kloster zudem das Bemühen um ostentative Reinheit (und Vermeidung jeden Verdachts der Unkeuschheit) entgegen[18].

Das benediktinische Mönchtum lehnt daher individuelle Freundschaft im Kloster ab. Eine Gegenposition entwickeln erst die Zisterzienser und die Ritterorden, die ihre Mönche als Erwachsene aufnehmen. Den nicht im Kloster aufgewachsenen Männern adliger Herkunft war es schwer verständlich zu machen, weshalb das Netzwerk individueller Freundschaftsbeziehungen, das sie in ihrem früheren Leben als gemeinschaftsstiftend und für die Kohäsion der Adelsgesellschaft essentiell erlebt hatten, im Kloster als verderblich und schädlich verboten sein sollte. Ohne Zurückhaltung demonstrierten die Templer in ihrem Siegel, das zwei Reiter auf einem Pferd zeigte, den Zusammenhalt der Brüder ihres Ordens als Gemeinschaft im

---

16 Histoire de Guillaume le Maréchal. 3 Bde., hrsg. v. *Paul Meyer* (SHF), Paris 1891–1901, Bd. 2, 21 (vv. 10718–10720): *si amena molt cointement / les deus contes en ses deus mains, / quer isi l'aveit pris en mains...*

17 *Maurice Hugh Keen,* Brotherhood-in-Arms, in: History 47 (1964), 1–17; vgl. jetzt auch *Klaus van Eickels,* Der Bruder als Freund und Gefährte. Fraternitas als Konzept personaler Bindung im Mittelalter, in: Die Familie in der Gesellschaft des Mittelalters, hrsg. v. Karl-Heinz Spieß (VuF, im Druck).

18 *Albrecht Diem,* Keusch und rein. Eine Untersuchung zu den Ursprüngen des frühmittelalterlichen Klosterwesens und seinen Quellen, Utrecht 2000; vgl. auch *ders.*, Organisierte Keuschheit. Sexualprävention im Mönchtum der Spätantike und des frühen Mittelalters, in: Invertito. Jahrbuch für die Geschichte der Homosexualitäten 3 [Homosexualitäten und Crossdressing im Mittelalter] (2001), 8–37.

Kampf[19]. Selbst das gemeinsame Schlafen in einem Bett wurde den Templern für den Fall gestattet, dass genügend Betten nicht vorhanden seien[20]. Kaum zufällig war es mit Aelred von Rievaulx ein Zisterzienser, der sich darum bemühte, die „geistliche Freundschaft" auch und gerade für das Leben der klösterlichen Gemeinschaft fruchtbar zu machen[21].

III. Was uns vom Mittelalter trennt: Wandlungen des Freundschaftsdiskurses in der Neuzeit

Für einen modernen Betrachter, der die mittelalterliche Freundschaft in ihrer sozialen Relevanz und ihrer kulturellen Dimensionen verstehen will, ist es unabdingbar, sich Klarheit darüber zu verschaffen, in welchen Punkten sich der Freundschaftsdiskurs in der Neuzeit wandelte. Dabei sind vor allem drei entscheidende Veränderungen in den Blick zu nehmen:

(a) Die Entstehung der Neutralitätsvorstellung am Ende des Mittelalters: Im 15. Jahrhundert wird, parallel zur Ausbildung moderner staatlicher Strukturen in Westeuropa, in den Quellen erstmals ein Konzept greifbar, das die soziale Reichweite des Freundschaftsdiskurses stark einschränken sollte[22]. Erstmals erklären Herrschaftsträger explizit, in einem Konflikt neutral bleiben zu wollen. Diese Position wäre in den Jahrhunderten zuvor als nicht zu rechtfertigende, allenfalls entschuldbare Unentschlossenheit gedeutet worden. Für den Richter war Neutralität ein Gebot im Prozess der Wahrheitsfindung. Letztlich aber musste auch der Richter Partei für die Seite ergreifen, die seinem Ermessen nach im Recht war, und ein Urteil zu ihren Gunsten fällen. Ebenso waren in einem politischen Konflikt alle Freunde, Verwandten und Getreue der Konfliktparteien aufgerufen, sich auf die Seite desjenigen zu stellen, dem sie Treue schuldeten, es sei denn sie sahen ihn im Unrecht. Eine Partei, die im Konflikt nicht eindeutig Position beziehen wollte, erklärte sich nicht für neutral, sondern bemühte sich darum, als „Freund beider Seiten" ihre Verpflichtungen allen am Konflikt Beteiligten gegenüber zu erfüllen und sich so ihr Vertrauen (auch im Hinblick auf eine mögliche Vermittlerrolle) zu erhalten. Dies erscheint aus moderner

---

19 *Oschema,* Freundschaft und Nähe (Anm. 8), 578–587 (mit umfassender Einordnung des Motivs).

20 *Gustav Schnürer,* Die ursprüngliche Templerregel kritisch untersucht (Studien und Darstellungen aus dem Gebiete der Geschichte, 3), Freiburg 1903, 152 (c. 68); vgl. *van Eickels,* Vom inszenierten Konsens (Anm. 1), 382–384.

21 *Aelredus Rievallensis,* Über die geistliche Freundschaft (lateinisch-deutsch), hrsg. v. Rhabanus Maurus Haacke (Occidens, 3), Trier 1978; vgl. *Damien Boquet,* L'ordre de l'affect au Moyen Age. Autour de l'anthropologie affective d'Aelred de Rievaulx, Caen 2005, und *Brian Patrick McGuire,* Brother and Lover. Aelred of Rievaulx, New York 1994.

22 Siehe *Oschema,* Freundschaft und Nähe (Anm. 8), 270–280, sowie den Beitrag von dems. im vorliegenden Band.

Sicht erstaunlich, da die Haltung der „wohlwollenden Neutralität“ die in staatlichen Rechtsordnungen wie im Völkerrecht des 19. und 20. Jahrhunderts selbstverständlich vorausgesetzte Grundform sozialer und politischer Beziehungen ist, die einer eigenen Bekräftigung und Konzeptualisierung nicht bedarf. Eben diese Grundvoraussetzung jedoch war bis zum Ende des Mittelalters nicht gegeben, sondern musste durch ein weitgespanntes Netzwerk von Freundschaftsbeziehungen hergestellt werden, die durch Lehensbindungen, Ehebündnisse und Verwandtschaftsbeziehungen in vielfältiger Weise verstärkt wurden.

(b) Die Privatisierung der Freundschaft und die Entstehung der „Gesellschaft der Fremden“[23]: Auch im Humanismus der Renaissance und in der frühen Neuzeit blieb die mittelalterliche Verbindung von Ehe, Liebe und Freundschaft im Bewusstsein[24]. Je stärker im Verlauf der Neuzeit die Freundschaft von der Funktion entlastet wurde, ein Netzwerk überlebenswichtiger Beziehungen im öffentlichen Raum herzustellen, um so mehr stand sie zur Heraushebung persönlicher Beziehungen zur Verfügung, die über den Kreis der eigenen Verwandtschaft hinausgingen, jedoch dezidiert als privat markiert waren[25]. Dieser Vorgang war ein langgestreckter Prozess, der in der Renaissance begann[26], jedoch in der Mitte des 17. Jahrhunderts so weit fortgeschritten war, dass ältere Anwendungsbereiche des Freundschaftsdiskurses im öffentlichen Raum (etwa das gemeinsame Schlafen in einem Bett als Element der symbolischen Kommunikation der Adelsgesellschaft) als unpassend empfunden wurden und außer Gebrauch gerieten[27].

(c) Die Verschiebung homosozialer Bindungen aus der Mitte der Gesellschaft an die „borders of the illicit“ um 1900[28]: Die wohl schwerwiegendste Veränderung in der Wahrnehmung mann-männlicher Freundschaft vollzog

---

23 *Gerhard Vowinckel,* Verwandtschaft, Freundschaft und die Gesellschaft der Fremden. Grundlagen menschlichen Zusammenlebens, Darmstadt 1995.

24 Vgl. *Manuel Braun,* Ehe, Liebe, Freundschaft. Semantik der Vergesellschaftung im frühneuhochdeutschen Prosaroman (Frühe Neuzeit, 60), Tübingen 2001, und *Reginald Hyatte,* Complementary Humanistic Models of Marriage and Male ‚amicitia‘ in Fifteenth-Century Literature, in: Friendship in Medieval Europe, hrsg. v. Julian Haseldine, Stroud 1999, 251 – 261.

25 *Alan Bray,* The Friend, Chicago / London 2003; *Alan Bray / Michel Rey,* The Body of the Friend. Continuity and Change in Masculine Friendship in the Seventeenth Century, in: English Masculinities 1660 – 1800, hrsg. v. Tim Hitchcock / Michèle Cohen (Women and Men in History), London 1999, 65 – 84.

26 *Reginald Hyatte,* The Arts of Friendship. The Idealization of Friendship in Medieval and Early Renaissance Literature (Brill's Studies in Intellectual History, 50), Leiden / New York 1994.

27 *Van Eickels,* Vom inszenierten Konsens (Anm. 1), 388.

28 Zum Folgenden ausführlich mit weiteren Literaturhinweisen *Klaus van Eickels,* Tender Comrades. Gesten männlicher Freundschaft und die Sprache der Liebe im Mittelalter, in: Invertito 6 (2004), 9 – 48; *ders.,* Vom inszenierten Konsens (Anm. 1), 353 – 363.

sich in den ersten Jahrzehnten des 20. Jahrhunderts, als überall in Europa die Wahrnehmungsmuster der modernen Psychologie und mit ihnen die zuvor unbekannte Dichotomie Homosexualität / Heterosexualität an die Stelle der tradierten moralischen Taxonomie traten, die nicht nach der Triebrichtung, sondern nach dem Verhalten des Menschen fragte, nicht die homosexuelle Veranlagung eines Menschen als Abweichung von der Norm kritisierte, sondern seine unerlaubten Handlungen, falls er solche beging und dies öffentlich wurde. Die neue Sichtweise setzte sich in den Jahren vor dem Ersten Weltkrieg zunächst im deutschsprachigen Raum, in der Zwischenkriegszeit auch in England und den USA so allgemein durch, dass sie nicht mehr als Neuerung oder auch nur als spezifisches Element der westlichen Moderne, sondern als anthropologische Konstante empfunden wurde. Die Sprache emotional aufgeladener Freundschaft und Gesten räumlich-körperlicher Nähe unter Männern konnten nun als Anzeichen sublimierter Homosexualität gelesen werden und verschwanden weitgehend aus dem gesellschaftlich akzeptierten und für normal gehaltenen Spektrum der sozialen Beziehungen. Diese Entwicklung hatte bereits 1901 William T. Stead in einem Brief an Edward Carpenter vorausgesehen: „A few more cases like Oscar Wilde's and we should find the freedom of comradeship now possible to men seriously impaired [...]"[29].

Auch wenn der Anteil der Freundschaft am privaten Leben in den letzten beiden Jahrzehnten wieder gewachsen ist und Freundschaftsbekundungen inzwischen wieder zu den verbreiteten Umgangsformen unserer Gesellschaft gehören, bleibt die mittelalterliche Freundschaft weiterhin ein Phänomen, das sich uns nicht intuitiv erschließt. Freundschaft als ein Element des privaten Lebens ohne Relevanz im öffentlichen Raum ist keine anthropologische Konstante, sondern ein Spezifikum der westlichen Moderne. Die öffentliche soziale, politische und rechtliche Relevanz des Konzeptes in der Vormoderne brachte es dagegen mit sich, dass Freundschaft im Mittelalter zwar durchaus emotional aufgeladen sein konnte, eine emotionale Bindung aber nicht notwendig voraussetzte. Verbunden mit Verwandtschaft, Ehe und Lehenstreue zu einem kohärenten Feld personaler Bindungen erweisen sich Liebe und Freundschaft im Mittelalter vielmehr als ein Schlüssel zum Verständnis der sozialen Beziehungen, welche die Gruppen der Gesellschaft zusammenhielten. Besonders deutlich tritt dies im 12. und 13. Jahrhundert hervor – die Relevanz der Freundschaft als soziales Bindemittel ist jedoch bereits im Frühmittelalter nachweisbar[30] und auch in den herrschaftlich

---

29 *Jeffrey Weeks,* Coming out. Homosexual Politics in Britain, from the Nineteenth Century to the Present, 2. Aufl., London / New York 1990, 21.

30 *Gregorius Turonensis,* Historia Francorum. Libri historiarum X, hrsg. v. Bruno Krusch / Wilhelm Levison (MGH SS rer. Merov., 1,1), 2. Aufl., Hannover 1951, VII 47 und IX 19 (Zitat: 432, Z. 20 f.); vgl. *van Eickels,* Vom inszenierten Konsens (Anm. 1), 369 f., *Epp,* Amicitia (Anm. 3), 28 f., und *Martin Heinzelmann,* Gregor von Tours

verdichteten Reichen des späten Mittelalters ein unentbehrliches Element politischer Kohäsion. Welche Funktion Liebe und Freundschaft, ausgedrückt in der Sprache der Worte wie in der symbolischen Kommunikation, im Einzelnen hatten und in welcher Beziehung sie zu den übrigen Formen personaler Bindung standen, kann nur ausgehend vom Einzelfall differenziert erfasst werden.

Résumé français

L'amitié et l'amour, la parenté, le mariage et la fidélité vassalique formaient au Moyen Âge un champ sémantique complexe à l'intérieur duquel ces notions étaient plus interdépendantes que ce n'est le cas dans les langues modernes. Dans la société hiérarchique et agonale de la noblesse médiévale, le discours de l'amour et de l'amitié servait à construire un espace social qui permettait la communication non-hiérarchisée. L'existence de cet espace facilitait la communication entre des personnes de même rang, mais il apparaissait également dans le cadre de relations vassaliques et de patronage, dans lesquelles il était appliqué unilatéralement par la personne hiérarchiquement supérieure. On ne peut comprendre la portée sociale et l'importance des réseaux d'amitiés qui en résultaient, que si on considère que le Moyen Âge ignorait trois concepts qui sont devenus aujourd'hui évidents: a) la neutralité comme un choix d'action délibéré ; b) l'amitié comme type de relation exclusivement privé et fondé sur des émotions; c) la connotation principalement érotico-sexuelle de l'amour et de l'amitié étroite entre des personnes du même sexe.

(538–594). ‚Zehn Bücher Geschichte'. Historiographie und Gesellschaftskonzept im 6. Jahrhundert, Darmstadt 1994, 56 f.

Politik und Freundschaft im spätmittelalterlichen Reich

Von *Claudia Garnier*, Münster

I. Freundschaft als politische und soziale Praxis

Bereits im 10. Jahrhundert klagte der Geschichtsschreiber Liudprand von Cremona über Freundschaften, die lediglich zum gegenseitigen Nutzen eingegangen würden. Es gebe unzuverlässige und unbeständige Arten von Freundschaft, die rein zweckorientiert ausgerichtet seien. Da sich die Partner lediglich an finanziellem Profit oder politischen Vorteil orientierten, seien diese Typen der Freundschaft überaus kurzlebig: „Denn zahlreiche Beispiele haben sehr oft erwiesen, daß Menschen, die ihren Freundschaftsbund mit einer gegenseitigen eidlichen Bindung begannen, auf keine Weise in ungestörtem Einvernehmen zu bleiben vermochten.“[1] Dagegen stellt Liudprand die wahre Freundschaft, die sich durch Rechtschaffenheit und Tugend der Partner auszeichne[2].

In der Tat war erstere Form der Freundschaft in keiner Weise vergleichbar mit dem Modell, das im philosophischen Diskurs als idealtypisches Verhalten eingefordert wurde: Die wahre Freundschaft, so der gemeinsame Nenner aller Reflexionen über dieses Thema, zeichne sich durch selbstlose Unterstützung aus, die nicht mit einer Gegenleistung des Freundes rechne[3]. Die

---

1 Liudprandi Antapodosis, hrsg. v. *Joseph Becker* (MGH SSrG, 41), 3. Aufl., Hannover 1915, c. 14, 17: *Sed cum nonnulla sint incerta et instabilia amicitiarum genera, quae diversis modis humanum genus dilectionis societate conectunt, ut quosdam praecedens commendatio postmodum amicitiae facit inire commertia, alios negociationis seu militiae vel artis ac studii similitudo, quae etiam, sicut ex diversis vel lucri vel libidinis vel necessitudinum variarum sotietatibus adquiruntur, ita intercedente qualibet divortii occasione solvuntur: hoc tamen est, hoc inquam amicitiae genus, quod multis experimentis est saepissime comprobatum, nullo modo eos, qui amicitiarum foedus coniurationis iniere principio, indiruptam quivisse servare concordiam.* Übersetzung: Liudprands Buch der Vergeltung, in: Quellen zur Geschichte der sächsischen Kaiserzeit, bearb. v. *Albert Baur / Reinhold Rau* (FSGA, 8), Darmstadt 1971, c. 14, 269 ff.

2 Liudprandi Antapodosis (Anm. 1): *Quod si a minus recte sapientibus de vero amicitiarum genere percontamur, respondebimus concordiam veramque amicitiam nisi inter emendatos mores eiusdemque virtutis et propositi viros stare non posse.*

3 *Jean-Claude Fraisse*, Philia. La notion d'amitié dans la philosophie antique, Paris 1974; *Peter Schulz*, Freundschaft und Selbstliebe bei Platon und Aristoteles. Semantische Studien zur Subjektivität und Intersubjektivität (Alber-Reihe praktische Philosophie, 64), Eichstätt 2000.

amicitia im Sinne des eben zitierten Zweckbündnisses wies gegenüber ihrer idealtypischen Ausformung zwar deutlich defizitäre Strukturen auf, doch im politischen Alltag war sie sicherlich die häufigste Form. Freundschaft soll daher im Folgenden weder als individuelle oder emotionale Bindung, noch als altruistische Gesinnung verstanden werden, sondern als eine politisch normierte Kooperationsbeziehung, die sich an ganz bestimmten Erfordernissen orientierte.

Als solche hat sie seit den 1950er Jahren Eingang in die historische Forschung gefunden[4]. Und dies sicherlich nicht ohne Grund, denn seitdem sich die Mediävistik von den Denkmustern moderner Staatlichkeit gelöst und das personelle Prinzip mittelalterlicher Herrschaftspraxis in den Vordergrund gerückt hat, kam eben jenen personellen Bindungsformen eine besonders große Aufmerksamkeit zu, über die sich die politische Ordnung konstituierte. Zu nennen sind neben der Verwandtschaft herrschaftliche und genossenschaftliche Beziehungsverhältnisse. Erst die Einbindung in unterschiedliche Netzwerke ermöglichte es dem Einzelnen, an politischen Entscheidungsprozessen zu partizipieren und sich im Konfliktfall zu behaupten. Nur als Mitglied einer der genannten Gruppen waren ihm Schutz, Hilfe und Unterstützung garantiert[5]. Als eine dieser Bindungsformen erscheint der Begriff *amicitia* beziehungsweise später der mittelhochdeutsche

---

[4] Vgl. dazu zunächst die älteren Studien von *Wolfgang Fritze*, Die fränkische Schwurfreundschaft der Merowingerzeit, in: ZSRG Germ. Abt. 71 (1954), 74–125; *Reinhard Schneider*, Brüdergemeine und Schwurfreundschaft. Der Auflösungsprozeß des Karolingerreiches im Spiegel der caritas-Terminologie in den Verträgen der karlingischen Teilkönige des 9. Jahrhunderts (Historische Studien, 388), Lübeck/Hamburg 1964. An Arbeiten neueren Datums sind für das Früh- und Hochmittelalter zu nennen *Gerd Althoff*, Verwandte, Freunde und Getreue. Zum politischen Stellenwert der Gruppenbindung im frühen Mittelalter, Darmstadt 1990; *ders.*, Amicitiae und pacta. Bündnis, Einung, Politik und Gebetsgedenken im beginnenden 10. Jahrhundert (MGH Schriften, 37), Hannover 1992; *Verena Epp*, Amicitia. Zur Geschichte personaler, sozialer, politischer und geistlicher Beziehungen im früheren Mittelalter (Monographien zur Geschichte des Mittelalters, 44), Stuttgart 1999; Friendship in Medieval Europe, hrsg. v. *Julian Haseldine*, Stroud 1999; für die Zeit des Spätmittelalters s. *Simon Teuscher*, Bekannte – Klienten – Verwandte. Soziabilität und Politik in der Stadt Bern um 1500 (Norm und Struktur, 9), Zürich 1998; *Claudia Garnier*, Amicus amicis – inimicus inimicis. Politische Freundschaft und fürstliche Netzwerke im 13. Jahrhundert (Monographien zur Geschichte des Mittelalters, 46), Stuttgart 2000; *Klaus Oschema*, Freundschaft und Nähe im spätmittelalterlichen Burgund. Studien zum Spannungsfeld von Emotion und Institution (Norm und Struktur, 26), Köln/Weimar/Wien 2006. Für die Zwischenmächte-Beziehungen des Mittelalters vgl. *Klaus van Eickels*, Vom inszenierten Konsens zum systematisierten Konflikt. Die englisch-französischen Beziehungen und ihre Wahrnehmung an der Wende vom Hoch- zum Spätmittelalter (Mittelalter-Forschungen, 10), Stuttgart 2002.

[5] *Heinrich Fichtenau*, Lebensordnungen des 10. Jahrhunderts. Studien über Denkart und Existenz im einstigen Karolingerreich. 2 Bde. (Monographien zur Geschichte des Mittelalters, 30), Stuttgart 1984; *Althoff*, Verwandte (Anm. 4); *Otto-Gerhard Oexle*, Soziale Gruppen in der Ständegesellschaft: Lebensformen des Mittelalters und ihre historischen Wirkungen, in: Die Repräsentation der Gruppen. Texte – Bilder – Objekte, hrsg. v. dems./Andrea von Hülsen-Esch (VMPG, 141), Göttingen 1998, 9–35.

Terminus *friuntschaft*[6]. Im politischen Alltag umfasste sie ein verbindliches Verpflichtungsverhältnis, das auf dem Prinzip des *do-ut-des* basierte.

Die folgenden Überlegungen nehmen den mittellateinischen Terminus der *amicitia* bzw. den mittelhochdeutschen Begriff der *friuntschaft* für den geographischen Raum des spätmittelalterlichen Reichs in den Blick. Während entsprechende Übereinkünfte für das Früh- und Hochmittelalter fast ausschließlich in narrativen Texten zu fassen sind, erschließt sich das Phänomen seit dem 13. Jahrhundert zusätzlich über Urkunden, die entsprechende Freundschaftsbündnisse fixierten[7]. Diese breitere Quellenbasis bietet einen recht detaillierten Einblick in die Formen und Funktionsweisen politisch motivierter Freundschaft, und daher sollen in den folgenden Ausführungen diplomatische wie historiographische Zeugnisse gleichermaßen herangezogen werden.

Bei einer ersten Bestandsaufnahme fällt auf, dass der Begriff der Freundschaft im Spannungsfeld zweier Bindungsformen begegnet: der politischen Bündnispartnerschaft einerseits und der Verwandtschaft andererseits. Daher werden beide Beziehungsmuster und ihr Einfluss auf die Bedeutung der Freundschaft im folgenden Gegenstand der Analyse sein. In einem weiteren Schritt soll schließlich der Tatsache Rechnung getragen werden, dass politische Freundschaft in der Regel die Konsequenz permanenter Bedrohung durch Feindschaft war. Daher wird hier die Frage in das Zentrum des Interesses rücken, welche Strategien die Partner in Hinblick auf diese Gefährdungen entwickelten.

II. Freundschaft als Bündnispartnerschaft

In der politischen Interaktion des spätmittelalterlichen Reichs begegnen *amicitiae* zunächst im Sinne einer Bündnispartnerschaft in den unterschiedlichsten Konstellationen: entweder zwischen Gleichgestellen oder zwischen übergeordneten und inferioren Partnern. Da die Freundschaft in horizontal und vertikal strukturierten Netzwerken überaus unterschiedliche Funktionen erfüllte, sollen beide Beziehungsformen im Folgenden einer separaten Analyse unterzogen werden.

Am Beispiel der Allianzen der Kurfürsten im 13. und 14. Jahrhundert sollen zunächst die Funktionsweisen der *amicitia* in horizontalen Beziehungssystemen genauer skizziert werden. Denn wohl kaum eine zweite Gruppe hat im spätmittelalterlichen Reich einen so wichtigen Einfluss auf Entscheidungsprozesse ausgeübt wie die der Kurfürsten[8]. Aus dieser Perspektive

---

6 Auf die Bedeutungsvarianz dieser Termini wird in den nachfolgenden Abschnitten jeweils separat eingegangen.

7 Ausführlich dazu *Garnier*, Amicus amicis (Anm. 4).

sind sie für die Fragestellung der vorliegenden Ausführungen nahezu prädestiniert. Spätestens zu dem Zeitpunkt, an dem sich die Kurfürsten zu einem institutionalisierten Organ entwickelten und auf sieben Königswähler beschränkten, sind immer wieder *amicitiae* zwischen den einzelnen Mitgliedern zu beobachten. Sie erfassten in vielen Fällen den aktivsten Teil der Gruppe, nämlich die rheinischen Kurfürsten: also die Erzbischöfe von Mainz, Köln und Trier sowie den Pfalzgrafen am Rhein. Anlass dieser Übereinkünfte waren bis zum ersten Drittel des 13. Jahrhunderts gemeinsame territorialpolitische Aktivitäten, denn neben ihrem Status im Reich waren die Königswähler ebenfalls Landesherren, die mehr oder weniger erfolgreich den Ausbau ihres Einflussbereichs betrieben.

Da ihre Herrschaftsgebiete teilweise aneinander grenzten, waren die Bündnisaktivitäten zunächst gemeinsamen territorialen Interessen verpflichtet. In dem Maße, in dem sich die Gruppe der Kurfürsten im Verlauf des 13. Jahrhunderts institutionalisierte, reagierten die Abkommen jedoch zunehmend auf Entwicklungen in der Reichspolitik und trugen nun der Präeminenz der Königswähler Rechnung. Auslöser der Freundschaftsbündnisse waren etwa eine anstehende Königswahl ebenso wie Auseinandersetzungen mit dem Herrscher, die in manchen Fällen sogar zu dessen Deposition führten. Einen bedeutenden Entwicklungsschub bildeten aus dieser Perspektive die nachstaufischen Jahrzehnte des 13. Jahrhunderts, als mit dem Doppelkönigtum Alfons' von Kastilien und Richards von Cornwall der rheinische Pfalzgraf und der Erzbischof von Köln mit der Stimme des Mainzers für den englischen, und der Trierer Erzbischof mit den Stimmen Sachsens, Brandenburgs und Böhmens für den kastilischen Kandidaten votierten[9]. Auch als nach dem Tod Richards von Cornwall im Jahr 1273 Rudolf von Habsburg gewählt wurde, verständigten sich vor allem die rheinischen Königswähler auf eine Kooperation, die sie in verschiedenen Bündnis-

8 *Franz-Reiner Erkens,* Kurfürsten und Königswahl. Zu neuen Theorien über den Königswahlparagraphen im Sachsenspiegel und die Entstehung des Kurfürstenkollegiums (MGH Studien und Texte, 30), Hannover 2002; Königliche Tochterstämme, Königswähler und Kurfürsten, hrsg. v. *Armin Wolf* (Studien zur europäischen Rechtsgeschichte, 152), Frankfurt a. M. 2002; *ders.*, Die Entstehung des Kurfürstenkollegs 1198–1298. Zur 700-jährigen Wiederkehr der ersten Vereinigung der sieben Kurfürsten (Historisches Seminar, 11), Idstein 1998. Dazu die Zusammenfassung von *Thomas Ertl,* Alte Thesen und neue Theorien zur Entstehung des Kurfürstenkollegiums, in: ZHF 30 (2003), 619–642. Vgl. die einschlägigen Arbeiten von *Ernst Schubert,* Die Stellung der Kurfürsten in der spätmittelalterlichen Reichsverfassung, in: Jahrbuch für westdeutsche Landesgeschichte 1 (1975), 97–128; *ders.*, Königswahl und Königtum im spätmittelalterlichen Reich, in: ZHF 4 (1977), 257–338; *ders.*, König und Reich. Studien zur spätmittelalterlichen deutschen Verfassungsgeschichte (VMPG, 63) Göttingen 1979; *ders.*, Erz- und Erbämter am hoch- und spätmittelalterlichen Königshof, in: Deutscher Königshof, Hoftag und Reichstag im späteren Mittelalter, hrsg. v. Peter Moraw (VuF, 48), Stuttgart 2002, 191–238.

9 Vgl. dazu *Martin Kaufhold,* Deutsches Interregnum und europäische Politik. Konfliktlösungen und Entscheidungsstrukturen (1230–1280) (MGH Schriften, 49), Hannover 2000, 27 ff.

urkunden als *amicitia* deklarierten. So schlossen im Januar 1273 Pfalzgraf Ludwig II. und Werner von Mainz ein Freundschaftsbündnis, in dem sie sich *amicicia et vera composicio* versprachen und sich *contra quoslibet iniuriatores [...] auxilium, consilium efficax et iuvamen* zusagten[10]. Dem Einsatz des Mainzer Metropoliten war es schließlich zu verdanken, dass sich der Pfalzgraf am 20. Juli in Rhens mit dem Kölner Erzbischof Siegfried von Westerburg traf und mit diesem *in pleni favoris et amicicie [...] unionem* übereinkam[11].

Neben den Übereinkünften im Vorfeld einer Königswahl sind jedoch auch solche überliefert, welche die gemeinsame Opposition gegen einen Herrscher festigen sollten: So ist bereits kurz nach der angesprochenen Wahl Rudolfs von Habsburg eine Allianz der drei rheinischen Erzbischöfe gegen die Politik des Herrschers überliefert, die sie als *familiaritas amicitiae specialis* deklarierten[12]. Dass diese Funktionsweisen der Freundschaft nicht auf das 13. Jahrhundert beschränkt waren, sondern zu den Konstanten der spätmittelalterliche Reichspolitik zählten, mag eine Situation belegen, für die ein chronologischer Sprung erlaubt sei. Als sich im Jahr 1400 die rheinischen Kurfürsten zur Absetzung des Luxemburgers Wenzel und zur Wahl des neuen Herrschers, Ruprecht von der Pfalz, verständigten, wurden ihre Aktivitäten ebenfalls von Bündnissen begleitet, die sie als *fruntschaft* bezeichneten[13].

---

10 MGH Constitutiones et acta publica imperatorum et regum (Legum sectio IV). Bd. 3, hrsg. v. *Jakob Schwalm*, Hannover / Leipzig 1904 – 1906, Nr. 2, 8 f.

11 Ebd., Nr. 4, 10.

12 Urkundenbuch für die Geschichte des Niederrheins oder des Erzstifts Cöln, der Fürstenthümer Jülich und Berg, Geldern, Meurs, Cleve und Mark, und der Reichsstifte Elten, Essen und Werden. Bd. 2, hrsg. v. *Theodor J. Lacomblet*, Düsseldorf 1846, Nr. 677, 396: *Licet inter Coloniensem et Maguntinensem ecclesias et nostram ecclesiam Treuerensem quedam familiaritas amicitie specialis sit habita ab antiquo, ut tamen ipse ecclesie hiis nostris diebus contra malorum insultus forcius recipiant incrementum, nos familiaritatem huiusmodi innouare, et ad maiorem roboris firmitatem perducere cupientes fide data et corporali prestito iuramento promittimus, quod venerabilibus patribus Coloniensi et Maguntinensi archiepiscopis et eorum ecclesiis pro defensione honoris et rerum suarum contra quoslibet, Romana ecclesia et imperio duntaxat exceptis, consilio et auxilio quoad vixerimus fideliter assistemus; et ipsi idem nobis facient vice versa.* Allgemein zu den Ereignissen und den Auslösern des Konflikts *Oswald Redlich*, Rudolf von Habsburg. Das deutsche Reich nach dem Untergange des Kaisertums, Innsbruck 1903 [ND Aalen 1960], 252 ff.

13 Die einzelnen Bündnisse und ihre Funktionen sind ausführlich zusammengestellt bei *Claudia Garnier*, Wie vertraut man seinem Feind? Vertrauensbildung und Konsensfindung der rheinischen Kurfürsten um 1400, in: FMSt 39 (2005), 271 – 291. Zur Absetzung Wenzels und zur Wahl Ruprechts vgl. *Ernst Schubert*, Königsabsetzung im deutschen Mittelalter. Eine Studie zum Werden der Reichsverfassung (Abhandlungen der Akademie der Wissenschaften zu Göttingen. Phil.-hist. Kl. 3 / 267), Göttingen 2005, 277 ff.; *Alois Gerlich*, Habsburg – Luxemburg – Wittelsbach im Kampf um die deutsche Königskrone. Studien zur Vorgeschichte des Königtums Ruprechts von der Pfalz, Wiesbaden 1960. Allgemeine Überlegungen zu Herrscherabsetzungen bei *Karl Schnith*, Gedanken zu den Königsabsetzungen im Spätmittelalter, in: HJb 91 (1971), 309 – 326; *František Graus*, Das Scheitern von Königen: Karl IV., Richard II., Wenzel IV., in: Das spätmittelalterliche Königtum im euro-

Die zumeist urkundlich fixierten Übereinkommen wiesen dabei immer eine vergleichbare Struktur auf: Da die rheinischen Kurfürsten an den Schnittstellen ihrer Territorien teilweise recht langwierige Konflikte um Einfluss und Herrschaft austrugen, mussten zunächst diese Streitigkeiten beseitigt werden, damit sie auf Reichsebene gemeinsam agieren konnten. In den genannten Freundschaftsverträgen setzten sie in der Regel Schiedsrichter ein, die über diese Probleme befinden sollten. Doch meist dauerten deren Aktivitäten nur so lange an, bis sich die Königswähler auf ein gemeinsames Vorgehen im Reich geeinigt hatten. In dem Maße, in dem sie erfolgreich eine Königswahl oder -absetzung betrieben hatten, verliefen auch die Schlichtungsmaßnahmen in territorialen Streitigkeiten im Sande[14]. Freundschaft bedeutete in diesen Fällen also eine zeitlich begrenzte Interessengemeinschaft, die so lange währte, bis die gemeinsam geplanten Aktivitäten abgeschlossen waren. In der Regel wurde sie urkundlich fixiert und teilweise durch rituelle Kommunikationsmuster, etwa durch einen Kuss, ergänzt[15]. Die *amicitia* bezeichnete also keineswegs eine langfristige, sondern eine temporäre Bindung. Aus der Perspektive der Königswähler bot sie die Aktionsbasis für reichspolitische Entscheidungen, da erst die mit ihr verbundenen Mechanismen der internen Streitschlichtung die Königswähler einten. Freundschaft in horizontalen Beziehungen – so könnte man es auf den Punkt bringen – signalisierte also die Bereitschaft zu gemeinschaftlichem Handeln, verpflichtete die Akteure zu einem bestimmten Verhalten und stabilisierte die Interessengemeinschaft für einen gewissen Zeitraum.

In vertikalen, also herrschaftlichen Beziehungen waren die mit einer *amicitia* verbundenen Funktionsweisen hingegen anders gelagert, denn der Begriff des Freundes evozierte zunächst Gleichrangigkeit[16]. Wenn ein politisch-sozial höhergestellter einen inferioren Beziehungspartner als Freund

---

päischen Vergleich, hrsg. v. Reinhard Schneider (VuF, 32), Sigmaringen 1987, 17–39; *Helmut G. Walther,* Das Problem des untauglichen Herrschers in der Theorie und Praxis des europäischen Spätmittelalters, in: ZHF 23 (1996), 1–28; *Frank Rexroth,* Tyrannen und Taugenichtse. Beobachtungen zur Ritualität europäischer Königsabsetzungen im späten Mittelalter, in: ZHF 31 (2004), 27–53.

14 Ausführlich dazu *Garnier,* Amicus amicis (Anm. 4), 128 ff.

15 So etwa in der oben erwähnten Übereinkunft zwischen dem Kölner Erzbischof und dem Pfalzgrafen im Juli 1273, s. MGH Constitutiones. Bd. 3 (Anm. 10), Nr. 4, 10: *Nos Engelbertus Dei gracia sancte Coloniensis ecclesie archiepiscopus sacri imperii per Ytaliam archicancellarius tenore presencium protestando publice profitemur, universorum presencium et futurorum noticie declarantes, quod cum illustri principe domino Ludewico comite palatino Reni duce Bawarie consanguineo nostro super omnibus causis et questionibus, que inter nos et ecclesiam nostram ac antecessores nostros ex una parte et ipsum ducem ac progeniores suos ex altera hactenus movebantur, dato alternatim pacis osculo in pleni favoris et amicicie convenimus unionem [...].*

16 So soll Alkuin von Tours die Frage Pippins nach dem Wesen der Freundschaft mit dem Verweis auf die *aequalitas amicorum* beantwortet haben, s. *Alkuin von Tours,* Pippini regalis et nobilissimi juvenis disputatio cum Albino scholastico, in: PL 101, Paris 1863, Sp. 975–980, hier 978.

bezeichnete, so bedeutete dies gleichzeitig eine Aufwertung und Ehrung des so Ausgezeichneten. Hier trat also die für die ranggebundene Adelsgesellschaft des Mittelalters so zentrale Größe der Ehre hinzu, die in horizontal strukturierten Freundschaften eine weitaus geringere Rolle spielte. Da sich das Thema ‚Ehre' in den vergangenen Jahren in der historischen Forschung außerordentlich großer Beliebtheit erfreut hat, können an dieser Stelle die wichtigsten Ergebnisse thesenhaft skizziert und anschließend auf ihre Bedeutung für vertikal strukturierte *amicitiae* hin fruchtbar gemacht werden[17].

Eine der wichtigsten Erkenntnisse, welche die Beschäftigung mit dem Phänomen ‚Ehre' hervorgebracht hat, ist die Unterscheidung zwischen der individuellen Ehre einer einzelnen Person einerseits und der Ehrvorstellung einer gesellschaftlichen Gruppe andererseits. Als eines der am besten erforschten gruppenbezogenen Ehrkonzepte kann sicherlich das des Adels gelten. Es wurde durch bestimmte adelsspezifische Attribute und Verhaltensweisen generiert und erwies sich nach außen als Mittel der sozialen Distinktion. Daneben galt jedoch auch der Ehre der einzelnen Person ein besonderes Interesse. Diese individuelle Ehre konnte vermehrt, gemindert oder gar verloren werden und war Indikator der Position des einzelnen im politischen und sozialen Kräftespiel. Von einem Ranghöheren als Freund tituliert zu werden, war aus dieser Perspektive zweifelsohne eine Aufwertung, ein Pluspunkt auf dem individuellen Ehrkonto[18].

Es ist eine logische Konsequenz, dass dies im Adelsmilieu der gesamten höfischen Gemeinschaft sichtbar gemacht wurde, denn die Statusverbesserung einer einzelnen Person war nur dann relevant, wenn sie von den Standesgenossen als solche zur Kenntnis genommen wurde. Auf dieser Klaviatur spielte etwa Karl IV., wenn er ausgewählte Funktionsträger mit dem Titel des besonderen Freundes auszeichnete und sie zu seinen Tischgenossen machte[19]. Bereits František Kavka hat in seiner Studie über den Hof

---

17 Ehre. Archaische Momente in der Moderne, hrsg. v. *Ludgera Vogt / Arnold Zingerle,* Frankfurt a. M. 1994; Verletzte Ehre. Ehrkonflikte in Gesellschaften des Mittelalters und der Frühen Neuzeit, hrsg. v. *Klaus Schreiner / Gerd Schwerhoff* (Norm und Struktur, 5), Köln / Weimar / Wien 1996; Ehrkonzepte in der Frühen Neuzeit, hrsg. v. *Sibylle Backmann / Hans-Jörg Künast / Sabine Ullmann / Beverly Ann Tlusty* (Colloquia Augustana, 8), Berlin 1998; *Knut Görich,* Die Ehre Friedrich Barbarossas. Kommunikation, Konflikt und politisches Handeln im 12. Jahrhundert (Symbolische Kommunikation in der Vormoderne), Darmstadt 2001.

18 *Martin Dinges,* Die Ehre in der historischen Anthropologie. Bemerkungen zur Wissenschaftsgeschichte und zur Konzeptualisierung, in: Verletzte Ehre, hrsg. v. Schreiner / Schwerhoff (Anm. 17), 29 – 62, hier 32 f.

19 So ernannte Karl etwa im Jahr 1374 den Kölner Erzbischof Friedrich III. von Saarwerden zum *commensalis domesticus cottidianus,* s. *Johann Friedrich Böhmer,* Regesta Imperii. Bd. 8: Die Regesten des Kaiserreichs unter Kaiser Karl IV. 1346 – 1378, hrsg. v. Alfons Huber, Innsbruck 1877, Nr. 5429; Urkundenbuch für die Geschichte des Niederrheins oder des Erzstifts Cöln, der Fürstenthümer Jülich und Berg, Geldern, Meurs, Cleve und Mark, und der Reichsstifte Elten, Essen und Wer-

Karls IV. darauf hingewiesen, dass eine graduelle Abstufung zwischen dem einfachen *familiaris* und dem Tischgenossen (*commensalis domesticus*) existiert habe. Keine Entscheidung trifft Kavka jedoch in der Frage, ob die Bezeichnung als täglicher Tischgenosse (*commensalis domesticus cottidianus*) eine zusätzliche Aufwertung dargestellt habe[20]. Stellt man diese höfischen Rangstufen jedoch in den Kontext dieses Beitrages, so erschließen sich die mit diesem Distinktionsmechanismus verbundenen Absichten deutlicher. Die Anwesenheit an der Tafel des Herrschers als *commensalis domesticus* demonstrierte die Position des so Geehrten vor den Augen des gesamten Hofes. Da dem gemeinsamen Mahl in der Vormoderne ein friedens- und freundschaftsbekräftigender Charakter beigemessen wurde, stellte der tägliche Zugang zur Tafel des Herrschers eine permanente Vergewisserung und Stabilisierung der ausgeglichenen Beziehungen dar und dürfte wohl mit einer zusätzlichen Statuserhöhung verbunden gewesen sein.

Das Repertoire dieser Auszeichnungen beschränkte sich jedoch nicht nur auf die temporäre oder tägliche Tischgemeinschaft. Den Markgrafen Wilhelm von Jülich ernannte Karl IV. im Februar 1349 zu seinem besonderen Freund und Rat, weil er sich in den Verhandlungen mit der englischen Krone verdient gemacht hatte. In überschwenglichen Worten lobt er die Mühen und den Einsatz Wilhelms. Als äußeres Kennzeichen seiner herausgehobenen Position billigte der Kaiser dem Jülicher zu, dass dieser sich künftig in der gleichen Kleidung wie er selbst präsentieren dürfe[21]. Die Tatsache,

---

den. Bd. 3, hrsg. v. *Theodor J. Lacomblet,* Düsseldorf 1853, Nr. 761, 655. *Ferdinand Seibt,* Karl IV. Ein Kaiser in Europa 1346–1378, München 1978, 343 f. Zur Bedeutung des Mahls in der Vormoderne vgl. *Gerd Althoff,* Der frieden-, bündnis- und gemeinschaftsstiftende Charakter des Mahles im früheren Mittelalter, in: Essen und Trinken in Mittelalter und Neuzeit, hrsg. v. Irmgard Bitsch u. a., Sigmaringen 1987, 13–25; *Gerhard Fouquet,* Das Festmahl in den oberdeutschen Städten des Spätmittelalters. Zu Form, Funktion und Bedeutung öffentlichen Konsums, in: AKG 74 (1992), 83–123; Die öffentliche Tafel. Tafelzeremoniell in Europa 1300–1900, hrsg. v. *Evelyn Peters,* Wolfsratshausen 2002.

20 *František Kavka,* Am Hofe Karls IV., Stuttgart 1990, 35 f.

21 Regesta Imperii. Bd. 8 (Anm. 19), Nr. 859; MGH Constitutiones et acta publica imperatorum et regum (Legum sectio IV). Bd. 9, bearb. v. *Margarete Kühn,* Weimar 1974–1983, Nr. 164, 128: *Wir Karl von gots gnaden Romischer kung [...] tun kunt [...], daz wir haben angesehen di stete lwtir trewe und den getrewen willigen dinst dez hochgebornen Wilhelms marggraven ze Gulch, unsirs lieben neven und fursten, do mit er uns von rechtir liebe und sundirlicher fruntschaft geeret hat in der berichtegunge und fruntlicher vereynunge, di zwischen uns und dem durchleuchten fursten dem kunge von Engillant unserm lieben frunde geschehen ist, und ouch in allen andern sachen, di er mit fleizzigen trewen, mit grozzer kost und arbeit gen unsern und des Reichs fursten, graven, vreyen, herren und steten ze unsern eren geworben hat, di von seinen wegen in unsern gehorsam bracht und komen sein, und noch sich irbewtet mit vollir bereitikeit ze allen unsern sachen vordirlicher und fruntlicher wann ymand andirs getan hab undir allen unsern fru̇nden und getrewen. Und dorumb nemen und empfahen wir in ze eyme besundirn frunde und ze eyme sundirlichen heymelichen und innewendigem rate und wellen von unsirn kunglichen gnaden, daz er unsir cleyder in gleicher gestalt als wir si haben ze unserm leibe mit uns tragen und haben sol, die wile wir leben und unsir geselle sein und heizzen sol ze urkund und virbentnuzz*

dass ein höfischer Funktionsträger die gleiche Kleidung wie sein König trug, ist sicherlich eine außerordentlich große Ehrzuweisung[22]. Das identische Erscheinungsbild der Freunde zeigte, dass nicht nur ihr Verhalten dem Postulat vormoderner Freundschaft entsprach – die innere Verbundenheit der Partner wurde durch die gleiche Kleidung zusätzlich nach außen gekehrt. Der ranggebundenen mittelalterlichen Gesellschaft signalisierte dieser ‚Kleidungscode', dass dem so Ausgezeichneten eine überaus wichtige Position zukam, die sich vor allem in politischer Einflussnahme niederschlug. Entsprechend fand der Markgraf von Jülich als ‚besonderer Freund' des Königs auch Aufnahme in dessen Rat. Darüber hinaus – dies soll nicht verschwiegen werden – erfüllte der Doppelgänger ebenso eine Schutzfunktion für den Herrscher[23]. Diese Intentionen verfolgte etwa Ludwig der Bayer, als er nach Auskunft des Mathias von Neuenburg in der Schlacht von Mühldorf im Jahr 1322 auf jegliche königliche Abzeichen verzichtete und sich ebenso wie zwölf seiner Ritter kleidete, um bei einer möglichen Gefangennahme nicht erkannt zu werden[24]. Im Fall des Markgrafen von Jülich fungierte die Visualisierung der Freundschaft durch gleiche Kleidungsstücke jedoch eher als Auszeichnung für besondere Leistungen, als Mittel der Statuserhöhung innerhalb der Gruppe des Adels.

In anderen Fällen erwies sich die Freundschaft zu einem Rangniederen als Möglichkeit, dessen Unterstützung oder Gefolgschaft erst zu erreichen. In besonders prekären Situationen genügte jedoch kaum die bloße Aus-

---

rechter liebe und worhaftiger fruntschaft, damit wir in begriffen haben und steteclich meynen wellen durch seiner vesten trewen und stetir dinste willen.

22 *Elke Brüggen*, Kleidung und Mode in der höfischen Epik des 12. und 13. Jahrhunderts (Euphorion. Beihefte, 23), Heidelberg 1989, 124 ff., sowie die Arbeiten in folgenden Sammelbänden: Terminologie und Typologie mittelalterlicher Sachgüter. Das Beispiel der Kleidung. Internationales Round-Table-Gespräch Krems an der Donau (Österreichische Akademie der Wissenschaften. Phil.-hist. Kl. Sitzungsberichte, 511), Wien 1988; Le Vêtement. Histoire, archéologie et symbolique vestimentaires au Moyen Âge (Cahiers du Léopard d'or, 1), Paris 1989; Vêture & pouvoir. XIIIe–XXe siècle. Actes du colloque des 19 et 20 octobre 2001, hrsg. v. *Christine Aribaud*, Toulouse 2003.

23 Vgl. *Reinhard Schneider*, Politische Freundschaft, in: Il concetto di amicizia nella storia della cultura europea / Der Begriff Freundschaft in der Geschichte der Europäischen Kultur, hrsg. v. Luigi Cotteri, Meran 1995, 372–394. Schneider verweist auf Philippe de Commynes, der zum Treffen des französischen mit dem englischen König im Jahr 1475 in der gleichen Kleidung wie sein Herr Ludwig XI. erschien, und interpretiert dies als Schutzmaßnahme (380): „Wahrscheinlicher ist m. E. der Sicherheitsaspekt, der Attentäter vor größere Probleme der Identifizierung stellen sollte, wenn zwei oder mehr Personen möglichst gleicher Größe, Statur und Alters als König gekleidet auftraten." Demnächst zu diesem Problembereich *Klaus Oschema*, Amis, favoris, sosies. Le vêtement comme miroir des relations personnelles, in: Mode und Kleidung im Europa des späten Mittelalters / Fashion and Clothing in Late Medieval Europe, hrsg. v. Regula Schorta / Rainer C. Schwinges (im Druck).

24 Chronica Mathiae de Nuwenburg, hrsg. v. *Adolf Hofmeister* (MGH SSrG N.S., 4), 2. Aufl., Berlin 1955, c. 49, 119: *Ipse autem met duodecimus in armis blaveis cum albis crucibus, ne cognosceretur, absque signis regiis apparebat; non enim dubitavit se, si vinceretur, occidi.*

zeichnung des Kommunikationspartners als Freund, vielmehr musste seine Bereitschaft mit handfesten materiellen Zugeständnissen motiviert werden. Die so geschaffene *amicitia* geriet dann eher zu einer Sekundärerscheinung, während die primäre Intention des so Begünstigten sicherlich auf territoriale, fiskalische, pekuniäre oder sonstige Gewinne abzielte. Diese Form der vertikalen Freundschaft kam im spätmittelalterlichen Reich in der Regel dann zum Tragen, wenn Herrschaft neu konsolidiert wurde oder wenn sie tiefgreifenden Gefährdungen ausgesetzt war. Besonders deutlich lassen sich diese Funktionsweisen in krisenhaften Situationen nachzeichnen: etwa in den Zeiten des Doppel- und Gegenkönigtums, an denen es im spätmittelalterlichen Reich keineswegs mangelte. Dann boten Bündnisse den Herrschern die Möglichkeit, notwendige Parteigänger zu rekrutieren. Aus dieser Perspektive wertet Ernst Schubert diese Abkommen als „ein in umfassenden und in differenzierten Formen gehandhabtes Herrschaftsmittel [...]", mit dessen Hilfe der König seinen Einfluss arrondierte[25].

Exemplarisch sei dies an einer Phase der Reichsgeschichte demonstriert, für welche die Krise des Königtums sogar namengebend wurde: dem sogenannten Interregnum. Dies begann offiziell zwar erst nach dem Tode Friedrichs II., doch auch die letzten Herrschaftsjahre des Staufers waren alles andere als unumstritten: Bereits im Jahr 1246 wurde der thüringische Landgraf Heinrich Raspe zum Gegenkönig gewählt, nach dessen baldigem Tod bestimmte man im Folgejahr den Grafen Wilhelm von Holland zum neuen Gegenkönig[26]. Seine Handlungsräume waren zunächst ausschließlich auf den Nordwesten des Reichs beschränkt und deckten sich mit dem geographischen Einflussbereich seiner Wähler, zu denen vor allem die geistlichen Kurfürsten zählten[27]. Die Zustimmung der traditionell staufisch gesinnten Städte blieb Wilhelm von Holland jedoch anfänglich versagt. Ausgehend von seiner Basis im Nordwesten des Reiches wandte sich Wilhelm daher zunächst den Städten Aachen, Köln und dem für die Handelskontrolle am Rhein wichtigen Kaiserswerth zu, um von dort weiter in Richtung Süden auszugreifen[28]. Seine Gegner zwang er entweder durch militä-

---

25 *Schubert,* König und Reich (Anm. 8), 108. Vgl. auch *Günter Rauch,* Die Bündnisse deutscher Herrscher mit Reichsangehörigen vom Regierungsantritt Friedrich Barbarossas bis zum Tode Rudolfs von Habsburg (Untersuchungen zur deutschen Staats- und Rechtsgeschichte, 5), Aalen 1960, sowie die Überlegungen bei *Peter Moraw,* Die Funktion von Einungen und Bünden im spätmittelalterlichen Reich, in: Alternativen zur Reichsverfassung in der Frühen Neuzeit?, hrsg. v. Volker Press (Schriften des Historischen Kollegs. Kolloquien, 23), München 1995, 1–21.

26 Zu den ereignisgeschichtlichen Abläufen vgl. *Kaufhold,* Deutsches Interregnum (Anm. 9), 185 ff.

27 Zu Wilhelm von Holland existiert keine Monographie aktuellen Datums, lediglich eine Studie aus dem endenden 19. Jahrhundert: *Otto Hintze,* Das Königtum Wilhelms von Holland (Historische Studien, 15), Leipzig 1885.

28 *Karl Ernst Demandt,* Der Endkampf des staufischen Kaiserhauses im Rhein-Maingebiet, in: Hessisches Jahrbuch für Landesgeschichte 7 (1957), 102–164.

rische Intervention auf seine Seite – so etwa Aachen, das sich dem Gegenkönig nach fünfmonatiger Belagerung beugte – oder durch Allianzen, die in der Regel durch weitreichende ökonomische und administrative Zugeständnisse begleitet wurden[29]. Letzteres war etwa in den Verhandlungen mit der Stadt Köln der Fall, die noch während der Wahl Wilhelms ihre Tore verschlossen hatte. Als Bedingung für ihren Übertritt rangen die Kölner dem Gegenkönig nun weitreichende fiskalische und administrative Zugeständnisse ab. Zudem durfte Wilhelm in der Rheinmetropole künftig weder Hoftage abhalten, noch mit großem Gefolge oder gar Bewaffneten in die Stadt einreiten; außerdem hatte er von der Kommune keine militärische Unterstützung oder sonstige Leistungen einzufordern. Wilhelm von Holland hingegen musste den Kölnern uneingeschränkte Unterstützung zusagen[30]. Auf den ersten Blick liest sich diese Allianz also wie eine recht einseitige Abmachung zugunsten der Bürger, und daher ist der Kontrakt geradezu als Demütigung Wilhelms von Holland interpretiert worden. Tatsächlich sind diese Abmachungen jedoch ein Handel, der durchaus dem reziproken Verpflichtungsmodell entspricht: Für ihre Parteinahme erwarteten und erhielten die Kölner eine entsprechende Gegenleistung.

Weitaus eleganter als Wilhelm von Holland operierte ein Jahrhundert später Karl IV. mit den Möglichkeiten, die ihm vertikale *amicitiae* zur Herrschaftsstabilisierung boten. Auch er befand sich in einer Phase größter Bedrohung, als der thüringische Graf Günther von Schwarzburg im Januar 1349 von einigen Kurfürsten zum Gegenkönig gewählt wurde[31]. Der Schwarzburger, der seine Wahl dem Mainzer Erzbischof Heinrich von Virneburg, dem Markgrafen Ludwig V. von Brandenburg, Herzog Erich II. von Sachsen-Lauenburg und dem rheinischen Pfalzgrafen Rudolf II. von Wittelsbach verdankte, erzielte recht schnell beachtliche Erfolge, als er sich mit der Stadt Frankfurt und der Anerkennung durch die Städte in der Wetterau

29 *Evamaria Engel*, Beziehungen zwischen Königtum und Städtebürgertum unter Wilhelm von Holland, in: Stadt und Städtebürgertum in der Geschichte des 13. Jahrhunderts, hrsg. v. Bernd Töpfer (Forschungen zur Mittelalterlichen Geschichte, 24), Berlin 1976, 63–107. Zu Aachen vgl. *Johann Friedrich Böhmer*, Regesta Imperii. Bd. V/2. Die Regesten des Kaiserreichs unter Philipp, Otto IV., Friedrich II., Heinrich (VII.), Conrad IV., Heinrich Raspe, Wilhelm und Richard. Päpste und Reichssachen hrsg. v. Julius Ficker/Eduard Winkelmann, Innsbruck 1882–1894, Nr. 4917a, 4931a; Annales S. Pantaleonis. Rezension B, in: Chronica regia Coloniensis, hrsg. v. *Georg Waitz* (MGH SSrG, 18), Hannover 1880, 197–299, ad a. 1248, 292 f.: *Interim novus rex Wilhelmus cum suis fautoribus civitatem Aquensem 3.° Kal. Maii obsedit. [...] Unde post sex menses obsidionis interiores vacillantes, petierunt colloquium Conradi archiepiscopi Coloniensis, qui potens et precipuus erat in exercitu; quo mediante se regi dedentes, ad ipsius gratiam admittuntur.*

30 Die Urkunden Heinrich Raspes und Wilhelms von Holland (1246–1252), bearb. v. *Dieter Hägermann/Jaap G. Kruisheer*, unter Mitwirkung v. *Alfred Gawlik* (MGH DD reg. Germ. 18,1), Hannover 1989, Nr. 2, 28 f.

31 *Seibt*, Karl IV. (Anm. 19), 160 ff.; *Jörg K. Hoensch*, Die Luxemburger. Eine spätmittelalterliche Dynastie gesamteuropäischer Bedeutung. 1308–1437, Stuttgart 2000, 114 f.

eine wichtige strategische Ausgangsposition sicherte. Spätestens zu diesem Zeitpunkt sah sich Karl IV. zu raschem Handeln gezwungen, berief einen Hoftag nach Speyer ein und gewann dort die Unterstützung der wichtigen Mittelrheinkommunen Mainz, Speyer und Worms[32]. Einen besonders hohen Stellenwert besaßen die Mainzer, die mehrere Motive zum aktiven Eingreifen bewegten: Zum einen zwangen sie handelspolitische Rivalitäten mit den von Günther von Schwarzburg geförderten Frankfurtern zur Parteinahme[33]. Zum anderen war die Rheinstadt durch die Auseinandersetzungen zwischen Heinrich von Virneburg und Gerlach von Nassau um den Mainzer Erzstuhl in Mitleidenschaft gezogen. Dieser Konflikt schwelte bereits seit drei Jahren und sollte erst im Jahr 1353 beigelegt werden. Entsprechend wurde die Kommune durch die Feindschaft mit Heinrich von Virneburg in das Lager Karls IV. gedrängt[34]. Daher wurde Karl nicht müde zu betonen, welch *sonderliche gunst, gnade und freundschaft* ihn mit der Kommune verbinde[35]. Neben der Versicherung seiner Freundschaft machte der Luxemburger den Städten am Mittelrhein in diesem Kontext ebenso weitreichende materielle Zugeständnisse, die er im Rahmen seines Speyerer Hoftags schriftlich fixieren ließ[36].

Bis zu diesem Punkt unterscheiden sich seine Bündnisstrategien wenig von denen seiner Vorgänger. In diesem Zusammenhang sticht jedoch eine Urkunde ins Auge, die vom selben Tag wie die übrigen Stücke datiert. Hier betonte der Luxemburger, dass die Unterstützung durch die Kommunen lediglich Ausweis der Zuneigung und Freundschaft (*liebe unde fruntschaft*) gegenüber König und Reich seien und auf keinerlei rechtlicher Verpflichtung beruhten[37]. Neben den historiographischen Überlieferungen ist diese

---

32 *Böhmer,* Regesta Imperii. Bd. 8 (Anm. 19), Nr. 894a; Heinrich Taube von Selbach spricht explizit von Bündnissen, s. Die Chronik Heinrichs Taube von Selbach mit den von ihm verfaßten Biographien Eichstätter Bischöfe, hrsg. v. *Harry Bresslau* (MGH SSrG N.S., 1), Berlin 1922, 95: *De mense Aprilis Karolus in Spira tractatum magnum habuit cum civitatibus imperii in Suevia et iuxta Renum et confederatus est cum eis.* Vgl. *Mathias von Neuenburg,* Chronica (Anm. 24), c. 119, 275 f.: *Ubi convenientibus Treverense, Gerlaco Moguntino, comite de Wirtenberg multisque baronibus et civitatum nunciis, cum speraretur Guntherum in vicino venturum pro concordia tractanda, ipse spernens castrum Frideberg obsedit.*

33 Zum strukturellen Antagonismus zwischen Mainz und Frankfurt vgl. *Joachim Fischer,* Frankfurt und die Bürgerunruhen in Mainz (1332–1462) (Beiträge zur Geschichte der Stadt Mainz, 15), Mainz 1958.

34 *Heinrich Büttner,* Mainz im Mittelalter, in: *ders.*, Mittelrhein und Hessen. Nachgelassene Studien, hrsg. v. Alois Gerlich (Geschichtliche Landeskunde, 33), Wiesbaden 1989, 1–50, hier 43; *Dieter Demandt,* Stadtherrschaft und Stadtfreiheit im Spannungsfeld von Geistlichkeit und Bürgerschaft in Mainz (11.–15. Jahrhundert) (Geschichtliche Landeskunde, 15), Wiesbaden 1977, 118 ff.

35 *Böhmer,* Regesta Imperii. Bd. 8 (Anm. 19), Nr. 930.

36 Ebd., Nr. 902 f.; 905 ff.

37 Ebd., Nr. 898; MGH Constitutiones. Bd. 9 (Anm. 21), Nr. 196, 153. Karl betonte *umbe solichen dienest unde helfe als die ersamen wisen lute die rete der stetde unde die burgere gemeinlichen zů Mentze, zů Worm[eszen] unde zů Spire unsere*

Urkunde interessanterweise die einzige Quelle, in der explizit auf die Unterstützungsleistung der Städte verwiesen wird – und dies sicherlich nicht ohne Grund. Während es für die Bürger verständlicherweise von größtem Interesse war, die Zugeständnisse des Luxemburgers in schriftlicher Form zu erhalten, verschweigen diese Urkunden die Gegenleistungen durch die Kommunen. Darüber hinaus musste sich Karl IV. zusätzlich verpflichten, den Bürgern in allen erdenklichen Situationen Beistand zu leisten[38].

Die mit der Urkunde verbundenen Intentionen sind sicherlich vielschichtiger Natur. Die Formulierungen legen den Schluss nahe, dass durch die Hilfe gegen Günther von Schwarzburg kein Präzedenzfall geschaffen werden sollte. Der Partnerschaft wurde ein singulärer Charakter beigemessen, der den aktuellen Verhältnissen geschuldet war und keine traditionsbildende Wirkung für die Zukunft entfalten sollte[39]. Aus städtischer Perspektive ist die Bedeutung dieses Passus naheliegend; gleichzeitig markierte er die wichtige Position der Kommunen, wenn der Luxemburger im Gegenzug auf diesen Verweis verzichten und den Städten umfassenden Beistand zusichern musste.

Für die Funktionsweisen vertikaler *amicitiae* ist das Dokument insofern von besonderer Bedeutung, als es implizit der Tatsache Ausdruck verleiht, dass es sich um eine freiwillige Leistung, einen „Freundschaftsdienst", der Bürger handelte. Denn da die *amicitia* trotz der bestehenden Rangunterschiede zunächst eine symmetrische Beziehung suggerierte, schlug sich diese auch auf das wechselseitige Verpflichtungsverhältnis nieder: Die Dienste erschienen aus dieser Perspektive verstärkt als freiwillige Gabe und weniger als eine erforderliche Leistung in einem herrschaftlichen Beziehungsverhältnis. Ein Diktum, mit dem bereits Heinrich IV. im endenden 11. Jahrhundert die Vorteile der Freiwilligkeit hervorgehoben hat, ist in dieser Hinsicht wohl ein fast zeitloses Herrschaftsmittel: „Was freiwillig geleistet wird, nimmt man lieber an als das, was auf Grund einer Pflicht geschieht. Es ist schon vorgekommen, daß eine schuldige Leistung ziemlich nachlässig

lieben getrewen zů dirre zit uns důnt wider unser unde dez Riͤches viende unde widersachen, daz sie daz důnt uns durch sunder liebe unde fruntschaft, die sie zů uns unde dem Riche hant, unde niht durch reht [. . .].

38 Ebd.: *Ouch geloben wir den vorgenanten stetden unde burgern, in dem selben dieneste bistendig unde beholfen zů sine, unde bi in zů blibende wir selbe oder aber mit unser helfer herren unde stetden. Unde dar zů were ez, daz sie die selben stetde unde burgere sunder oder samet von dez selben dienestes wegen nu oder hernach von iemanne, wer der were, dehein ansprache, krieg, schade oder atzunge uf stunde oder an gienge in welhe wise daz geschehe, daz wir unde daz Riche mit unserre helfe, herren unde stetden, in den selben vorgenanten stetden unde burgern unverzogenlichen beholfen sin sollent unde woͤllent, daz in daz ufgerihtet, widerkert unde abegetan werde gar unde gentzlichen ane alle widerrede eins ieglichen [. . .].*

39 Dies wird nachdrücklich festgelegt, s. ebd.: *[. . .] erkennent uns ouch an in disem briefe, daz sie uns unde unsern nachkomen soliches dienestes hernach unverbunden sint unde sind sollent, wanne die selben stetde also gefriet sint, daz sie der dieneste fri sint unde niht schuldig sint, sie woltent ez danne gerne duͤn [. . .].*

ausgeführt wurde, wo freiwillig Übernommenes mit Hingabe getan wurde."[40] Dieser Metaphorik bediente sich auch Karl IV., indem er darauf verwies, dass ihn die Städte *můtwilleclichen gerne unde niht von rehte* unterstützten. Erst die Codierung der Unterstützung als Freundschaftsdienst und nicht als dem König zustehende Kriegshilfe ebnete den Weg für die militärische Kooperation, die zwei Monate später tatsächlich in die Tat umgesetzt wurde[41].

Die Strategien, derer sich Wilhelm von Holland im 13. und Karl IV. im 14. Jahrhundert bedienten, weisen trotz unterschiedlicher Voraussetzungen wichtige Parallelen auf. Beide rekurrierten in Krisensituationen, bei der Arrondierung oder Sicherung ihrer Herrschaft, auf die Funktion vertikaler *amicitiae*. Diese Form der Freundschaft fungierte nicht nur als Auszeichnung für besondere Leistungen, sondern ebenso als Stimulans für den künftigen Dienst am Herrscher. Je umstrittener der Status des Königs jedoch war, desto höher musste die Bereitschaft zur Unterstützung zusätzlich materiell motiviert werden. Bei der Durchsetzung der Herrschaft wurden, so bringt es Ernst Schubert auf den Punkt, „Gegner und Helfer des Königtums nicht als treue bzw. ungetreue Gefolgsleute aufgefasst [...], sondern als dem Königtum vertraglich verbundene oder nicht verbundene Herrschaftsträger."[42]

---

40 Die Briefe Heinrichs IV., hrsg. v. *Carl Erdmann* (MGH Dt. MA, 1), Leipzig 1937, Nr. 9, 12: *Quicquid gratis impenditur, debito carius accipitur. Fuit interea loci, ut debitum exigatur remissius, ubi gratuitum exhibetur devotius.* Übersetzung in Die Briefe Heinrichs IV., in: Quellen zur Geschichte Kaiser Heinrichs IV., neu übers. v. *Franz-Josef Schmale* (FSGA, 12), Darmstadt 1963, 51–141, 61; vgl. auch *Gerd Althoff,* Freiwilligkeit und Konsensfassaden. Emotionale Ausdrucksformen in der Politik des Mittelalters, in: Pathos, Affekt, Gefühl. Die Emotionen in den Künsten, hrsg. v. Klaus Herding / Bernhard Stumpfhaus, Berlin / New York 2004, 145–161.

41 *Mathias von Neuenburg,* Chronica (Anm. 24), c. 121, 278 f.: *Convocavit autem rex Karolus exercitum ad Moguncíam in Maio. Moguntini enim sibi in odium Heinrici archiepsicopi, qui eos leserat, et Franckenfordensium, a quibus rex abstulerat nundinas dans Moguntinis, firmiter adheserunt. Intencio autem Moguntinorum fuit expugnare opidum Altevil constructum per Moguntinum super Renum ad duas leucas a Moguncia.* Auch *Heinrich Taube von Selbach,* Chronica (Anm. 32), 95, betont, dass der Zug gegen Eltville *per auxilium civitatum Reni et Gerlaci archiepiscopi Maguntini* erfolgt sei. Zur Unterwerfung des Schwarzburgers vgl. *Böhmer,* Regesta Imperii. Bd. 8 (Anm. 19), Nr. 956a; die entsprechenden Urkunden in ebd., Nr. 93 ff. Der Sieg Karls IV. ist jedoch nicht seiner militärischen Überlegenheit zuzuschreiben. Bereits im März 1349 war es ihm gelungen, durch seine Heirat mit Anna von der Pfalz einen der wichtigsten Parteigänger aus dem Lager des Schwarzburgers zu lösen: Die Verbindung seiner einzigen Tochter mit dem Luxemburger bildete für den Pfalzgrafen Rudolf II. offensichtlich eine erfolgsversprechendere Option. Ein weiterer Grund war der gesundheitliche Zustand des Gegenkönigs, der sich zunehmend verschlechterte und seine Parteigänger offensichtlich dazu veranlasste, in seine Person keine allzu großen Hoffnungen mehr zu setzen. Am Ende waren es biologische Zufälle und dynastisches Kalkül, die Karl IV. zum Sieg verhalfen und seine Herrschaft festigten.

42 *Schubert,* König und Reich (Anm. 8), 113.

III. Freundschaft und Verwandtschaft

Der klassische Wortsinn der *amicitia* bezeichnete den persönlich-individuellen Freund ebenso wie den politischen Partner, nicht aber den Verwandten. Der mittelhochdeutsche Terminus *friunt* konnte hingegen mehrere Bindungsformen umschreiben: die Freundschaft im Sinne emotionaler Verbundenheit, die politische und militärische Partnerschaft sowie die Verwandtschaft[43]. Dem Einfluss dieses weiten Bedeutungsspektrums ist die Tatsache geschuldet, dass sich nun auch das mittellateinische *amicus* dieser Vielfalt öffnete, so dass die mittellateinische *amicitia* nun Freundschaft im klassischen Sinne ebenso zu bezeichnen vermochte wie die Verwandtschaft[44]. Im Einzelfall stellt es daher ein schwieriges Unterfangen dar, Bündnis- und Verwandtschaftsbeziehungen voneinander zu isolieren: Allianzen konnten durch Verwandtschaft abgesichert werden, indem eine Ehe zwischen den Mitgliedern der verbündeten Familien gestiftet wurde. Ebenso wurden bereits bestehende dynastische Netzwerke durch Bündnisse intensiviert[45]. Grundsätzlich erhoffte man sich durch die Kumulation verschiedenster Sozialbindungen eine größtmögliche Absicherung einer Beziehung. Der Wittelsbacher Ludwig II. und der böhmische König Wenzel II. brachten dies im endenden 13. Jahrhundert auf den Punkt. Ihre bereits existierende Verbindung durch Blutsverwandtschaft und Verschwägerung ergänzten sie nun durch eine politische Bündnispartnerschaft, weil nämlich – so ihre pragmatische Begründung – ein dreifaches Seil schwerer reiße als ein doppeltes[46]. Entsprechend machten sie sich Zusagen, die als Substrat

43 *Theodor Nolte,* Der Begriff und das Motiv des Freundes in der Geschichte der deutschen Sprache und älteren Literatur, in: FMSt 24 (1990), 126–144; *William Jervis Jones,* German kinship terms (750–1500). Documentation and analysis (Studia linguistica, Germanica 27), Berlin / New York 1990; vgl. auch *Meinrad Scheller,* Vedisch priyá- und die Wortsippe frei, freien, Freund. Eine bedeutungsgeschichtliche Studie (Ergänzungshefte zur Zeitschrift für vergleichende Sprachforschung auf dem Gebiet der indogermanischen Sprachen, 16), Göttingen 1959.

44 *Ingeborg Pape,* Art. *amicitia, amicus,* in: Mittellateinisches Wörterbuch bis zum ausgehenden 13. Jahrhundert. Bd. 1, hrsg. v. der Bayerischen Akademie der Wissenschaften und der Deutschen Akademie der Wissenschaften zu Berlin, München 1967, Sp. 560–566.

45 *Hans Medick / David Sabean,* Emotionen und materielle Interessen in Familie und Verwandtschaft. Überlegungen zu neuen Wegen und Bereichen einer historischen und sozialanthropologischen Familienforschung, in: Emotionen und materielle Interessen. Sozialanthropologische und historische Beiträge zur Familienforschung, hrsg. v. dens., Göttingen 1984, 27–54; *Michael Schröter,* „Wo zwei zusammenkommen in rechter Ehe…" Sozio- und psychogenetische Studien über Eheschließungsvorgänge vom 12. bis 15. Jahrhundert, Frankfurt a. M. 1985; *Jack Goody,* Die Entwicklung von Ehe und Familie in Europa, Berlin 1986; *Karl-Heinz Spieß,* Familie und Verwandtschaft im deutschen Hochadel des Spätmittelalters. 13. bis Anfang des 16. Jahrhunderts (VSWG. Beihefte, 111), Stuttgart 1993.

46 Monumenta Wittelsbacensia. Urkundenbuch zur Geschichte des Hauses Wittelsbach. Bd. 1 (1204–1292), hrsg. v. *Friedrich M. Wittmann* (Quellen und Erörterungen zur bayerischen und deutschen Geschichte. Alte Folge, 5), München 1857 [ND Aalen 1969], Nr. 181, 462: *Preterea cum duplici consanguinitatis et affinitatis vinculo*

politischer Freundschaft gelten können und ebenso auch den Verpflichtungshorizont von Verwandten markieren: Sie versprachen sich Rat und Hilfe gegen jedermann. In diesem Fall ergänzte die Bündnispartnerschaft also die bereits existierende Verwandtschaft und fungierte als zusätzliche Absicherung.

In anderen Situationen generierte ein Eheschluss jedoch erst die erhoffte Bündnispartnerschaft. Als Graf Ludwig VII. von Öttingen im Thronstreit zwischen Ludwig dem Bayern und Friedrich dem Schönen zu Beginn des 14. Jahrhunderts die Partei wechselte, verpflichteten sich die Habsburger ihren neuen Parteigänger durch eine Heirat. Die Fürstenfelder Chronik schildert diesen Vorgang mit folgenden Worten: „Die Herzöge von Österreich aber nahmen als kluge Männer und voll Freude, daß ein so angesehener Mann den König verlassen habe, den Grafen freundlich auf und gaben demselben, der seine Gattin verloren hatte, ihre eigene Schwester zur Ehe, um ihn durch dieses Band zu ihrem Freunde zu machen und beständig auf seine Ergebenheit und seinen guten Willen zählen zu können [...].“[47] Besonders stabil erschienen aus dieser Perspektive Verbindungen, die durch eine doppelte Ehe gefestigt wurden, indem aus jedem der beteiligten Familienverbände jeweils zwei Heiratspartner ausgewählt wurden.

Häufig wurden so gestiftete Beziehungen durch schriftliche Verträge begleitet, in denen es jedoch – so Karl-Heinz Spieß in seiner Studie über generatives Verhalten des deutschen Hochadels im Spätmittelalter – „genau genommen gar nicht um die Beredung einer Ehe, sondern um die Begründung und Verstärkung einer Freundschaft [...]“ ging[48]. In manchen Fällen erwähnen diese Abkommen die gestiftete Ehe nicht, und nur die zeitliche Nähe zu Heiraten zwischen den beteiligten Familienverbänden weisen sie als ‚Eheverträge‘ aus. Die Intention dieser Vorgänge liegt auf der Hand: Bündnisse waren optionale Verpflichtungen, die spätestens dann gebrochen wurden, wenn die politischen Rahmenbedingungen eine Neuorientierung erforderten. Eine Ehe hingegen konnte zwar aufgelöst werden, doch mit weitaus größerem Aufwand.

---

coniungamur ad hoc, ut quos ydemptitas sanguinis simul iungit, ex ydemptitate animorum, quia triplex funiculus difficile rumpitur, forcius connectamur et quasi nodo indissolubili colligemur, promisimus et promittimus, quod eidem fratri nostro comiti palatino in iusticia sua contra omnem hominem consilio et auxilio assistemus, nec eum contra quamcunque personam aut personas in casu predicto aliquo modo deseremus, et suam prosequemur iniuriam tamquam nostram.

47 Chronica de gestis principum, in: Bayerische Chroniken des 14. Jahrhunderts, hrsg. v. *Georg Leidinger* (MGH SSrG, 19), Hannover/Leipzig 1918, 91 f.: *Qui, inquam, comes cum esset privatus consorcio coniugali, duces Austrie viri prudentes gavisi dem tam honesto viro et nobili a rege recessisse et ad se divertisse susceperunt eum benigne, dantes ei germanam propriam in uxorem, ut ex tali copula fieret eorum amicus et eius fruerentur perpetuo famulatu et obsequio [...].* Übersetzung in Die Fürstenfelder Chronik von den Thaten der Fürsten, übers. v. *Walter Friedensburg* (GdV, 81), Leipzig 1883, 74.

48 *Spieß*, Familie und Verwandtschaft (Anm. 45), 74.

Die Semantik der Freundschaft erfüllte im Kontext von Verwandtschaft noch eine weitere Funktion. War die verwandtschaftliche Bindung durch innerfamiliäre Streitigkeiten gefährdet, so erwies sich die *amicitia* als probates Mittel, das Verhältnis wiederherzustellen, denn bekanntlich handelte es sich bei der Verwandtschaft nicht nur um eine biologisch prädisponierte Beziehungsform, sondern ebenso um eine gesellschaftlich und kulturell determinierte Größe. In dieser ‚Kultur der Verwandtschaft' existierte eine ganz bestimmte Vorstellung über Verhaltensmuster, die verwandte Personen an den Tag legen sollten[49]. Der Philosoph Jacques Derrida präsentiert diese beiden Ebenen in einem Dialog recht eingängig: „Aber ich frage Sie: Was ist ein Bruder? – Ja, was ist ein Bruder? Wird man als Bruder geboren? – Die Frage klingt lächerlich. Ganz offensichtlich ja. – Ach ja? Sind ihnen in der Natur oder bei der sogenannten ‚tierischen' Geburt jemals Brüder begegnet? Zur Brüderlichkeit braucht es ein Gesetz und Normen, Symbole, eine Sprache, Verpflichtungen, Schwüre, eine Familie und eine Nation. – Und doch ist diese Erinnerung an die ‚wirkliche', sinnliche Geburt und an eine identische, also identifizierbare Mutter schwer auszulöschen [...]."[50]

Was Derrida in diesem Dialog anspricht, kann sicherlich von der brüderlichen Beziehung ganz allgemein auf verwandtschaftliche Bindungen übertragen werden. Die Abstammung zweier Menschen von denselben direkten Vorfahren macht sie aus biologischer Perspektive zu verwandten Personen, die, je nach Verwandtschaftsgrad, über ein mehr oder weniger großes Set an übereinstimmenden Erbinformationen verfügen. Doch diese genetische Gemeinsamkeit hat, rein naturwissenschaftlich betrachtet, keinerlei Einfluss auf ihr künftiges Beziehungsverhältnis. Erst durch die ‚Kultur der Verwandtschaft' werden ihnen bestimmte Verhaltensweisen abverlangt, die Derrida unter dem Begriff ‚Brüderlichkeit' subsumiert. Grundsätzlich stellte die Hoffnung auf Schutz, Hilfe und Unterstützung eine der zentralen Erwartungen an den Verwandten dar, und zwar bedingungslos und uneingeschränkt. Diese Erwartung war umso höher, je näher der Verwandtschaftsgrad war.

Diese idealtypischen Anforderungen hielten dem politischen Alltag jedoch in den seltensten Fällen stand, denn konkurrierende Ansprüche auf Geltung und Besitz bildeten in vielen Fällen Reibungsflächen, an denen die verwandtschaftlichen Bindungen temporär oder dauerhaft zerbrachen. Häufig erwies sich die biologische Verwandtschaft eben nicht als verlässlicher Konnex, der diese Zerreißprobe überstand. In diesen Fällen erwies

---

49 Vgl. dazu die Ausführungen von *Gerhard Vowinckel,* Verwandtschaft, Freundschaft und die Gesellschaft der Fremden. Grundlagen menschlichen Zusammenlebens, Darmstadt 1995, 47 ff.; für Anmerkungen auf der Basis eines mittelalterlichen Kontexts s. *Oschema,* Freundschaft und Nähe (Anm. 4), 98–100 und 255–263.

50 *Jacques Derrida,* Politik der Freundschaft, Frankfurt a. M. 2002, 204 f. [frz. Orig.: Politiques de l'amitié. Suivi de L'oreille de Heidegger, Paris 1994].

sich die *amicitia* zwischen Verwandten als eine Möglichkeit, um das wechselseitige Einvernehmen innerhalb einer dynastischen Gemeinschaft wiederherzustellen oder abzusichern[51].

Mathias von Neuenburg berichtet in diesem Kontext von Familienzwistigkeiten aus dem Hause Kyburg, die zwischen den Brüdern Hartmann II. und Eberhard II. im Jahr 1322 ausgetragen wurden. Hartmann stand als Ritter im Dienst der Habsburger, während Eberhard für die geistliche Laufbahn bestimmt wurde und in Bologna seine Ausbildung erhielt. Aus Italien zurückgekehrt, verlangte nun Eberhard eine adäquate Beteiligung an Herrschaft und Erbe, die ihm Bruder und Mutter jedoch vorenthielten. Um seine Ansprüche zu behaupten, gewann Eberhard einige Gefolgsleute und Bündnispartner. In dieser Situation ersann sein Bruder Hartmann nach Aussagen des Mathias von Neuenburg folgendes Manöver: „Indessen gab sich der Laie den Schein, als wolle er mit seinem Bruder in völliger Freundschaft leben; als sie aber beide auf ihrer Burg Landshut übernachteten und in einem Bette schlafen wollten, und Eberhard sich zuerst ins Bett gelegt hatte, stürzte sich sein Bruder mit gezücktem Messer auf ihn, nahm ihn gefangen und führte ihn gebunden und halb nackt auf die Burg Rotschifort seines Schwiegervaters, des Grafen Rudolf von Neuenburg."[52]

Die *amicitia* besaß in diesem Kontext also zwei Funktionen: Zum einen sollte das betont freundschaftliche Verhältnis das Einvernehmen zwischen den zuvor verfeindeten Brüdern herstellen. Zum anderen fungierte der Terminus *amicitia* als Codierung brüderlichen Verhaltens. Das gemeinsame Schlafen in einem Bett brachte dies allen Anwesenden unmissverständlich zum Ausdruck[53]. Es liegt auf der Hand, dass man in der Wehrlosigkeit des Schlafes dem Partner das eigene Leben gewissermaßen bedingungslos auslieferte. Umso schwerer wiegt der durch Mathias' Darstellung implizit erhobene Vorwurf, Hartmann habe seinen Bruder *extracto cultro*, also unter massiver physischer Gewaltandrohung, vom Lager gezerrt. Die Dramaturgie der Darstellung gewinnt durch den Hinweis, der Kyburger habe seinen Bruder *quasi nudum* und gefesselt auf die Burg seines Schwiegervaters gebracht, zusätzliche Brisanz[54]. Schließlich kam es zwischen den Brüdern zu

---

51 Dies hat Reinhard Schneider in seiner Studie über die Schwurfreundschaft der Karolinger im 9. Jahrhundert (s. Anm. 4) ausführlich kontextualisiert.

52 *Mathias von Neuenburg,* Chronica (Anm. 24), c. 43, 107 f.: *Finxit autem laycus se cum fratre omnino amiciciam habiturum, et pernoctantibus simul in castro eorum Landshůt volentibusque in uno lecto dormire, cum Eberhardus precedens se posuisset ad lectum, irruit in eum frater extracto cultro ipsumque captum ad castrum Rotschifort soceri sui Růdolfi comitis de Novocastro ligatum et quasi nudum traduxit.* Übersetzung in Die Chronik des Mathias von Neuenburg, übers. v. *Georg Grandaur* (GdV, 84), Leipzig 1892, c. 44, 70.

53 Ausführlich zur Funktion des Schlafens in einem Bett *van Eickels,* Konsens (Anm. 4), 341 ff., und *Oschema,* Freundschaft und Nähe (Anm. 4), 538–554.

54 Vgl. die Überlegungen bei *Klaus Schreiner,* Gregor VIII., nackt auf einem Esel reitend. Entehrende Entblößung und schandbares Reiten im Spiegel einer Miniatur

einer Übereinkunft, nach der Hartmann die gesamte Erbschaft behielt und seinem übervorteilten Bruder allein die Burg Thun zuwies. In dieser Konzeption sollte Eberhard auch zukünftig im Stand des Klerikers bleiben und wurde sogar verpflichtet, seinem Bruder, der sich in finanziellen Nöten befand, drei Viertel seiner Pfründe zu überlassen. Die Intention, die Hartmann mit dieser Planung verfolgte, liegt auf der Hand: Die dynastische Kontinuität sollte allein durch seine Nachkommen gesichert, sein Bruder im geistlichen Stand also auch langfristig von der Herrschaftsnachfolge ausgeschlossen bleiben.

Als diese Regelung in Schriftform gegossen werden sollte, kam es schließlich zum Eklat: „[...] als sie aber auf der Burg Thun beisammen waren, um den schriftlichen Vertrag zu vollziehen, und nach Tisch beim Kamin saßen, behauptete der Laie, der Geistliche müßte bei diesem Geschäft einen Beistand haben, was dieser nicht zugeben wollte." Der Konflikt endete schließlich mit dem schlimmsten Szenario eines Geschwisterstreits, nämlich dem Brudermord: „Bei dem darüber entstandenen Streite wurde der Laie durch den Geistlichen verwundet und durch einen seiner Ritter von der Höhe hinabgestürzt."[55] Schließlich sicherte sich Eberhard die Nachfolge und verteidigte sie auch gegen Leopold von Habsburg, der ebenfalls Ansprüche auf Teile der Kyburgschen Gebiete erhob: „Den Angriffen Herzog Lüpolds, welcher die ganze Herrschaft, oder wenigstens den Antheil des verschuldeten Bruders verlangte, leistete er mannhaften Widerstand und hielt alle Edle seiner Herrschaft so in Gehorsam, daß er für einen ganz tüchtigen Mann galt. So wuchs sich das Lamm zu einem Löwen aus."[56] Mit diesen Worten beendet Mathias von Neuenburg die Darstellung des Bruderstreits. Ebenso weist er den Leser auf den dynastischen Erfolg seines Protagonisten hin, der ihm nach seiner im Jahr 1326 gestifteten Ehe mit Bertha von Buchegg beschieden war. Eberhard überlebte seinen Bruder über drei Jahrzehnte, und es mag gewiss kein Zufall sein, dass er seinen Nachfolger nach seinem verstorbenen Bruder benannte.

Immer wieder wird deutlich, wie vehement Mathias von Neuenburg Position zugunsten Eberhards bezieht[57]. Dies ist umso bemerkenswerter, als der

---

der „Sächsischen Weltchronik", in: Ecclesia et regnum. Beiträge zur Geschichte von Kirche, Recht und Staat im Mittelalter. Festschrift für Franz-Josef Schmale, hrsg. v. Dieter Berg / Hans-Werner Goetz, Bochum 1989, 155–202.

55 *Mathias von Neuenburg,* Chronica (Anm. 24), c. 43, 108: *Credentibus itaque layco et matre de hoc clericum contentari et convenientibus in castro Tune pro confeccione litterarum et post cenam consedentibus iuxta ignem et asserente layco clericum oportere habere in negocio huiusmodi curatorem, illoque nolente orta briga laycus per clericum vulneratur et per quendam militem suum precipitatur ab alto.* Übersetzung in Die Chronik des Mathias von Neuenburg (Anm. 52), 71.

56 *Mathias von Neuenburg,* Chronica (Anm. 24), c. 43, 109: *Im pugnacionibus autem Lupoldi ducis impetentis dominium vel partem alterutrius fratris culpabilis, adeo viriliter restitit et omnes nobiles dominii cohercuit, quod strennuissimus est effectus. Sicque leo crevit ex agno.* Übersetzung in Die Chronik des Mathias von Neuenburg (Anm. 52), 71.

Verstoß gegen die Bruderpflichten in letzter Konsequenz bei dem ehemaligen Kleriker lag, der den Tod seines Bruders zu verschulden hatte. Doch Mathias bereitet den Leser systematisch auf diese Reaktion vor, da sich Eberhard permanent der Arglist, Täuschung und Übervorteilung seiner Verwandten ausgesetzt sah. Die Auseinandersetzung, in der Eberhard auf der Burg Thun sein Recht verteidigte, geriet aus dieser Perspektive nicht nur zum Kulminationspunkt des Konfliktes, sondern ebenso zum letzten Aufbäumen Eberhards gegen ständig erlittenes Unrecht. Auch hatte er nicht eigenhändig den Tod seines Bruders zu verschulden, sondern dieser wurde durch einen seiner Ritter von der Burg gestützt – ein Detail, das durchaus Bedeutung besitzt.

Aus der Perspektive des Historiographen setzte Hartmanns Verstoß gegen seine Bruderpflichten bereits während Eberhards Studienzeit ein: „Als nun Eberhard in Bologna studierte, schickten sie (sein Bruder und seine Mutter) ihm die sechzig Mark, die sie ihm jährlich hätten schicken sollen, niemals zur rechten Zeit, so dass er die Hälfte davon durch Zinszahlen verlor. Mit Schulden überladen stellte er seine Mitschüler als Bürgen und reiste ab [...].“[58] Neben der materiellen Übervorteilung, durch die Eberhard nicht nur während seiner Studienjahre, sondern auch im weiteren Verlauf der Ereignisse von seinem Bruder in die Enge getrieben wurde, bedient sich Mathias von Neuenburg einer Argumentationsstrategie, die wichtige Informationen für die Fragestellung des vorliegenden Beitrags liefert: Sie wirft dem Laien systematischen Missbrauch der gängigen semiotischen Ausdrucksformen von Verwandtschaft und Freundschaft vor und findet in der Konzeption der Darstellung immer wieder Anwendung. In falscher Erwartungshaltung an das Freundschaftsritual des Schlafens in einem Bett war Eberhard zunächst in Landshut in die Falle geraten. Seine Entblößung und Fesselung verstärkten die Entehrung zusätzlich und stellten seine Lage demonstrativ zur Schau.

Als nach Eberhards Gefangenschaft der Konflikt auf der Burg Thun endgültig beigelegt werden sollte, instrumentalisierte Hartmann ebenfalls positiv konnotierte Ausdrucksformen von Freundschaft und Verwandtschaft. Denn nach dem gemeinsamen Mahl fanden sich die Brüder am Kamin zusammen – und in dieser Situation äußerte Hartmann seine Forderungen, die

57 *Alphons Lhotsky,* Quellenkunde zur mittelalterlichen Geschichte Österreichs (MIÖG. Erg.-Bd., 19), Graz / Köln 1963, 278; *Rudolf Sprandel,* Studien zu Mathias von Neuenburg, in: Historiographia mediaevalis. Studien zur Geschichtsschreibung und Quellenkunde des Mittelalters. Festschrift für Franz-Josef Schmale, hrsg. v. Dieter Berg / Hans-Werner Goetz, Darmstadt 1988, 270–282.

58 *Mathias von Neuenburg,* Chronica (Anm. 24), c. 43, 107: *Cumque Eberhardo studenti Bononie sexaginta marcas annuas, quas sibi misisse debuerant, nunquam miserint tempestive, quin media pars decreverit per usuras, ipse clericus multis astrictus debitis, constudentes obligans, est egressus [...].* Übersetzung in Die Chronik des Mathias von Neuenburg (Anm. 52), 70.

das Fass schließlich zum Überlaufen brachten. Da das gemeinsame Essen und Trinken als friedens- und freundschaftsstiftendes Symbol galt und das Beisammensein am Kamin sicherlich ebenfalls eine gesellige Atmosphäre und ein ungetrübtes Verhältnis anzeigte, verstieß der Kyburger hier wiederum gegen die entsprechenden Verhaltensformen[59]. An Stelle des einvernehmlichen Miteinanders, das durch diese Gesten in der Regel zum Ausdruck gebracht wurde, ließ Hartmann den Konflikt schließlich bewusst eskalieren. In der Summe verdichten sich diese Ereignisse zu einem recht deutlichen Vorwurf: Hartmann missbrauchte freundschaftsstifende Gesten, mit denen die innerdynastische Feindschaft hätte beigelegt werden können. Die Freundschaft hätte in diesem Fall die mangelnde Verwandtenmoral kompensiert, wäre sie nicht als List angewandt worden – denn die *amicitia* überwand den Graben, der durch die Streitigkeiten zwischen den Brüdern entstanden war, nur auf den ersten Blick. Die Erwartung Eberhards wurde immer wieder getäuscht, als sein Bruder die positive Konnotation verbreiteter Freundschaftsgesten missbrauchte.

Die politischen Funktionsträger entwickelten im spätmittelalterlichen Herrschaftsverband also unterschiedliche Strategien, Verwandtschaft und Bündnispartnerschaft miteinander zu verquicken. Dieser Umstand schlägt sich nicht zuletzt in der semantischen Affinität der Wortfelder Freundschaft und Verwandtschaft nieder. *Amicitia* bzw. *friuntschaft* hatten in diesem Zusammenhang mehrere, teilweise sich überschneidende Bedeutungen: Erstens begegnen sie als Synonym für existierende Verwandtschaft; zweitens bezeichnen sie eine Ehe, durch die Verwandtschaftsbindungen geschaffen wurden; drittens umschrieb man mit Freundschaft Verträge, die eine dynastische Ehe flankierten und die politische wie militärische Kooperation fixierten; viertens schließlich konnte der verwandtschaftliche Frieden bei innerdynastischen Konflikten durch Freundschaftsbündnisse wiederhergestellt und stabilisiert werden. Diese Unterscheidungen besitzen zugegebenermaßen einen idealtypischen Charakter, denn der politische Alltag wurde vielmehr von der pragmatischen Erwägung bestimmt, dass Bindungen, die durch mehre Netzwerke abgesichert wurden, als besonders stabil galten. Diese Mehrfachbindungen sind schließlich dafür verantwortlich, dass die Semantik von Freundschaft und Verwandtschaft in vielen Fällen nur schwer voneinander zu unterscheiden ist.

IV. Feindschaft als Auslöser und Bedrohung der *amicitia*

Die Funktion der *amicitia* in ihren unterschiedlichen Bedeutungsvarianten ist nur dann zu begreifen, wenn sie vor dem Hintergrund der Feindschaft interpretiert wird. Denn Freundschaft – so könnte man es überspitzt

59 Vgl. dazu die in Anm. 19 zitierte Literatur.

formulieren – kann ohne Feindschaft nicht existieren. Sie ist zum einen der Antipode zur Feindschaft, indem sie dem Freund all jene Eigenschaften in positiver Form zuschreibt, die den Feind in negativer Art und Weise kennzeichnen. Zum anderen fungierte die *amicitia* als Replik auf mögliche Konflikte und Auseinandersetzungen. Die im 8. Jahrhundert erstmals zu findende Formulierung *amicus amicis – inimicus inimicis* bringt dies so knapp wie eindringlich auf den Punkt[60]. Feindschaft stellte ein allgegenwärtiges Bedrohungspotential dar, sowohl nach außen als auch nach innen. Mit dem Versprechen, sich mit Rat und Hilfe (*consilio et auxilio*) zu unterstützen, reagierten die Partner in der Regel auf die äußeren Gefahren, die von bereits existierenden oder potentiellen Gegnern ausgingen. Dieser allgemeine Verpflichtungshorizont wurde in den seit dem 13. Jahrhundert überlieferten Bündnisurkunden genauer ausgeführt. Er umfasste eine exakt definierte militärische Unterstützungsleistung ebenso wie nichtbewaffnete Formen der Parteinahme. Hier sind beispielsweise Aktivitäten im Bereich von Vermittlung und Streitschlichtung zugunsten des Partners zu nennen[61].

Die Feindschaft war in diesem Kontext jedoch keine absolute Größe. Zwar wiesen die meisten Vertragswerke die Allianzen als *contra omnes homines* gerichtet aus. Doch meist folgten auf diese allgemeine Formulierung weitere Ausführungen: Man benannte Personen, gegen die sich die Partner explizit verbündeten. Ebenso existierten Herrschaftsträger, gegen die sich die Allianz ausdrücklich nicht richten sollte: Diese wurden dann aus den Bündnisabsprachen ausgenommen, indem ein entsprechender Treuevorbehalt formuliert wurde[62]. In der Regel bezogen sich die Treuevorbehalte auf die Personengruppen, mit denen die Freunde bereits durch Verwandtschaft, Herrschaft oder durch *amicitiae* verbunden waren. Dies konnte entweder allgemein formuliert werden, indem diejenigen ausgenommen wurden, *quibus [...] consanguinitate [...] coniuncti sumus*[63]. In anderen Fällen wurden die betreffenden namentlich genannt. In Allianzen, die die Reichsfürsten miteinander eingingen, wurde grundsätzlich der König als oberster Lehnsherr von den Verfügungen ausgenommen. Richteten sich die Abkommen jedoch gegen die Politik des Herrschers, so bedienten sich die Akteure zweier Strategien. Entweder sparten sie den Treuevorbehalt ganz aus oder sie nahmen nicht die Person des Herrschers, sondern das Reich von ihren Absprachen aus. Im oben behandelten Freundschaftsbündnis der rhei-

60 *Luitpold Wallach*, Amicus amicis, inimicus inimicis, in: Zeitschrift für Kirchengeschichte 52 (1933), 614 f.

61 Zum Institut der Vermittlung im Mittelalter vgl. *Hermann Kamp*, Friedensstifter und Vermittler im Mittelalter (Symbolische Kommunikation in der Vormoderne), Darmstadt 2001.

62 Ausführlich dazu *Garnier*, Amicus amicis (Anm. 4), 184 ff.

63 Quellen zur Geschichte der Stadt Köln. Bd. 3, hrsg. v. *Leonard Ennen*, Köln 1867, Nr. 178, 146.

nischen Kurfürsten gegen die Politik Rudolfs von Habsburg aus dem Jahr 1275 kam dies in einer Art und Weise zum Ausdruck, die als repräsentativ für vergleichbare Formulierungen gelten kann. Sie sagten sich Unterstützung zu, *Romana ecclesia et imperio duntaxat exceptis [...]*[64]. Auf diese Weise demonstrierte die Wortwahl in unmissverständlicher Form, in wessen Kompetenz die Kurfürsten die Sorge um das Reich stellten.

Im äußersten Fall ergab sich aus dem Geflecht von Ausnahmeregelungen und Treuevorbehalten eine neutrale Haltung in den Konflikten des Gegners. Bei manchen Allianzen gewinnt der Betrachter sogar den Eindruck, dass sie weniger um der gegenseitigen Unterstützung willen abgeschlossen wurden, sondern vielmehr mit dem Ziel, bei eventuellen Konflikten nicht involviert zu werden. Ein Lehrstück, wie Bündnisse und Allianzen zu diesem Zweck genutzt werden konnten, bietet die Politik des Grafen Dietrich VIII. von Kleve im ‚Limburger Erbfolgestreit', der in den 1280er Jahren den gesamten Nordwesten des Reiches in Unruhe versetzte[65]. Zur Disposition stand in diesem Konflikt das Erbe des Limburger Herzogs Walram IV., der im Jahr 1280 ohne männliche Nachkommen verstorben war. Zwar wurde seine Tochter Irmgard vom König mit dem Herzogtum belehnt, doch ihr baldiger Tod warf wiederum die Frage nach der legitimen Nachfolge auf. Zunächst machte Irmgards Witwer, Graf Rainald I. von Geldern, Ansprüche auf das Herzogtum geltend – und dies nicht ohne Grund: Er hatte vom König die Zusage erhalten, dass er im Falle des vorzeitigen Todes seiner Gemahlin das lebenslange Nutzungsrecht erhalten würde. Auf der anderen Seite standen Irmgards nächste Verwandte, die Grafen von Berg. Sie schieden jedoch schnell als Prätendenten aus, da sie ihre Rechte an den Herzog von Brabant verkauften. Rainald von Geldern gewann zwar mächtige Bündnispartner, so etwa den Kölner Erzbischof Siegfried, doch letzten Endes gewann die Einsicht Oberhand, dass er den mächtigen Brabantern wenig entgegenzusetzen vermochte. Daher veräußerte auch er seine Ansprüche, und zwar an die Grafen von Luxemburg. Die Frage um das Limburger Erbe polarisierte den gesamten Nordwesten des Reiches, denn mit dem Gewinn des Herzogtums war die Frage um die entscheidende Vorherrschaft in diesem Raum verbunden. Aus diesem Grund bezog der Erzbischof von Köln vehement Stellung gegen die Herzöge von Brabant; ebenso waren alle regionalen Herrschaftsträger durch verwandtschaftliche, lehnrechtliche oder bündnispolitische Verpflichtungen in die unterschiedlichen Interessensgruppierungen eingebunden.

---

64 Vgl. oben Anm. 12.

65 Vgl. dazu die Beiträge in Der Tag bei Worringen. 5. Juni 1288, hrsg. v. *Wilhelm Janssen / Hugo Stehkämper* (Mitteilungen aus dem Stadtarchiv in Köln, 72 = Blätter für deutsche Landesgeschichte 124 [1988]), Köln / Wien 1988, sowie die Angaben in Anm. 69. Zu Dietrich VIII. von Kleve vgl. *Dieter Kastner*, Die Territorialpolitik der Grafen von Kleve (Veröffentlichungen des historischen Vereins für den Niederrhein, 11), Düsseldorf 1972, 52 ff.

Als einer der wenigen Dynasten, die keinem dieser Verbände zuzuordnen waren, begegnet Graf Dietrich VIII. von Kleve. Zunächst schien er zwar in das Netzwerk des Kölner Erzbischofs eingebunden zu sein, denn noch im August 1283 leistete er dem Metropoliten eine umfangreiche Unterstützungszusage[66]. Doch kurz bevor der Konflikt eskalierte, stellte der Graf von Kleve ebenso intensive Verbindungen zur Gegenseite her. Im März 1287 schloss er ein *fedus amicitie* mit dem Herzog von Brabant sowie eine Allianz mit den brabantischen Parteigängern, den Grafen von Holland[67]. Als sich schließlich im Frühjahr 1288 bewaffnete Auseinandersetzungen abzeichneten, erneuerte Dietrich von Kleve sein Abkommen mit dem Brabanter. Seine Bündniskontakte mit den kurkölnischen Gegnern lassen jedoch nicht auf Dissonanzen mit dem Erzbischof schließen, denn in allen Übereinkünften mit der Brabanter Partei formulierte der Graf von Kleve bezeichnenderweise einen Treuevorbehalt zugunsten des Kölner Metropoliten[68]. Als der Streit im Juli 1288 in der ‚Schlacht von Worringen' kulminierte und dem Herzog von Brabant den entscheidenden Sieg brachte, blieb Dietrich von Kleve den Waffengängen konsequenterweise fern[69].

Durch die geschickte Instrumentalisierung seiner Bündnisse und Treuevorbehalte betrieb Dietrich von Kleve eine gezielte Politik der Enthaltung, die *de facto* auf Neutralität hinauslief. Die politische Sprache der Abkommen bediente sich jedoch konsequent der Freund-Feind-Terminologie und operierte mit vertrauten Mustern der Bündnispolitik. Deren variable Anwendungsformen ermöglichten in der Praxis im 13. Jahrhundert die Tak-

---

66 Urkundenbuch für die Geschichte des Niederrheins. Bd. 2 (Anm. 12), Nr. 781, 458: *Nos Syfridus [...] et nos Th. comes Cleuensis notum facimus uniuersis presens scriptum visuris, quod super mutua assistentia nobis inuicem facienda conuenimus et concordauimus in hunc modum, ita videlicet, quod nos comes predictus ipsum dominum [...] archiepiscopum iuvabimus contra quoscumque, domino nostro R. romanorum rege, consanguineis et fidelibus nostris duntaxat exceptis.*

67 Oorkondenboek van Holland en Zeeland tot 1299. Bd. 4 (1278–1291), hrsg. v. *Jaap G. Kruisheer*, Assen 1997, Nr. 2283, 561: *Nos Theodericus [...] notum facimus universis, tam presentibus quam futuris presentes litteras visuris quod nos cum illustre viro Iohanne Dei gracia Lotharingie et Brabantie duce, domino nostro dilecto, in augmentum amicitie, que olim inter progenitores suos et nostros extitit, novam amiciciam et fedus amicicie duximus innovandum [...].* Das Bündnis mit Holland ebd., Nr. 2282, 559 f.

68 Ebd., Nr. 2282, 560: *[...] ende voort, dat wy niet en zoelen vaeren met hem jnt gestichte van Coelene, op onzen heere den biscop van Colne.* Ebd., Nr. 2283, 561: *[...] nos promittimus ipsum dominum nostrum, ducem Brabantie, iuvare potenter et patenter, bona fide, contra quoscumque nostrum auxilium duxerit invocandum, in nostris sumptibus et expensis, quamdiu vixerimus, fraude et dolo penitus exclusis [...] eo etiam excepto quod terras fratris nostri Theoderici Loef, domini nostri archiepiscopi Coloniensis et ecclesie predicte [...], cum ipso domino nostro duce contra predictos dominos manu armata hostiliter non intrabimus dictorum terras devastando incendiis seu rapinis.*

69 Zur Schlacht von Worringen vgl. Anm. 65 sowie *Vera Torunsky*, Worringen 1288. Ursachen und Folgen einer Schlacht, Köln 1988; *Ulrich Lehnart*, Die Schlacht von Worringen 1288. Kriegsführung im Mittelalter. Der Limburger Erbfolgekrieg unter besonderer Berücksichtigung der Schlacht von Worringen, 5. 6. 1288, Trier 1993.

tiken der Neutralität, für die erst die Lexikologie des 15. Jahrhunderts eine adäquate semantische Ausdrucksform fand. In diesem Kontext sei auf den Befund von Klaus Oschema in diesem Band verwiesen, der betont, dass „die Beschränkung auf die Dichotomie von Freundschaft und Feindschaft [...] Ergebnis eines Mangels war, indem nämlich eine ‚neutrale' dritte Option zunächst gar nicht zur Verfügung stand, und sich dann erst langsam als [...] Alternative entwickelte."[70] Die graduelle Abstufung der Unterstützungsleistungen ermöglichte es somit, einerseits vielfältige Netzwerke zu knüpfen und andererseits eine Kollision der Verpflichtungen zu vermeiden. Auf diese Weise entwickelten sich die Allianzen zu individuellen Formen der Parteinahme, die es erlaubten, auf die unterschiedlichsten Rahmenbedingungen zu reagieren. Freundschaft war aus dieser Perspektive also keine umfassende Bindungsform, sondern eine situative Größe, die auf entsprechende Bedürfnisse zugeschnitten war.

Spätestens an diesem Punkt werden frappierende Analogien zu vergleichbaren Mechanismen aus dem Bereich des Lehnswesens erkennbar. Die Akteure bedienten sich bei der Umschreibung ihrer Beziehungen nicht nur eines identischen Vokabulars, denn bekanntlich zählt die Verpflichtung zu *consilium* und *auxilium* zu den elementaren Lehnsdiensten[71]. Auch die Form des Treuevorbehalts und seine vielschichtigen Anwendungsmöglichkeiten waren hier ebenso ausgeprägt[72]. Im Lehnswesen erkannte man das für Gefolgschaftsverhältnisse destruktive Potential recht früh und begegnete der Gefahr bereits seit dem 11. Jahrhundert durch das Institut der *Ligesse:* Der *dominus ligius* besaß in den Verpflichtungsverhältnissen des Vasallen insofern ein exklusive Stellung, da er in jedem Fall, in jeder Situation und gegen jedermann Anspruch auf die Hilfe seines Lehnsmannes hatte. Doch dem Vorrang des ligischen Lehnsherrn war keine langfristige Dauer beschieden. In dem Maße, in dem sich auch eine Mehrfachbindung an ligische Lehnsherren durchsetzte, verloren die ursprünglichen Intentionen der *Ligesse* an Bedeutung. In Westeuropa entwickelt, erlangte das ligische Lehnswesen zudem nur im Westen des Reiches an Bedeutung[73]. Den *amicus*

---

70 *Klaus Oschema,* Auf dem Weg zur Neutralität: Eine neue Kategorie politischen Handelns im spätmittelalterlichen Frankreich, in diesem Band, 81–108, 104 f.

71 *Karl-Heinz Spieß,* Das Lehnswesen in Deutschland im hohen und späten Mittelalter (Historisches Seminar. NF, 13), Idstein 2002, 27 f.

72 Vgl. dazu die Ausführungen bei *Heinrich Mitteis,* Lehnrecht und Staatgewalt. Untersuchungen zur mittelalterlichen Verfassungsgeschichte, Darmstadt 1958 [ND], 310 f.; *Walther Kienast,* Untertaneneid und Treuvorbehalt. Ein Kapitel aus der vergleichenden Verfassungsgeschichte des Mittelalters, in: ZSRG Germ. Abt. 66 (1948), 111–147. Kritisch dazu *Bernhard Diestelkamp,* Lehnrecht und spätmittelalterliche Territorien, in: Der deutsche Territorialstaat im 14. Jahrhundert. Bd. 1, hrsg. v. Hans Patze (VuF, 13), Sigmaringen 1970, 65–96; *Karl-Heinz Spieß,* Lehnsrecht, Lehnspolitik und Lehnsverwaltung der Pfalzgrafen bei Rhein im Spätmittelalter (Geschichtliche Landeskunde, 18), Wiesbaden 1978, 209 f.

73 *Volker Henn,* Das ligische Lehnswesen im Westen und Nordwesten des mittelalterlichen deutschen Reiches, Bonn (Diss. phil.) 1970.

ligius – um in der Sprache des Lehnrechts zu bleiben – hat es bezeichnenderweise nie gegeben. Derartige Exklusivität konnte wohl in herrschaftlich geprägten Strukturen bis zu einem gewissen Grad erzwungen werden, dem Wesen der genossenschaftlich geprägten *amicitiae* lief sie jedoch zuwider.

Doch politisch motivierte *amicitia* reagierte nicht nur auf äußere Kontrahenten, sondern fasste ebenso die Gefahr innerer Konflikte ins Auge, denn Streitigkeiten zwischen den Partnern konnten die Dauerhaftigkeit der Beziehungen nachhaltig gefährden. Diesem Risiko begegneten die Bündnisparteien durch die Einrichtung von Schlichtungsgremien, die bereits bei Abschluss des Bündnisses installiert wurden. Sie sollten mögliche Dissonanzen entschärfen, bevor es zu ernsthaften Auseinandersetzungen kam. Das Schiedsverfahren, dessen grundsätzliche Funktionsweisen dem kanonischen Recht entstammen, stellte dabei eine vielgenutzte Verfahrensform dar[74]. Bereits bei Abschluss der Allianz verständigten sich die Parteien auf die Zusammensetzung und die Arbeitsweise der Schiedsgremien und machten detaillierte Vorgaben für die Entscheidungsfindung. In den Bündnisurkunden lässt sich diese Entwicklung recht genau nachzeichnen. Zu dem Zeitpunkt, an dem *amicitiae* schriftlich fixiert wurden, fanden ebenfalls Verfügungen über den Einsatz der Schiedsleute Aufnahme in die Dokumente. Zu Beginn des 13. Jahrhunderts waren die Anweisungen jedoch noch recht offen formuliert, indem weder die Namen der Beauftragten noch der Weg der Entscheidungsfindung thematisiert wurden. Als Beispiel mag hier eine Allianz aus dem Nordwesten des Reichs stehen, die bestimmte, dass beide Parteien im Konfliktfall jeweils zwölf Getreue benennen wollten, denen die Entscheidung übertragen werden sollte[75]. Die Gefahren, die eine solch offene Regelung im Konfliktfall barg, liegen auf der Hand, denn in einer dann ohnehin angespannten Situation bildete die Auswahl der Schiedsrichter und die Frage, wie sie zu einem Entschluss kommen sollten, zusätzliches Risikopotential. Zudem war die recht hohe Anzahl von ins-

---

[74] *Karin Nehlsen-v. Stryk,* Der römisch-kanonische Zivilprozeß in der gesellschaftlichen Realität des 13. Jahrhunderts, in: Die Bedeutung der Wörter. Studien zur europäischen Rechtsgeschichte. Festschrift für Sten Gagnér, hrsg. v. Michael Stolleis, München 1991, 313–326; *Winfried Trusen,* Anfänge des gelehrten Rechts in Deutschland (Recht und Geschichte, 1), Wiesbaden 1962, 148 ff.; *Karl S. Bader,* Arbiter arbitrator seu amicabilis compositor. Zur Verbreitung einer kanonistischen Formel im Gebiet nördlich der Alpen, in: ders., Schriften zur Rechtsgeschichte. Bd. 1, hrsg. v. Claudieter Schott, Sigmaringen 1984, 252–289; *ders.,* Die Entwicklung und Verbreitung der mittelalterlichen Schiedsidee in Südwestdeutschland und in der Schweiz, in: ebd., 226–251; *ders.,* Das Schiedsverfahren in Schwaben vom 12. bis zum ausgehenden 13. Jahrhundert, in: ebd., 157–225.

[75] Oorkondenboek van het Sticht Utrecht tot 1301. Bd. 1 (1000–1197), hrsg. v. *Samuel Muller / Arie Cornelis Bouman,* Utrecht 1920, Nr. 528, 467: *[...] compromiserunt, quod uterque ipsorum debet eligere duodecim fideles suos, quos voluerit; et illi XXIIII jurabunt tactis reliquiis, quod secundum rei veritatem et conscientias suas bona fide component de omnibus questionibus, que inter ipsos vertuntur, in quibus concordare potuerint [...].*

gesamt 24 Schiedsleuten kaum einer zügigen und effektiven Entscheidungsfindung zuträglich.

Daher wurden die Verfügungen zur Nominierung der Schlichter und die an sie gerichteten Anweisungen in immer detaillierterer Form fixiert: denn je genauer die Vorgaben an die Schiedsleute strukturiert waren, umso geringer war die Gefahr, dass die Streitschlichtung an formalen Kriterien scheiterte. Aus diesem Grund wurden zunächst die Personen der Schiedsrichter namentlich festgelegt, damit eine Schlichtung nicht an Zweifeln an ihrer persönlichen Eignung scheiterte. In manchen Fällen verständigte man sich sogar auf Ersatzmänner, falls einer der Schiedsrichter verhindert oder gar verstorben sein sollte. Ihre Auswahl oblag dann entweder der entsendenden Bündnispartei oder den verbleibenden Schiedsleuten[76].

Außerdem legte man die Verfahrensweise fest, derer sich die Schiedsleute bedienen sollten. Grob unterteilt, sind hier ‚einstufige' und ‚zweistufige' Entscheidungsfindungen zu nennen. Im ‚einstufigen' Verfahren setzte sich das Gremium ausschließlich aus Schiedsrichtern zusammen, die einen Streit entschieden. Sie rekrutierten sich meist aus dem Vasallenverbund der Bündnispartner und hatten ab dem 13. Jahrhundert nach dem Majoritätsprinzip zu entscheiden[77]. Im ‚zweistufigen Verfahren' wurde den Schiedsleuten für den Fall, dass sie sich nicht einigen konnten, ein Obmann beigegeben. Diesem kam dann die endgültige Entscheidung zu. In der Regel war sein sozialer und politischer Status höher als derjenige der Schiedsrichter: meist handelte es sich um einen Verwandten oder Bündnispartner. Da eine einseitige Bindung des Obmanns eine erfolgreiche Schlichtung verhindert hätte, wurde bei seiner Auswahl in der Regel strengstens darauf geachtet, dass er beiden Parteien gleichermaßen verpflichtet war.

Schlichtungsverfahren, in denen dieses Prinzip missachtet wurde, waren bereits im Ansatz zum Scheitern verurteilt. So widersetzte sich etwa der Kölner Metropolit Siegfried von Westerburg hartnäckig einem Schiedsspruch, den Graf Adolf von Berg zwischen dem Erzbistum und dem Grafen Eberhard von der Mark fällen sollte. Er erkannte die Position des Grafen als *arbiter* und *amicabilis compositor* nicht an, da er mit der Gegenseite nicht nur verwandt war, sondern zudem in engem bündnispolitischem Kontakt stand. In seiner Schiedsurkunde, die Adolf von Berg nach einer Frist

76 Vgl. etwa Urkundenbuch für die Geschichte des Niederrheins. Bd. 2 (Anm. 12), Nr. 227, 119: *Quod si aliqui vel aliquis de praedictis arbitris aliqua legitima causa interesse non poterit, alius vel alii a parte, que ipsos vel ipsum elegit, assumentur.* Monumenta Wittelsbacensia. Bd. 1 (Anm. 46), Nr. 76, 185: *Si quem uero de numero eorundem subtraxerit casus mortis, septem superstites eligent alium loco sui.*

77 *Ferdinand Elsener,* Zur Geschichte des Majoritätsprinzips (Pars maior und Pars Sanior), insbesondere nach schweizerischen Quellen, in: ZSRG Kan. Abt. 73 (1956), 73–116; *Werner Maleczek,* Abstimmungsarten. Wie kommt man zu einem vernünftigen Wahlergebnis?, in: Wahlen und Wähler im Mittelalter, hrsg. v. Reinhard Schneider / Harald Zimmermann (VuF, 37), Sigmaringen 1990, 79–134.

von sechs Jahren aufsetzte, schildert er das Verhalten des Metropoliten ausführlich. Trotz mehrfacher Ladung und Aufforderung, seine Position in den strittigen Angelegenheiten darzulegen, habe sich der Erzbischof allen Verhandlungsversuchen verweigert. Es ist kaum erstaunlich, dass die Entscheidung zugunsten der Gegenseite ausfiel[78].

Der Grund für die ablehnende Haltung des Erzbischofs liegt jedoch auf der Hand, denn zu dem Zeitpunkt, als Adolf von Berg als Schiedsrichter bestimmt wurde, befand sich der Metropolit nach seiner vernichtenden militärischen Niederlage in der Schlacht von Worringen im Jahr 1288 in dessen Gefangenschaft[79]. Adolf von Berg und Eberhard von der Mark hatten in dieser Schlacht gemeinsam gegen den Kölner gekämpft, und es ist evident, dass sich der Metropolit nach seiner Freilassung dieser Zwangsschlichtung widersetzte, denn parteiischer konnte ein Schiedsmann wohl kaum sein.

Das Verhalten des Erzbischofs ist ein recht drastisches Beispiel dafür, wie einseitige Bindungen der Schiedsleute eine erfolgreiche Streitschlichtung verhinderten. Doch auch weniger spektakuläre Fälle zeigen, wie schwierig sich die Suche nach Personen gestaltete, zu denen beide Seiten entsprechendes Vertrauen aufbauen konnten. Wenn etwa der Kölner Erzbischof Konrad von Hochstaden im Jahr 1250 in einem von ihm gefällten Schiedsspruch explizit darauf hinwies, dass ihn mit keiner der Streitparteien eine *amicitia* verbinde, weist dies deutlich auf die Problematik hin[80]. Politische Freundschaft reagierte also nicht nur auf äußere Bedrohung durch Feindschaft, sondern trug zugleich der Tatsache Rechnung, dass auch das Einvernehmen der Bündnispartner untereinander Gefährdungen ausgesetzt war. Die Einrichtung der Schiedsgremien bereits bei Abschluss der Abkommen reagierte prospektiv auf dieses Problem.

---

78 Urkundenbuch für die Geschichte des Niederrheins. Bd. 2 (Anm. 12), Nr. 953, 564: *[...] semel, secundo et tertio, de termino ad terminum intimauimus in scriptis domino archiepiscopo predicto et capitulo Coloniensi, ut Tuicium venirent, vel pro se mitterent procuratorem sufficientem, ad ostendendum et docendum ea que crederent sibi et ecclesie Coloniensi contra premissa suffragari; sicque pro iure domini archiepiscopi et ecclesie Coloniensis predictorum nulla veritate super aduocatia et iurisdictione predictis ostensa nec producta coram nobis [...] dicimus in nomine domini et pronunciamus, quod [...] prefatus comes de Marka [...] debeat easdem aduocatiam et iurisdictionem Assindensem temporibus vite sue optinere [...].*

79 Zur Schlacht von Worringen vgl. oben, Anm. 65 und 69; *Franz-Reiner Erkens,* Siegfried von Westerburg (1274–1279). Die Reichs- und Territorialpolitik eines Kölner Erzbischofs im ausgehenden 13. Jahrhundert (Rheinisches Archiv, 114), Bonn 1982, 248.

80 Urkundenbuch für die Geschichte des Niederrheins. Bd. 2 (Anm. 12), Nr. 358, 189: *Nos qui ex debito nostri officii bono pacis et concordie tenemur intendere, nullius partis amicitiam attendendo, de iurisperitorum et seniorum ciuium Nussiensium, quibus processus Syberti et Gyssele plenius innotuit, consilio, partes ad nostram conuocauimus presentiam, ut vel per iusticiam vel concordiam decideremus tantam materiam questionis.*

V. Ergebnisse

Der Begriff *amicitia* erweist sich im spätmittelalterlichen Reich als überaus oszillierender Quellenbegriff, der dem Betrachter immer wieder eine genaue Definition abverlangt. Er begegnet dabei in Form einer Bündnispartnerschaft ebenso wie als Codierung für Verwandtschaft. Diese Bedeutungsvarianz ist die logische Konsequenz der Tatsache, dass sich Funktionsträger im spätmittelalterlichen Reich aus einem Set verschiedenster Sozialbindungen bedienten, die herrschaftlicher und genossenschaftlicher ebenso wie verwandtschaftlicher Natur waren. Diese Netzwerke wurden häufig kumulativ miteinander verknüpft, um der Partnerschaft eine möglichst dauerhafte Stabilität zu garantieren. Da *amicitiae* sowohl in egalitären als auch in herrschaftlich strukturierten Beziehungen zur Anwendung kamen, erwiesen sie sich als vielfältig nutzbares Instrument in der Interaktion der Führungsschichten des Reiches. In allen Fällen wurde durch die Bezeichnung einer Beziehung als *amicitia* ein reziproker Verpflichtungshorizont markiert, der den Partnern Leistungen und Gegenleistungen abverlangte. Dies galt für horizontale Gruppenbindungen ebenso wie für vertikale Netzwerke. Doch sollten die terminologischen Parallelen keinesfalls über die unterschiedlichen Funktionen hinwegtäuschen: Während in eher gleichberechtigten politisch-sozialen Beziehungen *amicitia* ein strategisches Mittel darstellte, gemeinsame Interessen abzustecken und zu stabilisieren, erfüllte sie in herrschaftlichen Beziehungen eine andere Funktion – als Ergänzung zum traditionellen Lehnsnexus bot sie zum einen die Möglichkeit, in Krisensituationen Parteigänger zusätzlich zu motivieren. Zum anderen erwies sie sich als Mittel der Herrschaftsstabilisierung, indem verdiente Funktionsträger nach erbrachten Leistungen als Freund ausgezeichnet und mit bestimmten Ehrenvorrechten ausgestattet wurden.

Die seit dem 13. Jahrhundert zunehmend schriftlich fixierten Freundschaftsbündnisse boten darüber hinaus die Möglichkeit, variable Formen der Parteinahme für den Partner zu definieren: von der unbedingten Unterstützung, über abgestufte Formen der Hilfe bis hin zur völligen Neutralität. Auf diese Weise gewährleisteten die Allianzen einen situativen Zuschnitt auf die unterschiedlichsten politischen Rahmenbedingungen. Zudem konnten gleichzeitig neue Partner gewonnen werden, ohne die bereits vorhandenen Verpflichtungen zu gefährden. Da *amicitia* keine umfassende Verpflichtung darstellte, sondern überaus flexibel den jeweiligen Entwicklungen angepasst werden konnte, avancierte sie zu einem beinahe universell einsetzbaren Instrument politischer Interaktion.

Die Chance, dem Phänomen Freundschaft im spätmittelalterlichen Reich gerecht zu werden, ergibt sich also nicht aus dem Versuch, sie in Konkurrenz zu anderen Sozialformen zu setzen. Ihr Wesen erschließt sich vielmehr durch einen Zugriff, der sie als Ausdrucksform verschiedener Sozialbindungen interpretiert, denn der Begriff *amicitia* erscheint in nahezu allen Formen spätmittelalterlicher Gruppenbindungen: in herrschaftlichen, genossenschaftlichen und verwandtschaftlichen. Der Grund für die Codierung verschiedenster Sozialformen mit ein und demselben Terminus ist in erster Linie der Tatsache zuzuschreiben, dass an die genannten Personengruppen vergleichbare Erwartungen gerichtet wurden. Von Verwandten und Bündnisgenossen erhoffte man Schutz, Hilfe und Unterstützung. Aus dieser Perspektive ist es nur folgerichtig, dass sich die funktionale Kongruenz der Bindungsformen auch in der terminologischen Übereinstimmung niederschlug.

Eine genauere inhaltliche Unterscheidung des Wortfeldes ‚Freundschaft' erfolgte konsequenterweise erst zu dem Zeitpunkt, an dem sich die funktionale Übereinstimmung der verwandtschaftlichen und politischen Netzwerke auflöste. In dem Augenblick, in dem die Schutzfunktion zunehmend unter obrigkeitliche Normierungsgewalt geriet und militärische Kooperation nicht mehr Angelegenheit einzelner Personenverbände, sondern staatlicher Institutionen wurde, zog sich der Begriff der Freundschaft auf die persönlichen, individuellen Beziehungen zurück[81]. Er verschwand langsam auch aus dem Bedeutungsspektrum der Verwandtschaft, da sich diese Zuständigkeiten zunehmend aus dem Aufgabenbereich der Verwandtenverbände lösten. Während Freundschaft in der Vormoderne also ein unverzichtbares Mittel politischer Interaktion darstellte, wurde sie in dem Maße zurückgedrängt, in dem sich staatliche Einrichtungen ihrer einstigen Funktionen annahmen. Sie verschwand jedoch nicht völlig aus dem Repertoire der politischen Einflussmöglichkeiten, sondern besetzte zunehmend Formen, die man als eher informelle Interventionskanäle bezeichnen könnte: nämlich Patronage- und Klientelbeziehungen[82].

---

81 *Nolte,* Begriff des Freundes (Anm. 43); *Johannes Erben,* Freundschaft – Bekanntschaft – Verwandtschaft. Zur Bezeichnungsgeschichte der Ausdrucksformen menschlicher Verbundenheit im frühen Neuhochdeutschen, in: Vielfalt des Deutschen. Festschrift für Werner Besch, hrsg. v. Klaus J. Mattheier u. a., Frankfurt a. M. 1993, 111 – 121; *Helmut Puff,* Von Freunden und Freundinnen. Freundschaftsdiskurs und -literatur im 16. Jahrhundert, in: Werkstatt Geschichte 28 (2001), 5 – 22; *Manuel Braun,* Ehe, Liebe, Freundschaft. Semantik der Vergesellschaftung im frühneuhochdeutschen Prosaroman (Frühe Neuzeit, 60), Tübingen 2001, 312 ff.

82 *Peter Moraw,* Über Patrone und Klienten im Heiligen Römischen Reich des späten Mittelalters und der frühen Neuzeit, in: Klientelsysteme in Europa der Frühen Neuzeit, hrsg. v. Antoni Mączak (Schriften des Historischen Kollegs. Kolloquien, 9), München 1988, 1 – 18; *Wolfgang Reinhard,* Freunde und Kreaturen. ‚Verflechtung' als Konzept zur Erforschung historischer Führungsgruppen. Römische Oligarchie um 1600 (Schriften der Philosophischen Fachbereiche der Universität Augsburg, 14), München 1979; *Rolf Pflücke,* Beiträge zur Theorie von Patronage und Klientel. Eine vergleichende Soziologie der Gefolgschaft, Heidelberg (Diss. phil.) 1970; *Wolfgang Weber,* Bemerkungen zur Bedeutung von Freundschaft in der deutschen politischen Theorie des 16.-18. Jahrhunderts, in: Il concetto di amicizia (Anm. 23), 756 – 766; *Nicole Reinhardt,* Macht und Ohnmacht der Verflechtung. Rom und Bologna unter Paul V. Studien zur frühneuzeitlichen Politik im Kirchenstaat (Frühneuzeit-Forschungen, 8), Florenz 2000.

Résumé français

Dans l'Empire tardomédiéval la notion d'*amicitia* pouvait désigner des relations tout aussi bien égalitaires que hiérarchiques. Dans un contexte de relations politico-sociales équilibrées, l'amitié évoquait un phénomène d'alliance ainsi qu'un lien de parenté. Dans ces cas, elle représentait un moyen stratégique de définir et de stabiliser des intérêts communs. En ce qui concerne des relations hiérarchiques, l'*amicitia* remplissait une fonction différente: en complétant le lien traditionnel de la vassalité, elle pouvait d'un côté offrir une possibilité supplémentaire de motiver des partenaires dans des situations de crise. D'un autre côté elle permettait de stabiliser le pouvoir seigneurial en désignant des vassaux de mérite comme „amis" et en leur accordant des privilèges à caractère honoraire. On ne peut analyser l'amitié dans l'Empire tardomédiéval en la mettant en concurrence avec d'autres formes sociales. Son caractère se révèle en effet essentiellement par le biais de sa mise en relation constructive avec des liens sociaux divergents. La différentiation sémantique du champ verbal de la „Freundschaft" n'est par conséquent survenue qu'au moment où l'identité fonctionnelle des réseaux de parenté et politiques s'effondrait. À partir du moment où la protection est devenue davantage une fonction seigneuriale et où la coopération militaire ne fut plus l'affaire de réseaux personnels individuels, mais celle des institutions étatiques, la notion d'amitié fut cantonnée au seul domaine des relations privées.

Freundschaft, Liebe und Friede im Krieg (Frankreich, 14. – 15. Jahrhundert)[1]

Von *Nicolas Offenstadt*, Paris

Wer nach der Bedeutung des Friedens und friedenstiftender Praktiken für die Menschen des Mittelalters fragt, wird bei der Lektüre der vorhandenen Quellen unweigerlich von der verbreiteten Bezugnahme auf eine Begriffswelt überrascht, die wir heute als affektiv wahrnehmen. Diese Begrifflichkeit zeichnet sich durch die Allgegenwart des Vokabulars der Freundschaft und der Liebe aus, das in allen Arten diplomatischer Dokumente erscheint, in besonderem Maße aber in Friedensverträgen und anderen Bündnisschlüssen. Feststellen lässt sich dies gleichermaßen im Umfeld der englisch-französischen Verhandlungen wie in jenem des Bürgerkriegs, der Frankreich am Beginn des 15. Jahrhunderts entzweite[2].

Fest verankert in der christlichen Lehre von der *Caritas* und der Nächstenliebe, wird das Band der Liebe und des Friedens in der Literatur wie in der Kunst des späten Mittelalters überhöht und gefeiert. *Piers Plowman,* der die Figur der „Wahrheit" unterstreichen lässt, dass die Liebe die wertvollste Sache auf Erden sei, fügt sogleich hinzu sie sei die „Pflanze des Friedens"[3]. Für Jean Régnier ist „der Friede die Kellermeisterin der Liebe"[4], während Martin le Franc, der bei den Friedensverhandlungen von Arras im Jahre 1435 anwesend war, aus dem Frieden die „weise Ratgeberin" der Liebe macht, die ihrerseits wieder den Frieden ermöglicht[5]. In einem Brief Philippe de Mézières' an den englischen König Richard II. erscheint wiederholt die Verbindung der beiden Begriffe[6]; eine mit Wappen versehene Deckenmalerei aus der Mitte des 15. Jahrhunderts in Aigueperse zeigt zwei

---

1 Der Text wurde aus dem Französischen übersetzt von Klaus Oschema (Bern).

2 Siehe hierzu die semantisch ausgerichtete Studie von *Nathalie Nabert,* Les réseaux d'alliance en diplomatie aux XIVe et XVe siècles, Paris 1999, v.a. 266 ff.

3 *William Langland,* Piers Plowman. A New Translation of the B-Text, übers. v. A. V. C. Schmidt, Oxford 1992, 12 (Passus I).

4 Les Fortunes et Adversitez de Jean Regnier, hrsg. v. *Eugénie Droz,* Paris 1923, 70: *Paix est d'amour la celeriere.*

5 *Martin le Franc,* Le Champion des dames. Bd. 1, hrsg. v. Robert Deschaux, Paris 1999, 70 f. (1ère partie); *ders.,* Le champion des dames. Bd. 1, hrsg. v. Arthur Piaget, Lausanne 1968, 61 f.

6 *Philippe de Mézières,* Letter to the King Richard II. A plea made in 1395 for peace between England and France, hrsg. v. George W. Coopland, Liverpool 1975.

ineinander verschränkte Hände, die der Liebe und dem Frieden gehören, personifiziert dargestellt in der Form einer Frau und eines Mann[7]. Eine Tapisserie vom Ende des Mittelalters führt die Hochzeit des Friedens mit der Liebe im Bild vor; beide erscheinen als weibliche Allegorien und sind von weiteren Figuren umgeben, welche die mit ihnen verbundenen Tugenden und Gefühle symbolisieren: Redlichkeit, Treue, Nächstenliebe …[8]. Die gegenseitige Befruchtung von Frieden und Liebe stellt somit, wie man sieht, einen weitverbeiteten Gemeinplatz der zeitgenössischen Diskurse dar.

Die Begriffe „Liebe", „Freundschaft" und „Brüderlichkeit", die im Gebrauch ineinander fließen, besitzen hinsichtlich unseres Themas drei charakteristische Aspekte, die schon zu Beginn unterstrichen werden sollen, um ihren Einsatz besser zu fassen: Grundlegend sind zu unterscheiden die Facetten des Affekts (oder der Emotion), der Verwandtschaft und schließlich der vertraglichen Bindung[9]. Wir sollten uns zugleich davor in Acht nehmen, diese drei „Seme"[10] isolierend von der jeweiligen Gebrauchssituation und von ihrer gegenseitigen Beeinflussung zu betrachten: Die verschiedenen Diskurse der Fürsten, die auf jenem Register der Freundschaft aufbauen, erhalten ihren vollen Sinn erst in der Dimension des öffentlichen Raums[11].

I. Eine originelle Rechtfertigung

Freundschaft und Liebe rechtfertigen Übereinkünfte und Verträge; in diesem Sinne erscheinen die Gefühle hier als Begründung und Triebfeder der politischen Verbindung. Der emotionale Ausdruck spielt somit eine Rolle bei der Herstellung eines Bündnisses[12]: Einem Brief zufolge, in dem er

---

7 *Christian de Mérindol,* La femme et la paix dans la symbolique des décors à la fin de l'époque médiévale, in: Regards croisés sur l'œuvre de Georges Duby. Femmes et féodalité, hrsg. v. Annie Bleton-Ruget / Marcel Pacaut / Michel Rubellin, Lyon 2000, 197–211, hier 201 f.

8 Das Stück befindet sich im Cleveland Museum of Art, vgl. *Heinrich Göbel,* Wandteppiche. Tl. 2: Die romanischen Länder, Leipzig 1928, Bd. 1, 317 f. und Tafelbd. n° 339.

9 Über den Begriff der Freundschaft im Mittelalter s. jüngst *Bénédicte Sère,* Amicitia in libris Ethicorum. Le fonctionnement des commentaires de l'Ethique à Nicomaque sur le thème de l'amitié. XIIIe-XVe siècle. 3 Bde., Paris (Diss., Univ. de Paris I) 2004 (publiziert als: Penser l'amitié au Moyen Âge, Turnhout 2007), und *Klaus Oschema,* Freundschaft und Nähe im spätmittelalterlichen Burgund. Studien zum Spannungsfeld von Emotion und Institution (Norm und Struktur, 26), Köln / Weimar / Wien 2006.

10 Für den Begriff s. *Nabert,* Les réseaux d'alliance (Anm. 2), 539.

11 Diese spezifische Dimension des Öffentlichen scheint nicht hinreichend profiliert bei *Oschema,* Freundschaft und Nähe (Anm. 9), 383.

12 Klaus Oschema betont die Bedeutung, welche der Freundschaft als Rahmen zu Eigen sei: Sie bilde den ideellen Hintergrund für Beziehungen zwischen Herrschaftsträgern und führe damit über den Gehalt rein rechtlicher Vereinbarungen hinaus. In den Friedensverträgen erscheine der Freundschaftsdiskurs vor allem deswegen, weil

über die Geiseln berichtet, die zur Bekräftigung der Übereinkünfte von Calais gestellt werden, handelt der englische König Eduard III. „aus Liebe und Zuneigung", die er für die französische (Herrscher-)Familie verspüre[13]. In einem anderen Zusammenhang (und auf einer anderen Ebene) verlangt Karl VI. von den Fürsten, die zur Liga der Armagnaken gehören, dass sie vor allem „wegen der großen Liebe, die ihr für uns empfindet"[14] ihre Allianz mit seinem englischen Rivalen Heinrich IV. auflösen. Die im Vertrag von Pouilly (1419) gleichfalls beschworenen Elemente des Bündnisses und der Liebe sind es auch, welche – so die Worte der Bestätigung des Vertrags durch Karl VI. – den Widerstand gegen die Engländer antreiben[15]. Weitere Beispiele könnten zur Bekräftigung angeführt werden; es sollte aber deutlich geworden sein, wie auf diese Weise der emotionale oder affektive Ausdruck das Handeln begründet und steuert. In anderem Zusammenhang wurde dies bereits von William Reddy und Paul Hyams erkannt[16].

II. Ein institutioneller Zustand

1. Eine Übereinkunft

In der Sprache der Verhandlungen und der Friedensstiftung im späten Mittelalter zeichnen sich die Begriffe „Freundschaft" und „Frieden" in zweifacher Hinsicht durch ihre große semantische Nähe aus. Wie der Frieden bezeichnet auch die Freundschaft den Bündnisschluss selbst[17]. Man handelt so „Liebes"-Verträge und „ewige Bündnisse" (*alliances perpetueles,* 1353) aus[18], oder ewige Allianzen und Freundschaften (1354, Guines)[19].

---

diese Übereinkünfte in erster Linie Personen verbinden und nicht Staatswesen als solche; hinzu komme die Notwendigkeit, eine Übereinstimmung zwischen öffentlich relevantem, politischem Verhalten und innerer Haltung herzustellen, s. *Oschema,* Freundschaft und Nähe (Anm. 9), v.a. 282 ff. und 304–323. Zur Rolle und Bedeutung der Emotionen im Rahmen der Verhandlungen s. ebd., S. 300 ff., und *Nicolas Offenstadt,* De la joie et des larmes. Emotions, négociations et paix pendant la Guerre de Cent ans, in: Negociar en la Edad Media / Négocier au Moyen Age, hrsg. v. Maria Teresa Ferrer Mallol / Jean-Marie Moeglin / Stéphane Péquignot / Manuel Sanchez Martinez, Barcelona 2005, 349–368.

13 Siehe *Thomas Rymer* (Hrsg.), Fœdera, conventiones, literæ et cujuscunque generis acta publica inter reges Angliæ et alios quosvis imperatores, reges, pontifices, principes, vel communitates. 10 Bde., La Haye 1739–1745, Bd. III/2, 25 f.

14 *Jean-Jacques Champollion-Figeac* (Hrsg.), Lettres de rois, reines et autres personnages des cours de France et d'Angleterre depuis Louis VII jusqu'à Henri IV. Bd. 2, Paris 1847, 329 (Brief Karls VI. vom 21. Juli 1412).

15 Ordonnances des Rois de France de la troisième race (jusqu'au roi de France Louis XII). Bd. 12, Paris 1777, 265.

16 Siehe *William M. Reddy,* The Navigation of Feeling. A Framework for the History of Emotions, New York 2001, und *Paul Hyams,* Rancor and Reconciliation in Medieval England, Ithaca 2003, v.a. 37 ff.

17 Vgl. *Nabert,* Les réseaux d'alliance (Anm. 2), 105, 168, 273–277 und 286.

Man stellt eine „Allianz und feste Liebe“ (*alliance et amour ferme*) her[20], man unterzeichnet einen Freundschaftsvertrag. Der schon genannte Vertrag von Pouilly (1419) wird als Freundschaft, Wohlwollen (*bienveillance*), Union und Eintracht (*concorde*) bezeichnet[21]. Ähnliches gilt für den Vertrag von Arras zwischen Herzog Philipp dem Guten von Burgund und den Engländern: *desideramus praefatum Consanguineum nostrum Angliae et nos amoris et affectus mutui ac specialis amicitiae federibus invicem copulari*[22]. Im weiteren Verlauf war dann häufig von der gebrochenen „Liebe“ und Allianz die Rede, wenn sich das Bündnis als nicht dauerhaft erwies.

Der normative Charakter dieses Begriffsgebrauchs verdrängt aber zugleich im vorliegenden Zusammenhang die weiteren Bedeutungen der Worte Liebe und Freundschaft nicht vollständig: es handelt sich trotz allem um intensive und grundlegende Bindungen, die vom erwarteten Resultat des Vorgangs befestigt oder fortgesetzt werden[23].

Auf diese Weise werden die Vertragsbestimmungen zuweilen sehr deutlich mit einer affektiven Färbung versehen. Als Beleg ist etwa auf den Eid zu verweisen, mit dem Richard II. am 28. Oktober 1396 schwor, den Waffenstillstand und die Übereinkunft mit Karl VI. halten zu wollen: „Zur Ehre Gottes und seiner gesegneten Mutter und der heiligen Kirche und für das allgemeine Wohlergehen der ganzen Christenheit und aufgrund der Allianz,

---

18 *Friedrich Bock,* Some New Documents Illustrating the Early Years of the Hundred Years' War (1353 – 1356), in: Bulletin of the John Rylands Library 15 (1931), 60 – 99, hier 84 (Vertrag zwischen Edward III. und Charles de Blois).

19 Ebd., 91 – 93.

20 *Roland Delachenal,* Premières négociations de Charles le Mauvais avec les Anglais (1354 – 1355), in: Bibliothèque de l'Ecole des Chartes 61 (1900), 253 – 282, hier 280 (Vertragsprojekt zwischen Edward III. und Karl „dem Bösen“ von Navarra).

21 *[(Dom Guillaume) Aubree, Abt von Salles]* Mémoires pour servir à l'histoire de France et de Bourgogne, hrsg. v. Louis François Joseph de La Barre, Paris 1729, Bd. 2, 255 ff. (hier datiert auf den 5. Januar 1420 [n. st.]).

22 Ebd., 322 – 325.

23 In diesem Schluss kulminiert die These von *Oschema,* Freundschaft und Nähe (Anm. 9), v.a. 604 f. und 609 (Zusammenfassung), für den die verinnerlichte und dauerhafte (oder gar endlose) Freundschaftsbindung das zugrundeliegende Idealmodell für die Beziehungen zwischen Herrschaftsträgern bleibt. Sie stünde damit jenseits einer rein rechtlichen, gestisch ausagierten Beziehung und evozierte die Phänomene von Vertrauen und Liebe; durch die Modellwirkung strahlt sie auf die betroffenen Akteure aus, deren ritualisiertes Handeln sie kanalisiert. Vgl. auch *Claude Gauvard,* „De Grace especial“. Crime, Etat et société en France à la fin du Moyen Age. 2 Bde., Paris 1991, Bd. 2, 645. Der Begriff „Freund“ kann leibliche wie künstliche Verwandtschaften mit „affektivem Wert“ aufladen; s. a. *Nabert,* Les réseaux d'alliance (Anm. 2), die die Entsprechung von Freundschaft (*amitié*) und Allianz (*alliance*) unterstreicht: „... le plus souvent dans le cadre de conventions à durée non limitée, renouvelables par 'les hoirs et successeurs' et qui témoignent d'une politique d'union durable, traditionnelle, et renforcée par les liens de sang et parenté par le mariage“. Die zitierten Beispiele fordern zweifellos zur Vorsicht gegenüber einer zu engen und rigiden Definition der Begriffe auf, wie die Autorin selbst bemerkt (ebd., S. 169); zur affektiven Aufladung der „Allianz“ durch Liebe oder Freundschaft s. ebd., 174 und 272.

der Liebe und des Wohlwollens, das wir für den sehr hohen und sehr mächtigen Fürsten, unseren teuersten und geliebtesten Vater [den König] von Frankreich empfinden und ihm entgegenbringen, und das er uns, wie wir sicher sind, ebenfalls entgegenbringt."[24]

2. *Ein dauerhafter Zustand*

Das Bündnis und der Friede stellen einen Zustand der Beziehung dar, der im Bündnisvertrag selbst inszeniert wird, wobei hiermit in den meisten Fällen eine ältere Verbindung erneuert oder fortgeführt wird: die Vergangenheit legitimiert damit die gegenwärtige und zukünftige Freundschaft. Diese Freundschaft erscheint daher auch als hergestellter *Zustand,* der durch den Frieden verlängert oder bekräftigt wird und in den Bündnisschlüssen seinen inszenatorischen Ausdruck erlangt. Im Jahr 1339 unterstreicht etwa Eduard III., dass aus seinem Friedensangebot die Liebe hervorgehen könne[25].

Die beiden Begriffe sind gleichfalls miteinander verbunden, wenn es darum geht, den Zustand zu beschreiben, der als das Resultat des Bündnisses erscheint. Ein Brief König Johanns „des Guten", mit dem der Herrscher dem Krieg abschwört und auf diese Weise mehrere Punkte des Vertrags von Calais 1360 bestätigt, wird diskursiv durch die Absicht motiviert, „dauerhaften Frieden und Liebe" zwischen den beiden Königreichen von England und Frankreich „herzustellen und zu nähren" (*avoir et nourrir parpetuele paix et amour*)[26]. Der Bündnisvertrag zwischen den beiden Königen solle demnach dazu dienen, eine „aufrechte Liebe" (*vraie amour*) zwischen ihnen zu bewahren; sie sollten „Freunde" (*amis*) und Verbündete (*alliez*) sein[27]. Richard II. unterstrich später, dass er gerne mit den Herzögen von Berry und von Burgund in Verhandlungen trete, vor allem „um die Liebe und Zuneigung zwischen ihnen zu nähren" (*pour nourrir lamour et laffeccioun entre eulx*)[28].

---

24 Archives Nationales, J 656, 18: *A l'onneur de Dieu et de sa benoîte mère et de sainte Eglise, et pour le bien universel de toute la chrestienté et pour l'aliance, amour et affection que nous avons et portons au très hault et très puissant prince nostre très chier et très amé père de France, et que semblablement tenons de certain qu'il porte.* Vgl. *Léon Mirot,* Isabelle de France, reine d'Angleterre, comtesse d'Angoulême, duchesse d'Orléans (1389 – 1409). Episode des relations entre la France et l'Angleterre pendant la guerre de Cent ans. Tl. 3, in: Revue d'histoire diplomatique 19 (1905), 161 – 191, hier 163 f.

25 *Eugène Déprez,* Les préliminaires de la Guerre de Cent ans. La papauté, la France et l'Angleterre (1328 – 1342), Paris 1902 [ND Genf 1975], 218.

26 *Rymer* (Hrsg.), Fœdera (Anm. 13), III / 2, 22.

27 *Edmond Martène / Ursin Durand,* Thesaurus novus anecdotorum. Bd. 1, Paris 1717 [ND Farnborough 1968], 1465 f. (26. Oktober 1360).

28 *Pierre Chaplais,* English Medieval Diplomatic Practice. Tl. 1: Documents and Interpretation. Bd. 1, London 1982, 81 f.

Der Frieden kann sogar als Gabe oder Geschenk angeboten werden, wie an einem Ereignis von 1360 zu erkennen ist: Während eines gemeinsamen Mahls verlangte der französische Herrscher eine Gabe vom englischen König; genauer gesagt erwünschte er den Frieden für den Graf von Flandern, Ludwig von Maele. Eduard willigte ein und „gab" den Frieden, wobei er allerdings verlangte, dass dasselbe Geschenk auch Philipp von Navarra zuteil werden sollte, dem jungen Bruder Karls „des Bösen" von Navarra:

„Da wurde mein Herr Philipp von Navarra vorgeladen. Und als er kam, um dem König von England seine Hochachtung zu erweisen, sprach König Eduard zu ihm: ‚Guter Cousin, geht zu meinem guten Bruder von Frankreich, der Euch den Frieden gegeben hat.' Und so gelangte mein Herr Philipp von Navarra vor den König von Frankreich; der besagte König Eduard hielt ihn bei der Hand und sagte zum König von Frankreich: ‚Guter Bruder, ich bringe Euch den getreusten Ritter, der je das Meer überquert hat, um an meinen Hof zu kommen.' Und da schworen sich der König von Frankreich und mein Herr Philipp von Navarra gegenseitig, den Frieden zu wahren. *Und so wie sie seither lebten, waren sie sich gegenseitig gute Freunde* und wahrten einander getreulich den Frieden."[29]

Es kann auch die Absicht von Bestätigungen der vergangenen Beziehungen sein, diesen Zustand zu wahren; so lässt Karl V. dem König von England nach dem Tod seines Vaters versichern, dass er beabsichtige, seinen „guten Frieden und die Liebe ... zu nähren und zu wahren"[30].

Während des Bürgerkriegs, der in den ersten Jahrzehnten des 15. Jahrhunderts im Königreich Frankreich herrschte, stellte die „Freundschaft" der Fürsten eine zentrale Größe für die Wiederherstellung normaler politischer Beziehungen dar. Nach Aussage der Übereinkunft von 1402 verpflichteten sich die Herzöge von Orléans und von Burgund, „einander gute, vollständige, wahre und treue Freunde" zu bleiben, „wie sie der Vernunft gemäß sein müssen und wie das Gesetz der Natur sie zu sein verpflichtet"[31]. Gleiches gilt für die Aufforderungen Karls VI. im Rahmen des Friedens von Chartres, oder auch beim Frieden von Auxerre (1412): die Herzöge sollten „einander gute Freunde" sein[32]. Wenn man nach dem Frieden von Pontoise im Jahr 1413 die aufständischen Cabochiens aus Paris fliehen ließ, so recht-

29 Chronique des quatre premiers Valois (1327–1393), hrsg. v. *Siméon Luce,* Paris 1862, 121 (Hervorheb. NO).

30 *Edouard Perroy,* Charles V et le traité de Brétigny, in: Le Moyen Age 38 (1928), 255–281, hier 266 (Brief von Jean de Melun an Edward III. vom 5. Mai 1364).

31 *Louis Douët-d'Arcq* (Hrsg.), Choix de pièces inédites relatives au règne de Charles VI. 2 Bde., Paris 1863–1865, Bd. 1, 230: ... *bons, entiers, vraiz et loyaulx amis ensemble comme estre le doivent selon raison et comme droit de nature les y astraint.*

32 *Enguerran de Monstrelet,* Chronique. 6 Bde., hrsg. v. Louis Douët-d'Arcq, Paris 1857–1862, Bd. 1, 400; *Dom Urbain Plancher,* Histoire générale et particulière de Bourgogne avec des notes, des dissertations et les preuves justificatives... Bd. 3, Dijon 1748, n° 287, 294.

fertigte Jean Jouvenel dies mit dem Hinweis, dass „man nichts anderes wollte als den Frieden und gute Liebe zueinander“[33]. Diese Ausdrücke und Wendungen wiederholten sich in den darauf folgenden Verträgen. Noch in Péronne (1468) schworen Ludwig XI. und der burgundische Herzog Karl der Kühne, einander „Friede und Freundschaft“ (*paix et amictié*) wahren zu wollen[34]. Der Vertrag selbst präzisiert dies und spricht von „Frieden, Liebe, Einheit und Harmonie“ (*paix, amour, union et concorde*).

Aber in diesen Friedensschlüssen während des Bürgerkriegs erscheint ein weiterer Begriff, der in den Verhandlungen zwischen Engländern und Franzosen wesentlich seltener zu finden ist, nämlich jener der Einheit (*union*). Man verlangt nach „guter Liebe und Einheit“ (*bonne amour et union*)[35], nach „guter Einheit und Allianz“ (*bonne union et aliance*)[36]. Das Bündnis, das der englische Regent in Frankreich, John Herzog von Bedford, und die Herzöge von Burgund und von der Bretagne 1423 schlossen und mit Eheverbindungen bekräftigten, forderte die Protagonisten aber gleichfalls dazu auf, „in guter und wahrer Liebe, Brüderlichkeit und Einheit“ (*en bonne et vraye amour fraternité et union*) zu bleiben und sich „wie Brüder, Verwandte und gute Freunde“ (*comme frères, parens et bons amis*) zu lieben[37]. Hier ist darauf hinzuweisen, dass diese Konfiguration eine Besonderheit darstellt, da die Engländer, vor allem gegenüber den Burgundern, nach dem Vertrag von Troyes (1420) ihren Status als auswärtige Macht abgelegt hatten.

Es scheint, dass man diesen vertraglichen Zustand und das von den Literaten definierte Friedensideal auf diskursiver Ebene einer Form der *Agapè* annähern könnte, die Luc Boltanski ausgehend von der christlichen Theologie untersuchte: einem Zustand der Liebe also – zunächst auf der Grundlage der Liebe Gottes für die Menschen modelliert – der nichts erwartet, der eine Gabe ohne Gegengabe darstellt und der das Verlangen nach Ausgleich zum Verstummen bringt. Die *Agapè* zeichnet sich durch einen „Verzicht auf das Berechnende“ aus, durch das Vergessen und den Frieden[38]. Sie schreibt

---

33 *Jean Juvénal des Ursins*, Histoire de Charles VI, roy de France (1380 – 1422), in: Nouvelle collection des mémoires pour servir à l'histoire de France, hrsg. v. Joseph François Michaud / Jean Joseph Francois Poujoulat, Paris 1836, Bd. 2, 333 – 569, hier 488: ... *on ne vouloit que paix et bon amour ensemble.*

34 Journal Parisien de Jean Maupoint, prieur de Sainte-Catherine-de-la-Couture, 1437 – 1469, hrsg. v. *Gustave Fagniéz,* in: Mémoire de la Société d'histoire de Paris 4 (1877), 1 – 114, hier 109.

35 Archives Nationales, J 877, n° 5 (Brief des Königs an den Seneschall von Toulouse, vom 10. August 1413).

36 Archives Nationales, X1a / 8602 / 288 (Brief des Herzogs von Guyenne, 1415)

37 Archives Départementales du Nord, 297, 15.465.

38 Darin verbindet sie sich mit dem adligen Ideal der *largesse,* der Großzügigkeit des Gebens ohne das berechnende Zählen, s. *Oschema,* Freundschaft und Nähe (Anm. 9), 384; vgl. auch gewisse theologische Reflexionen in der betrachteten Epoche über die Natur der Freundschaft, vor allem jene von Walter Burley, s. *Bénédicte Sère,*

sich damit ohne formalisierende Fassung gewissermaßen in die Herzen ein, ohne ein erinnerndes Bewahren der Auseinandersetzung zu ermöglichen[39]. Der Soziologe Boltanski unterstreicht, dass sich dieser Zustand in die Beziehung mit dem Nächsten als individualisiertes Verhältnis einfügt und sich nicht an die Menschheit als Gesamtes wendet: die Beziehungen zwischen den von uns betrachteten Fürsten, vor allem jene in der direkten, persönlichen Begegnung, können sich hier entfalten.

Unsere Quellen beschreiben Zustände, die man an mehreren Stellen mit einer dergestalt umrissenen Größe zu fassen versuchen kann, vor allem in den Verträgen von Brétigny-Calais (1360) und im Umfeld der Fürstentreffens von Ardres im Jahr 1396.

Die Diskurse der diplomatischen Dokumente verbinden sich mit den Berichten der Chronisten, welche uns die Gesten und ritualisierten Handlungen der Akteure des Friedens von Brétigny-Calais überliefern, zu einem Ganzen, das von dieser *Agapè*-artigen Situation zeugt und den Eindruck vermittelt, dass die vertraglich festgelegte Gegenseitigkeit nicht mehr im Mittelpunkt steht – ja dass sie geradezu in den Hintergrund gedrängt wird. Stattdessen handelt es um ein wesentlich stärkeres Band, das hier in den Blick genommen wird: Jean Froissart berichtet, dass es in Windsor (denn Johann der Gute hielt sich noch in England auf) nach der Verhandlung von Brétigny zwischen den Parteien zu „großen Annäherungen in Liebe“ (*grans approcemens*[40] *d'amours*) kam, die von der Übergabe von Juwelen als Geschenk begleitet wurden. In Calais vermehrten sich, so weiterhin derselbe Chronist, die Gesten der Brüderlichkeit[41]. Der Bündnisbrief der beiden Könige übersetzt die friedenstiftende Ritualität in das Medium des Diskurses und zeichnet die Herstellung von Banden der „wahren Liebe“ (*vraie amour*) zwischen zwei „wahren und treuen Freunden und Verbündeten“ (*vrais et loyaux amis et alliés*) nach. Als das Bündnis besiegelt wurde, so berichtet Froissart, wurde es wie üblich vor den anwesenden Fürsten und Magnaten öffentlich verkündet[42]. Es soll bei dieser Gelegenheit allen als „eine schöne, gute und große Verbindung der Liebe und des Friedens“ (*estre belle et bonne et grant conjonction d'amour et de pais*) erschienen sein. Die hier benutzten

---

De la vérité en amitié. Une phénoménologie médiévale du sentiment dans les commentaires de l'*Ethique à Nicomaque* (XIIIe-XVe siècle), in: Revue Historique 307 (2005), 793–820, hier 811 ff.

39 *Luc Boltanski*, L'amour et la justice comme compétences, Paris 1990, 192 ff.

40 *approchement* = Annäherung in Zuneigung; vgl. Dictionnaire du Moyen Français, hrsg. v. *Algirdas Julien Greimas / Teresa M. Keane*, Paris 2001, 33.

41 *Jean Froissart*, Chroniques. 15 Bde., hrsg. v. Siméon Luce / G. Raynaud / Léon Mirot, Paris 1869–1975, Bd. 6, 23 ff.

42 Vgl. *Nicolas Offenstadt*, La paix proclamée. Acteurs, gestes et réception de la publication des accords de paix pendant la guerre de Cent ans, in: Prêcher la paix et discipliner la société. Italie, France, Angleterre (XIIIe-XVe siècle) (Collection d'études médiévales de Nice, 5), hrsg. v. Rosa Maria Dessì, Turnhout 2005, 201–224.

Wörter unterstreichen deutlich die gegenseitige Durchdringung der Begriffe Liebe und Frieden in der spätmittelalterlichen Politik. Gegenseitige Gaben, deren Überreichung zugleich eine öffentliche Geste darstellte, befestigten diese „Verbindung der Liebe“: „Und durch die noch größere Verbindung der Liebe gaben die beiden Könige, obwohl sie sich dem Friedensvertrag entsprechend als Brüder bezeichneten, jeweils vieren ihrer Ritter die Summe von 8000 französischen Francs als jährliches Einkommen, das heißt für jeden 2000.“[43]

Johann der Gute, der sich nach der Rückkehr in seine französische Heimat sehnte, erwies Eduard III. und dem Prinzen von Wales, der heute als der „schwarze Prinz“ bekannt ist, „alle Zeichen der Liebe nach seinem Vermögen“. Froissart beschreibt die spezifische Konstellation der Ereignisse von Calais als eine überschwengliche Produktion von Bündnisbriefen, einen Moment, in dem sich die *Agapè* in der Vermehrung der Allianzschreiben manifestiert[44], wenngleich sich die Möglichkeit eines Umschlagens in ein anderes Register immer in Greifweite befinden mag. Über die rein diskursive Ebene hinaus wird hier zugleich eine Vielzahl von Gesten im öffentlichen Raum zum Ausdruck dieses Zustands bemüht – wir kommen darauf in der Folge noch zurück.

In den Jahren 1395 und 1396 schreiben sich die Verhandlungen, die zum Königstreffen von Ardres und zum Eheschluss Isabelles von Frankreich mit Richard II. führen, ebenfalls zum Teil in die Logik der *Agapè* ein. Erneut evoziert ein ganzes Ensemble von Texten mit Hilfe biblischer Modelle diesen Zustand der interessefreien Liebe, die nicht auf eine kalkulierte Gegenleistung abzielt. In einem Brief an Richard II., den er 1395 verfasste, kumulierte Philippe de Mézières zur Beschreibung der Beziehung zwischen den beiden Königen mehrere Wendungen, die Liebe und Frieden miteinander in Bezug setzen: „wahrer Friede und brüderliche Liebe“ (*vraye paix et amour fraternelle*), „wahre Liebe, Frieden und Nächstenliebe in Gott“ (*vraie amour, paix et charite en Dieu*), „wahrer Friede und süße Bruderliebe“ (*vraie paix et doulce amour fraternelle*). Hier schreibt sich die ersehnte Allianz ausdrücklich in einen Bezugsrahmen ein, der die familiäre Bindung zwischen „den 2 Söhnen des Heiligen Ludwig, König von Frankreich“ (*des ii. filz saint Loys, roy de France*)[45] in den Vordergrund rückt. Ein weiterer Text, der wahrscheinlich von diesem Schreiben de Mézières' beeinflusst ist, ist auf Mai 1395 datiert. Er wünscht und beschreibt erneut eine Situation, in der nur „die Liebe“ die Beziehung zwischen den beiden Königen bestim-

---

[43] *Froissart,* Chroniques (Anm. 41), Bd. 6, 52: *Et par plus grant conjonction d'amour, li doi roy, quoique il s'appellassent par l'ordenance de le pais frère, donnèrent à quatre chevaliers, cescuns de son costé, le somme de huit mil frans françois de revenue par an, c'est à entendre cescun deux mil.*

[44] Ebd., 53.

[45] *Philippe de Mézières,* Letter to the King Richard II. (Anm. 6).

men möge und in der ihre Reiche eine Einheit bilden sollten, „ein Herz und eine Seele in Gott, durch wahre Liebe“ (*un cuer et une ame en Dieu par vraie amour*)[46].

III. Freundschaft im öffentlichen Raum[47]

Der öffentliche Ausdruck der inneren Neigung oder Bereitschaft zum Frieden – und dies gilt ähnlich für die Frage der Freundschaft, zumal auf der Grundlage des aristotelischen Modells[48] – beschäftigte die mittelalterlichen Denker seit geraumer Zeit. Vor allem Rufinus von Sorrent stellte sich im 12. Jahrhundert die Frage nach den Zeichen (*signa*), die den Frieden ausdrücken und repräsentieren; er unterschied dabei die drei Ebenen der Wörter, der Dinge und der Gesten[49]. Innerhalb der letzten Kategorie wies Rufinus vor allem auf den Handschlag und den Kuss hin. Wenngleich aus der Zeit des Hundertjährigen Krieges keine explizite Fortführung dieser dreigliedrigen Analyseordnung bekannt ist, so werden hier doch das Wort und der Begriff des Zeichens (*signum*) vielfältig angewandt, um die Friedensrituale und das äußerliche Auftreten der Magnaten zu interpretieren. Diese auf das *signum pacis*, das Zeichen des Friedens, gerichtete Aufmerksamkeit schreibt sich zu gleichen Teilen ein in die im Mittelalter weit verbreitete und gängige Praxis, stets Zeichen und Symbole zu entziffern, und in den häufig ausgedrückten und bestätigten Gedanken, dass sich der wahre Friede durch die Übereinstimmung zwischen den Gesten und den tieferen Empfindungen auszeichne[50].

In London zeigen sich folglich Eduard III. und Johann der Gute nach dem Vertrag von Brétigny „sehr große Zeichen der gegenseitigen Liebe“ (*moult*

---

46 Siehe Anglo-Norman Letters and Petitions (Anglo-Norman Text Society. Texts, 3), hrsg. v. *Mary D. Legge,* Oxford 1941, 242–245 (Brief Karls VI. an Richard II. über die Notwendigkeit eines Friedens, 15. Mai 1395); vgl. die Analyse dieses Textes in *John J. N. Palmer,* The Background to Richard II's Marriage to Isabel of France, in: Bulletin of the Institute of Historical Research 44 (1971), 1–17, hier 8 ff.

47 Insgesamt zur Fragen der Friedensgesten im späten Mittelalter s. *Nicolas Offenstadt,* Discours et gestes de paix pendant la Guerre de Cent ans, Paris (Diss. phil., Univ. de Paris I – Panthéon-Sorbonne) 2001; *Klaus van Eickels,* Vom inszenierten Konsens zum systematisierten Konflikt. Die englisch-französischen Beziehungen und ihre Wahrnehmung an der Wende vom Hoch- zum Spätmittelalter (Mittelalter-Forschungen, 10), Stuttgart 2002, v.a. 341 ff. Zum nahe gelagerten Bereich der Freundschaftsgesten s. *Oschema,* Freundschaft und Nähe (Anm. 9), 387 ff.

48 Vgl. *Sère,* Amicitia (Anm. 9), und *dies.,* De la vérité (Anm. 38).

49 *Rufinus von Sorrent,* De Bono Pacis (MGH Studien und Texte, 17), hrsg. und übers. v. Roman Deutinger, Hannover 1997, 172: *Signa autem, quibus tam pax ista quam Babilonica queritur, datur, ligatur, discernitur, multifaria sunt. Alia enim verbis, alia rebus, alia actibus explicantur…*

50 Zu dieser bedeutungsreichen Stellung des *signum* vgl. *Jean-Claude Schmitt,* La raison des gestes dans l'Occident médiéval, Paris 1990, 31; zu den Gesten als Ausdruck innerer (seelisch-emotionaler) Vorgänge ebd., v.a. 16, 38 und 204 f.

grant semblant d'amour l'un à l'autre) und versichern einander zugleich, dass sie das geschlossene Friedensabkommen einhalten wollen[51]. Folgt man den Worten Froissarts, so war in Windsor zu sehen, dass es „dort also große Annäherungen in Liebe zwischen diesen Parteien gegeben hat, und große Geschenke und schöner Schmuck gegeben und zurückgegeben wurden"[52]. Nach der Bestätigung des Vertrags in Calais beobachten wir das Gleiche: „Der König Johann von Frankreich, der großes Verlangen hatte in sein Königreich zurückzukehren, und das ganz zurecht, zeigte dem König von England und auch dessen Neffen, dem Prinz von Wales, so sehr er konnte aufrechten Gemüts alle Zeichen der Liebe, und der König von England ihm ebenfalls."[53] Diese ostentativen Demonstrationen werden, ganz so wie es sich gehört, aufmerksam beobachtet: „alle Arten von Leuten", so Froissart, verspürten „große Freude [...] dies zu beobachten"[54].

Während des Bürgerkriegs und damit in einer Zeit als das Königreich Frankreich innerlich zerrissen war, sind solche Zeichen der Liebe von grundlegender Bedeutung und die Chronisten erzählen entsprechend detailliert von ihnen. So berichtet die *Geste des nobles françois* zum Ablauf der Friedensrituale nach dem Vertragsschluss von 1405 zwischen den Herzögen Ludwig von Orléans und Johann Ohnefurcht von Burgund: „... von nun an tranken, aßen und schliefen sie häufig gemeinsam, und hielten jegliche Ordnung der Liebe und des Wohlwollens"[55].

Das Zeichen des Friedens und der Liebe kann aber selbstverständlich zweideutig sein: es zeigt im öffentlichen Raum, aber es sagt nichts über den inneren Zustand der Beteiligten. Für die Chronisten oder Schreiber, die den Fortgang der Ereignisse im Rückblick bereits kennen, wird das Zeichen bei der Relektüre des Verlaufs, vor allem nach den Morden von 1407 (an Ludwig von Orléans) und 1419 (an Johann Ohnefurcht, der von den Männern des Dauphin in Montereau-fault-Yonne getötet wird), zum Gegenstand der Anschuldigung, weil es offensichtlich keine aufrichtige Übereinstimmung der Herzen ausgedrückt hat. Um nur ein einziges Beispiel aus der langen Reihe

---

51 Chronique des règnes de Jean II et de Charles V. Bd. 1: 1350–1364, hrsg. v. *Roland Delachenal,* Paris 1910, 319.

52 *Froissart,* Chroniques (Anm. 41), Bd. 6, 26: *Si eut là grans approcemens d'amours entre ces parties, et donnés et rendus grans dons et biaus jeuiaus...*

53 Ebd.: *Li rois Jehans de France, qui avoit grant desir de retourner en son royaume, et c'estoit raison, moustroit au roy d'Engleterre de bon corage tous les signes d'amour qu'il pooit et ossi à son neveu le prince de Galles, et li rois d'Engleterre otant bien à lui.*

54 Ebd.

55 Fragments de la Geste des nobles françois, in: Chronique de la Pucelle ou Chronique de Cousinot, suivie de la Chronique normande de P. Cochon, relatives aux règnes de Charles VI et de Charles VII, hrsg. v. *Auguste Vallet de Viriville,* Paris 1859 [ND Genf 1976], 105–204, hier 112: ... *souvent, d'illec en avant, burent, mangèrent et couchèrent ensemble tenans toutes* manières d'amour *et bienveillance.* (Hervorheb. NO).

der diskursiven Inszenierungen betrügerischer Gesten herauszugreifen[56]: Das Manifest von Jargeau, mit dem die Söhne Ludwigs von Orléans 1411 den Mord an ihrem Vater zur Anklage bringen, unterstreicht die Bösartigkeit des Verbrechens mit dem Argument, dass Johann Ohnefurcht als Auftraggeber des Mordes öffentlich seine Freundschaft zu Ludwig gezeigt habe, und dies noch dazu mit „Zeichen der Liebe“ (*signes d'amour*)[57]. Die Vermehrung dieser gestischen Demonstrationen im Rahmen von immer nur kurzfristig wirksamen Friedensschlüssen scheint ihren Gebrauch nicht unterlaufen zu haben. Zweifellos erscheint es bei der Rekonstruktion aus moderner Sicht nötig, die verschiedenen Gesten zu unterscheiden und möglichst präzise in ihrem historischen Kontext darzustellen; zugleich ist es aber wichtig, sie nicht mit Sinnhorizonten zu überfrachten oder zu rigide voneinander zu trennen. Es handelt sich hier um ein zur Verfügung stehendes Repertoire zum Teil untereinander austauschbarer Elemente, das sich insgesamt durch eine gewisse Flexibilität auszeichnet. Für die Fürsten oder auch die Chronisten, die von ihren Gesten in einem Bezugsrahmen berichten, der nicht immer den Vorgaben einer realistischen Beschreibung entspricht, liegt die Bedeutung vor allem im Einheitsdiskurs, der sich in ihnen entfaltet[58].

So konnte zum Friedensschluss von Auxerre (1412) im Jahr nach dem Manifest von Jargeau berichtet werden, dass Herzog Karl von Orléans und Herzog Johann Ohnefurcht von Burgund „zusammen mit den anderen Herren ritten, alle beide auf einem [d. h. demselben] Pferd; *und sie zeigten den Anschein aller Brüderlichkeit und Liebe,* die Brüder und Verwandte einander zeigen können“[59]. Und weiter heißt es: „... zum Zeichen des guten Frie-

---

56 Für eine eingehendere Behandlung der hiermit verbundenen Aspekte sei hingewiesen auf unsere im Druck befindliche Studie: *Nicolas Offenstadt,* Faire la paix au Moyen Age, Paris 2007.

57 *Juvénal des Ursins,* Histoire de Charles VI (Anm. 33), 457.

58 In diesem Sinne folgen wir nicht in allen Bereichen der Analyse der Freundschaftsgesten im öffentlichen Raum, die Klaus Oschema vorschlägt. Es ist nicht einzusehen, inwiefern der Charakter des Friedensrituals etwa im Fall des gemeinsamen Schlafens verringert werden sollte – eines Rituals, das sich nicht auf die rein juristische Dimension beschränkt –, nur weil wir lediglich ein Beispiel von 1405 kennen, das zudem kaum durch parallele Quellen verifizierbar ist. Die Einbettung des Verweises „sie schliefen gemeinsam“ in der Reihe weiterer Friedenszeichen belegt hinreichend, dass dieser Gestus für die Zeitgenossen zur „Grammatik der Versöhnung“ gehört, die wir analysiert haben (s. *Offenstadt,* Discours et gestes (Anm. 47)). Abgesehen hiervon erscheint die Analyse des Gestus hinsichtlich der weiteren Diskursfelder (Vertrautheit, Liebe und Vertrauen) überzeugend. Zugleich muss die eventuelle Neuerung des „gemeinsamen Ritts auf demselben Pferd“ im Rahmen des Friedens von Auxerre (1412) mit Blick auf das übliche Ritual des gemeinsamen Nebeneinander-Reitens relativiert werden, auf das sich dieses Ritual unserer Meinung ebenso bezieht, wie auf den verbreiteten Ausdruck der Vertrautheit durch das Mitreiten auf der Kruppe des Pferdes. Sicher unterstreicht der Autor zurecht, dass die Vielzahl der wenig erfolgreichen Friedensschlüsse in jener Phase des Bürgerkriegs auch eine rituelle Kreativität hervorrief, mit welcher die Ausdrucksstärke der öffentlichen Demonstration der Befriedung untermauert werden sollte.

dens und der Freundschaft haben die genannten Parteien einander berührt“[60]. 1418 wird berichtet: „Desgleichen wurde geraten, dass es eine sehr liebenswürdige Sache sei, *um stets gute Liebe* zwischen meinem genannten Herrn, dem Dauphin, und meinem genannten Herr von Burgund *zu nähren und fortzuführen,* einige von den Leuten und Dienern meines genannten Herrn von Burgund zu meinem genannten Herrn den Dauphin zu führen und einige der Leute und Diener meines Herrn, des Dauphin, zu meinem genannten Herrn von Burgund“[61]. Zu 1419, nach dem Zusammentreffen von Pouilly, lesen wir schließlich: „... nachdem [der Dauphin und Johann Ohnefurcht] eine Weile in dieser Weise zusammen waren *und große Zeichen der Ausgelassenheit und der gegenseitigen Liebe gezeigt haben,* bestieg der Dauphin sein Pferd und der genannte Herzog hielt ihm seinen Steigbügel, obwohl der Dauphin ihn mehrfach gebeten hatte, das nicht zu tun. Und danach bestieg der genannte Herzog von Burgund sein Pferd und ebenso alle anderen, und sie ritten eine kleine Weile gemeinsam; dann nahmen sie sehr ehrenvoll voneinander Abschied und trennten sich“[62].

Angesichts dessen, was im Bürgerkrieg auf dem Spiel stand, vervielfältigten sich auch die Diskurse. So erklärte etwa Jean Petit im Jahr 1407, um die Zeichen der Freundschaft, des Friedens und des Teilens zu rechtfertigen, die zwischen Johann Ohnefurcht und Ludwig von Orléans in der Zeit von 1405 bis zum Mord von 1407 ausgetauscht worden waren, dass die falsche Vorspiegelung dieser Zeichen nicht zu verdammen sei, wenn sie am Ende für ein gutes Ziel erfolgten. Eine gute List ist also zu rechtfertigen[63].

Folglich müssen die Freundschaft und die Liebe in den Friedensschlüssen des späten Mittelalters als spezifische Praktiken für eine Ausübung im öffentlichen Raum angesehen werden, die auf eine für uns teilweise unzugängliche Weise mit der affektiven Dimension verbunden sind, welche beide Begriffe heute noch kennzeichnet. Das demonstrative Zeigen und die Dis-

---

59 *Monstrelet,* Chronique (Anm. 32), Bd. 2, 294.

60 *Plancher,* Histoire générale (Anm. 32), n° 287 (Vertrag von Auxerre, 1412).

61 Archives Départementales du Nord, 312, 15.404: *Item a esté advisé que* pour nourir et continuer tousiours bonne amoure *entre Mon dit Seigneur le daulphin et Mon dit Seigneur de Bourgoigne, il est chose tres amable de mettre des gens et serviteurs de Mon dit Seigneur de Bourgogne et avec Mon dit Seigneur le daulphin et en son service, et des gens et serviteurs de Mon dit Seigneur le daulphin avec Mon dit Seigneur de Bourgoigne.* (Hervorheb. NO)

62 *Monstrelet,* Chronique (Anm. 32), Bd. 3, 323: ... *après [que le dauphin et Jean sans Peur] eurent esté une espace en cest estat* monstrans grant signe de léesse et amour l'un à l'autre, *le Daulphin monta à cheval, et ledit duc lui tint l'estrier, non que moult de foiz lui priast que de ce faire, il se déportast. Et après ledit duc de Bourgogne monta à cheval et tous les autres, et chevauchèrent ung petit ensemble, et puis moult révèrement prindrent congié l'un à l'autre et se départirent* ... Für eine Untersuchung dieser verschiedenen Friedensgesten s. *Offenstadt,* Discours et gestes (Anm. 47).

63 Siehe *Alfred Coville,* Jean Petit. La question du tyrannicide au XVe siècle, Paris 1932, 387 f.

kurse, die ihm zugrunde liegen und die es begleiten, oszillieren zwischen zwei Ordnungen, in denen die Akteure sich je nach Kontext in differenzierter Weise bewegen können. Einerseits ist hier das Ideal der *Agapè* in Anschlag zu bringen, die in der euphorischen Hochstimmung der persönlichen Begegnung und der Befriedung aufscheint; andererseits eine Ordnung von niederer Intensität, die auf den rechtlichen Bindungen aufbaut und in der die kontraktuelle Dimension die Oberhand behält.

Résumé français

Dans les sources touchant aux négociations entre Princes durant la guerre de Cent ans et la guerre entre Armagnacs et Bourguignons, le vocabulaire que l'on dirait aujourd'hui affectif est omniprésent, les termes d'amour et d'amitié en particulier. Ce vocabulaire justifie l'engagement des acteurs dans la négociation et la paix. Il désigne aussi les accords et les alliances eux-mêmes et l'état de relations qu'ils doivent produire. Cet état atteint parfois, dans les discours, l'idéal de l'*Agapè,* soit une situation d'amour sans calcul. Ces dispositions à une paix faite d'amour et d'amitié se déploient rituellement dans l'espace public des rencontres princières. Les signes de paix et d'amour se veulent fondateurs mais la part affective dont ils sont porteurs nous échappe en partie. Ils permettent de jouer à la fois de l'idéal d'*Agapè* et de situations de plus basse intensité.

Auf dem Weg zur Neutralität: Eine neue Kategorie politischen Handelns im spätmittelalterlichen Frankreich[1]

Von *Klaus Oschema*, Bern

Es klänge heute bereits wie eine Binsenweisheit, würde man die Tatsache hervorheben wollen, dass Freundschaftsbeziehungen neben Bindungen verwandtschaftlichen und herrschaftlichen Charakters für die Handlungshorizonte mittelalterlicher Individuen eine gleichberechtigte und zentrale Rolle spielten – der Titel einer einschlägigen Publikation Gerd Althoffs hat bereits nahezu topischen Charakter gewonnen, was mithin trotz punktueller Kritik von seinem durchschlagenden Erfolg zeugt[2]. So sehr die Bedeutung der Freundschaft aber grundsätzlich anerkannt ist, so unklar ist noch in weiten Bereichen, was dies letztlich zu bedeuten hat. Dabei geht es nicht nur um die Aufarbeitung explizit reflektierter Modelle aus einem philosophisch-historischen Interesse heraus, bei der weiterhin noch viel Arbeit zu leisten ist[3]. Als getreuer Spiegel soziologischer Theoriebildung zeigen auch historische Analysen im engeren Sinn die Variationsbreite zwischen dem, was im anglo-amerikanischen Diskurs als „instrumentelle" und als „expressive" Freundschaft bezeichnet wird[4]. Um einem besseren Verständnis näherzukommen, soll im vorliegenden Beitrag gewissermaßen ein Zugang

---

1 Der folgende Beitrag greift vertiefend Überlegungen wieder auf, die ich in knapperer Form skizziert habe in *Klaus Oschema*, Freundschaft und Nähe im spätmittelalterlichen Burgund. Studien zum Spannungsfeld von Emotion und Institution (Norm und Struktur, 26), Köln / Weimar / Wien 2006, 270 – 280 (Exkurs: Neutralität als Handlungsoption).

2 *Gerd Althoff*, Verwandte, Freunde und Getreue. Zum politischen Stellenwert der Gruppenbindungen im frühen Mittelalter, Darmstadt 1990. Vgl. etwa die Rezensionen durch *Karl Ferdinand Werner*, in: HZ 261 (1995), 874 f., und (zur engl. Übersetzung) *Christopher LeCluyse*, in: H-German, H-Net Reviews (April 2005), URL http: //www.h-net.org/reviews/showrev.cgi?path=178721118422486, 15. 03. 2007.

3 Vgl. *Julian Haseldine*, Introduction, in: Friendship in Medieval Europe, hrsg. v. dems., Stroud 1999, xvii xxiii, hier xvii.

4 Ein knapper Überblick bei *Claudia Garnier*, Amicus amicis – inimicus inimicis. Politische Freundschaft und fürstliche Netzwerke im 13. Jahrhundert (Monographien zur Geschichte des Mittelalters, 46), Stuttgart 2000, 3 – 8; kritisch bereits *Robert Paine*, Anthropological Approaches to Friendship, in: The Compact. Selected Dimensions of Friendship, hrsg. v. Elliott Leyton (Newfoundland Social and Economic Papers 3), Newfoundland 1974, 1 – 14, hier 3 f.; vgl. die zusammenfassende Diskussion bei *Sandra Bell / Simon Coleman*, The Anthropology of Friendship. Enduring Themes and Future Possibilities, in: The Anthropology of Friendship, hrsg. v. dens., Oxford / New York 1999, 1 – 19, hier 15.

durch die Hintertür versucht werden: Im Mittelpunkt der folgenden Überlegungen steht daher nicht die diskursive Größe „Freundschaft“ als solche, sondern vielmehr die Frage nach einer zeitgenössischen möglichen Alternative, wie sie der Gedanke der Neutralität und des neutralen Verhaltens zumindest hypothetisch hätte darstellen können.

Eine solche Perspektivierung mag zunächst abseitig erscheinen, kann meiner Überzeugung nach aber durchaus fruchtbare Erkenntnisse vermitteln. In zahlreichen Studien zur politischen Geschichte des frühen bis späten Mittelalters spielt der Begriff der Neutralität nämlich – zumeist unhinterfragt – eine nicht unerhebliche Rolle: Man denke nur etwa an das Phänomen der Herrschertreffen, die vorgeblich gerne auf „neutralem Gebiet“ veranstaltet wurden, wozu in der modernen Forschung kurzerhand Grenzbereiche, Flüsse und Brücken erklärt wurden[5]. Neben solch einer territorialen Bindung erscheinen Begriff und Konzept der Neutralität in der Literatur aber auch in personaler Wendung. Claudia Garnier etwa ging bei ihrer Analyse spätmittelalterlicher Schieds- und Schlichtungsverfahren der Frage nach, welche Personen sich als *arbitri* oder als Mediatoren eigneten. Es mag dabei nur für den modernen Historiker erstaunlich sein, wenn sie zu dem Ergebnis kam, dass sich der „ideale Mittler“ wider Erwarten nicht „durch seine neutralen und überparteilichen Eigenschaften“ auszeichnete, sondern vielmehr durchaus verwandtschaftlich oder anderweitig mit den Streitparteien verbunden sein konnte, ja sogar sollte[6].

Um sich der Tragweite dieser Einsicht bewusst zu werden, mag es hilfreich sein, sie mit einer weiteren Beobachtung zu kombinieren: Sowohl bei der Lektüre spätmittelalterlicher Chroniken wie bei derjenigen von politischen Verträgen aus derselben Zeit fällt bereits die schiere Anzahl der vorgeblichen Freunde (oder auch Feinde) ins Auge. Schon eine oberflächliche Betrachtung macht daher deutlich, wie wichtig Freundschaft und Feindschaft als strukturierende Konzepte personaler Beziehungen und politischer Bindungen waren. Aber nicht nur die quantitative Präsenz des Freundschaftsvokabulars sticht hervor. Mindestens ebenso bemerkenswert ist auch die Ausschließlichkeit mit der sich Freundschaft und Feindschaft

---

5 Vgl. z. B. *Werner Kolb,* Herrscherbegegnungen im Mittelalter, Bern u. a. 1988, 51 f.; *Ingrid Voss,* Herrschertreffen im frühen und hohen Mittelalter. Untersuchungen zu den Begegnungen der ostfränkischen und westfränkischen Herrscher im 9. und 10. Jahrhundert sowie der deutschen und französischen Könige vom 11. bis 13. Jahrhundert (AKG. Beihefte, 26), Köln / Weimar / Wien 1987, 38–41; *Reinhard Schneider,* Mittelalterliche Verträge auf Brücken und Flüssen (und zur Problematik von Grenzgewässern), in: Archiv für Diplomatik, Schriftgeschichte, Siegel- und Wappenkunde 23 (1977), 1–24, v.a. 9–11 und 17; *Martin Kintzinger,* Der weiße Reiter. Formen internationaler Politik im Spätmittelalter, in: FMSt 37 (2003), 315–353, hier 321; *Régine Le Jan,* La vengeance d'Adèle ou la construction d'une légende noire, in: La vengeance, 400–1200, hrsg. v. ders. / Dominique Barthélémy / François Bougard (Collection de l'École française de Rome, 357), Rom 2006, 325–340, hier 332 f.

6 *Garnier,* Amicus amicis (Anm. 4), 285.

gegenüber stehen und zuweilen sprunghaft ineinander übergehen[7]. Jedem, der sich mit historiographischen Texten des späteren Mittelalters auseinandersetzt, wird die angesprochene Dynamik bekannt vorkommen: Radikale Feinde, die eben noch Krieg gegeneinander geführt haben, legen unter dem Siegel der Freundschaft ihren Konflikt bei, während auf der anderen Seite Freundschaften aufgelöst werden und im Extremfall militärischen Auseinandersetzungen weichen[8].

Ohne vorschnelle Schlüsse auf die Bedeutung der Freundschaftsterminologie ziehen zu wollen, stellt sich hier die Frage nach der Struktur des kategorialen Systems, innerhalb dessen politische und soziale Bindungen als Freundschaften oder Feindschaften gefasst wurden. Da wir heute zumeist mit einer dreiwertigen Logik operieren, die zwischen Freunden, Feinden und neutral markierten Akteuren unterscheidet[9], liegt es nahe, die Existenz dieses dritten Pols für die in Frage stehende Zeit des späten Mittelalters genauer in den Blick zu nehmen. Dabei kann es aber nicht lediglich um die klassische Fragestellung der Rechtsgeschichte gehen, deren Untersuchungsinteresse seit geraumer Zeit auf die Neutralität als formaljuristischer Konstruktion gerichtet ist. Stattdessen möchte ich in Grundzügen die Konturen einer zeitgenössisch-wertorientierten Auffassung von Neutralität und deren Möglichkeit oder Unmöglichkeit skizzieren.

I. Der juristische Blick auf die Neutralität

Aus formaler Perspektive besteht dabei hinsichtlich des gewählten Gegenstands eigentlich Einigkeit – Neutralität ist heute ein recht gut umrissenes politisches Konzept[10], das im mittelalterlichen Weltbild auf reflektierter Ebene praktisch inexistent war und auch kaum Kontur erhalten konnte[11].

---

7 Für einige Beobachtungen aus dem franko-burgundischen Raum des Spätmittelalters s. *Oschema*, Freundschaft und Nähe (Anm. 1), Kap. V.2.2.

8 Analoge Strukturen sind auch aus dem früheren Mittelalter bekannt, man denke nur etwa an die von Gregor von Tours beschriebenen Ereignisse um die Adligen Sichar und Chramnesind, s. *Gregor von Tours,* Libri historiarum X, hrsg. v. Bruno Krusch / Wilhelm Levison (MGH SS rer. Merov. 1,1), 2. Aufl., Hannover 1951 [ND 1992], VII 47 und IX 19; vgl. zur Einschätzung der hier berichteten Ereignisse jüngst *Philippe Depreux,* Une faide exemplaire? À propos des aventures de Sichaire: vengeance et pacification aux temps mérovingiens, in: La vengeance, hrsg. v. Barthélémy / Bougard / Le Jan (Anm. 5), 65–85.

9 So der grundlegende Gedanke in der ethologischen Studie von *Gerhard Vowinckel,* Verwandschaft, Freundschaft und die Gesellschaft der Fremden. Grundlagen menschlichen Zusammenlebens, Darmstadt 1995.

10 Zur Definition aus der Sicht des modernen Völkerrechts s. etwa *Elizabeth Chadwick,* Traditional Neutrality Revisited, Den Haag 2002, 2–4.

11 Aus dieser Perspektive ist auch die Absenz des Lemmas „Neutralität" in den einschlägigen mediävistischen Lexika zu verstehen, vgl. etwa Lexikon des Mittelalters 6 (1993); Theologische Realenzyklopädie 24 (1994); Dictionnaire du Moyen Âge, hrsg. v. *Claude Gauvard / Alain de Libera / Michel Zink,* Paris 2002; Dictionnaire

So formulierte Stephen Neff erst kürzlich: „The medieval Christian world held neutrality in low esteem. It could hardly do otherwise, given the prevailing concept of war in Christian thought as a contest between justice and injustice."[12] Er wiederholte damit ein Urteil, das trotz einzelner Ansätze zur Relativierung seit gut 100 Jahren den Tenor der einschlägigen Forschung ausmacht[13].

Mit diesem Urteil sind aber mehrere Ebenen zugleich angesprochen, die bei einer einschlägigen Untersuchung im Vorfeld zu klären sind: Zunächst stellt sich die Frage, ob in einer bestimmten Zeitstellung der Begriff der Neutralität bereits existierte, oder ob man lediglich ein hiervon unabhängig existierendes, funktional aber gleichwertiges Konzept entdecken kann. Sollte letzteres der Fall sein, so ist wiederum zwischen verschiedenen Möglichkeiten zu unterscheiden, da die Feststellung einer faktisch existierenden Form von Neutralität auf struktureller Ebene keineswegs zugleich die Formierung eines juristisch gefassten und reflektierten Phänomens bedeuten muss[14].

Für die bisherige Forschung gilt im Überblick, dass sich das Gros der Autoren seit langer Zeit einig ist: Eine auf die Haltung im Krieg bezogene, juristische Institution der Neutralität konnte sich erst mit der modernen Auffassung vom Völkerrecht ab dem 16. und vor allem dem 17. Jahrhundert herausbilden[15]. Zugleich sind aber auch verschiedenste Versuche zu finden,

---

encyclopédique du Moyen Âge. Bd. 2: L-Z, hrsg. v. *André Vauchez,* Paris 1997. Dasselbe gilt übrigens auch für althistorische Nachschlagewerke, wie etwa den „Pauly" in der alten und neuen Fassung – trotz vorliegender Publikationen, die sich mit dem Problemfeld in der Antike auseinandersetzen, wie z. B. *Robert A. Bauslaugh,* The Concept of Neutrality in Classical Greece, Berkeley / Los Angeles 1991; *Derek J. Mosley,* Grotius, the Greeks and Neutrality, in: Echos du Monde Classique 37 (1993), 15 – 24; *Didier Viviers,* Hérodote et la neutralité des Crétois en 480 avant notre ère: la trace d'un débat athénien?, in: Hermes 123 (1995), 257 – 269.

12 *Stephen C. Neff,* The Rights and Duties of Neutrals. A General History, Manchester 2000, 7. Zu den „klassischen" Studien über die historische Entwicklung des Neutralitätsgedankens gehören u. a. *Ernest Nys,* Notes sur la Neutralité, in: Revue de Droit International et de Législation Comparée. 2e série 2 (1900), 461 – 498 und 583 – 617; *F. Bottié,* Essai sur la genèse et l'évolution de la notion de neutralité, Paris 1937; *Philip C. Jessup / Francis Deák,* Neutrality. Its History, Economics and Law. Bd. 1: The Origins, New York 1935. Mit Blick auf die Eidgenossenschaft und durchaus als Beitrag zur politischen Diskussion seiner Gegenwart verstanden *Edgar Bonjour,* Geschichte der schweizerischen Neutralität. 9 Bde., Basel 1965 – 1976, vgl. hierzu jüngst *Georg Kreis,* Kleine Neutralitätsgeschichte der Gegenwart. Ein Inventar zum neutralitätspolitischen Diskurs in der Schweiz seit 1943, Bern / Stuttgart / Wien 2004, 297 – 307.

13 Siehe etwa *Thomas A. Walker,* A History of the Law of Nations. Bd. 1, Cambridge 1899, 195; *Michael Schweitzer,* Neutralität. II. Völkerrechtliche Begriffsbildung und Ausgestaltung, in: Geschichtliche Grundbegriffe 4 (1978), 317 – 337; *Hans Haug,* Neutralität und Völkergemeinschaft, Zürich / St. Gallen 1962, 3; *Stefan Oeter,* Ursprünge der Neutralität, in: Zeitschrift für ausländisches öffentliches Recht und Völkerrecht 48 (1988), 447 – 488, hier 453; *Ulrike Pieper,* Neutralität von Staaten, Frankfurt a. M. 1997, 124 – 128.

14 Siehe bereits *Nys,* Notes (Anm. 12), 465.

mittelalterliche Vorläufer dieser Entwicklung zu identifizieren, die einzelne Aspekte einer Neutralitätskonzeption und deren Erscheinen vor 1500 hervorhoben[16]. Während das Phänomen der Mehrfachvassallitäten dies im politischen Bereich zu rechtfertigen schien[17], konnte man vor allem für den Seehandel mit dem berühmten *Libre de Consolat del mar* auf erste Versuche hinweisen, den Status von Händlern zu kodifizieren, die in einem Konflikt keiner der kriegsführenden Parteien angehörten, aber mit einer oder beiden weiterhin Geschäfte trieben[18].

Eine vollgültige Ausprägung des Neutralitätskonzepts ist mit derlei Beobachtungen aber nicht zu behaupten und ginge vermutlich auch an den Mentalitäten des späten Mittelalters vorbei. Ein Phänomen der „Wertfreiheit" oder der Enthaltung eines Werturteils, wie es der Neutralität unzweifelhaft zu Eigen ist, konnte hier keinen systematischen Platz in den verfügbaren Denkkategorien erhalten. Aus rechtshistorischer Sicht wurden diese Unmöglichkeit und ihre Hintergründe bislang aber selten angemessen hinterfragt. Die Schwäche der einschlägigen Studien liegt vor allem darin, dass sie einer zentralen Voraussetzung nur wenig Beachtung schenkten: der Organisation des politischen und sozialen Lebens in Kategorien, die grundsätzlich wertgebunden waren und sich damit von unserem nach-machiavellistischen, pragmatischen und säkularisierten Denken des Politischen unterscheiden[19].

---

15 Das 16. Jahrhundert wurde jüngst als „merkwürdiges Zwitterwesen", aber damit zugleich als Schwellenzeit für die Entwicklung des Neutralitätskonzepts charakterisiert von *Cornel Zwierlein,* Die Genese des neuzeitlichen Neutralitätskonzepts. Italienische *Discorsi* in Politikberatung und außenpolitischer Praxis, 1450–1600, in: Internationale Beziehungen in der Frühen Neuzeit. Ansätze und Perspektiven, hrsg. v. Heidrun Kugeler / Christian Sepp / Georg Wolf (Wirklichkeit und Wahrnehmung in der Frühen Neuzeit, 3), Hamburg 2006, 36–68 (Zitat: 37).

16 Ausführlich v.a. *Bottié,* Essai (Anm. 12), 49–115; s. a. *P. J. H. Ubachs,* Particulier, niet singulier. Middeleeuwse neutraliteit en de stad Maastricht, in: „Flittich erforscht und gecolligeert...". Opstellen over Limburgse rechtsgeschiedenis, hrsg. v. A. M. J. A. Berkvens / A. Fl. Gehlen / G. H. A. Venner, Maastricht 1995, 23–41.

17 Vgl. die Fallstudie von *Paul Dalton,* ‚In neutro latere': The Armed Neutrality of Ranulf II Earl of Chester in King Stephen's Reign, in: Anglo-Norman Studies 14 (1991), 39–59. Interessant ist in diesem Zusammenhang auch der Verweis auf Doppelbindungen im klassischen Griechenland bei *Mosley,* Grotius (Anm. 11), 19. Zu den Effekten von „Mehrfachfreundschaften" s. auch den Beitrag von Claudia Garnier in diesem Band.

18 Tatsächlich scheinen es vorrangig ökonomische Interessen gewesen zu sein, die zu einem immer stärkeren Regelungsbedarf führten. – Der *Consolat del mar* wurde verschieden datiert: *Bottié,* Essai (Anm. 12), 108–110, vermeidet eine exakte Angabe; *Schweitzer,* Neutralität (Anm. 13), 319, setzt die Aufzeichnung ins 15. Jahrhundert, wobei der Text die Situation abbilden soll, die den Gewohnheiten des 13. und 14. Jahrhunderts entspreche. *Neff,* The rights and duties (Anm. 12), 12, datiert die Aufzeichnung selbst in das 13. Jahrhundert. Die Kompilation entwickelte sich in der Tat über längere Zeit, erste Stufen sind ab der Regierung König Jakobs I. von Aragon bekannt, s. *Ludwig Vones,* Geschichte der Iberischen Halbinsel im Mittelalter (711–1480). Reiche – Kronen – Regionen, Sigmaringen 1993, 130.

19 Vgl. *Michel Senellart,* Les arts de gouverner. Du ‚regimen' médiéval au concept de gouvernement, Paris 1995, 19–31.

II. Begriff und ethische Dimension

Im Mittelpunkt der Forschung zur Neutralität stehen zumeist solche Konzepte, die in formalisierter Weise relativ deutlich ausgeprägt waren und sich in Form diverser „Höhenkammtexte" niederschlugen. Exemplarisch ist hier auf die Vorstellung des *bellum iustum* zu verweisen, die als weitverbreitetes Prinzip die Beurteilung militärisch-politischen Handelns beherrschte, aber durchaus auch in einem philosophisch-theologischen Diskursrahmen explizit thematisiert wurde[20]. Nun ist es sicher schwierig, die Wirkmächtigkeit solcher theoretischen Konzepte auf die tatsächliche Wahrnehmung der sozialen Welt abzuschätzen. Für die Frage nach der Neutralität lohnt es aber doch, auf diskursiver und begrifflicher Ebene nachzuhaken[21], stellte doch etwa Aaron Gurjewitsch geradezu apodiktisch fest: „Im mittelalterlichen ‚Weltmodell' gibt es keine ethisch neutralen Kräfte und Dinge: Sie sind alle mit dem kosmischen Konflikt von Gut und Böse in Wechselbeziehung gesetzt und in die weltweite Heilsgeschichte einbezogen."[22]

Betrachtet man zunächst den Begriff der „Neutralität" selbst, so fällt ins Auge, dass das lateinische Adjektiv *neuter*, wie schon seine Zusammensetzung aus *ne* und *uter* ausweist, in erster Linie eine negierende Aussage trifft. Das damit ausgedrückte „keines von beiden" ist – im Gegensatz zur modernen Begriffsprägung – aber keineswegs schwerpunktmäßig auf politische Phänomene oder gar den Gedanken an ein politisches Konzept im engeren Sinne ausgerichtet, wenngleich auch Belege für eine Verortung in diesem Umfeld beizubringen sind[23]. Bereits ein kursorischer Blick auf die hochmittelalterliche Historiographie zeigt, dass *neuter* mit seinen verschiedenen Formen im schlichten Wortsinn bei Auswahlsituatio-

---

20 Vgl. jüngst z. B. *Christopher Allmand,* Some Writers and the Theme of War in the Fourteenth and Fifteenth Centuries, in: Krieg im Mittelalter, hrsg. v. Hans-Henning Kortüm, Berlin 2001, 167 – 180, und *David S. Bachrach,* Religion and the conduct of war, c. 300–c. 1215, Woodbridge 2003, sowie weiterhin grundlegend *Philippe Contamine,* La guerre au Moyen Age (Nouvelle Clio, 24), 5. Aufl., Paris 1999, v.a. 446 – 462. Eher oberflächlich ist in diesem Zusammenhang der Überblick bei *Norbert Ohler,* Krieg und Frieden im Mittelalter, München 1997, hier 66 – 81. Auf die Ebene der (rituellen) Praktiken und damit letztlich auf Prozesse der semiotischen Aufladung in diesem Zusammenhang konzentriert sich *Malte Prietzel,* Kriegführung im Mittelalter. Handlungen, Erinnerungen, Bedeutungen (Krieg in der Geschichte, 32), Paderborn u. a. 2006. Für die Präsenz des *bellum iustum*-Konzepts in der Neutralitätsliteratur s. etwa *Neff,* The rights and duties (Anm. 12), 7 – 10; *Bottié,* Essai (Anm. 12), 84 – 98.

21 Vgl. hier auch allgemein die zitierten Werke in Anm. 12.

22 *Aaron J. Gurjewitsch,* Das Weltbild des mittelalterlichen Menschen, übers. v. Gabriele Lossack, 5. Aufl., München 1997, 327.

23 So berichtet John Strecche am Beginn des 15. Jahrhunderts zum Ort der Verhandlungen über den Eheschluss zwischen Heinrich V. von England und Katharina von Frankreich, s. *Frank Taylor,* The Chronicle of John Strecche for the Reign of Henry V (1414 – 1422), in: Bulletin of the John Rylands Library 16 (1932), 137 – 187, hier 181: *Et inter hec duo tentoria, in media distancia illorum, per certum palum locus erat limitatus quem preterire neutra pars deberet subter gravi pena.*

nen steht, in denen keine der zur Verfügung stehenden Optionen realisiert wird[24].

Das Abstraktum der *neutralitas* erscheint dagegen erst an der Wende vom hohen zum späten Mittelalter[25]: Johannes von Salisbury bietet in seinem Policraticus den ersten bekannten Beleg für diese Wortform, die sich zunächst in einen medizinischen Kontext eingliedert, in dem sie den unentschiedenen Zustand zwischen *aegritudo* und *sanitas* bezeichnet[26]. Im selben thematischen Zusammenhang gebraucht wenig später Alain de Lille den Begriff, den er allerdings in erster Linie knapp auf seine logische Struktur hin untersucht[27]. Erst im späten 13. Jahrhundert nutzte Raimundus Lullus das Wort häufiger: Dabei fällt vor allem die schwer verständliche Gleichsetzung von *neutralitas* und *communitas* ins Auge, die Raimundus zu den *actiones* des Sternzeichens der Zwillinge zählt[28]. Für ihn scheint es sich hier um ein ontologisches Prinzip zu handeln, das seinen systematischen Platz neben der aktiven *masculinitas* und der passiven *feminitas* hat, zwischen denen es durch seine ungeprägte Offenheit vermittelnd oder verbindend wirken kann[29]. Damit rückte die *neutralitas* in ein begriffliches Umfeld ein,

---

24 Deutlich schon bei *Gregor von Tours,* Libri historiarum (Anm. 8), II 41, wenn die Enthaltung bei der Hilfe dem politisch wirksamen Konzept der *amicitia* gerade gegenübersteht. Für weitere Beispiele s. etwa *Regino von Prüm,* Chronicon, hrsg. v. Friedrich Kurze (MGH SSrG, 50), Hannover 1890, 141; *Thietmar von Merseburg,* Chronik, hrsg. v. Robert Holtzmann (MGH SSrG N.S., 9), 2. Aufl., Berlin 1955, 171; Brunos Buch vom Sachsenkrieg, hrsg. v. *Hans-Eberhard Lohmann* (MGH Dt. MA, 2), Leipzig 1937, 40, 88 und 109, sowie 96 und 105 [zwei Briefe Gregors VII.], 113 und 117; *Mathias von Neuenburg,* Chronica, hrsg. v. Adolf Hofmeister (MGH SSrG N.S., 4), Berlin 1924–40, 99 (ad a. 1314).

25 Gerade hier irrt *Schweitzer,* Neutralität (Anm. 13), 317, wenn er behauptet: „Der Begriff der Neutralität ist so alt wie der Begriff des Krieges." Vgl. für das antike Griechenland *Bauslaugh,* The Concept (Anm. 11), 3–20.

26 *Johannes Saresberiensis,* Policraticus. Bd. 1, hrsg. v. K.S.B. Keats-Rohan (Corpus Christianorum. Continuatio Medievalis, 118), Turnhout 1993, 75 (II 2) und 170 (II 29). Der Beleg ist damit auf kurz vor 1160 zu datieren, s. *Hans-Werner Goetz,* Johannes von Salisbury, in: Lexikon des Mittelalters 5 (1991), 599–601. Für weitere, etwa zeitgleiche Parallelen vgl. *Heinhard Steiger,* Neutralität. I. Einleitung, in: Geschichtliche Grundbegriffe 4 (1978), 315 f. Die bereits Du Cange bekannte Passage des Policraticus invalidiert zugleich die verbreitete Behauptung, dass das Substantiv *neutralitas* im mittelalterlichen Latein erst 1408 belegt sei, s. Dictionnaire historique de la langue française. Bd. 2, hrsg. v. *Alain Rey,* Paris 1992, 1319.

27 S. Anm. 37.

28 *Raymundus Lullus,* De ascensu et descensu intellectus, in: ders., Opera latina. Bd. 9: 120–122, hrsg. v. Aloisius Madre (Corpus Christianorum. Continuatio Medievalis, 35), Turnhout 1981, 20–199, hier 112 (VII 3,4).

29 Hierzu v.a. die weiteren Nennungen in *Raymundus Lullus,* Principia philosophiae, in: ders., Opera latina. Bd. 19: 86–91, hrsg. v. Fernando Domínguez Reboiras (Corpus Christianorum. Continuatio Medievalis, 111), Turnhout 1993, 79–326, hier 291–296, c. III 1,7: *De masculinitate, feminitate et neutralitate: Ens masculinum est formale, et femininum est materiale et ens neutrum est coniunctio amborum* (291). Neutralität wird in diesem Sinne bei Lull folglich nicht durch Ausschluss gedacht, sondern durch Teilhabe an den beiden anderen Polen. Diese Struktur entspricht dem Modell der „disjunktiven Ternare", s. *Erhard Wolfram Platzeck,* Raimund Lull. Sein Leben. Seine Werke. Die Grundlagen seines Denkens. 2 Bde. (Bibliotheca Francis-

dem andere Vertreter der Wortfamilie seit langem angehörten. Wie schon in der römischen Antike begegnen *neutrum* und *neutralis* vor allem in der früh- und hochmittelalterlichen Literatur vorwiegend bei der Erörterung grammatischer Phänomene, wo sie das neutrale Genus eines Substantivs oder Verbs bezeichnen[30]. Diese Verwendung, die ja auch heute noch üblich ist, erscheint selbstverständlich auch in einschlägigen Lehrbüchern und Traktaten des späten Mittelalters[31].

An dieser Stelle soll keine Annäherung an eine vollständige Begriffsgeschichte versucht werden. Ganz offensichtlich war es aber die begriffliche Nähe zur ‚Männlichkeit' und ‚Weiblichkeit', und sei es nur im grammatischen Sinne, die es den mittelalterlichen Autoren ermöglichte, den Begriff (und damit auch das Konzept) der Neutralität mit Hilfe einer konkretisierenden Übertragung pejorativ aufzuladen. Ein markantes Beispiel für die biologisch-geschlechtliche Begriffsverwendung bietet Liudprand von Cremona. Im Bericht über seine Gesandtschaftsreise nach Konstantinopel, die er 968 im Auftrag Kaiser Ottos I. unternahm, ordnete er den Griechen wenig schmeichelhafte Attribute zu: sie seien *molles, effoeminatos, manicatos, tiaratos, teristatos, mendaces* und schließlich *neutros*[32]. Wie diese Form der

---

cana, 5–6), Düsseldorf 1962–64, Bd. 1, 200 f. Für weitere Literatur zu Lulls Leben und Werk vgl. Repertorium Fontium 7 (1997), 322–334.

30 Vgl. etwa *Cassiodor,* Commentarium de oratione et de octo partibus orationis, in: PL 70, 1219–1240, hier 1235 f., c. 2: *De verbo; Isidor von Sevilla,* Differentiarum, sive de proprietate sermonum, libri duo, in: PL 83, 9–98, hier 50: *Inter Neutrum et neutralem. Neutrum nomen, aut pronomen, vel participium; neutrale vero verbum est; Alkuin,* Grammatica, in: PL 101, 849–902, hier 864, 867, 874 f., 878, 881, 883 und 885.

31 Siehe z. B. für volkssprachliche Belege aus dem französischen Raum des 14. Jahrhunderts Notices et extraits des manuscrits de la Bibliothèque impériale et autres bibliothèques. Bd. XII/2, hrsg. v. *Institut impérial de France,* Paris 1868, 169 und 185.

32 *Liudprand von Cremona,* Relatio de legatione Constantinopolitana, in: ders., Opera, hrsg. v. Joseph Becker (MGH SSrG, 41), 3. Aufl., Hannover/Leipzig 1915, 175–212, c. 54. Zu den Hintergründen der Reise und des Berichts zuletzt *Henry Mayr-Harting,* Liudprand of Cremona's Account of his Legation to Constantinople (968) and Ottonian Imperial Strategy, in: EHR 116 (2001), 539–557. Zum negativen Beiklang von *effeminatus* und Aspekten der Männlichkeitskonstruktion s. *Klaus van Eickels,* Vom inszenierten Konsens zum systematisierten Konflikt. Die englisch-französischen Beziehungen und ihre Wahrnehmung an der Wende vom Hoch- zum Spätmittelalter (Mittelalter-Forschungen, 10), Stuttgart 2002, 261–280, sowie *ders.,* Domestizierte Maskulinität. Die Integration der Normannen in das westfränkische Reich in der Sicht Dudos von St-Quentin, in: Genderdiskurse und Körperbilder im Mittelalter. Eine Bilanzierung nach Butler und Laqueur, hrsg. v. Ingrid Bennewitz/Ingrid Kasten, Münster 2002, 97–134, und *ders.,* Hingerichtet, geblendet, entmannt: die anglo-normannischen Könige und ihre Gegner, in: Gewalt im Mittelalter. Realitäten – Imaginationen, hrsg. v. Manuel Braun/Cornelia Herberichs, München 2005, 81–103, hier 90–96. Isidor von Sevilla band *mulier* etymologisch mit der *mollitia* zusammen, s. *Birgit Kochskämper,* man, gomman inti wîb – Schärfen und Unschärfen der Geschlechterdifferenz in althochdeutscher Literatur, in: Manlîchiu wîp, wîplîch man. Zur Konstruktion der Kategorien ‚Körper' und ‚Geschlecht' in der deutschen Literatur des Mittelalters, hrsg. v. Ingrid Bennewitz/Helmut Tervooren (Zeitschrift für deutsche Philologie. Beihefte, 9), Berlin 1999, 15–33, hier 15 f.

Neutralität verstanden werden wollte, macht nicht nur die Reihung unkriegerischer und unaufrichtiger Attribute deutlich, sondern auch die wenige Kapitel vorher aufscheinende Charakterisierung des Eunuchen Niketas als geschlechtlich neutral (*qui neutrius erat generis*)[33]. Das ganze Ausmaß eines solchen Anwurfs wird vor allem dann klar, wenn man sich die Bedeutung der stark an Krieger- und Gewaltidealen orientierten Männlichkeitsvorstellungen des frühen und hohen Mittelalters vor Augen hält[34]. Zumal in weltlich-profanen Zusammenhängen bedeutete das Absprechen des männlichen Charakters und der damit verbundenen Konnotationen von Macht und Ehre eine massive Schmälerung der Reputation des Betroffenen. Entsprechend konnte sich auch Richard de Fournival um die Mitte des 13. Jahrhunderts noch spöttisch über die geschlechtliche Neutralität äußern und in zahlreichen Versen kundtun, dass es sich bei Eunuchen nur um ein Monstrum handeln könne[35]. Die Bildlichkeit dieses Motivs hat sich auch in der französischen Übersetzung erhalten, die Jean Le Fèvre im 14. Jahrhundert von diesem Text anfertigte[36].

Man sollte in diesem Zusammenhang auch die Struktur der betreffenden Neutralitätsvorstellung im Hinterkopf behalten. Was in Liudprands Beschreibung auftaucht, ist, um mit den Worten des Alanus ab Insulis zu sprechen, keine „vermittelte Neutralität“, die durch eine Mittelposition zwischen Extremen zustande käme, sondern vielmehr eine *neutralitas per abnegationem*[37]. Die zitierte Denkfigur verlässt damit die Struktur eines

---

33 *Liudprand,* Relatio (Anm. 32), c. 43; zum Bild der byzantinischen Eunuchen in diesem Zusammenhang s. *Shaun F. Tougher,* Images of Effeminate Men: the Case of Byzantine Eunuchs, in: Masculinity in Medieval Europe, hrsg. v. Dawn M. Hadley, Harlow 1999, 89–100.

34 Vgl. etwa die Beiträge in Masculinity, hrsg. v. *Hadley* (Anm. 33), und *Patricia H. Cullum / Katherine J. Lewis* (Hrsg.), Holiness and masculinity in medieval Europe, Cardiff 2004. Zum späten Mittelalter s. *Ruth M. Karras,* From boys to men. Formations of masculinity in late medieval Europe, Philadelphia 2003. *Wolfgang Schmale,* Geschichte der Männlichkeit in Europa (1450–2000), Wien / Köln / Weimar 2003, konstatiert um 1500 eine zur Renaissance hin veränderte Rollenprägung, die aber weiterhin viele an Kampf, Macht und Gewalt orientierte Elemente aufweist (s. die Graphik zu „Cellinis Männlichkeit“ in ebd., 45).

35 The Pseudo-Ovidian De Vetula. Text, Introduction, and Notes, hrsg. v. *Dorothy M. Robathan,* Amsterdam 1968, v.a. II 21–25 und 42–155. Die Zuschreibung an Richard de Fournival ist umstritten; Robathan scheint letztlich daran festhalten zu wollen (ebd., 3–9), wesentlich skeptischer ist *Paul Klopsch,* Pseudo-Ovidius De Vetula. Untersuchungen und Text, Leiden / Köln 1967, 78–99.

36 La Vieille ou Les dernières amours d'Ovide, hrsg. v. *Hippolyte Cocheris,* Paris 1861, 104–110.

37 Siehe *N. M. Häring,* Magister Alanus de Insulis Regulae caelestis iuris, in: Archives d'Histoire Doctrinale et Littéraire du Moyen Age 56 (1981), 97–226, hier 195 f. (zum Gegensatzcharakter zwischen Tugend und Laster), unter der Überschrift *Virtus et vicium sunt opposita mediate non medii positione sed utriusque abnegatione.* Zur Datierung des Textes s. *Marie-Thérèse d'Alverny,* Alain de Lille. Textes inédits, avec une introduction sur sa vie et ses œuvres, Paris 1965, 67 f., und *G. R. Evans,* Alan of Lille. The Frontiers of Theology in the later Twelfth Century, Cambridge 1983, 7 f. und 16.

ethischen Ideals der Mäßigung, das darauf abzielt, eine Mitte zwischen Extremen zu erreichen[38]. Diese letztere Vorstellung wurde bereits von Aristoteles entwickelt und erscheint im späteren 14. Jahrhundert auch in der volkssprachlichen Übersetzung der *Ethik* durch Nicolas Oresme: *Car se tous deux estoient mal, c'est a savoir delectacion et tristece, il convendroit que toutes .ii. deüssent estre fuyes; ou se toutes .ii. estoient neutres ou l'autre d'elles estoit neutre, c'est a dire ne bonne ne male, l'en devroit faire semblablement*[39]. Oresme macht hier die Neutralität deutlich als unentschiedene Position zwischen gut und böse aus. Der zitierte Passus zeigt aber zugleich, dass sich die neutralen Handlungsoptionen oder Güter stärker vom „Guten" unterscheiden als vom „Bösen", da sie ebenso wie letzteres zu vermeiden sind.

Oresmes Darstellung des aristotelischen Textes verlässt hier bereits die Frage nach der Natur des „Guten" oder der Tugend, indem sie die Entscheidung in der Dichotomie zwischen Tugend und Laster oder gut und böse in den Mittelpunkt stellt. Hier geht es um absolut definierte Größen, zwischen denen es keine verbindende Linie gibt, auf der man sich graduell zwischen den beiden Polen bewegen könnte; das resultierende Modell besitzt daher eine mit der ersten Fragestellung inkommensurable Struktur. In Momenten, in denen das Handeln eine wertorientierte Entscheidung verlangt, bietet die Enthaltung folglich keine vollwertige Alternative, da das Vermeiden des Lasters doch noch lange nicht bedeutet, dass man damit der Tugend näherkäme. Solchen Gedanken lässt sich unter anderem Thomas von Aquin an die Seite stellen, der wie viele Autoren die Rede vom „Neutralen" häufig in rein technischem Sinne einsetzt. Es erscheint aber signifikant, dass der Begriff auch bei seiner Diskussion der Differenz zwischen der *cogitatio* oder dem *actus intellectus* und dem Akt des Glaubens erscheint: Das Denken kann durch die Zweifel, die aus der unvollkommenen menschlichen Sicht auf die Dinge herrühren, zur neutralen Enthaltung gebracht werden. Dagegen zeichnet sich der wahre Glaube aber gerade durch sein „festes Anhängen an eine Seite" aus[40].

---

38 Siehe etwa bereits *Aristoteles,* Nikomachische Ethik, hrsg. v. Günther Bien, 4. Aufl., Hamburg 1985, II 5–9 und III 13; vgl. hierzu *Ursula Wolf,* Über den Sinn der Aristotelischen Mesoteslehre, in: Aristoteles. Die Nikomachische Ethik, hrsg. v. Otfried Höffe, Berlin 1995, 83–108, mit weiterer Literatur. Einige Hinweise zur Wirkung auf das lateinische Mittelalter bei *Jean-Claude Schmitt,* La raison des gestes dans l'Occident médiéval, Paris 1990, 37–40.

39 *Nicole Oresme,* Le Livre de Éthiques d'Aristote, hrsg. v. Albert D. Menut, New York 1940, 499.

40 *Thomas von Aquin,* Summa theologiae. 3 Bde., hrsg. v. Pietro Caramello, Turin 1948–50, II[a] II[ae] q. 2, a. 1, resp.: *Actuum enim ad intellectum pertinentium quidam habent firmam assensionem absque tali cogitatione, sicut cum aliquis considerat ea quae scit vel intelligit, talis enim consideratio iam est formata. Quidam vero actus intellectus habent quidem cogitationem informem absque firma assensione, sive in neutram partem declinent, sicut accidit dubitanti; sive in unam partem magis declinent sed tenentur aliquo levi signo, sicut accidit suspicanti; sive uni parti adhaereant,*

Dem gläubigen Christen der Zeit war eine solche Position der Ausschließlichkeit schwerlich unbekannt, schließlich fanden sich auch in den Evangelien ähnliche Gedanken. Bereits die Frage der Christusnachfolge geht von einem Konzept des radikalen Bruchs und der eindeutigen Entscheidung aus[41]. Die Klarheit der Optionen ist hier sogar unmissverständlich ausgesprochen: „Wer nicht mit mir ist, der ist gegen mich; und wer nicht mit mir sammelt, der zerstreut."[42] Ergänzt wird diese Botschaft im Text der Offenbarung, wo die Botschaft an den Engel Laodizeas mit deutlicher Kritik einsetzt: „Ich kenne deine Werke, dass du weder kalt noch warm bist. Ach, dass du kalt oder warm wärest! Weil du aber lau bist und weder warm noch kalt, werde ich dich ausspeien aus meinem Munde."[43]

Dass es sich bei solchen Erörterungen keineswegs um rein theologische Fragen ohne konkrete ethische oder lebenspraktische Bedeutung für die Zeitgenossen handelte, lässt sich an einem wohlbekannten Beispiel zeigen. Wer mit Dante im dritten Gesang des *Inferno* der „Göttlichen Komödie" durch das berühmte Höllentor schreitet, hört zunächst lautes Rufen und Schmerzensschreie. Der Reiseführer Vergil erklärt die Geräuschkulisse: Es handelt sich um diejenigen, deren Leben weder Lob noch Schande aufwies und die deswegen weder in den Himmel noch in die tiefere Hölle kamen. Als Prototyp dieser unentschieden Neutralen, die aufgrund ihrer Unentschlossenheit Strafe verdienten, erscheinen jene Engel, die sich zwar nicht dem aufbegehrenden Luzifer angeschlossen, sich aber auch nicht auf die Seite Gottes gestellt hatten[44].

Von einer Anerkennung der Neutralität als vollwertiger Handlungsoption kann hier keine Rede sein. Vielmehr stützt das gebotene Bild in seiner drastischen Anlage eine Wertordnung, die auf der Fähigkeit zur klaren Parteinahme aufbaut und nur in der eindeutigen Verortung in einem zweipoligen System die Option zum richtigen Handeln sieht. Dabei ist es wichtig festzuhalten, dass Dantes Positionierung der neutralen Engel durchaus keinen Einzelfall darstellt. Die Wurzeln des Motivs, das etwa in der *Navigatio*

tamen cum formidine alterius, quod accidit opinanti. Sed actus iste qui est credere habet firmam adhaesionem ad unam partem, in quo convenit credens cum sciente et intelligente, et tamen eius cognitio non est perfecta per manifestam visionem, in quo convenit cum dubitante, suspicante et opinante.

41 Vgl. Mk 8,34–38; Mt 10,37–38 und 16,24–25; Lk 9,23.

42 Mt 12,30: *Qui non est mecum, contra me est; et qui non congregat mecum, spargit.* Vgl. Lk 11,23. Die Logik des Gedankens wird in entgegengesetzter Richtung aufgegriffen in der Erzählung vom „fremden Wundertäter" bei Mk 9,40.

43 Offb 3,15–16: *Scio opera tua quia neque frigidus es, neque calidus; utinam frigidus esses aut calidus. Sed quia tepidus es et nec frigidus nec calidus, incipiam te evomere ex ore meo.* Vgl. hierzu etwa die Ausdeutung im weit rezipierten Kommentar des *Beatus von Liebana,* Commentarius in Apocalypsin. Bd. 1, hg. v. E. Romero-Pose, Rom 1985, 411–414.

44 *Dante Alighieri,* La commedia secondo l'antica vulgata. Bd. 2: Inferno, hrsg. v. Giorgio Petrocchi (Le opere di Dante Alighieri, 7,2), Mailand 1966, III 38: *li angeli che non furon ribelli / né fur fedeli a Dio, ma per sé fuoro.*

Sancti Brendani Abbatis schon recht klare Formen annahm, lassen sich letztlich bis zu den Autoren der Patristik zurückführen[45]. Im 13. Jahrhundert bietet der *Parzival* Wolframs von Eschenbach schließlich ein berühmtes Beispiel für die Virulenz des Gedankens. Ausgangspunkt ist hier die Frage nach der Herkunft und Natur des Grals, die der Einsiedler Trevrizent seinem Neffen Parzival erklärt: Eben jene Engel, die sich beim Streit zwischen Luzifer und der göttlichen Dreifaltigkeit für keine der beiden Seiten erklärten (*di newederhalp gestuonden, / dô strîten beguonden / Lucifer unt Trinitas*) seien mit dem Gral zur Erde geschickt worden[46]. Ihr weiteres Schicksal bleibt in dieser Passage noch offen, aber es scheint zumindest eine gewisse Hoffnung erkennbar. Erst in einer späteren Passage beteuert Trevrizent ausdrücklich, dass diese Engel aufgrund ihrer Enthaltung verdammt seien: *êweclich sint si verlorn: / die vlust si selbe hânt erkorn*[47]. An sich ist schon ihre Existenz als „neutrale Engel" nicht mit den Glaubensgrundsätzen der katholischen Lehre vereinbar[48]. Es wäre aber übertrieben – und wurde in der Forschung daher auch zu Recht abgelehnt –, in der reinen Verwendung des Motivs bereits den Ausdruck einer häretischen Position zu sehen. Vielmehr scheint der Gedanke zum späteren Mittelalter hin weite Verbreitung gefunden zu haben, wie seine Präsenz in verschiedensten Texten belegt, von der französischen *Chanson d'Esclarmonde* über Jansen Enikels *Weltchronik*[49] bis hin zur weitverbreiteten *Christherre*-Chronik[50].

---

45 Siehe *Marcel Dando,* The Neutral Angels, in: Archiv für das Studium der neueren Sprachen und Literaturen 132 (1980), 259–276.

46 *Wolfram von Eschenbach,* Parzival. 2 Bde., hrsg. u. komm. v. Eberhard Nellmann, Frankfurt a. M. 1994, 471,15–29 (Zitat: 471,15–17).

47 *Wolfram von Eschenbach,* Parzival (Anm. 46), 798,21–22; vgl. *Dando,* The Neutral Angels (Anm. 45), mit weiteren analogen Textbeispielen. Die Aussage Trevrizents zu den neutralen Engeln fügt sich in einen vieldiskutierten Kontext, da sie textimmanent auf eine vorangegangene Lüge des Sprechers verweist, s. etwa *Bernd Schirok,* ‚Ich louc durch ableitens list'. Zu Trevrizents Widerruf und den neutralen Engeln, in: Zeitschrift für deutsche Philologie 106 (1987), 46–72. Allgemein zu Wolfram und seinem Werk *Joachim Bumke,* Wolfram von Eschenbach, 8. Aufl., Stuttgart / Weimar 2004, und *ders.,* Die Wolfram von Eschenbach Forschung seit 1945. Bericht und Bibliographie, München 1970, hier 263–268 (zu den neutralen Engeln). Zur Begegnung mit Trevrizent s. *Hubert Herkommer,* Der zerrissene Held und seine Heilung im Gespräch. Parzivals Einkehr beim Einsiedler Trevrizent, in: ‚Was ist der Mensch?'. Theologische Anthropologie im interdisziplinären Kontext. Wolfgang Lienemann zum 60. Geburtstag, hrsg. v. Michael Graf / Frank Mathwig / Matthias Zeindler, Stuttgart 2004, 137–161.

48 Vgl. *Anna K. Reither,* Das Motiv der ‚neutralen Engel' in Wolframs ‚Parzival', Mainz (Diss. phil.) 1965, 25.

49 *Graeme Dunphy,* On Neutral and Fallen Angels: A Text from the Codex Karlsruhe 408 and its Source in Enikel's Weltchronik, in: Neuphilologische Mitteilungen 96 (1995), 9–13, bietet das Beispiel einer späten Rezeption im 15. Jahrhundert.

50 *Dando,* Neutral Angels (Anm. 45), 263; s. etwa Linz, Oberösterreichische Landesbibliothek, Cod. 472, fol. 5^{r}: *vnd auch die zweiflœr / die sint got vil unmœr / wan si sind auch verstozzen / von andern irn genozzen;* vgl. Christherre-Chronik. Farbmikrofiche-Edition der Handschrift Linz, Bundesstaatliche Studienbibliothek, Cod. 472. Einführung in den Text und Beschreibung der Handschrift von *Ralf Plate,* München 1994.

Nun ließe sich selbstverständlich fragen, was ein literarisches Motiv, auch wenn es offensichtlich weit verbreitet war, mit den harten Realitäten des politischen Lebens zu tun haben sollte. Tatsächlich lässt es sich aber als Symptom einer Grundhaltung lesen, die noch im 16. Jahrhundert bei einem so funktional-pragmatischen Denker wie Niccolò Machiavelli aufzufinden ist. In seinem *Principe* kennt der florentinische Autor zwar das Phänomen der Neutralität als politische Kategorie, die er auch beim Namen nennt. Er rät aber dringend davon ab, sie als Richtschnur des politischen Verhaltens zu betrachten: Die Erfahrung lehre, dass vor allem diejenigen zur Neutralität neigten, die keine freundschaftlichen Gesinnungen hätten. Damit aber fördere man nach allen Seiten hin das Misstrauen gegenüber dem unentschiedenen Auftreten und mache sich letztlich alle zu Feinden. Stattdessen sei es also vorzuziehen, sich als „wahrer Freund und wahrer Feind" zu zeigen[51]. Im Hintergrund dieser Einschätzung steht ganz in mittelalterlicher Denkart die Annahme, dass man sich mit der offenen Unterstützung den jeweiligen Freund verpflichte und praktisch ein Band der Liebe anknüpfe[52]. Machiavelli trifft sich so in überraschender Weise mit einer beiläufigen Bemerkung in Aegidius Romanus' *De regimine principum* aus dem späten 13. Jahrhundert. Der Franziskaner hatte damals dem Fürsten ans Herz gelegt, freigiebig zu sein, da Geiz die Personen in seiner Umgebung „neutral" mache – nicht nur die erklärte Gegnerschaft erscheint hier daher als Gefahr, sondern auch die affektiv indifferente Haltung[53]; schließlich stellte sich Aegidius wie viele seiner Zeitgenossen die Liebe als verbindendes Medium jeglicher Vergesellschaftung vor, auch wenn es um hierarchisch angelegte Bindungen ging.

Mit dem Verweis auf Machiavelli ist aber bereits ein neuer Entwicklungsstand erreicht: Zu Beginn des 16. Jahrhunderts ist die Rede von der Neutralität, auch wenn sie hier negativ bewertet wurde, bereits in den volkssprachlichen politischen Diskurs eingegangen. Um den Weg hierhin am Beispiel der franko-burgundischen Entwicklung zu erhellen, müssen wir in das Frankreich des 14. Jahrhunderts zurückkehren.

---

51 *Niccolò Machiavelli,* Politische Schriften, hrsg. v. Herfried Münkler, Frankfurt a. M. 1990, 112 f. (Der Fürst, Kap. 21).

52 Ebd.; hinzu kommt ein strukturell innovierender Aspekt, der sich als „Wäge-Logik" kennzeichen ließe, s. *Zwierlein,* Genese (Anm. 15), 43 f.

53 *Aegidius Romanus,* De regimine principum libri III, hrsg. v. Hieronymus Samaritanus, Rom 1607, 104. Knapp zu Person und Werk *Tiziana Suarez-Nani,* Gilles de Rome, in: Dictionnaire du Moyen Âge, hrsg. v. Gauvard / de Libera / Zink (Anm. 11), 590 f.

III. Auf dem Weg zur *neutralité*

In französischen volkssprachlichen Texten sind der Begriff der *neutralité* sowie das Adjektiv *neutrale* mit zum ersten Mal in Froissarts voluminöser Chronik nachzuweisen, also in der zweiten Hälfte des 14. Jahrhunderts[54]. Dem bedeutenden flandrischen Historiographen floss der Begriff gleich mehrmals aus der Feder und gewann dabei augenscheinlich auch schon eine recht präzise politische Kontur. Allerdings erschien das Konzept nicht wahllos in verschiedenen Zusammenhängen, sondern bezog sich zumeist auf einen ganz bestimmten Kontext, in dem einem Laien die Enthaltung auch angeraten sein mochte: Es handelte sich um die Frage des sogenannten „Großen Schismas" und die Entscheidung zugunsten eines der jeweiligen Prätendenten auf das Papstamt[55]. Die Enthaltung in dieser Sache mochte so sehr nachvollziehbar und verständlich scheinen, dass der französische König Karl VI. seine diesbezügliche Neutralität etwa 1408 ausdrücklich urkundlich festhielt[56]. Auf den Kontakt mit dem französischen Hof war es wohl auch zurückzuführen, dass der englische König Richard II., wie Froissart berichtet, seinen Willen zur Enthaltung kundgab. Die ebenfalls beschriebene Reaktion zeigt allerdings zugleich, dass eine solche Erklärung

---

54 Vgl. *Frédéric Godefroy,* Dictionnaire de l'ancienne langue française et de tous ses dialectes du IXe au XVe siècle. 10 Bde., Paris 1880–1902, Bd. 5, 492, und Bd. 10, 201; *Adolf Tobler / Erhard Lommatzsch* (Hrsg.), Altfranzösisches Wörterbuch, Wiesbaden 1925 ff., Bd. 6, 623; *Jean Dubois / Henri Mitterand / Albert Dauzat,* Dictionnaire étymologique et historique du français, Paris 1998, s.v. *neutre* und *neutralité; Oscar Bloch / Walther von Wartburg,* Dictionnaire étymologique de la langue française, 10. Aufl., Paris 1994, s.v. *neutre* und *neutralité.* Die einzige vollständige Edition des angesprochenen Chroniktextes bietet (trotz zahlreicher editorischer Schwächen) bislang *Jean Froissart,* Œuvres. 28 Bde., hrsg. v. Kervyn von Lettenhove, Brüssel 1867–1877. Zum Autor zuletzt *Michel Zink,* Froissart et le temps, Paris 1998; s. a. *ders.* (Hrsg.), Jean Froissart dans sa forge, Paris 2006.

55 *Froissart,* Œuvres (Anm. 54), XII 39 f. (König Pedro IV. von Aragon zur Enthaltung in der Papstfrage); vgl. *Jean Froissart,* Chroniques. Bd. 13: 1386–1387, hrsg. v. Léon Mirot / Albert Mirot, Paris 1957, 107 f. Ein Vorbild in der Sache bietet hier bereits, dem Zeugnis der *Gesta Friderici* zufolge, der diplomatische Verkehr im Umfeld des Alexandrinischen Schismas von 1159, s. *Otto von Freising / Rahewin,* Gesta Friderici I. imperatoris, hrsg. v. Georg Waitz / Bernhard von Simson (MGH SSrG, 46), Hannover 1912 [ND 1997], IV 66 und IV 81; vgl. *Heinhard Steiger,* Neutralität. III. ‚Neutralität' in Religionssachen, in: Geschichtliche Grundbegriffe 4 (1978), 337–359, hier 337 f.

56 Ordonnances des rois de France de la troisième race. Bd. 9, hrsg. v. *M. Secousse,* Paris 1755, 342 (Urkunde vom 25. Mai 1408; die Erklärung wurde am 17. Oktober 1411 erneuert, s. ebd., 642–645). Tatsächlich hatte das französische Königtum bereits seit den 1390er Jahren versucht, sich der Oboedienz Benedikts XIII. zu entziehen, s. *Howard Kaminsky,* The Great Schism, in: The New Cambridge Medieval History. Bd. 6, hrsg. v. Michael Jones, Cambridge 2000, 674–696, hier 689, und *Françoise Autrand,* Charles VI. La folie du roi, Paris 1986, 337 f. Die innerfranzösischen Auseinandersetzungen um diese Frage erreichten in den Jahren 1406–08 einen Höhepunkt, so dass die Neutralitätserklärung von 1408 als Versuch verstanden werden muss, die eskalierte Situation zu befrieden, s. *Bernard Guenée,* L'opinion publique à la fin du Moyen Age d'après la ‚Chronique de Charles VI' du Religieux de Saint-Denis, Paris 2002, 72 f.

kaum wirklich beim Wort genommen wurde: Der englische Klerus, der mit Richards Beschluss konfrontiert war, fasste dies vielmehr als Parteinahme für die französische Politik auf und verfocht im Gegenzug entschlossen die avignonesische Oboedienz Benedikts XIII.[57]

Wie schon die an Froissart anschließende Chronik Enguerrand de Monstrelets zeigt, war die Einschätzung des englischen Klerus keineswegs abwegig: Neutralität ließ sich nicht ohne weiteres als wertfreie Enthaltung verstehen, sondern wirkte im vorliegenden Fall als gegen Benedikt gerichtete Politik. Entsprechend hieß es bei Monstrelet: ... *le roy de France avoit autrefoiz fait neutralité contre lui, en lui soubztraiant de son obéissance*[58]. Es mochte weise sein, sich in der Frage des wahren Papstes zu enthalten[59] – grundsätzlich geschätzt wurde eine solche Form der Unentschlossenheit aber keineswegs und es scheint, dass sie auch nur in engen Grenzen als tatsächliche Unparteilichkeit wahrgenommen wurde[60]. Bereits um 1380 bemühte sich ein Autor aus der Erzdiözese Mainz darum, die Position derjenigen zu verteidigen, die sich zu keinem der beiden Prätendenten bekennen mochten[61]. Gerade die hier erkennbaren argumentativen Anstrengungen bestätigen letztlich aber nur, wie problematisch die Enthaltung selbst im Angesicht der Krise noch wirkte.

Zugleich setzt hier aber eine Denktradition an, die in der folgenden Entwicklung von Bedeutung wurde. Die spezifische Enthaltungsmöglichkeit im Kontext der Oboedienzfrage bot einen weiteren Anreiz zur Entflechtung zwischen der genuin politischen und der religiösen Sphäre. Ganz in diesem Sinne folgerte Steiger: „Neutralität und Beginn der Souveränität bedingen sich wechselseitig."[62] Es ist tatsächlich nicht ausgeschlossen, dass sich durch den hier deutlich aufscheinenden Spalt zwischen dem religiösen und dem profanen Bereich auch für den rein weltlichen Kontext Konsequenzen

57 *Froissart,* Œuvres (Anm. 54), XVI 134 f.; vgl. *Edouard Perroy,* L'Angleterre et le Grand Schisme d'Occident. Étude sur la politique religieuse de l'Angleterre sous Richard II (1378–1399), Paris 1933, 352–387.

58 *Enguerran de Monstrelet,* Chronique. 6 Bde., hrsg. v. Louis Douët-d'Arcq (SHF), Paris 1857–1862, I 264. Zu Autor und Werk s. *Michael Zingel,* Frankreich, das Reich und Burgund im Urteil der burgundischen Historiographie des 15. Jahrhunderts, Sigmaringen 1995 (VuF. Sonderband, 40), 38–43.

59 Vgl. die Mahnung, die König Peter von Aragon auf dem Sterbebett seinen Söhnen mitgegeben haben soll, s. *Froissart,* Œuvres (Anm. 54), XII 39.

60 So legt etwa die Bemerkung Froissarts zur Neutralität des Hennegau in der Oboedienzfrage den Gedanken nahe, dass der Chronist hierin zugleich bis zu einem gewissen Grade die Verweigerung gegenüber der rechtmäßigen Herrschaft sah, s. *Froissart,* Œuvres (Anm. 54), IX 146 f.; vgl. *Jean Froissart,* Chroniques. Bd. 9: 1377–1380, hrsg. v. Gaston Raynaud, Paris 1894, 147.

61 Der Text des Traktakts *An quis sana conscientia possit esse indifferens vel neutralis quoad papas* ist abgedruckt bei *Franz Bliemetzrieder,* Das abendländische Schisma in der Mainzer Erzdiözese, in: MIÖG 30 (1909), 502–510, hier 504–510; vgl. *Steiger,* Neutralität. III (Anm. 55), 340 f.

62 *Steiger,* Neutralität. III (Anm. 55), 340.

ergaben, indem das einmal entwickelte Konzept nun auf weitere Situationen übertragen werden konnte. Zwar war die Enthaltung in der Papstfrage nur das Ergebnis einer eng umgrenzten Problemkonstellation, aber die Äußerungen solcher Autoren wie Nikolaus von Kues und Enea Silvio Piccolomini in der Mitte des 15. Jahrhunderts scheinen doch darauf hinzuweisen, dass sich auf dieser Basis ein Gedanke der „Unparteilichkeit" entwickelte, der sich zum Transfer eignete[63]: Angesichts der Aporien, in welche der Konflikt zwischen widerstreitenden geistlichen Autoritäten die Träger weltlicher Herrschaft stürzte, entwickelte sich eine Auffassung, die zunehmend von der absoluten Wertbindung der Handlungsentscheidungen abzusehen vermochte und damit ein Modell für weitere Anwendungsmöglichkeiten bot.

Die hier erprobten Techniken, die als Regelungsmechanismen „außenpolitischer" Auseinandersetzungen anzusehen sind, fanden eine Fortsetzung im konfliktuellen Umfeld der konfessionellen Kämpfe ab dem 16. Jahrhundert[64]. Dies sollte aber nicht darüber hinwegtäuschen, dass es im Kern zunächst nicht darum ging, sich der wertorientierten Urteile im politisch-sozialen Handeln zu enthalten. Vielmehr sollte die vorgängige „Unparteilichkeit" in Streitfragen es ermöglichen, um so besser fundierte und legitime Urteile zu treffen[65].

Auch wenn es zuweilen „praktisch" sein mochte, konnte man sich mit einem wertfreien Konzept der Neutralität vor allem in adligen Kreisen kaum anfreunden – so legen es zumindest die Berichte der frankophonen burgundischen Chronisten nahe. Besonders deutlich wird dies im umfangreichen Werk Georges Chastellains, des offiziellen Historiographen der Burgunderherzöge Philipp dem Guten und Karl dem Kühnen[66]. An mehreren Stellen benutzt er die Neutralitätsterminologie und prägte sogar den Neologismus *neutrier* – eine Verbform, welche die Praxis des „Neutral-Bleibens" auf den Begriff brachte, die aber nur bei Chastellain nachzuweisen

---

63 Ebd., 341. Zugleich betont Steiger am Beispiel des Nikolaus von Kues zu Recht den Unterschied zwischen der vorgeschlagenen „Neutralität" und der „Indifferenz"; s. a. *Nikolaus von Kues*, De concordantia catholica libri tres, hrsg. v. Gerhard Kallen (Opera Omnia, 14), Hamburg 1964–68, lib. 3, c. 18 (396): *Sed ipse imperator primo habet curare, ut detur per suos iudices et senatores maxima diligentia, ut canonico more sancto et iusto servato ordine, non ex abrupto vel praecipitanter aut passionate per timorem vel impressionem, seriatim absque materiarum inculcatione tractanda expediantur, ut nihil de institutis per sacros canones ad inquirendum veritatem tam in iudicalibus diffitionibus quam etiam disputatoriis obmittantur, tamquam neutrales iudices, ut etiam clara et manifesta carissima fiant, ut recte invariabilis conclusio et eiusdem executio per imperialem maiestatem fieri possit absque omni haesitatione.*

64 *Steiger*, Neutralität. III (Anm. 55), 342–352.

65 Vgl. das Cusanus-Zitat in Anm. 63.

66 Zum Autor zuletzt monographisch *Graeme Small*, George Chastelain and the Shaping of Valois Burgundy. Political and Historical Culture at Court in the Fifteenth Century, Bury St Edmunds 1997; s. a. *Zingel*, Frankreich (Anm. 58), 127–134, sowie *Oschema*, Freundschaft und Nähe (Anm. 1), Kap. IV.4.

ist. An allen Stellen, an denen das Konzept der Neutralität in dessen Chronik erscheint, ist aber auch sogleich sein pejorativer Beiklang unmissverständlich präsent. So beurteilte der Chronist zum Beispiel das Verhalten des Grafen von Saint-Pol eindeutig negativ: Als burgundischer Lehnsmann hatte Louis de Luxembourg dem französischen König Ludwig XI. als Konnetabel gedient und sich dabei zwischen den beiden Parteien verstrickt: „Und so, nicht gutgestellt mit Burgund und nicht von Frankreich unterstützt, lebte er lange Jahre neutral, ohne zu wissen an wen er sich halten wollte; denn er fürchtete die eine und die andere Seite, und so wusste er wohl, dass er mit keiner von beiden in festem Bund stand, ...“[67] Kaum besser fiel Chastellains Urteil über Herzog Johann V. von der Bretagne aus. Dieser habe zwar durch seine neutrale Haltung zwischen Frankreich und England seinem Land den Frieden und Wohlstand bewahrt. Zugleich aber habe er sich damit anstelle eines würdigen und wahrhaft adligen Lebenswandels den „menschlichen Lastern“ hingegeben, wie der „gemeine Mann“[68].

Diese wenigen Beispiele sollten bereits genügen, um den negativen Klang zu belegen, den der Begriff der Neutralität aus der Sicht einer ritterlich-adligen Einschätzung hatte. Politisches Handeln sollte idealiter eine Loyalitäts-Entscheidung im zweipoligen System zwischen Freundschaft und Feindschaft bedeuten, während die Enthaltung an sich suspekt war und mit

[67] *Georges Chastellain*, Œuvres. 8 Bde., hrsg. v. Kervyn von Lettenhove, Brüssel 1863–1866 [ND Genf 1971], IV 134: *Et par ainsi, non bien de Bourgogne et non fortifié de France, vesquit long ans neutre, sans savoir desquels il se vouloit tenir; car craignoit l'une partie et l'autre, et sy savoit bien que de nulle des deux, il n'estoit bien ferme, ...* Zu Schicksal und Ende des Konnetabels s. *Werner Paravicini*, Peur, pratiques, intelligences. Formes de l'opposition aristocratique à Louis XI d'après les interrogatoires du connétable de Saint-Pol [orig. 1985], in: ders., Menschen am Hof der Herzöge von Burgund. Gesammelte Aufsätze, hrsg. v. Klaus Krüger / Holger Kruse / Andreas Ranft, Stuttgart 2002, 341–356, und *Daniel Soumillion*, Le procès de Louis de Luxembourg (1475). L'image d'un grand vassal de Louis XI et de Charles le Téméraire, in: Publication du Centre Européen d'Études Bourguignonnes 37 (1997), 205–229.

[68] *Chastellain*, Œuvres (Anm. 67), II 158 f.: ... *qu'en ay je appris, fors que libéral merveilleusement tousjours, souverainement à aucuns ses mignons chambriers que souvent renouveloit, et aux chiefs et capitaines des deux frontières françoise / et angloise, par lesquels aussis au milieu des deux se comportoit neutre, et de celle heure que toutes les marches d'environ luy estoient en pestilence et tranquille; ne mouvoit guère à nulluy, et de nulluy ne se trouva envahy; mais gras et replet des biens de la terre, vesqui en aises et humaines voluptés, commes les communs hommes, en quelles il termina tellement eslevé comme méry.*

[69] Ein bezeichnendes Beispiel bietet der Fall Ranulfs II., Earl of Chester, im englischen 12. Jahrhundert, s. *Dalton*, In neutro latere (Anm. 17). Dalton operiert hier zwar weitgehend mit dem Gedanken einer „Neutralitäts-Politik“ Ranulfs, die von ihm zitierten Materialien fassen dessen Bindungen aber mit der bekannten Terminologie von Freundschaft und Verrat (ebd., 45 und 47 f.). Wilhelm von Malmesburys Hinweis, dass Ranulf „keiner Seite treu erschien“ (*in neutro latere fidus videretur esse*) erhält damit stärkeren kritischen Gehalt als Dalton annimmt (ebd., 59; vgl. *William of Malmesbury*, Historia Novella, hrsg. v. Edmund King, übers. v. K.R. Potter, Oxford 1998, 82 f.). Gerade dem Aspekt des „Erscheinens“ im Sinne der Sichtbar-

den Wertvorstellungen des adligen Verhaltenskanons brach[69]. So verwundert es auch nicht, dass Chastellain zufolge Herzog Philipp der Gute 1461 aus drei Gründen nach Luxemburg reiste: um seine getreuen Untertanen zu erfreuen, um seine Gegner zu unterwerfen und in Gnaden wieder aufzunehmen, und um diejenigen auf seine Seite zu ziehen, die bislang unentschlossen neutral geblieben waren[70]. Letzteren unterstellte er dabei, sie hätten diese Haltung durch „dissimulieren" aufrechterhalten, und machte damit erneut die Verurteilung einer solchen Stellung klar.

Es sollte nicht vergessen werden, dass sich der hier aufscheinende ritterlich-adlige Verhaltenskodex intensiv mit einem Diskurs ergänzte, der von Vertretern der religiösen Institutionen geführt wurde (die ihrerseits nur zu häufig dem adligen Milieu entstammten). Ich hatte bereits auf einige relevante Passagen der neutestamentarischen Schriften hingewiesen[71] – es würde sicher ein falsches Bild ergeben, wollte man diese knappen Aussagen im Sinne der vorliegenden Frage allzu sehr als politische Grundsatzpositionen lesen. Selbstverständlich wurden sie in erster Linie in einem strikt theologischen Sinne ausgelegt[72]. Zugleich macht aber zum Beispiel das Predigtwerk eines Jean Gerson immer wieder die enge Verbindung zwischen theologischen und politischen Leitvorstellungen deutlich. So scheint es kein Zufall, dass Gerson, der in kirchlicher wie in politischer Hinsicht wiederholt zur Herstellung des Friedens und der Einheit aufforderte, häufig die zitierten Passagen aus dem Lukas- und dem Markusevangelium in seine Ausführungen einflocht[73].

Explizit auf die gegenwärtige politische Situation Frankreichs bezogen war schließlich die bekannte Rede *Rex in sempiternum vive*[74], mit der Ger-

---

machung von Handlungsabsichten und sozialen Bindungen kommt in diesem Kontext eine besondere Rolle zu, vgl. etwa *Gerd Althoff,* Die Macht der Rituale. Symbolik und Herrschaft im Mittelalter, Darmstadt 2003, bes. 85; *ders.*, Inszenierung verpflichtet. Zum Verständnis ritueller Akte bei Papst-Kaiser-Begegnungen im 12. Jahrhundert, in: FMSt 35 (2001), 61 – 84; *Klaus Oschema,* Falsches Spiel mit wahren Körpern. Freundschaftsgesten und Betrug im franko-burgundischen Spätmittelalter, in: Kooperation und Betrug in Beziehungssystemen, hrsg. v. Frank Rexroth, Frankfurt a. M. (im Druck).

70 *Chastellain,* Œuvres (Anm. 67), IV 167.

71 Siehe oben, 91.

72 Um dies angemessen zu verdeutlichen, wäre ein Überblick über die gesamte Tradition der Kommentare zu den neutestamentarischen Schriften nötig. Stellvertretend seien hier lediglich einige Beispiele genannt: *Richard von St. Viktor,* In Apocalysim Joannis libri septem, in: PL 196, 683 – 888, hier 737 – 739 (*De episcopo Laodiceae*); *Hrabanus Maurus,* In Matthaeum libri octo, in: PL 107, 727 – 1156, hier 929; *Beda,* In Matthaei evangelio expositio, in: PL 92, 9 – 132, hier 63.

73 Dies trifft vor allem auf sein französisches Werk zu, mit dem er sicherlich hoffen konnte, eine breitere Öffentlichkeit zu erreichen, s. *Jean Gerson,* Œuvres complètes. Bd. 7*, hrsg. v. Palémon Glorieux, Paris 1968, 532, 753 – 762, 789, 934, 979, 983, 1019, 1116 und 1149. Zu Leben und Werk Gersons s. jetzt *Brian Patrick McGuire,* Jean Gerson and the last Medieval Reformation, University Park (Pennsylvania) 2005.

74 *Gerson,* Œuvres complètes. Bd. 7* (Anm. 73), 1005 – 1030.

son sich am 4. September 1413 an König Karl VI. wandte. Er schaltete sich mit seinen Ausführungen in eine aufgewühlte Debatte ein: 1407 hatte der burgundische Herzog Johann Ohnefurcht seinen politischen Konkurrenten Herzog Ludwig von Orléans ermorden und die Tat durch den Theologen Jean Petit rechtfertigen lassen[75]. Bereits vorher war die politische Atmosphäre im Königreich angespannt gewesen, da verschiedene Mitglieder der weiteren königlichen Familie bestrebt waren, sich ihren Einfluss auf den seit 1392 häufig regierungsunfähigen Monarchen zu sichern. Nach dem Mord von 1407 aber kam es durch die Konfrontation der „Burgunder" und der „Armagnaken" (benannt nach dem nun federführenden Schwiegersohn des Opfers) zu offen bürgerkriegsähnlichen Zuständen[76].

Es ist ohne weiteres nachvollziehbar, dass Gerson in dieser Situation die Einheit predigte – aber er tat dies auf eine Weise, die seine spezifische Auffassung politisch-moralischer Handlungsnormen deutlich widerspiegelte. Zwar gehörte zu den von ihm verurteilten Missständen auch die Unmöglichkeit, sich einer Entscheidung zwischen den beiden Parteien zu enthalten, indem man sich pflichtgemäß dem Befehl des Königs unterstellte. Mit dieser Feststellung forderte Gerson aber keineswegs, dass eine Neutralität in dieser Frage möglich sollte, sondern er benannte ganz im Gegenteil die Treue zum rechtmäßigen König explizit als einzig legitime Option: Burgunder und Armagnaken waren bereits dadurch diskreditiert, dass sie „Partei" waren und damit das Königreich spalteten[77]. Die eigentliche Wertentscheidung hatte daher nicht zwischen den beiden Gruppen zu fallen, sondern zwischen der Gruppengliederung selbst und der Einheit, die der König idealiter verkörperte. Für Gerson war die Antwort auf die so gestellte Frage klar: *Non pour quant si on demande a aucuns: es quels y es tu, et qui es tu, c'est bonne reponse: je suis vrai François, je suis au roy et non a d'aultre. C'est la voye royalle, c'est le droit chemin*[78].

[75] Siehe *Bernard Guenée,* Un meurtre, une société. L'assassinat du duc d'Orléans, 23 novembre 1407, Paris 1992, sowie jüngst *Petra Schulte,* Treue und Vertrauen im Zeichen der Ermordung Ludwigs von Orléans durch Johann ohne Furcht (23. November 1407), in: FMSt 39 (2005), 315–333. Auf das Engagement Gersons in der Polemik nach dem Mord konzentriert sich *Peter von Moos,* Das Öffentliche und Private im Mittelalter. Für einen kontrollierten Anachronismus, in: Das Öffentliche und Private in der Vormoderne, hrsg. v. dems. / Gert Melville (Norm und Struktur, 10), Köln / Weimar / Wien 1998, 3–83, hier 46–57.

[76] Im Überblick *Bertrand Schnerb,* Les Armagnacs et les Bourguignons. La maudite guerre, Paris 1988, und *R. C. Famiglietti,* Royal intrigue. Crisis at the court of Charles VI, 1392–1420, New York 1986. Zur Krankheit Karls VI. und ihren Auswirkungen s. *Autrand,* Charles VI (Anm. 56), 271–328, und *Bernard Guenée,* La folie de Charles VI, roi bien-aimé, Paris 2004.

[77] *Gerson,* Œuvres complètes. Bd 7* (Anm. 73), 1019.

[78] Ebd.

IV. Neutralität als „bürgerliches" Konzept?

Zugleich belegen die zitierten Passagen aus der Chronistik aber, dass um die Mitte des 15. Jahrhunderts der Neutralitäts-Begriff nicht nur häufiger erschien, sondern auch eine verstärkt politische Bedeutung erhielt. Während im deutschsprachigen Raum direkt handlungsbezogene Behelfsformeln wie *stillesitzen* oder *sich unparteiisch halten* gebraucht wurden und sich das Abstraktum der *neutralitet* erst im 16. Jahrhundert durchsetzen konnte[79], verfügte man im Französischen bereits früher über einen Begriff, dessen Konturen, trotz seiner inhaltlichen Geringschätzung von Seiten des dominierenden Adels, rasch immer klarer wurden. Als Motor der Entwicklung – und die Feststellung kann kaum überraschen – erscheinen dabei vor allem wirtschaftliche Interessen und damit die den Handel dominierenden Bürger der Städte. Während der Adel trotz mancher Ausnahme an einer Einschätzung festhielt, die ein Freundschaftsband als Grundlage für Kommunikation und damit auch für mögliche Vermittlungstätigkeiten ansah[80], stellte der Neutralitätsgedanke für das in dieser Hinsicht wohl pragmatischere Bürgertum offensichtlich eine interessante Alternative dar. In den späteren Phasen des hundertjährigen Krieges und vor allem in den Konflikten zwischen Habsburg und Frankreich, die auf das burgundische Erbe Maximilians folgten, erscheinen in immer dichterer Reihung Hinweise darauf, dass die neutrale Haltung zunehmend Bereiche abdecken sollte, die vormals unter der Terminologie von Freundschaft und Allianz verhandelt wurden.

Dabei ist es bezeichnend, dass eines der ersten Beispiele, die in diesem Zusammenhang zu nennen sind, in einem Umfeld zu verorten ist, das geradezu paradigmatisch auf den Konflikt zwischen legalistischen Herrschaftsansprüchen und faktischen Machtpositionen verweist. Dem Chronisten Monstrelet zufolge soll Ende März 1429 der französische Dauphin Karl (VII.) im Rahmen diplomatischer Verhandlungen den Engländern vorgeschlagen haben, die belagerte Stadt Orléans zu „neutralisieren" und un-

---

[79] *Bonjour*, Geschichte (Anm. 12), Bd. 1, 19 f.; *Steiger*, Neutralität. I (Anm. 26); *Hans Schulz / Otto Basler*, Deutsches Fremdwörterbuch. Zweiter Band L-P, Berlin 1942 [ND Berlin 1970], 202 f. Außergewöhnlich ist in diesem Sinne ein Frankfurter Schreiben vom 3. Oktober 1446 im Zusammenhang mit der Oboedienzfrage, s. Frankfurts Reichscorrespondenz nebst andern verwandten Aktenstücken von 1376–1519. 2 Bde., hrsg. v. *Johannes Janssen*, Freiburg i. Br. 1863–1872, Bd. 2, 90–95. Hier ist gleich zweimal die Rede von *der neutralitet* (ebd., 93 f.), wobei sich die Bezeichnung aber lediglich auf die konkrete Enthaltung in der Papstfrage bezieht. Als Begriff in einem politischen Diskursfeld erscheinen auch im Italienischen die *neutralità* oder auch das Adjektiv *neutrale* erst im 15. Jahrhundert, s. *Zwierlein*, Genese (Anm. 15), 42 f.

[80] Vgl. für eine solche Ausnahme etwa *Monstrelet*, Chronique (Anm. 58), V 209 f.: Zur Vermittlung zwischen England und Burgund sei Jean de Luxembourg besonders geeignet gewesen, da er den Frieden von Arras noch nicht beschworen hatte und damit in der Parteienfrage ungebunden scheinen konnte. Verhandlungsziel sei zunächst ein neutraler Zustand gewesen, letztlich habe man aber eine *bonne union* in den Blick genommen, die dann nicht zustande kam. Allgemein zum kommunikativen Aspekt der Freundschaft *Oschema*, Freundschaft und Nähe (Anm. 1), Kap. V.3.1.

ter die interimistische Herrschaft des burgundischen Herzogs zu stellen. Begründet wird dieses Angebot mit der Abwesenheit der rechtmäßigen Herren der Stadt in englischer Gefangenschaft, von wo aus sie nichts mit dem herrschenden Krieg zu tun hätten[81].

Auch wenn dieser Vorstoß bekanntermaßen nicht von Erfolg gekrönt war, können wir in der Folgezeit häufiger den Versuch einzelner Städte beobachten, sich in einer analogen Form den sie umgebenden Konfliktfeldern zu entziehen. Als sich etwa die Stadt Gent gegen ihren Herzog Philipp den Guten erhob und um Verbündete bemühte, lehnten die Brügger Bürger 1452 jegliche Unterstützung ab: Sie wollten, so Mathieu d'Escouchy, gegen ihren „natürlichen Herren" nicht kämpfen. Der Krieg bringe in ihren Augen nur Zerstörung über das Land und so wollten sie sich „neutral halten, ohne für die eine oder andere Seite zu den Waffen zu greifen, außer für die Sicherheit und zum Schutz ihrer Stadt"[82]. In einem Schreiben an den Herzog sprachen die Brügger Bürger aber eine andere Sprache, da sie ihn ihrer Gefolgschaft versicherten und über die Initiative der Genter informierten[83]. Es wäre ihnen wohl auch kaum leicht gefallen, Neutralität gegenüber ihrem rechtmäßigen Herrn zu reklamieren: Noch 1668 lehnte der französische König ein solches Ansinnen von Seiten der Franche-Comté mit dem Hinweis ab, dass es zwischen einem Fürsten und seinen Untertanen keine Neutralität geben könne[84]. Um zur Neutralität zu gelangen, musste daher auch im politischen Umfeld ein Interessens- und Anspruchskonflikt konkurrierender Kräfte vorliegen, der keine klare Lösung zuließ. Immerhin sehen wir am Beispiel Escouchys aber, dass es einem Chronisten des späteren 15. Jahr-

81 *Monstrelet,* Chronique (Anm. 58), IV 317: … *adfin de traictier avec le duc de Bethfort et le conseil du roy Henry d'Engleterre, que ycelle ville d'Orliens ainsi oppressée demourast paisible, et quelle fust mise et baillié ès mains du duc de Bourgongne pour y mettre gouverneur à son plaisir et le tenir comme neutre; considéré aussi que le duc d'Orliens et son frère le duc d'Angoulesme, qui en estoient droituriers seigneurs, de long temps par avant estoient prisonniers en Engleterre, et si n'estoient point de la guerre.*

82 *Mathieu d'Escouchy,* Chronique. 3 Bde., hrsg. v. Gaston du Fresne de Beaucourt (SHF), Paris 1863–1864, I 446: … *et aussy ne voloient pas faire guerre contre leur seigneur naturel; et quant à eulx, ilz estoient bien desplaisans de la guerre et de la destruction qui leur sambloit estre apparant venir ou pays, et que d'icelle guerre avoient bien intencion eulx en tenir comme neutres, sans eulx armer d'un costé ne d'autre, sy non pour la seurté et garde de ladicte ville.* Da es sich hier um eine Projektion des Begriffs handelt, stellt sich die Frage, inwiefern der Wortgebrauch auf eine polemische Absicht des dem Adelsmilieu verpflichteten Autors deuten könnte. Zur Biographie Escouchys s. *Zingel,* Frankreich (Anm. 58), 96–100, hier 97: „Auch die allgemeinen politischen Anschauungen d'Escouchys sind von ritterlichen Wertvorstellungen geprägt."

83 *Chastellain,* Œuvres (Anm. 67), II 283–287; zur Haltung Brügges s. a. *Richard Vaughan,* Philip the Good. The Apogee of Burgundy, London 1970 [ND Woodbridge 2002], 322 f.

84 Siehe *Jean Richard,* La neutralité entre duché et comté de Bourgogne du XVe au XVIIe siècle, in: La Franche-Comté. Questions d'histoire et de philologie (Actes du 99e congrès national des sociétés savantes. Bd. 2), Paris 1977, 41–52, hier 44.

hunderts bereits möglich war, auf die Kategorie als solche sinnvoll zurückzugreifen. Im Fall Brügges mochte dies vor allem deswegen berechtigt erscheinen, weil hier eine starke Fraktion ausländischer Händler ansässig war, die sich tatsächlich als „neutrale“, weil außenstehende Partei um die Vermittlung zwischen Gent und Herzog Philipp bemühte[85].

Einen wahren Durchbruch des Neutralitätskonzeptes markierten schließlich ab den 1470er Jahren die Fälle von St. Omer, Cambrai und Lüttich. In den Auseinandersetzungen zwischen Ludwig XI. und Maximilian, der durch die Ehe mit Karls des Kühnen Tochter Maria einen Anspruch auf das burgundische Erbe erworben hatte, beanspruchten diese Orte eine neutrale Position, die sie von den verheerenden Kämpfen ausnahm, welche die Region verwüsteten, und die zum Teil auch vertraglich festgeschrieben wurde. St. Omer etwa wurde 1482 im Frieden von Arras zu einem Teil der Mitgift für Margarethe von Österreich erklärt und die Vertragsbestimmungen charakterisieren faktisch eine Position der Neutralität von Stadt und zugehörigem Umland[86]. Beim Namen nannte dies allerdings zunächst nur der Chronist Jean Molinet, der von der Einnahme der Stadt durch Frankreich im Jahr 1487 berichtet[87]. Erst im Vertrag von Senlis sprach man 1492 im Rückblick offiziell von der *neutralité* St. Omers[88]. Derselbe Text äußerte sich auch zur Stellung Cambrais, dessen Bischof in den vorangegangenen Jahren gleichfalls die Neutralität gegenüber den Streitparteien eingefordert haben soll[89]. In diesem Fall regelte man zwar die Kontakte zu den beiden vertragsschließenden Parteien Frankreich und Burgund, vermied aber den Begriff der Neutralität[90].

---

85 Vgl. Anm. 83, sowie *Escouchy,* Chronique (Anm. 82), I 407 f.

86 S. Recueil général des anciennes lois françaises depuis l'an 420 jusqu'à la révolution de 1789. Bd. 10, hrsg. v. *Athanase Jourdan / Decrusy / François Isambert,* Paris 1825, 881–884. Grundlage für diese Entwicklung war die Position der betreffenden Städte oder Herrschaften zwischen zwei Mächten – im Gegensatz zum Maastrichter Beispiel, wo bereits am Ende des 13. Jahrhunderts faktische Neutralität zwischen den beiden Herren der Stadt beschlossen wurde (s. *Ubachs,* Particulier (Anm. 16)), ging es hier aber verstärkt um die Enthaltung in einem Konflikt zwischen äußeren Herren, in dem eine solche Entscheidung erst möglich und zuweilen nötig wurde.

87 *Jean Molinet,* Chronique. 3 Bde., hrsg. v. Georges Doutrepont / Omer Jodogne, Brüssel 1935–37, I 557.

88 Recueil des traitéz de paix, de trêve, de neutralité, de confédération et de commerce, faits par les rois de France. 6 Bde., hrsg. v. *Frédéric Lombard,* Paris 1693, Bd. 1, 362 f.

89 *Molinet,* Chronique (Anm. 87), I 272 und 326. Zunächst soll Ludwig XI. (in einem polemischen Zusammenhang) die Neutralität der Stadt gefordert haben; später berief sich Bischof Heinrich von Bergen dem Chronisten zufolge selbst darauf.

90 Recueil des traitéz de paix (Anm. 88), Bd. 1, 359; vgl. aber *Philippe de Commynes,* Mémoires. 2 Bde., hrsg. v. Joël Blanchard, Genf 2007, Bd. 1, 374: … *car il* [i.e. Ludwig XI.] *tenoit Cambray et le Quesnoy et Bausain en Henault: il rendit ce de Henault, et Cambray remist en neutralité, laquelle est ville imperialle.* Vgl. ebd., 443 f.: … *entre les rois de France et empereurs y a grans sermens et confederations de n'entreprendre rien l'ung sur l'Empire et l'autre sur le Royaulme, et ces places dont je*

Besondere Beachtung hat in der bisherigen Forschung aber vor allem das Beispiel Lüttichs gefunden, das nachgerade paradigmatisch für die Entwicklung der politischen Neutralität steht[91]. Immer wieder im 15. Jahrhundert und erneut in den 1460er Jahren waren Stadt und Territorium Schauplatz interner wie externer Auseinandersetzungen, die sie in den Interessenskreis von Burgund und Frankreich hineinzogen[92]. Der burgundische Herzog Karl der Kühne setzte sich für Bischof Ludwig von Bourbon ein, seinen Cousin, gegen dessen autoritative Herrschaft sich die Lütticher Bürger wehrten; im Gegenzug schlossen letztere 1465 einen Freundschaftsvertrag mit dem französischen König Ludwig XI., der sich zu dieser Zeit von einer Fürstenopposition in seinem Reich bedroht sah[93]. Die Bürgerschaft der Stadt sicherte Ludwig Unterstützung gegen Burgund und alle anderen Gegner zu[94] – ein Bündnis, das sie in der Folge noch bitter bereuen sollten. Binnen weniger Jahre wurde die Stadt dreimal von Karl dem Kühnen unterworfen und musste sich von ihm zentrale Aspekte seiner Politik vorschreiben lassen. Bereits im Dezember 1465 war die Stadt gezwungen, einen demütigenden Friedensvertrag zu unterzeichnen, in dem sie sich verpflichtete, sich jeglichen militärischen Vorgehens gegen Burgund zu enthalten und ohne das Wissen des Herzogs keinerlei Allianzen und Bündnisse zu schließen[95]. Als Karl 1467 die Stadt erneut unterworfen hatte, wurden diese Bedingungen bekräftigt[96]; die radikale Einnahme der Stadt im Jahr 1468 markierte schließlich deren faktischen Einbezug in die burgundische Herrschaft[97]. Nach dem Tod des Herzogs im Jahre 1477 geriet Lüttich erneut in den Strudel der franko-burgundischen Politik und reklamierte nun eine neutrale Position für sich, die im Sommer 1492 schließlich vertraglich festgeschrieben wurde[98].

---

parle estoient situees en l'Empire. Pour ceste semblable cause rendit [Ludwig XI.] *Cambray ou la mist en main neutre, …*

91 Vgl. *William S. M. Knight,* Neutrality and Neutralization in the Sixteenth Century – Liège, in: Journal of Comparative Legislation and International Law. 3rd series 2 (1920), 98–104; erneut aufgegriffen u. a. in *Oeter,* Ursprünge (Anm. 13), 455 f., und *Pieper,* Neutralität (Anm. 13), 126.

92 Siehe knapp *Jean-Louis Kupper,* Lüttich, in: Lexikon des Mittelalters 6 (1993), 25–27, hier 27; *Bruno Demoulin / Jean-Louis Kupper,* Histoire de la principauté de Liège: de l'an mille à la révolution, Toulouse 2002, 43–53 und 73–78; Histoire de Liège, hrsg. v. *Jacques Stiennon,* Toulouse 1991, 64–73 und 129–140.

93 Zur daraus resultierenden *Guerre du bien public* s. zusammenfassend *Jean Favier,* Louis XI, Paris 2001, 447–510.

94 Ediert in *Louis-Prosper Gachard* (Hrsg.), Collection de documents inédits concernant l'histoire de la Belgique. Bd. 2, Brüssel 1834, 197–205, hier 199; zur Situation knapp auch *Favier,* Louis XI (Anm. 93), 558–567.

95 Der Text in *Gachard* (Hrsg.), Collection (Anm. 94), 285–304, hier 291 f.

96 Siehe ebd., 437–473.

97 Zu den Auseinandersetzungen zwischen Burgund und Lüttich s. im Überblick *Richard Vaughan,* Charles the Bold. The Last Valois Duke of Burgundy, London 1973 [ND Woodbridge 2002], 11–38.

98 *Knight,* Neutrality (Anm. 91), 99–101.

Fasst man diese Entwicklungen im flandrisch-niederländischen Raum kurz zusammen, so kann man feststellen, dass am Ende des 15. Jahrhunderts offensichtlich die Neutralität als reale politische Handlungsoption sowie als klar operationalisierbares Konzept zur Verfügung stand. Sie war in einem Milieu geprägt worden, in dem sich juristische Herrschaftsansprüche und reale Machtkonstellationen regelmäßig widersprachen[99], und es erscheint signifikant, dass die Entwicklung in einem Umfeld vor sich ging, in dem städtisch-bürgerlichen Schichten eine große Rolle zukam. Wirft man einen vergleichenden Blick auf die südlichen Besitzungen des habsburgisch gewordenen Burgunds, so kann man mit einer gewissen Verspätung ähnliche Entwicklungen auch zwischen der Freigrafschaft und dem französischen Herzogtum Burgund beobachten. Hier wurde 1508 im Vertrag von Saint-Jean-de-Losne die Neutralität der beiden Gebiete beschlossen und 1512 erneuert – obwohl sie direkte Nachbarn der betreffenden Gebiete waren, übten die Eidgenossen offensichtlich zunächst keinen entscheidenden Einfluss auf diese Entwicklung aus[100]. Gerade in diesem Fall machen die zahlreichen Erneuerungen der Verträge[101], die stets nur auf Zeit geschlossen wurden, die qualitative Differenz deutlich, die zwischen politischer Freundschaft und Neutralität existierte – war doch erstere idealiter und in den Formen der einschlägigen Verträge im franko-burgundischen Raum zumeist ohne zeitliche Beschränkung gefasst[102].

V. Freundschaft und Neutralität – Schlussgedanken

Die angesprochene Differenz führt abschließend wieder zum Freundschaftsthema zurück. In der Forschung der letzten Jahre und Jahrzehnte wurde diesem lange missachteten Konzept personaler Bindung mit politischer Reichweite ein neuer und angemessenerer Stellenwert eingeräumt. Dabei blieben freilich auch zahlreiche Fragen offen, etwa jene nach der Wertung einer nur zu häufig pragmatisch-politischen Bindung, die mit dem Freundschaftsvokabular gefasst wurde. Die vorangegangenen Ausführungen sollten verdeutlicht haben, dass die Beschränkung auf die Dichotomie von

---

99 Bereits zeitgenössisch hob Commynes die Situation der Städte im Hennegau hervor, die zwischen den Einflussbereichen des Kaisers und der französischen Königs lagen, s. *Philippe de Commynes,* Mémoires (Anm. 90), Bd. 1, 443 f.

100 *Richard,* La neutralité (Anm. 84), 42; *Léonce de Piépape,* Histoire de la Réunion de la Franche-Comté à la France. 2 Bde., Paris / Besançon 1881 [ND Genf 1978], Bd. 1, 199–203. Der Vertrag von 1508 wurde aufgrund des zwischenzeitlich erfolgten Friedensschlusses von Maximilian nicht ratifiziert.

101 Im Jahr 1522 erneuerte bereits ein weiterer Vertrag zwischen Franz I. und Margarethe von Österreich die Klauseln von 1512, s. *Piépape,* Histoire (Anm. 100), Bd. 1, 449–451. Erst bei dieser Gelegenheit kann von einer Intervention der Eidgenossen ausgegangen werden, s. *Richard,* La neutralité (Anm. 84), 42.

102 Siehe *Oschema,* Freundschaft und Nähe (Anm. 1), Kap. V.3.3.

Freundschaft und Feindschaft auch Ergebnis eines Mangels war, indem nämlich eine „neutrale“ dritte Option zunächst gar nicht zur Verfügung stand, und sich dann erst langsam als (immer noch defizitäre) Alternative entwickelte. Von besonderer Bedeutung ist dabei, dass es hier nicht nur um eine politisch-militärische Handlungsoption ging, sondern dass diese grundlegend mit den basalen Wertekategorien einer Gesellschaft verknüpft war, deren Maßstäbe weiterhin in einem stark adlig dominierten Diskursrahmen geprägt wurden.

Es würde nun aber zu kurz greifen, wollte man aus all dem den Schluss ziehen, dass in langen Phasen des späteren Mittelalters schlicht jene als Freund angesprochen werden mussten, mit denen man lediglich im Sinne einer Nicht-Einmischung die gegenseitige Duldung vereinbart hatte. Vielmehr stellt sich die Frage, welche Auswirkung auf die je eigene Wahrnehmung der sozialen Realitäten das Dasein in einem zweipolig organisierten Umfeld hatte? Mehrere Studien zeigen bereits auf, wie faktische Enthaltung in Konfliktsituationen vor allem durch bi- oder multilaterale Bindungen ermöglicht wurde – man konnte einem Freund nicht militärisch zur Seite stehen, wenn man damit gleichzeitig gegen einen anderen Freund hätte kämpfen müssen. Durch dieses Muster einer gegenseitigen Aufhebung verschiedener Ansprüche konnten solche aberwitzig wirkenden Konstruktionen zustande kommen, wie sie etwa 1475 in einem Friedensvertrag zwischen Karl dem Kühnen und Ludwig XI. erschienen. Wie üblich hielt man sich hier die Option offen, die Gültigkeit auch auf die Verbündeten beider Parteien auszuweiten. Die detaillierte Auflistung zeigt aber, dass mehrere Herrscher von beiden Seiten zugleich als Verbündete reklamiert wurden: die Könige von Schottland, von Jerusalem und Sizilien, von Kastilien und Leon, von Dänemark und von Ungarn, sowie der Herzog von Savoyen und der Bischof von Metz[103]. Die Struktur einer solchen Verflechtung führte daher zur Schaffung eines Netzes von Bindungen, die sich unter Umständen gegenseitig aufheben konnten. Der Gedanke von dem eine Position der Neutralität ausgeht, mag zwar im Einzelfall denselben Effekt auf der Handlungsebene hervorrufen, beruht aber im Unterschied hierzu auf einer vorgängigen Enthaltung.

Es wäre nun verführerisch, die Entstehung einer solchen Option im diachronen Verlauf als Produkt der Entwicklung von Zweckverträgen im Weber'schen Sinne anzusehen, die einem von Statusverträgen beherrschten Mittelalter gegenüberstünden[104]. Die von Carl Schmitt dargelegte und von Otto Brunner nahtlos übernommene Auffassung des Politischen als Ort einer Freund-Feind-Konfrontation träfe damit in deskriptiver Hinsicht auf

---

103 Siehe *Molinet*, Chronique (Anm. 87), I 122.

104 *Max Weber*, Wirtschaft und Gesellschaft. Grundriss der verstehenden Soziologie, hrsg. v. Johannes Winckelmann, 4. Aufl., Tübingen 1956, 416 f. Ich danke für den Hinweis Herrn Frank Rexroth (Göttingen).

vormoderne Verhältnisse durchaus zu[105]. Sie markierte aber zugleich deutlich einen Zustand, der vor den Prozessen anzusiedeln ist, die zur Formierung des modernen Staats- und Rechtsdenkens führten – man denke unter anderem an Reformation und Säkularisierung.

Die Annahme einer solchen Entwicklung könnte zugleich helfen, die individualisierend emotionale Aufladung des Freundschaftskonzeptes zu erklären, welche sich der Auffassung vieler Historiker zufolge in Montaignes berühmtem Essai *De l'amitié* niederschlug[106]. Aus dieser Perspektive hätte die Ausgliederung eines als „neutral" markierten sozialen Raumes, der nun einen großen Teil der personalen Bindungen umfasste, die Möglichkeit geboten, die beiden Pole der Freundschaft und der Feindschaft stärker als gefühlsbetonte Konzepte zu verstehen, während sie in den vorangegangenen Jahrhunderten vor allem handlungsorientiert aufgefasst wurden.

Freilich hat eine solche Auffassung, die eine lineare Entwicklung postuliert, auch ihre Schwierigkeiten, wie schon ein kurzer Blick auf unsere eigene Gegenwart verdeutlichen kann: Noch heute wird die Neutralität keineswegs ausschließlich positiv gewürdigt, sondern sie bietet weiterhin Anlass zu heftigen Diskussionen[107] – ganz wertfrei und pragmatisch ist Politik trotz fortschreitender Rationalisierung und „Entzauberung der Welt" schließlich bis heute nicht geworden. So bleibt auch für die Entwicklung in der frühen Neuzeit weiterhin die Frage, inwiefern die vorgeschlagene dreiwertige Wahrnehmungsstruktur der Bindungsmuster tatsächlich das stark wertgeladene zweipolige System ersetzen konnte oder ob sie nicht vielmehr ergänzend an seine Seite trat. Dass noch im 16. Jahrhundert die Neutralität

---

105 Vgl. *Carl Schmitt,* Der Begriff des Politischen. Text von 1932 mit einem Vorwort und drei Corollarien, Berlin 1963, 32–39 und 49–53, sowie auf derlei Überlegungen aufbauend (die Schmitt allerdings normativ wendet, so dass hier die Werteproblematik besonders akut wird) *Otto Brunner,* Land und Herrschaft. Grundfragen der territorialen Verfassungsgeschichte Österreichs im Mittelalter, 5. Aufl., Wien 1965, 20–22 und weitere. Dass Schmitt, auf dessen Theoriebildung hier mit aller gebotenen Vorsicht verwiesen wird, die Freund-Feind-Terminologie auf einer hohen Abstraktionsebene ansetzt, muss nicht eigens betont werden, vgl. etwa jüngst *Jost Hermand,* Freundschaft. Zur Geschichte einer sozialen Bindung, Köln / Weimar / Wien 2006, 150–165.

106 Siehe *Michel de Montaigne,* De l'amitié, in: ders., Essais. Bd. 1, hg. v. André Tournon, Paris 1998, 310–328; zur breiteren Entwicklung in der Renaissance s. *Ullrich Langer,* Perfect Friendship. Studies in Literatur and Moral Philosophy from Boccaccio to Corneille, Genf 1994, hier 18.

107 Vgl. etwa die Diskussionen um den Status Österreichs vor dem EU-Beitritt, u. a. die Beiträge in *Herbert Krejci / Erich Reiter / Heinrich Schneider* (Hrsg.), Neutralität. Mythos und Wirklichkeit, Wien 1992. Im Schweizer Kontext wird das Phänomen gleichfalls immer wieder thematisiert, vgl. die einführenden Passagen in *Simon Geissbühler,* ‚Une Suisse neutre ne doit pas être une Suisse morte'. Drei alternative Neutralitätskonzeptionen aus dem 19. und frühen 20. Jahrhundert, in: Schweizerische Zeitschrift für Geschichte 51 (2001), 535–541, hier 535 f., das Dossier ‚Aktive Aussenpolitik und Neutralität', in: Schweizer Monatshefte. Zeitschrift für Politik, Wirtschaft, Kultur 82,2 (2002), 17–35, oder *Kreis,* Kleine Neutralitätsgeschichte (Anm. 12).

als eindeutig negativ oder minderwertig gekennzeichnet werden konnte, belegen nicht nur die bereits zitierten Ausführungen Machiavellis[108]. Im flandrischen Ath fügte noch um 1514 der Dichter und Chronist Julien Fossetier in seine *Chronique margaritique* eine berühmte Rede ein, mit der sich Thukydides zufolge der syrakusische Gesandte Hermokrates an die Einwohner Camarinas gewandt hatte. Mit deutlichen Worten warnt der Redner in der französischen Übersetzung des Textes die Bürger vor einer Politik, die sich nicht zwischen den gegnerischen Parteien Athen und Syrakus entscheiden will: *Se vous querres neutralité et societé a nous et a euls comme on murmure, mal satisferes a votre honeur, fame et salu. Car neutralité ne est austre chose que laissier les maulvaix nuire et relenquir la partie que on doibt aydier*[109].

Neutralität, und dies ist hier deutlich zu unterstreichen, stellt in dieser Form nicht einen Grundsatz des vorgängigen ‚sich-Enthaltens' dar, oder den Zustand, der sich durch nicht vorhandene Kontakte ausdrückt, sondern beruht vielmehr auf einer etablierten Bindung an beide Seiten in einem Konflikt. Hiermit stimmt auch das Bild überein, das zur selben Zeit wie Fossetier Jean Lemaire de Belges von der Frühgeschichte Venedigs entwirft. Im Konflikt zwischen Karl dem Großen und dem byzantinischen Kaiser Nikephoros habe sich die Stadt von Karl das Privileg zusichern lassen, sich neutral verhalten zu dürfen: Der Chronist fügt sogleich erläuternd an, dass dies eigentlich bedeutete, sich auf keiner der beiden Seiten in die Auseinandersetzungen einzumischen[110]. Wenn im Fortgang der Erzählung dann ausgeführt wird, wie sich die Venezianer aufgrund ihrer *nature renardive* keineswegs an diese Regel gehalten hätten, sondern stattdessen heimlich Byzanz unterstützten, so macht dies einerseits den polemischen anti-venezianischen Rahmen deutlich, in den sich Jean Lemaires Text einfügte. Zugleich zeigt es andererseits aber auch die Gefahren, die man im Neutralitätskonzept als solchem vermuten konnte. Vor allem aber wird auch hier

---

108 S. Anm. 51.

109 Brüssel, Bibliothèque royale de Belgique, ms. 10511, fol. 330r; für die Überprüfung an der Handschrift danke ich Herrn Walter Ysebaert (Brüssel). Vgl. *Thukydides,* Geschichte des peloponnesischen Krieges, hrsg. u. übers. v. Georg Peter Landmann, Zürich / Stuttgart 1960, 495 – 499 (VII 76 – 80). Zu Fossetier s. zuletzt *Jacques-Charles Lemaire,* Julien Fossetier, poète d'Ath, rhétoriqueur et humaniste, in: Cercle royal d'Histoire et d'Archéologie d'Ath. Bulletin bimestriel 35 (2002), 625 – 633, mit weiterer Literatur; zur Handschrift selbst s. *Marguerite Debae,* La bibliothèque de Marguerite d'Autriche. Essai de reconstitution d'après l'inventaire de 1523 – 1524, Löwen / Paris 1995, 210 f.

110 *Jean Lemaire de Belges,* La légende des Vénitiens (1509), hrsg. v. Anne Schoyman (Académie royale de Belgique. Classe des Lettres. Collection des Anciens auteurs belges, n.s. 9), Brüssel 1999, 13: ... *estoient neutres, c'est à dire ilz ne se debvoient mesler ne d'un costé ne d'autre.* Jean Lemaire war als Nachfolger Jean Molinets zwischen 1507 und 1511 / 12 Historiograph der burgundischen Herzöge aus dem Habsburgerhaus, s. *Pierre Jodogne,* Jean Lemaire de Belges, écrivain franco-bourguignon (Académie royale de Belgique. Mémoires de la Classe des Lettres. 2ème série, 13,1), Brüssel 1972, 75 – 78.

erneut die Tatsache sichtbar, dass die Enthaltung keinesfalls als natürliches Recht eines politischen Akteurs aus der Tatsache erwuchs, dass er von bestimmten Ereignissen nicht betroffen gewesen wäre: Vielmehr handelte es sich weiterhin um eine Position, die zunächst explizit etabliert werden musste. Insofern differenziert sich mit dem Neutralitätskonzept durchaus der frühere Pol des breit angelegten Freundschaftsbegriffs aus, da nun aus der etablierten Kommunikation zwischen zwei Akteuren nicht mehr nur die Freundschaft als Konsequenz erwachsen, sondern auch die Enthaltung vereinbart werden konnte.

Résumé français

Au vu de nos expériences modernes, nous avons tendance à analyser les relations personnelles à travers une grille tripolaire qui connaît, entre les pôles de l'amitié et de l'inimitié, aussi la valeur du „neutre" qui gouverne la plupart des relations quotidiennes. Cette contribution montre l'existence et les paramètres d'un concept de „neutralité" à l'époque médiévale, mais dont la définition n'était alors pas celle de l'acceptation moderne du terme. D'abord utilisé dans des contextes grammatical et médical, le „neutre" fut connoté d'idées négatives, comme désignant par exemple l'incapacité de prendre une décision face à un problème donné. De manière métaphorique il pouvait donc désigner l'être „efféminé" et condamnable en opposition avec l'idéal (viril) du comportement noble et chevaleresque. Vers la fin du Moyen Âge le vocabulaire de la „neutralité" s'est développé davantage dans les langues vernaculaires, sans pour autant perdre ses connotations négatives dans la plupart des cas. La „neutralité" est d'abord devenue licite lors des schismes de la fin du XIVe et du XVe siècle. Dans les dernières décennies du XVe siècle, il semble que surtout des groupes non-nobles ont fait référence à la „neutralité" comme statut politique particulier. Ils ont transféré ainsi une option développée dans un contexte théologico-politique bien particulier dans la sphère politique proprement dite.

Gebrauchsformen der Freundschaft. Freundschaftsverträge und Gehorsamseide zu Beginn der Religionskriege[1]

Von *Jérémie Foa*, Clermont-Ferrand

> « Quand nous instaurons un classement réfléchi, quand nous disons que le chat et le chien se ressemblent moins que deux lévriers, même s'ils sont l'un et l'autre apprivoisés ou embaumés, même s'ils courent tous deux comme des fous, et même s'ils viennent de casser la cruche, quel est donc le sol à partir de quoi nous pouvons l'établir en toute certitude? »
>
> *Michel Foucault*, Les Mots et les Choses[2]

Die Regierungszeit Karls IX. (1560–1574) läutet in Frankreich eine radikal neue Ära in der Geschichte der interkonfessionellen Beziehungen ein: Zum ersten Mal wird eine andere christliche Konfession als die katholische vom König rechtmäßig anerkannt. Protestanten und Katholiken müssen von nun an, ob sie wollen oder nicht, als „gute Freunde und Mitbürger" (*bons amis et concitoyens*) im selben Land, in derselben Stadt oder auch in der gleichen Straße zusammenleben. Da die vorangegangenen Regierungen mit dem Versuch gescheitert waren, durch Repression die konfessionelle Ruhe wiederherzustellen, entschied sich das Königtum nun dazu, die Protestanten rechtmäßig anzuerkennen, ihnen die Gewissensfreiheit zuzubilligen sowie eine beschränkte Freiheit, ihren Glauben auszuüben. In den Augen des

1 Aus dem Französischen übersetzt von Klaus Oschema (Bern). – Als Einführung in die Geschichte der Religionskriege s. *Mack P. Holt*, The French Wars of Religion, 1562–1629, Cambridge 1995; *Arlette Jouanna/Jacqueline Boucher/Dominique Bilogh/Guy Le Thiec*, Histoire et dictionnaire des guerres de religion, Paris 1998; *Robert J. Knecht*, The French Civil Wars, 1562–1598, 2. Aufl., London 1996. Zu den Friedensedikten und zur religiösen Koexistenz v.a. *Philip Benedict*, Un roi, une loi, deux fois: Parameters for the History of Catholic-Protestant Co-existence in France, 1555–1685, in: Tolerance and Intolerance in the European Reformation, hrsg. v. Ole P. Grell/Bob Scribner, New York 1996, 65–93; *Olivier Christin*, La Paix de religion. L'autonomisation de la raison politique au XVIe siècle, Paris 1997; Toleranzedikt und Bartholomäusnacht. Französische Politik und europäische Diplomatie, 1570–1572, hrsg. u. bearb. v. *Ilja Mieck*, Göttingen 1969.

2 *Michel Foucault*, Les Mots et les Choses. Une archéologie des sciences humaines, Paris 1966 [ND 1996], 11.

Königs ist der Andersgläubige nicht mehr notwendigerweise ein Aufrührer, und er kann nicht mehr seines Glaubens wegen verfolgt werden, solange er nicht die öffentliche Ordnung stört. Die Jahre von 1560 bis 1570 sind daher durch Toleranzedikte gekennzeichnet, oder besser gesagt durch „Befriedungsedikte" (*édits de pacification*), die den Protestanten die Glaubens- und Gottesdienstfreiheit zubilligen, auch wenn sie sehr beschränkt war[3].

Aber die Herrschaft Karls IX. ist auch und vor allem dafür bekannt, dass mit ihr in Frankreich die Zeit der Religionskriege begann, während der sich Anhänger der beiden Konfessionen gegenseitig töteten und in einem selten erreichten Ausmaß Gewalt anwandten. Die Beziehungen zwischen Protestanten und Katholiken wurden dementsprechend häufig und zu ausschließlich unter dem Blickwinkel der gewalthaften Gegnerschaft und eines quasi natürlichen Hasses betrachtet. Zum Teil ist dies auf die Quellen zurückzuführen, die ihre Aufmerksamkeit auf die Unordnung in ihrer Zeit richteten und sich vor allem den Schilderungen der Gewalt widmeten, auf Kosten des alltäglichen und gewöhnlichen Zusammenlebens[4]. Zum Teil ist unsere Wahrnehmung auch durch die Begriffe geprägt, welche die Historiker benutzen und die zweifellos auch schon jene der Zeitgenossen waren: Sie unterteilen die Gesellschaft in „Protestanten" und „Katholiken" und lassen damit zugleich die alltäglichen Beziehungen familiärer, wirtschaftlicher oder auch amouröser Natur, die kaum spürbar, aber stetig die konfessionellen Grenzen überschritten, im Schatten verschwinden. Es gab aber Handlungsweisen, die nicht durch die Religion motiviert waren und für welche die Akteure nicht auf ihre konfessionelle Identität Bezug nahmen. Dies gilt umso mehr, wenn man den Prozess der Konfessionalisierung aus einer übergeordneten Perspektive betrachtet, da er auf katholischer wie auf reformierter Seite auf die Christianisierung des ganzen Lebens eines jeden Gläubigen abzielt.

Auch wenn sie nur in kleiner Zahl existieren, so gibt es doch archivalische Belege, welche es erlauben, die befriedeten Beziehungen zwischen den beiden Konfessionen zu untersuchen – dies gilt vor allem für die Herrschaft Karls IX. (1560–1574). Unter diesen außergewöhnlichen Dokumenten befinden sich Belege für erstaunliche Einungen, die angesichts der großen Wellen der Gewalt, die das Königreich durchliefen, zwischen Protestanten

---

3 So im Edikt vom Januar 1562, im Edikt von Amboise (März 1563), im Frieden von Longjumeau (März 1568), im Edikt von Saint-Germain (August 1570) und im Edikt von Boulogne (Juli 1573). Den besten Text der Befriedungsedikte bietet derzeit die von Bernard Barbiche herausgegebene, im Internet verfügbare Edition, URL http://elec.enc.sorbonne.fr/editsdepacification, 23. 01. 2007. Daneben ist weiterhin heranzuziehen *André Stegmann*, Edits des guerres de religion, Paris 1979.

4 Ein spektakuläres Beispiel ist im *Journal* des Pierre de Jarrige zu finden, der zum Jahr 1571, inmitten des Friedens von Saint-Germain, schreibt: *en lannee 1571 ne se fist en France choses qui merite descrire* (s. Journal historique de Pierre de Jarrige, viguier de la ville de St Yrieix (1560–1574), hrsg. v. *Henri B. de Montégu*, Angoulême 1868, 61).

und Katholiken vereinbart wurden. Während andernorts die Leidenschaften aufloderten, verpflichteten sich hier die Bürger beider Religionen am Vorabend der Kriege, sich der Gewaltakte zu enthalten und sich als „Brüder, Freunde und Mitbürger“ (*frères, amis et concitoyens*) zu verhalten. Diese Übereinkünfte, in denen regelmäßig das Vokabular der Freundschaft aufscheint, sind so überraschend, dass sie die Aufmerksamkeit der Historiker auf sich gezogen haben. In den Arbeiten Olivier Christins, der als erster einzelne Beispiele publiziert und untersucht hat, werden sie als „Freundschaftsverträge“ bezeichnet[5]. Bis heute konnten knapp zwanzig solcher Verträge aus der Zeit Karls IX. gefunden werden, was diese Periode aber trotz der gering scheinenden Zahl sowohl von den vorangegangenen wie den folgenden Regierungszeiten unterscheidet[6].

Untersucht man nun diese Verträge, so ist zunächst festzuhalten, dass sie selten sind – es ist daher angebracht, bei der Analyse vom Erstaunen auszugehen, das mit ihrer Einzigartigkeit einhergeht: Warum entscheiden sich Einwohner unterschiedlicher Religionszugehörigkeit mitten in Kriegszeiten, also in ausgesprochenen Krisenmomenten, sich gegenseitig als „Freunde“ zu bezeichnen und sich geduldig auf einen *modus vivendi* zu verständigen? Der vertraglich festgelegte Zustand unterscheidet sich sowohl von der Gewalt wie auch von der stillschweigenden Koexistenz – jenem Miteinander, von dem man nicht sprechen muss und das den Historikern daher nicht zugänglich ist: Warum also diese schriftliche Beteuerung, dass man sich nicht gegenseitig töten wolle? Sicherlich nicht, um es nicht zu vergessen. Die öffentlich verkündete Freundschaft besitzt alle Charakteristika eines Vertrags, einer Demonstration und mithin einer Strategie. Aber worin besteht die Funktion einer solchen Rhetorik der Freundschaft, warum nennt man sich „Freund“ inmitten des Kriegslärms und des Hasses?

Eine Reihe sukzessiver Perspektivierungen soll die Annäherung an mögliche Antworten auf diese Fragen erlauben: Zunächst wird dabei der Kontext der Verträge in den Blick genommen. Danach sollen die Inhalte aufgezeigt und untersucht werden, gefolgt von der Frage nach den Garantien, welche

---

5 *Christin*, Paix de religion (Anm. 1), 122–132; *ders.*, Pactes d'amitié et républicanisme urbain: quelques villes françaises devant la biconfessionalité, in: Krieg und Frieden im Übergang vom Mittelalter zur Neuzeit. Theorie – Praxis – Bilder / Guerre et Paix du Moyen Age aux Temps Modernes. Théories, pratiques, représentations, hrsg. v. Heinz Duchhardt / Patrice Veit, Mainz 2000, 157–166; *ders.*, ‚Peace must come from us‘: friendship pacts between the confessions during the Wars of Religion, in: Toleration and Religious Identity: The Edict of Nantes and its Implications in France, Britain and Ireland, hrsg. v. Ruth Whelan / Carol Baxter, Dublin 2003, 92–103. Der oben zitierte Text aus Saint-Laurent-des-Arbres ist publiziert in *Marc Venard*, L'Eglise d'Avignon au XVIe siècle, Lille 1980, 806–808. Ich danke Marc Venard für seine sachkundigen Auskünfte zu diesem Vertrag.

6 Ganz offensichtlich sind noch weitere systematische Archivstudien anzustellen, vor allem in Notarsarchiven. *Christin*, ‚Peace must come from us‘ (Anm. 5), spricht von Verträgen in Vigan und vielleicht in Signes, sowie im Jahr 1577 in Donzère und in Nyons in den Jahren 1612, 1613 und 1621.

die Übereinkünfte sichern: Handelt es sich um religiöse, wirtschaftliche oder politische Instanzen? Schließlich ist zu zeigen, in welchem Ausmaß die zwischen Protestanten und Katholiken unterzeichneten Verträge in Wirklichkeit ständig einen Dritten mit einbeziehen: den König, dessen Präsenz zur Sicherung der Freundschaftsverträge stets zu spüren ist.

I. Die Zeit der Verträge

In chronologischer Hinsicht schreiben sich die Verträge zunächst in einen konkreten Ablauf der weiteren politischen Ereignisse ein, da sie genauestens den Spannungsverläufen und Krisenzeiten der Herrschaft Karls IX. folgen. Die Hochphasen werden mit jedem Ausbruch eines neuen Krieges erreicht (1562, 1563, 1567, 1568) und die Tiefstände erstrecken sich über die Zeiten der friedlichen Koexistenz (1563 – 1567 und 1570 – 1572). Dabei finden sich besondere Ausschläge zwischen 1567 und 1568, am Wendepunkt der Regierung Karls IX., zwischen Befriedungsversuchen und Ansätzen zur Repression.

Wie die nachstehende Auflistung zeigt, setzt die Zeit der Verträge mit dem Ausbruch des ersten Religionskriegs ein (nach dem Massaker von Wassy am 1. März 1562): Im Einzelnen umfasst diese Phase die Verträge von Tulle (in der Drôme) und Chalon-sur-Saône, sowie den gescheiterten Pakt von Lyon. Die zweite Hochphase fällt auf Ende September und Anfang Oktober 1567, also genau auf die Tage nach dem Anschlag von Meaux (26.-28. September 1567), der den zweiten Religionskrieg einläutet: Dies betrifft die Verträge von Mont-de-Marsan, Vienne, Montélimar, Orange, Caen und Annonay. Ein dritter Moment fällt auf den Beginn des dritten Bürgerkriegs, Ende August 1568, als Coligny und Condé aus der Hauptstadt nach La Rochelle fliehen. Zu diesem Zeitpunkt werden die Verträge von Nant, Saint-Laurent-des-Arbres und Nyons beschworen. Schließlich beginnt die letzte Hochphase in den Tagen, die auf die Massaker der Bartholomäusnacht in Paris folgen, welche den Beginn des vierten Bürgerkriegs markieren.

Auf diese Weise schreiben sich die Verträge in einen zeitlichen Verlauf ein, der von der Dringlichkeit diktiert ist; sie werden dem Rhythmus der Ereignisse und ihres Bekanntwerdens gemäß verfasst: In Millau, zum Beispiel, wird der Vertrag darauf zurückgeführt, dass ein „Gerücht, aus dem Languedoc kommend, kursiert sei, dass man die [Anhänger] der reformierten Religion verhafte, so wie in Montpellier, Gailhac; und an anderen Orten verhaften jene von dieser Religion die Katholiken“ (*bruict venant du pais de Languedoc [qui] auroit coureu que l'on emprisonne ceulx de la religion refformee comme a Montpellier, Gailhac; et en d'aultres lieux ceulx de la religion emprisonnent les catholicques*). Angesichts der drohenden Gefahr und

Tabelle 1

Die „Freundschaftsverträge“ zwischen Protestanten und Katholiken während der Herrschaft Karls IX.

Ort	Datum	
Tulette	7. März 1562[7]	**1. Bürgerkrieg** (1. März 1562 – 19. März 1563)
Lyon[8]	Frühling 1562	
Chalon-sur-Saône	18. Mai 1562[9]	
Mont-de-Marsan	Sep. – Okt. (?) 1567[10]	
Vienne	29. September 1567	**2. Bürgerkrieg** (September 1567 – 23. März 1568
Romans (?)	30. September 1567[11]	
Montélimar	1. Oktober 1567	
Orange	2. Oktober 1567	
Caen	3. Oktober 1567	
Annonay	Oktober (?) 1567	
Nant	August 1568[12]	**3. Bürgerkrieg** (September 1568 – 8. August 1570)
St-Laurent des Arbres	14. August 1568	
Nyons	12. September 1568[13]	
Nîmes	30. August 1572[14]	**4. Bürgerkrieg** (Oktober 1572 – Juli 1573)
Nyons	31. August 1572[15]	
Millau	2. September 1572[16]	
Compeyre	10. September 1572[17]	
Saint-Affrique	14. September 1572[18]	
Barre-des-Cévennes	19. September 1572[19]	

7 Archives Départementales (im Folgenden: AD) Drôme, E 7826 (7. März 1562): Vorschlag der Reformierten an die Katholiken, angesichts der gegenwärtigen und sich abzeichnenden Kriege in guter Einheit zusammen zu leben. Die Katholiken antworten, dass sie zunächst den Vikar des Pfarrers hierzu befragen möchten.

8 In Lyon handelt es sich wie in Tulette lediglich um den Vorschlag eines Vertrags: In Lyon kommt dieser dann nicht zustande, während der weitere Verlauf in Tulette nicht bekannt ist.

9 *Claude Perry,* Histoire civile et ecclésiastique, ancienne et moderne de la ville et cité de Chalon sur Saone, Chalon-sur-Saône 1659, 327: *les habitans faisans profession de l'une et de l'autre religion vivroient paisiblement ensemble et conformement aux edicts du Roy.*

10 *Abbé J.-J. Monlezun,* Histoire de la Gascogne: depuis les temps reculés jusqu'à nos jours. Bd. 5, Auch 1850 [ND Nîmes 2001], 320.

11 Gedruckt bei *Ulysse Chevalier,* Annales de la ville de Romans pendant les guerres de religion de 1549 à 1599, Valence 1875, 48 – 49.

12 *Elie Mazel,* Les Guerres de religion à Nant et le pays d'extrême Haute-Marche du Rouergue, Rodez 1920, 39 f. Am 11. September 1568 befand sich Nant in der Hand der Protestanten.

13 Die Verträge von Lyon, Vienne, Montélimar, Orange, Caen, Annonay und Saint-Laurent-des-Arbres, sind publiziert in *Christin,* La paix de religion (Anm. 1), 311 – 318.

14 Archives Communales (im Folgenden: AC) Nîmes, LL 11 (30. August 1572), gedruckt bei *Léon Menard,* Histoire civile, ecclésiastique et littéraire de la ville de Nîmes. 7 Bde., Paris 1750 – 58 [ND Nîmes 1989], Bd. 5, 62.

wie bei jedem besonderen Ereignis, läutet man die Glocken und der öffentliche Ausrufer schlägt auf das Pflaster, um die Einwohner zur Generalversammlung zu rufen. In Compeyre ist die Versammlung auf das Ratsgremium (*conseil*) beschränkt, da lediglich die Konsuln und die Notabeln (*principaulx*) der Stadt anwesend sind. In Saint-Affrique dagegen wird der Vertrag „von allen Einwohnern geschlossen" (*passé entre tous les habitans*). An anderen Orten, wie in Saint-Laurent, treffen sich in der Versammlung drei Konsuln und 70 Einwohner, dies „macht den größeren und besseren Teil" (*faisant la plus grande et saine partie*) des Dorfs aus.

Die Verträge sind exakt datiert und zudem auch genauestens verortet. Sie entstehen ausnahmslos in umkämpften Gebieten, in denen die religiösen Minderheiten stark genug sind, um weder ignoriert, noch mundtot gemacht werden zu können – alle Verträge werden explizit zwischen Einwohnern beider Religionen geschlossen. In Annonay wie in Saint-Laurent wird der Pakt von Bürgern „der einen und der anderen Religion" (*de l'une et de l'autre religion*) unterzeichnet. Desgleichen bezeichnen sich die Anwesenden in Compeyre und in Saint-Affrique als „sowohl von der einen wie der anderen Religion" (*tant d'une religion que d'autre*). Auf die Landkarte projiziert, zeichnen sich deutlich zwei Ballungsräume ab: Einerseits die südlichen Ausläufer des Zentralmassivs, mit den Verträgen von Millau, Saint-Affrique, Compeyre, Nant und Barre-des-Cévennes, andererseits das breite Tal der Rhône, mit Montélimar, Annonay, Vienne, Orange und Nyons. Nîmes liegt an der Schnittstelle beider Bereiche. Caen, in der Normandie gelegen, unterscheidet sich von dieser südlichen Gruppe sowohl in Bezug auf seine geographische Lage als auch hinsichtlich seiner Bedeutung als Stadt. Insgesamt verteilen sich die Verträge nicht zufällig im französischen Raum: Sie schreiben sich in jene Gebiete ein, in denen die Protestanten in großer Zahl leben, zuweilen sogar die Mehrheit bilden, die Katholiken aber zugleich nicht ausgeschlossen sind. Dieses Gleichgewicht spiegelt sich auch in den politischen Instanzen, da hier Protestanten wie Katholiken Zugang zu den Ratsgremien ihrer Städte haben. Während in Barre-des-Cévennes 98 % Hugenotten leben, zählt man unter den Unterzeichnern des Vertrags neun Katholiken (25 %) und 27 Reformierte (75 %)[20]. In Nant und Saint-Affrique,

15 AC Nyons, BB 5, fol. 32^{v} f.

16 AC Millau, CC 42, 2. Inventar, nicht nummeriertes Stück; gedruckt bei *Jérémie Foa,* Protestants, catholiques et voisins. De la ‚non Saint-Barthélemy' dans quelques petites villes françaises, in: Colloque de la Société de l'histoire des petites villes françaises (Mamers, mars 2005) (im Druck).

17 AC Millau, CC 42, 2. Inventar, nicht nummeriert.

18 Publiziert bei *Olivier Christin,* Amis, frères et concitoyens. Ceux qui refusèrent la Saint-Barthélemy (1572), in: Cahiers de la Villa Gillet 11 (2000), 71 – 94. (Original: Archives Nationales, TT 268 (1), fol. 169 f.).

19 Gedruckt bei *Jean-Paul Chabrol,* La Cévenne au village. Barre des Cévennes sous l'Ancien régime: 1560 – 1830, Aix-en-Provence 1983, 182 f.

20 Ebd., 183.

die vorwiegend dem Katholizismus zuneigen, sind die Protestanten in der Generalversammlung (*assemblée générale*) vertreten. An anderen Orten partizipieren die Minderheiten am Amt der Konsuln: In Millau und Nîmes ist das Konsulat ab 1571 hälftig besetzt, obwohl die Städte überwiegend protestantisch sind[21]. Dasselbe gilt für Barre, wo einer der beiden Konsuln katholisch ist. Obwohl aus demographischer Sicht unterlegen, sind die Minderheiten auf politischer Ebene überrepräsentiert. Damit stellen die Freundschaftsverträge explizite Zeugnisse dafür dar, dass es in Frankreich Räume der konfessionellen Koexistenz gab, in denen, ob mit oder gegen den Willen der Akteure, die königliche Politik des religiösen Ausgleichs gewagt wurde.

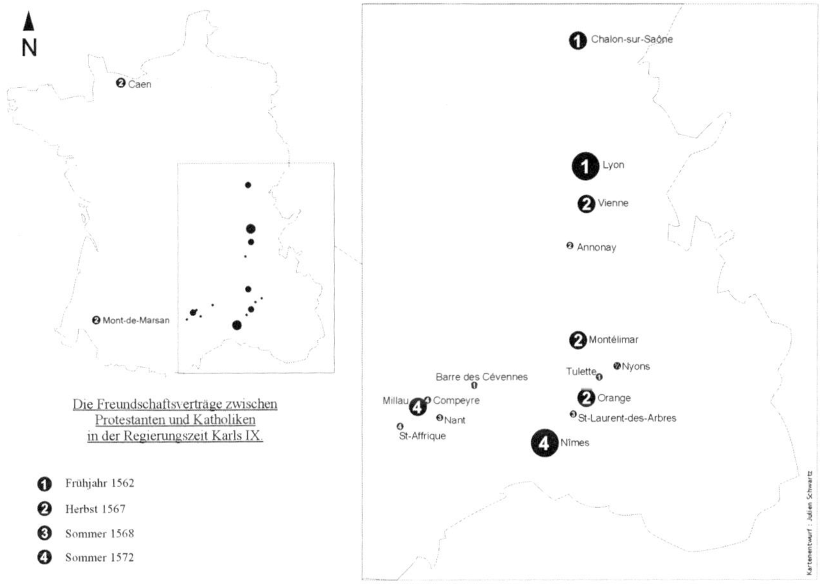

Karte 1: Regionale und zeitliche Verteilung der untersuchten Freundschaftsverträge

Schließlich werden alle Verträge in mittleren oder kleinen Städten geschlossen, lediglich Caen stellt eine Ausnahme dar[22]. Während Nîmes 8000 Einwohner zählt, kommen Barre-des-Cévennes auf 500, Tulette und Saint-

21 Siehe Mémoires d'un calviniste de Millau, hrsg. v. *Joël Rigal*, Rodez 1911, 222, sowie AC Nîmes, LL 11, fol. 43.

22 *Maryélise Suffern Lamet*, French Protestants in a Position of Strength: The Early Years of the Reformation in Caen (1558–1568), in: Sixteenth Century Journal 9 (1978), 35–55. Caen hat in dieser Zeit zwischen 15 000 und 20 000 Einwohner.

Laurent-des-Arbres auf einige Hundert. Diese geringe Größe ist keinesfalls unbedeutend, wenn es darum geht, den geringen Grad an interkonfessioneller Gewalt zu erklären[23]. Es scheint alles darauf hinzudeuten, dass sich in diesen Städten mit weniger als 10 000 Seelen die Einwohner weitaus stärker als Söhne und Töchter, als Schwäger und Cousins verhalten, denn als „Papisten oder Hugenotten". Mehr als „der Häretiker", sind sie der „Nachbar" – arm oder reich –, der „Handwerker", der „Geliebte" oder der „Konsul"[24]. Dies lässt sich am Beispiel von Nant bestätigen, wo Bessières, der katholische Landrichter, niemand anders ist als der Schwager von François de Malbois, einem protestantischen Honoratioren der Stadt, der den Vertrag direkt nach ihm unterzeichnet[25].

In Millau beschreiben sich die Einwohner als gemeinsam *hantans, frequentans, mangeans et buvant.* Wenn hier das lexikalische Feld der sozialen und räumlichen Nähe genutzt wird, so beweist das die Intensität der täglichen Beziehungen: Bevor man getrennt betet, trifft man sich auf dem Markt oder trinkt gemeinsam in der Taverne; man begegnet sich auf der Straße, während die räumlich-konfessionelle Trennung sehr selten erscheint[26]. Während also andernorts, vor allem in den großen Städten, angesichts der schwierigen Situation die konfessionellen Minderheiten von der Wache an den Toren ausgeschlossen[27] und verjagt werden, während aufgebrachte Volksmassen die Waffen ergreifen und die Häretiker niedermachen, entschließen sich die Einwohner dieser kleinen Städte, sich als „Freunde, Brüder und Mitbürger" (*amis, frères et concitoyens*) zu verhalten.

---

23 *Mark Konnert,* La tolérance religieuse en Europe aux XVIe et XVIIe siècles. Une approche issue de la psychologie sociale et de la sociologie, in: De Michel de l'Hospital à l'Edit de Nantes. Politique et religion face aux Eglises, hrsg. v. Thierry Wanegffelen, Clermont-Ferrand 2002, 97–113. Dem Autor zufolge gilt, dass die religiöse Gewalt „serait plus difficile à atteindre dans une communauté où les cibles potentielles de la violence déshumanisante sont connues de leurs adversaires" (ebd., 113).

24 *Bernard Lahire,* L'homme pluriel. Les ressorts de l'action, Paris 1998.

25 *Mazel,* Les Guerres de religion à Nant (Anm. 12), 39 f.; vgl. auch *Barbara Diefendorf,* Les divisions religieuses dans les familles parisiennes avant la Saint-Barthélemy, in: Histoire, économie et société 7 (1988), 55–78.

26 *Gregory Hanlon,* Confession and Community in Seventeenth-century France: Catholic and Protestant Coexistence in Aquitaine, Philadelphia 1993, 115: „the reader should recall the intense street sociability and the real social and personal proximity characterizing daily relations in a modest town like Layrac". Die Segregation der calvinistischen Minderheit erweist sich folglich als nicht durchführbar.

27 AC Clermont, BB 36, Dezember 1567: Den Hugenotten wird die Wache an den Toren untersagt.

II. „Oh meine Freunde, es gibt keinen Freund!“[28]

Obwohl sie derselben Zeit angehören wie die Freundschaft zwischen Michel de Montaigne und Étienne de la Boëtie, sind diese Verträge dennoch weit davon entfernt, ein Freundschaftsmodell vorzuschlagen, das gleichbedeutend wäre mit dem rückhaltlosen Annehmen des Anderen, mit der berühmten Verschmelzung des *parce que c'était lui, parce que c'était moi*[29]. Die Freundschaft, die sich die Einwohner angesichts der Krise versprechen, gehört nicht der Privatsphäre an, sondern vielmehr dem öffentlichen Raum; sie ist nicht individuell, sondern kollektiv. Sie ist zudem auch in keinster Weise uneigennützig, sondern basiert ganz im Gegenteil auf dem Streben nach dem Nutzen. Wenn sich die beiden Konfessionen aufeinander verlassen, so geschieht dies nicht in einem Akt des absoluten Glaubens, mit einem blinden Vertrauen gegenüber dem „Freund“, das sich nicht in schriftlicher Form fassen ließe. Tatsächlich ist es das „Misstrauen“ (*défiance*)[30], welches sich unter den Einwohnern aufgrund der konfessionellen Spaltung eingeschlichen hat, das zur Abfassung der Verträge motiviert; die Abmachungen, die man zu halten verspricht, werden schriftlich fixiert, weil man dem anderen nicht vertraut. Die Freundschaft der Verträge wird in erster Linie öffentlich verkündet und ist weit entfernt von der Sphäre des Intimen, des Geheimen oder des (Individual-)Psychologischen. Stets findet ihr Abschluss an öffentlichen Orten statt: dem „Haus der Konsuln“ (*maison consulaire*) in Nîmes, dem „gemeinen Haus“ (*maison commune*) in Saint-Affrique oder dem Friedhof, wie in Barre-des-Cévennes[31]. Niemals dagegen ist eine protestantische oder katholische Kirche Ort des Vertragsabschlusses. Die Freundschaft kann als „politische“ oder „juristische“ bezeichnet werden, da sie einem bestimmten Interesse folgt und aufbaut auf „einer Gleichstellung in der Gegenseitigkeit, wie in einem Vertrag, einer Übereinkunft, die von beiden Parteien unterzeichnet wird“[32]. Mehrere Anzeichen erlauben es in der Tat, die Pakte als Verträge zu interpretieren: Manche der Überein-

---

28 Das Aristoteles-Zitat in „De l'Amitié“ bei *Michel de Montaigne,* Essais, Paris 1994 [orig. Bordeaux 1580], 271 (Buch 1, Kap. XXVIII); vgl. zu dieser Passage die Kommentare von *Jacques Derrida,* Politiques de l'amitié. Suivi de L'oreille de Heidegger, Paris 1994 [dt. Politik der Freundschaft, Frankfurt a. M. 2000], vor allem Kap. 6.

29 *Gérard Defaux,* Montaigne et le travail de l'Amitié. Du lit de mort d'Estienne de La Boétie aux Essais de 1595, Orléans 2001, und *Ullrich Langer,* Perfect friendship. Studies in literature and moral philosophy from Boccaccio to Corneille, Genf 1994.

30 Dieses Wort benutzen die Unterzeichnenden des Vertrags in Saint-Laurent-des-Arbres.

31 Zu den Friedhöfen als öffentliche Orte s. jüngst *Michel Lauwers,* Naissance du cimetière: lieux sacrés et terre des morts dans l'Occident médiéval, Paris 2005, 162 f.

32 *Derrida,* Politiques de l'amitié (Anm. 28), 231: „une homologie de réciprocité, à la manière d'un contrat, d'un accord auquel les deux parties souscrivent“.

künfte werden direkt vor dem Notar abgeschlossen[33], andere in Anwesenheit der Richter und der lokalen Herrschaftsträger. Dem Vorbild eines Vertrags gemäß werden mehrere Abkommen durch die Unterschrift der beteiligten Parteien am Ende des Dokuments beglaubigt, wie etwa in Millau oder Saint-Affrique[34]. Die Einwohner von Nant bezeichnen ihr Abkommen ausdrücklich als einen „Vertrag" (*contract*). Schließlich dekretieren die Übereinkünfte in präzisen Bestimmungen Grundlagen und Verpflichtungen, welche die Unterzeichnenden einzuhalten versprechen.

Die Klauseln dieser Pakte stellen in zweifacher Weise Vorschriften dar: Einerseits durch die Gesamtheit der ausdrücklichen Regeln, auf deren Einhaltung sie verpflichten, andererseits durch die Unterscheidung zwischen Freund und Feind, auf die sie rekurrieren und die all jene, die zur Einhaltung der Regeln verpflichtet sind, von denen absetzt, gegen welche die Regeln verfasst wurden. Die Besonderheit der Übereinkünfte besteht darin, dass sie diese Unterscheidung zwischen Freund und Feind ohne Bezug auf religiöse Kriterien etablieren, die in der jeweiligen Situation für den Schutz vor der drohenden Gefahr unwirksam sind. Die Abkommen hängen von strikt politischen Gruppierungen ab, die sich in Erwartung einer kommenden Kraftprobe formieren[35].

III. Verteidigung gegen den Feind

In den entscheidenden Momenten, in denen die Übereinkunft entsteht, stellt die Figur des Soldaten unabhängig von dessen religiöser Zugehörigkeit den zentralen Gegner dar: Die Einwohner von Nyons beschwören den Pakt, damit die Soldaten „weder der einen noch der anderen Religion" (*ni d'une religion ni d'aultre*) die Stadt in Beschlag nehmen. Traditionellerweise organisiert man sich gegen ihre Gewalt, indem man die Bewachung der Tore verstärkt und den Machthabern größere Befugnisse verleiht[36]. In Nant verkünden die Einwohner, sie wollten „eine solche Ordnung und ein solches Vorgehen bei der Bewachung der Stadt [walten lassen], dass sie

33 So wurde zum Beispiel der Vertrag von Barre-des-Cévennes vom Notar Antoine Leroux ausgefertigt (heute AD Lozère, 3 E 1854). Derjenige von Saint-Laurent wurde vor dem königlichen Notar Me Jacques de Colons unterzeichnet (heute AD Vaucluse, 1 G 258, fol. 46–48).

34 Heinrich II. befahl 1554 mit der Ordonnanz von Fontainebleau den Notaren, die Beteiligten an Verträgen, Schuldschriften, Zahlungsbelegen und Privaturkunden unterschreiben zu lassen. 1566 erklärte die Ordonnanz von Moulins es für verpflichtend, Verträge vor dem Notar zu schließen.

35 *Carl Schmitt,* La notion de politique. Théorie du partisan, übers. v. Marie-Louise Steinhauser, Paris 1992, 64. Der Verweis auf Schmitt erfolgt hier natürlich mit aller angesichts der Problematik seines Werks angebrachten Vorsicht.

36 *Christian Desplat,* Les villageois face à la guerre (XIVème-XVIIIème siècle), Paris 2002.

nicht von den *Feinden* des Königs angegriffen werde“ (*tel ordre et police par la guarde de la ville qu'elle ne soit assallie par les* ennemys *du Roy*). In Saint-Laurent-des-Arbres entscheidet man, dass die Stadt nachts auf den Mauern und tagsüber an den Toren gegen die „*Feinde* des Friedens“ (ennemis *de paix*) geschützt werden solle. Aber die Feinde können auch Diebe sein – daher wird in Nyons präzisiert, „dass man die Stadt Nacht und Tag gegen die Diebe bewachen werde“ (*qu'on gardera la ville nuyct et jour des voleurs*). Desgleichen schützt man sich in Saint-Laurent vor den „Diebereien, die von gewissen Vagabunden auf den Feldern begangen werden könnten“ (*voleries que se pourraient faire par certains vagabonds tenant les champs*).

Andere Maßnahmen zielen darauf ab, die Exekutivgewalt der Regierenden auszuweiten. So wählen etwa in Saint-Affrique die Einwohner zwei Hauptmänner der Wache, einen katholischen und einen protestantischen, die „über alle Einwohner befehlen sollten“ (*commanderont sur tous lesdicts habitans*). Dieselbe Entscheidung fällt man in Orange, wo man Männer abstellt, die „über die Sache des Krieges befehlen“ (*commander sur le faict de la guerre*): Die hierzu Abgeordneten werden nicht nach religiösen Kriterien ausgewählt, sondern als Kriegsleute, als „Ehrenmänner und solche auf die man vertrauen kann“ (*gens de qualité et desquels on puisse se fier*). In Barre-des-Cévennes verleihen die Einwohner den beiden Konsuln, einem Katholiken und einem Protestanten, „jegliche Gewalt“ (toute puissance) um „*die Geschäfte zu erledigen, die anstehen werden* bei der Beachtung der genannten Befriedungsedikte unseres Herrn Königs“ (pourvoyr aux aferes que se presenteront *pour l'observation desditz edictz de paciffication du roy nostre sire*). Darüber hinaus wird erklärt, dass ihre Entscheidungen ebenso wirksam sein sollten, „als ob dabei alle gegenwärtig wären“ (*comme si tous y estoyent presens*). Eine außergewöhnliche Maßnahme für eine außergewöhnliche Situation: Die Versammlung gibt auf Zeit ihre Mitbestimmungsrechte ab, um angesichts der äußeren Gefahren die ausführende Gewalt ihrer Anführer zu stärken[37]. Letztlich geht es darum, die religiösen Spaltungen zu unterdrücken, um sich gegen die Gewalt der Soldaten zu vereinigen.

Im Inneren der Stadt ist es vor allem die Unterscheidung zwischen Einheimischen und Fremden, welche die Diskurse und Praktiken legitimiert. Man zielt auf den Ausschluss des Verräters, der nicht mit religiösen Kriterien gefasst wird, sondern aufgrund seines „Geburtsstandes“ (*naturalité*)[38]. In der Tat bewirken beinahe alle Verträge eine Vertreibung der Fremden und der Vagabunden: In Millau verweist man „alle Vagabunden und Leute

---

37 *Giorgio Agamben,* Etat d'exception (Homo sacer, II,1), Paris 2003 [dt. Ausnahmezustand, Frankfurt a. M. 2004].

38 Vgl. L'Etranger (Recueils de la Société Jean Bodin, Bd. 9 – 10), Brüssel 1958.

ohne Leumund“ (*tous vagamontz* [sic!] *et gens sans adveu*) des Ortes, und in Caen ist es den Gastwirten und Einwohnern verboten, Fremde zu beherbergen. Die Einwohner von Saint-Laurent-des-Arbres erklären, dass sich alle gemeinsam dagegen wehren müssten, falls gewisse „Fremde“ (*étrangers*) in die Stadt kämen, um die eine oder andere Religion zu behelligen. Der Fremde stellt damit – unabhängig von seinen religiösen Überzeugungen – einen inneren Feind dar, dem man nicht dieselbe Hilfe schuldet wie dem Ortansässigen. Jean Bodin bestätigt zudem ausdrücklich, dass, wenngleich der Monarch seinen Untertanen „Gerechtigkeit, Trost, Hilfe und Schutz“ (*justice, confort, aide et protection*) schulde, dies „keinesfalls den Fremden geschuldet sei“ (*n'est point dû aux étrangers*)[39]. Hinter solchen Ausschlussmechanismen lässt sich unterschwellig die Vorstellung von einer doppelten Schwäche des Vagabunden ausmachen (der vertrieben wird, welcher Religion er auch angehört): Zum einen ist er aufgrund seiner Armut käuflich für den Verrat an der Stadt. Vor allem aber partizipiert er nicht an den familiären und personalen Bindungen, welche die Einwohner der kleinen Gemeinden untereinander vereinen.

Als letzter unter den „inneren Feinden“ bleibt schließlich der Aufrührer, der durch die Unruhe erkennbar wird, in welche er die öffentliche Ordnung versetzt: So definiert zum Beispiel in Saint-Affrique der Vertrag den Aufrührer als denjenigen, „der gegen das Edikt der Befriedung verstößt, als Rebell oder Zänker sowie anderweitig ein schlechtes Leben führend, und der befürchten lässt, dass er die öffentliche Ordnung stört“ (*contrevenans à l'édit de pacification, mutin ou querеleur et autrement malvivant et portant doubte de troubler le repos public*). In Barre spricht man von den Rebellen, die „davon abhalten, in Frieden zu leben“ (*empechans à vivre en paix*). Ganz nach dem Vorbild der königlichen Befriedungsedikte wissen diese Verträge also klar zwischen Häresie und dem Stiften von Aufruhr zu unterscheiden. Es handelt sich folglich, wie Michel de l'Hospital es formuliert, nicht *de constituenda Religione, sed de constituenda Republica*[40]. Im Übrigen bezieht man sich auf den Lokalpatriotismus und das gemeinschaftliche Ideal, um den städtischen Zusammenhalt zu gewährleisten, da diejenigen, welche gegen die Vereinbarungen verstoßen, mehrere Male als „Verräter“ bezeichnet werden.

39 *Jean Bodin,* Les Six livres de la République, Paris 1583 [ND Aalen 1961], 85.

40 *Loris Petris,* La plume et la tribune. Michel de L'Hospital et ses discours (1559–1562). Suivi de l'édition du De initiatione Sermo (1559) et des Discours de Michel de L'Hospital (1560–1562) (Travaux d'Humanisme et Renaissance, 360), Genf 2002, 186 f.

IV. Die Pflichten der Freundschaft[41]

Et m'enquiert peu d'un laquais s'il est chaste; je cherche s'il est diligent. Et ne crains pas tant un muletier joueur qu'imbécile, ni un cuisinier jureur qu'ignorant.

Michel de Montaigne, De l'Amitié

Wie wir gesehen haben, definieren die Verträge den Feind – den Soldaten, den Vagabunden und den Aufrührer – und organisieren zugleich seinen Ausschluss. Im Gegenzug beschreiben sie den Freund, indem sie die Liste seiner Pflichten schriftlich niederlegen. In Millau bezeichnen sich die Einwohner als „Nachbarn und Freunde, die sich gegenseitig lieben und wertschätzen" (*voysins et amis, s'entreaymans et se chérissans*). In Saint-Affrique versprechen sich die Protestanten und die Katholiken, dass es „unter den genannten Einwohnern und Mitbürgern Frieden, Eintracht, Liebe und Freundschaft geben wird" (*entre lesdits habitans et concitoyens y aura paix, concorde, amour et amitié*). In Saint-Laurent bekräftigen die Unterzeichnenden, dass sie „nichts mehr begehren, als in Einheit und Freundschaft zu leben" (*désirent rien plus que vivre en union et amitié*).

Die Gesamtheit der freundschaftlichen Verpflichtungen erscheint zunächst wie das genaue Gegenteil der für den Feind charakteristischen Züge: Der Freund ist derjenige, der nicht die öffentliche Ruhe stört, er ist kein Zänker, er hält sich „geduldig" (*en patience;* Caen), in „nachbarschaftlichem Frieden und Freundschaft" (*paix et amitié voisynale;* Saint-Laurent), er hält sich an die „Edikte über die Befriedung der Unruhen" (*édictz faictz sur la paciffication des troubles;* Vienne). Die Pflichten der Freundschaft bestehen desweiteren in einem ganzen Komplex von Verboten: Die Anwendung von Gewalt, ganz gleich ob physischer oder symbolischer Natur, die Beherbergung von Fremden und die Erinnerung an die Vergangenheit sind gleichermaßen ausgeschlossene Provokationen. In Caen, zum Beispiel, verbietet der Vertrag das Tragen von Dolchen und Schwertern[42].

Der Freund wird aber nicht nur seiner Fäuste, sondern auch seiner Zunge beraubt, da er keine symbolische Gewalt anwenden darf, welche sich etwa in Beleidigungen und Schmähnamen ausdrücken kann. Die Bedeutung jener weitverbreiteten Form der Gewalt für das Auslösen von Konflikten muss an dieser Stelle hervorgehoben werden, auch wenn sie bislang noch nicht

---

41 Diese Überschrift nimmt Bezug auf den Titel eines Kapitels („Les devoirs de l'amitié") in *Denis Crouzet,* La Sagesse et le malheur. Michel de l'Hospital chancelier de France, Seyssel 1998, 292–363.

42 S. hierzu Edict du Roy contenant les défenses de porter armes et autres articles. Leu et publié, Sa Majesté tenant son lict de justice en sa cour de parlement à Rouen, le mardy XVII. jour d'aoust 1563, Rouen 1563.

ausreichend untersucht wurde. So verpflichten sich etwa die Einwohner von Annonay, sich nicht „gegenseitig zu beschimpfen oder zu beleidigen" (*se entre injurier ni offenser*). Dieselbe Maßnahme ist in Caen zu beobachten, wo der Vertrag es verbietet, sich „in Tat oder in Wort zu beleidigen, noch sich anderweitig zu provozieren, falsche Gerüchte, Schreiben oder Flugschriften in Umlauf zu bringen, die irgendwelchen Aufruhr oder Unruhen hervorrufen wollen" (*offenser de faict ou de parole, ne se provoquer aulcunement, semer faulx bruitz, billetz ne placartz tendant à sédition ou émotion aulcune*). Der Freund sollte zudem über ein kurzes Gedächtnis verfügen, weil für alle früheren Konflikte eine Amnestie verordnet wird, die sich geradezu als Amnesie vorstellen lässt, welche alle Konflikte „dem Willen des Königs gemäß begräbt" (*les ensevelissans suivant la volonté du Roy*).

Über die Verbote hinaus haben die „Freunde" auch eine gewisse Zahl positiv formulierter Pflichten, wie etwa die gemeinsame Wache an den Toren und die „gleichen" (*à égalité*) Beiträge zu den Steuern, die zur Bewältigung der Krise erhoben werden[43]. Zu einem Zeitpunkt, zu dem in vielen Städten die „Verdächtigen" (*suspects*) von der Torwache ausgeschlossen werden[44], organisieren die Freundschaftsverträge im Gegenteil eine gemeinsame Wache, die von religiösen Erwägungen unabhängig ist. Die Einwohner gehen davon aus (oder hoffen), dass die Interessen des Bürgers, des Besitzenden oder des Familienvaters schwerer wiegen als konfessionelle Interessen. Das Handlungsrepertoire und das Legitimationsregister, welche die Einwohner für die Verträge mobilisieren, ordnen sich der Freund / Feind-Unterscheidung gemäß an, nicht im Sinne einer Differenzierung zwischen Protestanten und Katholiken. Die Unterscheidung zwischen Freund und Feind ist einer ganzen Reihe von Dichotomien übergeordnet, wie etwa Innen / Außen, ortsansässig / fremd, gehorsam / aufrührerisch, welche die unterschwelligen Motive der Verträge reflektieren: Indem sie die Frage der religiösen Überzeugung der Einwohner von jener nach ihrer Treue zur Stadt trennen, zeigen die Verträge, dass die städtische Gemeinschaft über ihre eigenen Ziele verfügt, die sich von den Glaubensfragen unterscheiden. Ihr Ziel besteht nicht darin, ihren Gliedern das Heil zu sichern, wohl aber ihre Sicherheit zu garantieren – oder, wie die Einwohner von Nîmes schreiben, „die Freiheiten der Personen und der Güter zu bewahren" (*conserver les libertés de personnes et de biens*).

Die materiellen Interessen der Einwohner – der Schutz der Stadt, die Sicherheit der Familien – dominieren gegenüber ihren religiösen Differenzen. Die Einwohner von Saint-Laurent-des-Arbres bestätigen deutlich,

---

43 Die Einwohner von Saint-Affrique beschließen, dass die *garde se faira en commun et a communs frais [...]. Et sera egualite gardée ez contributions qui surviendra faire sur lesdicts habitans et ez charges d'icelle la plus que faire se pourra.*

44 Vgl. Anm. 27.

dass „der religiöse Unterschied, der zwischen ihnen herrscht, die besagte Allianz nicht verhindern können wird" (*la diversité de Religion qu'est entre eux ne pourra empecher ladite alliance*). Folglich ist sogar in der religiös geprägten Mitte des 16. Jahrhunderts, während der düstersten Krisen der Religionskriege, der religiöse Feind nicht unbedingt mit dem politischen Feind identisch. Umgekehrt ist die religiöse Rechtgläubigkeit nicht immer das Unterpfand politischer Freundschaft. Die Verträge bezeugen in diesem Zusammenhang, dass die Praxis einer Autonomisierung des Politischen und damit die Lösung der Religionskriege, nicht fertig vorgeprägt den Werken der großen Theoretiker der Monarchie entnommen wurden[45]. Ganz im Gegenteil wurden sie parallel – und ohne Zweifel bereits früher – von den einfachsten Untertanen des Königtums imaginiert, vorgeschlagen und versucht[46]. Indem sie alte Praktiken reaktivierten, bei denen die Freundschaft ein politisches Bündnis besiegelte, wandten sie traditionelle Lösungen auf neue Probleme an, wie zum Beispiel den interkonfessionellen Ausgleich.

V. „Die Verbindung wurde nicht geknüpft ..."[47]

> *Aux confédérations qui ne tiennent que par un bout, on n'a à pourvoir qu'aux imperfections qui particulièrement intéressent ce bout là. Il ne peut chaloir de quelle religion soit mon médecin et mon avocat.*
>
> *Michel de Montaigne,* De l'Amitié

Diese Autonomisierung des Politischen fand jedoch nicht von heute auf morgen statt, und sowohl die Praktiken wie die Diskurse der Verträge bezeugen die Zweifel und das Zögern, welche die sozialen Akteure bei ihrer Suche nach friedlichen Lösungen weiterhin beherrschten. Wie sollte man einem Anhänger der anderen Konfession vertrauen? Welche transzendentale Größe sollte man anrufen, um den anderen dazu zu zwingen, sein Wort zu halten? Welches Ritual sollte man anwenden, um die Verbindung zu besiegeln? Zweifellos drückt nichts die Unsicherheiten besser aus als die bunt zusammengewürfelte Sammlung von Elementen, welche das Einhalten des Vertrags garantieren sollten: Letztlich spielte sich alles so ab, als ob die Akteure sich kaum vorstellen konnten, dass das Politische alleine fähig sein könnte, eine stabile Ordnung zu begründen, so dass sie die möglichen Ga-

45 Hierin besteht die Beschränkung selbst der besten Arbeiten zur politischen Philosophie, vgl. etwa *Reinhard Koselleck,* La structure politique de l'absolutisme comme condition des Lumières, in: ders., Le Règne de la Critique, Paris 1979, 13–41.

46 Dies zeigen die Forschungen Olivier Christins, etwa in *ders.*, La paix de religion (Anm. 1).

47 *Montaigne,* De l'Amitié (Anm. 28), 271.

rantien für ein interkonfessionelles Zusammenleben anderweitig suchten. Sie setzten daher alle verfügbaren Mittel ein, um die Übereinkunft abzusichern: religiöse und juristische Garantien, Austausch von Unterpfändern, Bezugnahme auf ökonomische Interessen.

Das Religiöse fehlt in den Verträgen nicht und erscheint mehrmals als möglicher Garant der Abmachungen. Niemals allerdings erfolgt die Anwendung ohne ein gewisses Zögern, wie es in Saint-Laurent-des-Arbres sichtbar wird, wo die Einwohner schreiben: „damit das oben geschriebene für immer sicher und unauflöslich sei, haben sie Gott und den besagten Herrn Bailli, der die zeitliche Justiz repräsentiert, zum Zeugen genommen“ (*afin que ce que dessus soit ferme et indissoluble à jamais, ils ont pris à témoin Dieu et ledit Sieur baille représentant la justice temporelle*). In Saint-Affrique wird der Vertrag beschworen „mit ihrem Treueschwur und Eid an Gott, unter dem Eid, Treueschwur und Gehorsam, welche sie dem König schulden“ (*par foy et serement presté par eux a Dieu de soubs le serement foy et obeissance quils doivent au roy*).

An dieser Stelle ist vor allem das Gleichgewicht zwischen geistlichen und weltlichen Versicherungen bemerkenswert. Zugleich aber erscheinen demjenigen, der den Reichtum der Rituale und die Bedeutung des Symbolischen in der Gesellschaft des Ancien Régime kennt, die Verträge außergewöhnlich schmucklos und nüchtern. Das Fehlen der Sakralität und der Mangel an Zeremoniell springen ins Auge: Hier gibt es weder Messe, Predigt noch ein geheiligtes Wort. Zugleich erweist sich die gestuelle Ebene als äußerst arm: Man gibt sich nicht die „Hand der Freundschaft“, man tauscht nicht den Bruderkuss aus[48]. Man zerschlägt auch nicht ein Objekt in zwei Teile, von denen jede Partei dann einen mitnehmen könnte[49].

Während also hinter jedem Satz das Misstrauen durchscheint, das zum Teil mit der religiösen Zerrissenheit zusammenhängt, werden sich die Protestanten und Katholiken nicht einig über ein Ritual, mit dem der Vertrag befestigt werden könnte – und das mit gutem Grund: Seit dem religiösen Schisma beten die Einwohner nicht mehr auf die selbe Weise, nehmen sie nicht mehr an den selben kollektiven Ritualen teil. Wenn sie sich auch auf dem Markt oder in der Taverne begegnen, so gehen sie doch nicht mehr gemeinsam in die Kirche oder auf den Friedhof. Die Reformierten glauben nicht an die (heils-)vermittelnde Macht der Heiligen und verweigern daher

---

48 *Herman Roodenburg*, The Hand of Friendship: Shaking Hands and Other Gestures in the Dutch Republic, in: A Cultural History of Gesture. From Antiquity to the Present Day, hrsg. v. dems. / Jan Bremmer, Cambridge 1991, 152 – 189; s. a. *Klaus Oschema*, Freundschaft und Nähe im spätmittelalterlichen Burgund. Studien zum Spannungsfeld von Emotion und Institution (Norm und Struktur, 26), Köln / Weimar / Wien 2006, Kap. VI.2 und VI.4.

49 *Jean-Marie Agossou*, La prière-sacrifice et le pacte d'amitié comme lieux de violence – non-violence et de réconciliation, in: Savannes Forêts 2 – 3 (1982), 97 – 100.

den Schwur auf den Arm des heiligen Antonius[50]. Die Katholiken schwören zumeist mit der rechten Hand auf der Bibel, während die Protestanten mit erhobener Hand schwören: Die Protestanten von Nant verweigern es, sich zu bekreuzigen, um den Vertrag zu befestigen. Dies ist zweifellos auch der Grund, weshalb die Mehrzahl der Verträge keine religiösen Beglaubigungsformen für die Übereinkunft nennt: Nichts dergleichen erscheint in Caen, Montélimar oder Vienne. Wenn Pastoren oder Pfarrer als Einzelpersonen zugegen sind, so organisieren oder bekräftigen sie die Verträge doch nie aufgrund ihrer Funktion. In diesem Sinne illustrieren die Freundschaftsverträge die fortschreitende Entthronung der Theologen, die in der politischen Geschichte Europas am Übergang vom 16. zum 17. Jahrhundert zu beobachten ist. Aus genau diesem Grund nannte Olivier Christin die Übereinkünfte zurecht „Verträge" (*pactes*) und nicht „Schwüre" (*serments*), denn wenngleich die Quellenbegriffe für sie in aufschlussreicher Weise ungenau sind (*confédération, union, promesse, accord, contrats*) und von der Schwierigkeit zeugen, welche die Zeitgenossen hatten, einen solchen Typus der konfessionsübergreifenden Einung zu denken, so wird doch just der Begriff des „Schwurs" nicht gebraucht.

In einem gewissen Sinn nimmt daher die Unterschrift den Platz des Schwurs ein, ganz so als ob man unterschriebe statt sich zu bekreuzigen: Wie auch andere Rituale, so besitzt die Unterschrift die Macht, die Natur der Unterlagen zu verändern, da sie ein einfaches Blatt Papier zu einem offiziellen Dokument macht. Während aber der Schwur eine kollektive Verpflichtung bedeutet, so bezeugt die Unterschrift ein Engagement des Einzelnen: Jedes Individuum nimmt nacheinander die Feder zur Hand, um seine eigene Zustimmung zur Übereinkunft zu zeigen – dabei ist es wichtig festzuhalten, dass an keiner Stelle das Siegel der Stadt benutzt wird. Die Unterschrift verbindet einen Eigennamen, einen Träger (den Vertrag) und einen Inhalt; ihre Verbreitung im 16. Jahrhundert geht Hand in Hand mit dem Aufblühen eines ersten Individualismus[51]. Abgesehen davon verlangt einer der Unterzeichnenden des Vertrags von Saint-Affrique zudem, dass eine Einschränkung seiner Zustimmung vermerkt werden solle: Er „stimmt dem Ganzen zu, außer dem vierzehnten Artikel" (*accorde le tout fors le quatorziesme article*), dem Artikel über das Teilen der Schlüssel – ein Einwurf des Gewissens, der von der Individualisierung der Praxis zeugt.

Da sie sich nicht mehr auf eine gemeinsame Weise einigen können, wie man das Göttliche anzusprechen und seine Bürgschaft zu erbitten hat, ver-

50 Der König erteilt den Hugenotten der Guyenne das Privileg, nicht auf den Arm des heiligen Antonius schwören zu müssen; vgl. Articles repondus par le Roy en son conseil privé sur la requeste presentee par plusieurs habitans de la ville de Bourdeaux et senechaulcee de guyenne sur le faict de la religion quon dict refformee, Paris 1565.

51 *Béatrice Fraenkel*, La Signature. Genèse d'un signe, Paris 1992, 10 f.

suchen die Unterzeichnenden, den Vertrag durch einen Komplex juristischer Sicherheiten zu befestigen. In Caen führen die Einwohner aus, dass „im Falle, dass einer den anderen angreift, sie sich vor dem Gericht versammeln sollen, um hier beschieden zu werden" (*s'il advient que l'un offense l'autre seront tenus se retirer par devant la justice pour y estre pourvu*). In vielen Fällen werden die Verträge zudem unter Anwesenheit des lokalen Richters beschworen, der nun zum gesetzlichen Garanten ihrer Einhaltung wird: Dies ist etwa in Compeyre der Fall, wo der Vertrag „vor dem Herrn Richter" (*par devant monsieur le juge*) geschlossen wird. In Nîmes findet der Abschluss vor dem Hauptrichter und dem *Lieutenant* der *Sénéchaussée* von Beaucaire statt.

Neben den juristischen Garantien sehen die Verträge zuweilen auch materielle Sicherheiten oder Unterpfänder des guten Willens vor. Um „alle Furcht und Misstrauen zu beseitigen" (*hoster toute crainte et suspitions*), bestimmt ein Abschnitt des Vertrags von Saint-Affrique, dass die eine Hälfte der Stadtschlüssel den (katholischen) Konsuln anzuvertrauen sei, die andere einem Protestanten, der Mitglied des Rates ist, „so dass die einen die Stadt nicht öffnen können ohne den anderen" (*de facon que les uns ne pourront ouvrir lesdictes portes sans lautre*) – ein Vorgehen, das zwischen Ritual und Bürgschaft angesiedelt ist. Das gleiche Ritual erscheint in Casteljaloux im Albret, wo die Einwohner am 1. September 1572, wenige Tage nach dem Massaker der Bartholomäusnacht, entscheiden, zwei neue Schlösser anzubringen; der Schlüssel des einen wird dem protestantischen Konsul anvertraut, der des anderen dem katholischen[52].

Die symbolische Tragweite der Geste ist offensichtlich: Sie soll aufzeigen, wie sehr die Einwohner voneinander abhängig sind und sich gegenseitig benötigen, indem man sicherstellt, dass keine Konfession die Türen ohne die andere öffnen kann. Auf diese Weise rückt der Austausch der Schlüssel in die Nähe eines Rituals. Aber er führt zugleich zur sehr konkreten Sicherheit, dass niemand alleine versuchen wird, die Tore zu öffnen[53], da der Versuch durch die Unmöglichkeit des Erfolgs an Interesse verliert. Wenn man schon nicht die Seelen zum innigen Gleichklang bringen kann, so verhindert man doch zumindest die Anlässe, die Gewalttaten auslösen könnten. Hierin besteht das Gleichgewicht der Standpunkte, mit dem dafür gesorgt ist, dass niemand ein Interesse hat, den Vertrag zu brechen: Dieselbe Praxis erscheint auch im Zusammenhang mit den Waffen, da die Einwohner von Saint-Affrique entscheiden, dass diejenigen, die solche besitzen, denjenigen welche geben, die keine haben – egal welcher Religion sie seien. Es geht darum, eine Art „Gleichgewicht der Furcht" zu schaffen, bei dem jeder ein persönliches Interesse daran hat, nicht zur Gewalt zu greifen.

---

52 AD Lot-et-Garonne, E SUP 2386 (AC Casteljaloux BB 1), unter diesem Datum.

53 Die Einwohner von Montélimar benutzen den Begriff der *garentie*.

Das wirtschaftliche Interesse eines jeden Unterzeichnenden stellt zudem eine zusätzliche Sicherheit für die Einhaltung des Vertrags dar – die Schließe der Geldbörse schließt gewissermaßen auch den Vertrag. In Barre-des-Cévennes, zum Beispiel, sind wirtschaftliche Erwägungen keinesfalls aus dem Freundschaftsvertrag verbannt. Vielmehr besteht eines der offen angesprochenen Ziele darin, „den Handel und Umgang miteinander gemeinsam und friedlich auszuüben" (*exercer le commerce et traffique communement et paisiblement les ungz avec les autres*). Diese Möglichkeit ist von essentieller Bedeutung für diesen Flecken, der einmal wöchentlich einen Markt beherbergt, sowie einmal im Monat eine Messe[54]. In Millau wie in Nîmes erwähnen die Verträge die „Handelsfreiheit" (*liberté de commerce*). Die Einwohner von Orange versprechen zum Beispiel, „sich nicht für eine Partei zu entscheiden" (*ne se formaliser pour aulcun parti*), um „Durchfahrt und Handel" (*passaige et traffique*) der Güter zu erlauben sowie die „Bearbeitung und Pflege der Felder" (*labouraige et culture des champs*).

In Wahrheit haben alle die mächtige und katholische Stadt Avignon im Blick, mit der sie die „Fortführung des Handels" (*continuation de commerse*) gewährleisten wollen. Sie schlagen zudem die Wahl einzelner Persönlichkeiten vor, die mit den Avignonesen die Fortsetzung des Handels verhandeln sollen. Derselbe Vereinbarungstyp wird am 10. September 1572 zwischen den Konsuln von Millau und jenen von Compeyre, Creyssel, Saint-Affrique und Saint-Rome-de-Tarn getroffen[55]. Wie im Zusammenhang mit der Bewachung der Mauern, wehren sich hier die beiden religiösen Gemeinschaften dagegen, dass die Soldaten die Grundfesten der lokalen Wirtschaft bedrohen: die ‚inneren Reichtümer' (Menschen und Waren), die Landwirtschaft und den Handel. Die Freundschaftsverträge nehmen daher in vielerlei Hinsicht Aspekte jener Zeit voraus, die das Ende der Religionskriege sah. Pierre-Jean Souriac hält dementsprechend fest, dass ab den 1580er Jahren die Protestanten und Katholiken der ländlichen Bevölkerung schließlich aufgrund ihrer moralischen wie wirtschaftlichen Erschöpfung „den Streit über die religiöse Opposition" ersetzen durch „die Einigkeit gegenuber den Forderungen des Soldaten"[56]. Die Verträge repräsentieren aus dieser Warte die verfrühte städtische Entsprechung der Waffenstillstände, die man zur sicheren Durchführung der Feldarbeit schloss (*trêves de labourage*). Der Anteil der wirtschaftlichen Motivation am Friedensprozess ist kaum deutlicher hervorzuheben[57].

54 *Chabrol,* La Cévenne au village (Anm. 19), 33.

55 AC Millau, CC 42, 2, Inventar.

56 *Pierre-Jean Souriac,* Comprendre une société confrontée à la guerre civile: le Midi Toulousain entre 1562 et 1596, in: Histoire, économie et société 23 (2004), 261–272.

57 Diese Verschmelzung von Frieden und Wirtschaft erscheint klar in einer in Lyon publizierten Ordonnanz: La suspension des armes et le Commerce des marchandises libre, Publié à Lyon le 14 avril 1563, Lyon [1563].

Montaigne misstraute diesen Freundschaften, die aufgrund ihres praktischen Nutzens geschlossen wurden, und begleitete sie als Mitläufer, „die Zügel in der Hand, vorsichtig und behutsam; die Verbindung ist nicht auf eine Weise geschlossen, die es unnötig machte, sich vor ihr in Acht zu nehmen“[58]. Tatsächlich kann man feststellen, dass sich die quantitativ herausragenden Abschnitte der Verträge mit der Frage beschäftigen, wie den Übereinkünften Geltung zu verschaffen sei. Letztlich sieht es damit so aus, als hätten diese Texte kein anderes Ziel als sich selbst, also die schriftliche Fixierung einer Einigung über die Grundlagen des Vertrags. Von nun an besteht aber die Bedeutung der Verträge darin, dass sie die Basis für den sozialen Zusammenhalt bilden. Wenn auch gleichzeitig, wie wir gesehen haben, das Zögern groß ist, so zeigen doch das gebrauchte Vokabular und die aufscheinenden Konzepte, dass die Verträge außerhalb der Gemeinschaft, beim König, die unverzichtbare Garantie für das tägliche Zusammenleben suchen.

VI. Die Freundschaft als „Parade“[59]

Es ist tatsächlich sehr überraschend, wenn man beobachten kann, dass die Einwohner „auf exogenen Ursachen beruhende Spaltungen“ in der Stadt übernehmen, vor allem jene zum Teil durch den politischen Rahmen hergestellten Differenzen, die üblicherweise ausgeschaltet werden, um die Einwohner nicht auf der Grundlage von „Interessenskomplexen, die nicht ihre sind,“ zu mobilisieren[60]. Die grundlegenden Differenzkategorien sind jene des ‚Bürgers‘ und des ‚Freundes‘. Wenn in der Praxis die Einwohner von selbst dazu kommen, die politischen und spirituellen Problemfelder zu unterscheiden, so sind doch das von ihnen benutzte Vokabular und die mobilisierten Sicherheiten deutlich monarchischen Ursprungs. Es ist letztlich genau eine der Stärken in der Herrschaft Karls IX., dass er sich als derjenige präsentieren konnte, der alleine die Zwänge ausübte, welche die Friedensdiskurse steuerten.

[58] *Montaigne,* De l'Amitié (Anm. 28), 271.

[59] Der deutsche Begriff der „Parade“ gibt die französische *parade* nur unvollständig wieder: Es geht hier um die Doppeldeutigkeit zwischen der Zurschaustellung und der Abwehrbewegung (Anm. des Übers.).

[60] Wir folgen hier den Ausführungen von *Patrick Champagne,* La restructuration de l'espace villageois, in: ders., L'Héritage refusé. La crise de la reproduction sociale dans la paysannerie française 1950–2000, Paris 2002, 51–95.

VII. Der Ursprung des Diskurses

Der erste, immer wiederkehrende Begriff dieser Verträge ist derjenige des Bürgers. In Montélimar beschreiben sich die Einwohner als „allesamt wahre Bürger einer Stadt“ (*vrays citoyens tous d'une ville*) und in Chalon-sur-Saône als „gute Bürger und Einwohner“ (*bons citoiens et habitans*)[61]. In Nîmes bezeichnen sich die Unterzeichnenden als „wahre Bürger, Einwohner derselben Stadt“ (*vrays citadins, habitans de mesme ville*). Das zweite Konzept, das in den Verträgen regelmäßig aufscheint, ist jenes der Freundschaft; selbst wenn es nicht immer präsent ist, so erscheint es doch in hinreichender Anzahl, um nicht mit dem Zufall begründet werden zu können. Was den Begriff des Bürgers betrifft, so ist er natürlich dem lokalen Milieu nicht ganz fremd und seine Herkunft liegt in der langen Geschichte der Stadt begründet[62]. Hier wird er aber benutzt, um die Zugehörigkeit zu einer Gemeinschaft auszudrücken, und zwar außerhalb des religiösen Engagements. Die Verträge finden sich zudem hauptsächlich im Süden Frankreichs, in Gemeinschaften mit ausgeprägten politischen Traditionen und geregelten kommunalen Institutionen. Das Konzept der Freundschaft gehört seinerseits einem allgemeinen Reservoir christlicher Werte an, das von den beiden Konfessionen weitgehend geteilt wird[63]. Seit dem Mittelalter benutzte man regelmäßig den Begriff der Freundschaft im Rahmen von Schiedsgerichtsverfahren und zur Regelung der sozialen Beziehungen. Raymond Mentzer zeigt darüber hinaus auf, wie sehr die Konsistorien die Freundschaftsterminologie in Anspruch nahmen, wenn es um die Beilegung von Konflikten im Inneren der protestantischen Gemeinschaft ging.

Gleichwohl ist der Ursprung der Bezugnahme auf dieses spezifische Vokabular in unseren Augen an anderer Stelle zu suchen, nämlich beim König, seinen Beauftragten, seinen Vorschriften und seinen Verwaltern. In diesem besonderen Zusammenhang verweist das Konzept des Bürgers auf die Vorschläge der Theoretiker der Monarchie. So empfiehlt etwa der Jurist Pierre Charpentier, nicht die Konfession als definitorisches Kriterium für den Bürger zu nutzen, sondern stattdessen den Gehorsam gegenüber den Gesetzen des Monarchen: Die Loyalität gegenüber dem Fürsten steht ebenso wie jene zur Stadtgemeinde vor den religiösen Zugehörigkeiten[64]. Die gleiche Idee ist bei Michel de l'Hospital zu finden, der in einer berühmten Rede erläuterte, dass „viele *cives* sein können *qui non erunt christiani:* sogar der Exkommunizierte hört nicht auf, Bürger zu sein“ (*plusieurs peuvent estre* cives qui

61 AC Chalon-sur-Saône, BB 5, fol. 208.

62 *Charlotte C. Wells,* Law and Citizenship in Early Modern France, Baltimore/London 1995.

63 Joh 15,13: „Es gibt keine größere Liebe, als wenn einer sein Leben für seine Freunde hingibt.“

64 *Pierre Charpentier,* Advertissement sainct et chrestien, touchant le port des armes, Paris 1575.

non erunt christiani: *mesmes l'excommunié ne laisse pas d'estre citoyen*)[65]. Loys Le Roy, der große Lobredner der Monarchie, betont alles, was die Franzosen vereint, die „denselben König anerkennen, mit denselben Sitten aufwachsen, dieselben Gesetze gebrauchen und dieselbe Sprache" (*recognoissans mesme Roy, nourris en mesmes meurs, usans de mesmes loix et mesmes langage*), und er beklagt lautstark, sehen zu müssen, wie „Verwandte gegen Verwandte die Waffen ergreifen, Nachbarn gegen Nachbarn, Bürger gegen Bürger, Franzosen gegen Franzosen" (*parents armez contre parents, voisins contre voisins, citoiens contre citoiens, François contre François*)[66].

Im Sinne eines Analogieschlusses hierzu sehen wir die Grundlage für das hier gebrauchte Freundschaftskonzept weder in der biblischen Quelle, noch in der christlichen Tradition. Abgesehen davon, dass zahlreiche Theologen weit davon entfernt sind, zur brüderlichen Freundschaft zwischen den beiden Konfessionen aufzurufen[67], bezieht sich die Rhetorik der Verträge vielmehr auf den ciceronischen Aspekt des Vokabulars. Aber diese Anleihen verdanken sich weniger dem (sicher enormen) Erfolg des *De Amicitia* im 16. Jahrhundert, als vielmehr der königlichen Gesetzgebung und vor allem den Befriedungsedikten: Das Edikt von Amboise (März 1563) ist der erste Versuch des Königs, seinen Untertanen vorzuschreiben „sich zu zügeln und friedlich zusammen zu leben, wie Brüder, Freunde und Mitbürger" (*se contenir et vivre paisiblement ensemble comme freres, amys et concitoiens*). Die Edikte von Longjumeau (August 1568) und von Saint-Germain (August 1570) wiederholen diese Aufforderung wörtlich. Noch im Juli 1572, am Vorabend der Bartholomäusnacht, veröffentlicht Karl IX. einen Befehl an alle seine Untertanen, miteinander in Freundschaft zu leben[68]! Bei der genauen Lektüre der Verträge lässt die Ähnlichkeit der Formulierungen keinen Zweifel offen: Die Einwohner von Saint-Affrique versprechen, „wie Brüder, Freunde und Mitbürger zu leben und untereinander Frieden zu wahren" (*vivre et se contenir en paix les ungs les autres comme freres amys concitoiens*). Damit nehmen sie Wort für Wort die Begriffe des Befriedungsedikts wieder auf, die als Mittler zwischen den lokalen Gemeinschaften und den ciceronischen Ideen fungieren.

---

65 *Michel de L'Hospital,* Œuvres complètes. Bd. 1, hrsg. v. Pierre-Joseph-Spiridon Dufey, Paris 1824–1825, 452.

66 *Loys Le Roy,* Consideration sur l'histoire francoise, et universelle de ce Temps, donc le merveilles sont succinctement recitees, Paris 1568; vgl. auch die Ausführungen von *Myriam Yarderni,* La conscience nationale en France pendant les guerres de Religion (1559–1598), Löwen 1971.

67 *Denis Crouzet,* Les Guerriers de Dieu. La violence au temps des guerres de religion. 2 Bde., Seyssel 1991.

68 Ordonnance du Roy portant inionction à tous ses subiects de vivre en amitié les uns avec les autres: et defenses tresexpresses de renouveller les querelles passees ny en faire de nouvelles, tirer d'aucunes harquebouzez, pistoles ny pistolets, se battre, ny desgayner espees en querelle, sur peine de vie, Paris 1572 [5. Juli 1572].

Dies gilt umso mehr, als die Befriedungsedikte in Frankreich weit verbreitet wurden, sowohl als Drucke oder Handschriften, wie auch mündlich[69]. Karl IX. fordert zum Beispiel die Richter und Amtsträger in seinen Provinzen auf, die Artikel der Edikte vorlesen und verkünden zu lassen, „an allen öffentlichsten und wohlbesuchtesten Orten in ihrem Zuständigkeitsbezirk, mit Trompetenklang und öffentlichem Ausruf, und sie an den meistfrequentierten Orten ihres besagten Zuständigkeitsbereichs aushängen zu lassen“ (*par tous les lieux les plus communs et frequentez du destroict de leur iurisdiction a son de trompe et cry publicq et les faire afficher aux lieulx plus frequens de leur dite iurisdiction*)[70].

Darüber hinaus sind die Kommissare des Königs, welche in die Provinzen gesandt werden, um dort die Befriedungsedikte umzusetzen[71], das unverzichtbare Mittel für die dortige Verbreitung des Friedenstextes. Von Stadt zu Dorf lassen sie überall den Text der Edikte verlesen, veröffentlichen, abschreiben und verbreiten; sie erklären seinen Inhalt und sorgen für seine Umsetzung[72]. Systematisch stellen sie sicher, dass die Untertanen des Königs die Einhaltung der Edikte beschwören. So lässt zum Beispiel im Februar 1571 der Marschall von Vieilleville, der vom König beauftragt wurde, das Edikt von Saint-Germain umzusetzen, die Räte des *Parlement* von Dijon sowie die Amtsträger, Bürgermeister und Schöffen Burgunds „mit erhobener Hand“ (*la main levée*) versprechen, „die Einhaltung des genannten Edikts zu beschwören“ (*iurer l'observance dudict eedict*)[73]. In Montélimar nehmen die Kommissare Bauquemare und la Madeleine den Schwur der neuen Konsuln entgegen, die Edikte des Königs einzuhalten[74]. Gleiches geschieht in Orange im Januar 1571, als der Marschall von Montmorency versucht, die Einwohner beider Religionen zum Schwur zu bewegen, sich

69 So zum Beispiel in der Commission expédiée par le Roy pour envoyer par les provinces de ce royaume certains commissaires pour faire entretenir l'édict et traicté sur la pacification des troubles advenuz en iceluy, Tours 1563.

70 Le reiglement donne par le commandemenet du roy charles IX Nostre souverain seigneur, sur le faict de lentretienement de l'Edict par luy cy devant faict, pour la pacification des troubles du royaulme. Publie par le commendement et en presence de Monsieur le conte du lude gouverneur pour ledict seigneur en ce pais de poictou des seigneurs de cusse, et des masparraulte commissaires deputez pour la pacification desdictz troubles en la ville de Poictiers, capitalle dudict pays le vendredy XIIe iour du moys de novembre 1563, Poitiers 1563 [16. November 1563].

71 Für diese Thematik erlaube ich mir, auf meinen folgenden Beitrag hinzuweisen: *Jérémie Foa*, Making Peace: The Commissions for Enforcing the Pacification Edicts in the Reign of Charles IX (1560 – 1574), in: French History 18 (2004), 256 – 274.

72 In Millau wird von den Kommissaren ein Notar, Me François Coderc, mit der Verbreitung der Befriedungsbestimmungen beauftragt, *ayant a ce incessement vacque par quatre jours ou plus et encores fault expedier coppie des articles (...) publies en ladicte ville aux habitans des envyrons d'icelle ville comme a Compierre [Compeyre], Saint-Affricque, Nant, Cornus, Le Pont-de-Camares, Sainct-Lyons [Saint-Léons] et aultres lieux* (AC Millau, CC 36, nicht nummeriertes Stück).

73 Paris, Bibliothèque nationale de France, ms. fr. 22302, fol. 342.

74 AC Montélimar, BB 46, fol. 34 f.

gegenseitig als Freunde anzunehmen. Mit diesem Vorgehen macht sich der Monarch zum Autor der Zwänge, deren offizielle Anerkennung er einfordert – und die Freundschaft wird zu deren Grammatik.

Im Übrigen stellen sowohl die Gehorsamseide wie die Edikte selbst den ausdrücklichen Referenzrahmen der Gemeinschaften dar, die jedesmal ihr Versprechen erneuern, die Befriedungsedikte einhalten zu wollen. Der Gebrauch der Konzepte von Freundschaft und Bürgerlichkeit in den Verträgen kann daher als Erneuerung des Gehorsamseides gelesen werden, der den Kommissaren des Königs gegenüber beschworen wurde: Die Einwohner von Millau räumen dies übrigens ausdrücklich ein, wenn sie ihrer Aussage nach so handeln, „wie sie es vorher bei der Veröffentlichung des besagten Edikts in dieser Stadt Millau vor dem hierzu abgestellten Kommissar versprochen hatten" (*tout ainsin* [sic !] *qu'ils avoient cy devant promis a la publication dudict edict faicte en la present ville de Milhau pardevant le commissaire a ce depputé*)[75].

In diesem Rahmen kommt die Freundschaft daher einem Zitat gleich – folglich müsste sich eine rein immanente Untersuchung der Verträge als unfruchtbar erweisen: Zum einen, weil sie sich ausdrücklich auf die königliche Gesetzgebung beziehen; zum anderen, weil der ideelle Adressat der Übereinkünfte nicht aus dem Blick zu verlieren ist, also der Staat. Ebenso wie eine nach innen gewandte Funktion besitzen diese Verträge daher auch eine nach außen gerichtete Wirkung. Sie sollen den Frieden zugleich ‚aussprechen' und ‚herstellen': Ihre Absicht richtet sich damit auf eine Proklamation oder eine Demonstration. Es geht darum, sich als friedlich *zu zeigen,* da die Einwohner nur davon profitieren können, wenn sie sich in Einklang mit den von der Krone proklamierten Idealen gebärden. Die betroffenen kleinen und mittleren Städte können nur verlieren, wenn sie zu gespalten wirken: Ein interkonfessioneller Konflikt stellt für die Monarchie eine wunderbare Gelegenheit dar, ihre Präsenz zu unterstreichen, indem sie Gouverneure oder Truppen vor Ort schickt oder die Stadt dem Schutz des Staates unterstellt. In Orléans oder Lyon, beides Städte mit lebhaften konfessionellen Spannungen, entscheidet sich die Monarchie 1564 zur Einrichtung von Zitadellen, um die Verteidigung der Stadt zu sichern.

Die Einwohner, Protestanten wie Katholiken, haben folglich das größte Interesse daran, den Grad der interkonfessionellen Gewalt zu senken, indem sie von der Krone gebilligte – und erprobte – Rhetoriken und Praktiken übernehmen. So vervielfachen zum Beispiel in Pont Saint-Esprit, im

---

75 Von den Kommissaren des Edikts von Saint-Germain war der Marquis de Villars, begleitet von Robert de Montdoulcet und Jean de Tambonneau, bereits ein Jahr zuvor (im August 1571) schon einmal nach Millau gekommen, um die Probleme der konfessionellen Koexistenz zu regeln. Die Gesandten ließen die Bewohner unter anderem einen Gehorsamseid auf die Befriedungsedikte schwören, vgl. Mémoires d'un calviniste de Millau (Anm. 21), 222.

Languedoc, Katholiken und Protestanten ihre Versprechungen und Bezeugungen des guten Einverständnisses: Ihre Beweggründe liegen weniger in einem verfrühten Ideal der „Toleranz“, als vielmehr, wie sie offen zugeben, in ihrem gemeinsamen Wunsch, von der Polizeigewalt des Gouverneurs befreit zu werden[76]. In Chalon-sur-Saône schreiben die Konsuln gleichfalls, dass sie keine Garnison benötigen, da „sie gut vereint und friedlich sind“ (*qu'ilz sont bien unis et paisibles*)[77]. Mit anderen Worten: Abgesehen von den inhaltlichen Bestimmungen, teilen die Freundschaftsverträge auch Informationen mit, die außen wahrgenommen und geschätzt werden sollten – unter anderem vom König und seinen Beauftragten. Sie geben damit den Blick auf die Herstellung von Ordnung ebenso frei wie jenen auf die Herstellung des Friedens. Folglich kann man diese sehr „lokalen“ Verträge nicht unabhängig vom nationalen Kontext verstehen, und vor allem vom politisch-staatlichen Umfeld, in das sie sich einordnen – dies nicht zuletzt deswegen, weil ihre sprachlichen und konzeptuellen Anleihen eine praktische Vorwegnahme potentieller Sanktionen und Erträge bezeugen.

* * *

In letzter Konsequenz ist es daher der König, der sich immer mehr als die privilegierte Quelle des sozialen Zusammenhalts bestätigt[78]. Mit ihren tastenden Versuchen zwischen Formen des Zusammenhalts, die an die Gruppen, die Religion, den wirtschaftlichen Austausch und zuletzt die Monarchie gebunden sind, illustrieren die untersuchten Verträge einen Wandel von der Gesellschaft zur Gemeinschaft, der für die Religionskriege charakteristisch ist[79]. Die Unterzeichnenden wirken schließlich am Beginn des Prozesses weniger wie eine Gemeinschaft, als vielmehr wie eine Versammlung von Individuen (eine Gesellschaft), die sich angesichts einer zugespitzten Krise dem König zuwenden, dem Beschützer von Person und Gütern: In

76 AC Pont Saint-Esprit, BB 2, fol. 26–27 [14. Januar 1564]; dasselbe Vorgehen ist einige Monate später zu beobachten (ebd., fol. 38–39) und erneut am 31. August 1564 (ebd., fol. 107–110).

77 AC Chalon sur Saône, EE 1 [8. September 1572].

78 *Marcel Mauss*, La cohésion sociale dans les sociétés polysegmentaires [1931], in: ders., Œuvres. Bd. 3: Cohésion sociale et divisions de la sociologie, Paris 1969, 11–27, hier 13: „Je crois que l'État n'est l'appareil juridique unique de la cohésion sociale que dans nos sociétés à nous. Au contraire, dans celles qui concernent l'ethnologie, la notion de souveraineté n'épuise pas les formes de la cohésion sociale, ni même celles de l'autorité, divisée que celle-ci se trouve entre des segments multiples et divers à multiples imbrications. Les imbrications étant une des formes de la cohésion.“

79 *Ferdinand Tönnies*, Gemeinschaft und Gesellschaft. Grundbegriffe der reinen Soziologie, 8. Aufl., Leipzig 1935 [ND Darmstadt 1978], 34 (Buch 1, § 19): „Die Theorie der Gesellschaft konstruiert einen Kreis von Menschen, welche, wie in Gemeinschaft, auf friedliche Art nebeneinander leben und wohnen, aber nicht wesentlich verbunden, sondern wesentlich getrennt sind, und während dort verbunden bleibend trotz aller Trennungen, hier getrennt bleiben trotz aller Verbundenheiten.“ In unserem Fall bleiben die Unterzeichnenden trotz des Vertrags über die Verbindung vereinzelt.

letzter Konsequenz „folgt eine Erfahrungsgemeinschaft auf die Erfahrung von Gemeinschaft“[80]. Sowohl die Praktiken wie die Rhetoriken, welche durch die Verträge mobilisiert werden, bezeugen die Schwächung der traditionellen Mechanismen zur Wahrung des Konsenses. Diese Schwäche gibt offensichtlich Bodin Recht, der die Fähigkeit der Kirchen verneint, Disziplin herzustellen und die Ordnung in der Gemeinschaft zu sichern. Der Gehorsam kommt nicht durch religiöse Praktiken, sondern von der Unterordnung unter die politische Souveränität[81].

Es handelt sich daher um mehr als nur um ein offenes Paradox, wenn sich die Unterzeichner dieser Verträge auf den König als Garanten beziehen, während sie zugleich seine Intervention massiv fürchten: Gerade weil alle sein Eingreifen fürchten, kann er wirksamer Bürge für den Vertrag sein. Darüber hinaus beruht seine Stellung aber auch darauf, dass sich alle in gemeinsamer und gleicher Weise mit der von der Monarchie legitimierten Sprache der Freundschaft an ihn wenden können, während sie aufgrund der religiösen Spaltung die gemeinsame Sprache für die Wendung an das Göttliche verloren haben. Die Freundschaft erweist sich damit tatsächlich als „Parade“ in einem doppelten Wortsinn, der es erlaubt zwei Aspekte gleichzeitig zu fassen: Man kann die Freundschaft ostentativ einem Betrachter zeigen (dem König und seinen Beauftragten) und mit demselben Mittel die königliche Intervention verhindern. Zugleich ist diese Freundschaft weder spontan noch frei, sondern weist auf Strategien hin, welche die Befriedigung materieller und symbolischer Interessen zum Ziel haben: Die Sprache des Königs zu sprechen bedeutet zugleich, seine Aufmerksamkeit zu suchen und sein Wohlwollen zu erbitten. Eben weil sie sich materielle und symbolische Vorteile von der Übereinstimmung mit der staatlichen Vorschrift versprechen, nehmen die Unterzeichner dieser Verträge an der Reproduktion der legitimen Sprache teil – jener des Königs, der Bürgerschaft und der Freundschaft. Zugleich handelt es sich um eine relativ gefangene Sprache: Sie gliedert sich damit in ein System ein, das sie zu genau bestimmten Zielen gebraucht und von dem sie eine Entlohnung erwartet. Dies könnte die Seltenheit der Übergriffe und die Ähnlichkeit der Verträge über zeitliche und räumliche Grenzen hinweg erklären.

---

[80] *Pierre Bourdieu / Abdemalek Sayad,* Le Déracinement. La crise de l'agriculture traditionnelle en Algérie, Paris 1963 [ND 2002], 136.

[81] *Gianfranco Borrelli,* Obligation juridique et obéissance politique: les temps de la discipline moderne pour Jean Bodin, Giovanni Botero et Thomas Hobbes, in: Politique, droit et théologie chez Bodin, Grotius et Hobbes, hrsg. v. Luc Foisneau, Paris 1997, 11–25, hier 13.

Résumé français

Pendant les guerres de Religion, de nombreux „pactes d'amitié“ sont signés entre protestants et catholiques. Par ces accords de paix, les habitants s'engagent à vivre ensemble en „frères, amis et concitoyens“. L'article s'interroge sur le sens de ces pactes, leur fonction et leur efficacité. En montrant que le vocabulaire de l'amitié est essentiellement d'origine monarchique, on comprend que les pactes adressent surtout un message politique au Roi: puisqu'ils vivent en paix et amitié, les habitants n'ont nul besoin de l'intervention royale pour rétablir le calme. En même temps, les „pactes d'amitié“ témoignent d'un effritement de la confiance communautaire et du besoin croissant de recourir au pouvoir central pour assurer la cohésion sociale.

Freundschaft als konstitutives Element in der Theorie des frühneuzeitlichen Staates – eine Spurensuche

Von *Andrea Iseli*, Bern

„Freundschaft“ und *amitié* waren fester Bestandteil des politischen Vokabulars der frühen Neuzeit[1], wie auch die Beiträge in diesem Band eindrücklich zeigen. Die Frage liegt daher nahe, ob und inwiefern dieser Sprachgebrauch in der frühneuzeitlichen Staatslehre Spuren hinterlassen hat, vielleicht sogar tragendes Element derselben war. Ausgangspunkt dieser Spurensuche ist Bodins Verständnis der Freundschaft, ohne die eine staatliche Gemeinschaft nicht existieren könne. Bodins einflussreiche Souveränitätslehre wurde auch im deutschsprachigen Raum breit rezipiert. Es könnte somit vermutet werden, dass auch sein Freundschaftskonzept in der Staatslehre des 17. und 18. Jahrhunderts Spuren hinterlassen hat, dass sich ähnliche Aussagen, eventuell gar eine Weiterentwicklung seines Ansatzes finden lassen, woraus schließlich eine Art ideengeschichtliche Traditionslinie der Freundschaft als konstitutives Element in der Theorie des frühneuzeitlichen Staates herauszufiltern wäre.

Zur Prüfung dieser Hypothese werden einige staatstheoretische Abhandlungen auf diese Frage hin untersucht, insbesondere jene der Theoretiker Althusius, Pufendorf und Rousseau[2]. Diese Auswahl lässt sich zwar begründen, bleibt aber selbstverständlich punktuell. Eine systematische Untersuchung der frühneuzeitlichen politischen Ideengeschichte mit Blick auf die formulierte Frage wäre daher wünschenswert, die punktuelle Prüfung ergibt allerdings bereits ein deutliches Resultat. Um es gleich vorwegzunehmen: eine Weiterentwicklung des Bodinschen Freundschaftsbegriffs lässt

---

1 Dies betont auch Wolfgang Weber, der einen knappen Überblick über verschiedene Entwicklungsetappen des Freundschaftsbegriffs in der Frühen Neuzeit gibt, vgl. *ders.*, Bemerkungen zur Bedeutung von *Freundschaft* in der deutschen politischen Theorie des 16. – 18. Jahrhunderts, in: Il concetto di amicizia nella storia della cultura europea / Der Begriff Freundschaft in der Geschichte der Europäischen Kultur, hrsg. v. Luigi Cotteri, Meran 1995, 756 – 764, hier 756.

2 Die Literatur zur frühneuzeitlichen Staatslehre ist weitläufig. Ich stütze mich vorwiegend auf die jüngsten Publikationen. Auf eine wohl weniger bekannte Publikation aus dem französischsprachigen Raum, die auch Grotius, Pufendorf, Locke und Hobbes in die Analyse mit einbezieht, soll zusätzlich verwiesen werden: *Jean Terrel*, Les théories du pacte social. Droit naturel, souveraineté et contrat de Bodin à Rousseau, Paris 2001.

sich nicht finden. Dennoch lohnt sich diese Spurensuche, lässt sie doch einen grundlegenden Wandel im gesellschaftstheoretischen Denken deutlich werden.

Dieser Wandel der staatstheoretischen Konzepte ist selbstverständlich längst bekannt. Bei der Beschreibung des Paradigmenwechsels wird aber vor allem die Neuorientierung hin zur Begründung einer auf die fürstliche Macht konzentrierten Staatslehre unterstrichen[3] oder das Potential der politischen Konzeption im Hinblick auf ihre Vorläuferfunktion für den Verfassungsstaat hervorgehoben[4]. Dabei wurde aber weniger nach Faktoren und deren Entwicklung gefragt, also danach, wodurch das theoretisch beschriebene Staatsgefüge im Inneren zusammengehalten wird, außerhalb von Souveränität, Vertrag und Recht. Dies lässt sich mit der Frage nach der Funktion von „Freundschaft", ausgehend von Bodins Konzept, gut nachzeichnen.

I. Jean Bodins Konzept der Freundschaft

Bodins „Sechs Bücher über den Staat"[5], die mitten in den französischen Religionskriegen entstanden und erschienen sind[6], kündeten eine für die frühneuzeitliche Staatstheorie neue und wirkungsmächtige Argumentationslinie an: Die Souveränität sei unteilbar. Weder Parlamente noch Ständeversammlungen haben teil an der Regierungsbefugnis des Souveräns und müssen auch nicht konsultiert werden[7]. Die Souveränität liegt idealerweise beim König und drückt sich darin aus, dass der Monarch Gesetze erlässt und sie auch widerrufen kann, das heißt, das Gesetz bindet den König nicht[8]. Doch willkürlich ist die von Bodin entworfene Monarchie nicht. Der souveräne Fürst muss den Gesetzen der Natur gehorchen, den *loix de*

---

3 Vgl. etwa *Thomas Simon,* „Gute Policey". Ordnungsleitbilder und Zielvorstellungen politischen Handelns in der Frühen Neuzeit (Studien zur europäischen Rechtsgeschichte, 170), Frankfurt a. M. 2004.

4 So u. a. *Horst Denzer,* Spätaristotelismus, Naturrecht und Reichsreform: Politische Ideen in Deutschland 1600 – 1750, in: Pipers Handbuch der politischen Ideen. Bd. 3, hrsg. v. Iring Fetscher / Herfried Münkler, München / Zürich 1985, 233 – 273, hier 271. Vgl. auch *Dieter Wyduckel,* Einleitung, in: Johannes Althusius, Politik, hrsg. v. Dieter Wyduckel, Berlin 2003, vii-xlvii.

5 *Jean Bodin,* Les Six livres de la République, Paris 1583 (ND Aalen 1961); dt. Übersetzung: *Jean Bodin,* Sechs Bücher über den Staat, 2 Bde., hrsg. v. P.C. Mayer-Tasch, München 1981 – 86.

6 Bodins fast schon überhöhtes Freundschaftskonzept könnte sich eventuell mit der prägenden Wirkung der Religionskriege erklären lassen, welche Frankreich in seinen Grundfesten erschüttert hatten, vgl. den Beitrag zu den *pactes d'amitié* von Jérémie Foa in diesem Band.

7 *Bodin,* République (Anm. 5), 2. Buch, Kap. 1, 262 f.

8 Vgl. *Jacques Droz,* Histoire des doctrines politiques en France, Paris 1983, 23 – 25; *Udo Bermbach,* Widerstandsrecht, Souveränität, Kirche und Staat: Frankreich und Spanien im 16. Jahrhundert, in: Pipers Handbuch der politischen Ideen. Bd. 3 (Anm. 4), 101- 163, hier 136 – 138.

nature, c'est à dire gouverner ses subiects, & guider ses actions par la iustice naturelle, qui se void & fait congnoistre aussi claire & luisante que la splendeur du Soleil[9]. Zudem führte Bodin eine entscheidende Differenzierung ein. Er unterschied zwischen „Republik" im Sinne von Staats- und Regierungsform (*l'État d'une République*) und Regierungsweise (*gouvernement*)[10]. Für erstere beurteilte er die absolute, von Gott gegebene Monarchie als die beste. Dies musste aber nicht unbedingt auch für das *gouvernement* gelten, die Art und Weise, wie die Republik regiert und verwaltet wurde: *Car il y a bien difference de l'estat et du gouvernement [...] l'estat d'une République, est different du gouvernement et administration d'icelle*[11].

Diese Differenzierung eröffnet nun aber die Möglichkeit, dass für die Umsetzung der absoluten Macht in Regierungs- und Verwaltungstätigkeit „aristokratische" Elemente, die in den Parlamenten gesehen wurden, und „demokratische" Mitbestimmung, wie sie von den Ständeversammlungen verkörpert wurde, durchaus ihren Platz hatten[12].

Den Staat definiert Bodin als „eine mit souveräner Gewalt regierte Gemeinschaft"[13], wobei letztere durch Stände, Korporationen und Kollegien gebildet wird. Die Korporationen sind für Bodin eine notwendige Folge der menschlichen Entwicklung. Als nämlich die ersten Häuser und Dörfer die wachsende Bevölkerung nicht mehr fassen konnten, wurden an anderen Orten Häuser und Dörfer gebaut. Doch diese Siedlungen gerieten bald in Streit, beispielsweise um die Nutzung einer Quelle oder einer Weide. Die Streitigkeiten wurden gewalttätig geführt, indem die Stärkeren die Schwächeren vertrieben, weshalb sich die Familien zu Gemeinschaften zusammenschlossen und sich mit Mauern um ihre Siedlungen zu schützen suchten. Raub, Plünderung, Mord, so erläutert Bodin, waren in den frühen Gesellschaften ohne Fürsten und Magistrate keine Delikte, was die Menschen veranlasste, „sich in Freundschaft zu verbinden"[14] und Brüderschaften zu schließen. Aufgrund des gemeinsamen Lebens – oder umgekehrt formuliert: des Lebens in der Gemeinschaft – wuchs Freundschaft: *ainsi la société et communauté entretenoient l'amitié, comme la flamme sacree, qui*

---

9 *Bodin,* République (Anm. 5), 2. Buch, Kap. 2, 280.

10 Ebd., 2. Buch, Kap. 2, 272. – Vgl. auch *Yves Charles Zarka,* Philosophie politique et raison d'État, in: Raison et déraison d'Etat. Théoriciens et théories de la raison d'Etat aux XVIe et XVIIe siècles, hrsg. v. dems., Paris 1994, 1–8; *Bermbach,* Widerstandsrecht (Anm. 8), 141.

11 *Bodin,* République (Anm. 5), 2. Buch, Kap. 2, 272–273.

12 Die Idee, dass sich in einem Staat, der aus Elementen der Monarchie, der Aristokratie und der Demokratie geformt sei, diese gegenseitig kontrollierten und zähmten, hatte bereits Claude de Seyssel formuliert, vgl. *Claude de Seyssel,* La monarchie de France, hrsg. v. Jacques Poujol, Paris 1961, 41 [die Erstausgabe der *Monarchie de France* stammt aus dem Jahr 1519].

13 *Bodin,* Staat (Anm. 5), 3. Buch, Kap. 7, 521.

14 Ebd., 522.

monstra sa premiere ardeur entre le mari & la femme[15]. Die ersten Gesetzgeber, nämlich Solon und Lykurg, gestatteten und förderten die Bildung von Gemeinschaften, erteilten ihnen auch eigene Befugnisse, die Regeln des Zusammenlebens festzusetzen und Streitigkeiten selber beizulegen. Diese weise Gesetzgebung berücksichtigte, dass „Freundschaft die einzige Grundlage jeder Gesellschaft ist“[16], und bedeutender als Rechtssetzung sei. Denn Freundschaft vermag natürliche Gerechtigkeit zu stiften, während Rechtsnormen ohne Rücksicht auf menschliche Beziehungen geradlinig und daher manchmal auch unbarmherzig angewendet werden müssen, so dass sie nicht selten Freunde zu Feinden machen.

Als Kennzeichen der verschiedenen Stände, Kollegien und Korporationen nennt Bodin die Gleich- und Stimmberechtigung aller in einer Korporation zusammengeschlossenen Mitglieder. Somit unterstreicht er aber auch die große Bedeutung horizontal organisierter Gemeinschaften mit Selbstbestimmungsrechten, welche allerdings die vertikalen Machtverhältnisse nicht in Frage stellen, da alle Korporationen nur rechtmäßig sind, wenn sie vom Fürsten die Gründungserlaubnis erhalten hatten[17]. Ganz im Gegensatz zu eventuellen Befürchtungen von Seiten des Monarchen, findet ein legitimes Königtum in den Ständen und Korporationen ein sicheres Fundament, denn das Erheben von Steuern oder die Verteidigung des Staates gegen Feinde, *cela ne se peut faire, que par les estats du peuple & de chacune province, ville & communauté*[18]. Nur Tyrannen schaffen Korporationen ab.

Für das Bestehen eines Staates sind somit Zünfte und Bruderschaften, bis hin zu ständischen und städtischen Körperschaften, unabdingbar, wobei Bodin in der Freundschaft, die damit einhergeht, das entscheidende Element sieht: *Nous avons dit que les hommes par societés & compagnies mutuelles, s'acheminerent aux alliances & communautés des estats, corps & colleges, pour composer en fin les Republiques que nous voyons: qui n'ont point de fondement plus seur apres Dieu, que l'amitié & bienvueillance des uns envers les autres: laquelle amitié ne se peut maintenir que par alliances, societés, estats, communautés, confrairies, corps & colleges. Et par ainsi demander si les communautés & colleges sont necessaires à la Republique, c'est demander si la Republique peut estre maintenue sans amitié, sans laquelle mesme le monde ne peut subsister*[19].

---

15 *Bodin,* République (Anm. 5), 3. Buch, Kap. 7, 476.

16 *Bodin,* Staat (Anm. 5), 3. Buch, Kap. 7, 523. Hier wird Bodins Referenz deutlich: Aristoteles, auf den er an dieser Stelle auch verweist, definiert in der Nikomachischen Ethik die zivile Freundschaft als Grundlage der *polis:* „zivile Freundschaft“, d. h. „die Solidarität unter den Mitbürgern, die zum gemeinsamen Wohl zusammenarbeiten“, vgl. *Enrico Berti,* Der Begriff der Freundschaft bei Aristoteles, in: Il concetto di amicizia (Anm. 1), 123 – 135, hier 124.

17 Ebd., 525.

18 *Bodin,* République (Anm. 5), 3. Buch, Kap. 7, 500.

19 Ebd., 495 – 496.

Ohne Freundschaft würde nicht einmal die Welt bestehen können, Freundschaft wird im Rahmen von ständischen Gemeinschaften und Korporationen gepflegt, weshalb letztere das Fundament eines Staates bilden, so kann die Argumentationslinie Bodins kurz zusammengefasst werden.

Bodin beantwortet die Frage, was einen Staat, eine mit souveräner Gewalt regierte Gemeinschaft, im Inneren zusammen hält, mit dem Begriff der „Freundschaft". Wie eingangs erwähnt, spielt dieser Begriff in staatstheoretischen Schriften des 17. und 18. Jahrhunderts für die Begründung eines Staates eine untergeordnete Rolle. Doch wie wurde dieser Zusammenhalt, die horizontale, nicht durch Rechtsnormen hergestellte Beziehung der einzelnen Glieder einer Gesellschaft nach Bodin theoretisch begründet? Althusius, Pufendorf und Rousseau bieten hier teilweise völlig andere Konzepte an.

II. Was hält eine staatliche Gemeinschaft im Innern zusammen?

1. Althusius

Die Darstellung von Funktion und Bedeutung der Stände und Korporationen ermöglicht es, Bodins *Six Livres de la République* zumindest in diesem Punkt in eine Reihe weiterer französischer staatstheoretischer Traktate im weitesten Sinne einzuordnen, mit denen die tradierte Ordnung verteidigt wurde. Hierbei kann vor allem auf Claude de Seyssel verwiesen werden, der zu Beginn des 16. Jahrhunderts mit der *Monarchie de France* ein Plädoyer für eine gemäßigte Monarchie geschrieben und französische Theoretiker vor allem der zweiten Hälfte des 16. Jahrhunderts maßgeblich beeinflusst hatte[20]. Da in der neuesten Forschung auch Johannes Althusius eher als Vertreter einer tradierten Ordnung, denn als Revolutionär gesehen wird[21], der außerdem unter anderem auch Bodins Lehre breit rezipierte, liegt es nahe, bei Althusius Spuren des Bodinschen Freundschaftskonzepts zu vermuten.

Althusius hat die entscheidenden Passagen in Bodins Werk als Referenz in seiner *Politica,* die 1603 erstmals erschien, zitiert, ohne dabei allerdings „Freundschaft" als entscheidende Kategorie zu benennen[22]. Dennoch lässt sich auch bei Althusius die hohe Bedeutung der Kollegien finden, deren Zusammenhalt durch gemeinsame Interessen wie auch affektive Beziehungen

20 Vgl. die Hinweise von Jacques Poujol in *Seyssel,* Monarchie de France (Anm. 12), 41; zu Bodin s. ebd., 51–53. Zur Wirkungsgeschichte und weiteren bibliographischen Hinweisen vgl. *Andrea Iseli,* „Bonne police". Frühneuzeitliches Verständnis von der guten Ordnung eines Staates in Frankreich, Epfendorf 2003, 26–33.

21 Vgl. *Wyduckel,* Einleitung (Anm. 4), VIII.

22 *Althusius,* Politik (Anm. 4), Kap. 4: Die Gemeinschaft der Kollegen, § 3.

garantiert wird. Darauf verweist bereits der erste Paragraph des ersten Kapitels, mit dem Althusius Politik definiert: „Politik ist die Kunst, die Menschen zusammenzuschließen, damit sie untereinander ein gesellschaftliches Leben begründen, pflegen und erhalten. Deshalb wird sie Lehre vom symbiotischen Leben genannt.“[23] „Gegenstand der Politik ist die Lebensgemeinschaft“, fährt Althusius fort[24], die *consociatio* also, womit neben *pactum* und *consensus* der erste der drei entscheidenden Begriffe seiner Staats- und Gesellschaftslehre gefallen ist. Die sich Zusammenschließenden nennt Althusius „Symbioten“, die er als „einander Helfende“ begreift und die durch einen gemeinsamen Vertrag (*pactum*) eng zusammengeschlossen werden[25]. Die Menschen seien nämlich nicht für sich allein geboren: „Einen Teil unseres Daseins beansprucht das Vaterland, einen Teil unsere Freunde.“[26] Diese Aussage stützt er mit dem göttlichen Gebot der Nächstenliebe[27]. Gott habe den Menschen unterschiedliche Fähigkeiten verliehen, damit sie aufeinander angewiesen seien. Somit ist die „Notwendigkeit zur Gemeinschaft der nötigen und nützlichen Dinge [...], die nur im politischen Zusammenleben entstehen“ kann, von Gott gewollt: „Gott wollte daher, dass jeder der Mühe und Hilfe des anderen bedürfe, so dass alle in Freundschaft verbunden seien und keiner den anderen gering achte.“[28] Die politische Gemeinschaft, die auf *consensus,* auf Übereinstimmung, und einem *pactum,* einem Vertrag, basiert, setzt sich gemäß Althusius aus verschiedenen Lebensgemeinschaften (*consociationes*) zusammen und zwar von der kleinsten bis hinauf zur größten Einheit.

In der ersten und ursprünglichen Gemeinschaft, nämlich der einfachen privaten Gemeinschaft, gehen Menschen eine durch einen Vertrag gesicherte Symbiose ein[29]. Für diese *consociatio* sind Zuneigung, „Übereinstimmung der Herzen“, wie Althusius sagt, sowie „wechselseitige Leistungen [...] zum gemeinsamen Nutzen“ konstitutiv[30]. Zu diesen privaten symbiotischen Gemeinschaften zählt Althusius nicht nur die Ehe, sondern auch Verwandtschaft. Auch für letztere sind „Zuneigung, Liebe und Wohlwollen“[31] Grundlage der *consociatio,* denn aus der Zuneigung ergibt sich die Sorge um das Wohl der Angehörigen[32].

---

23 Ebd., Kap. 1: Allgemeine Grundlagen und Wesen der Politik, § 1.

24 Ebd., § 2.

25 Ebd., § 6 und § 29.

26 Ebd., § 22.

27 Ebd., § 23.

28 Ebd., § 26.

29 Ebd., Kap. 2: Die private häusliche und natürliche Gemeinschaft, insbesondere die Ehe, § 2.

30 Ebd., §§ 5 und 8.

31 Ebd., § 20.

32 Ebd., § 21.

Die bürgerliche Gemeinschaft (*civilis consociatio*) der Kollegen (im Gegensatz zur Gemeinschaft der Ehegatten und Verwandten, die als natürliche Gemeinschaft definiert wird) entsteht durch den selbstgewählten und freiwilligen Zusammenschluss von mindestens drei Personen. Diese verbindet die Ausübung desselben Handwerks, Berufes oder derselben Berufung und somit gleich gelagerte Interessen[33]. Die Kollegien, seien es nun Zünfte, Gemeinden, Konvente oder auch Synoden, bilden jeweils „sowohl eine Gemeinschaft der Sachen als auch der Leistungen, eine des jeweiligen Rechts wie auch des gegenseitigen Wohlwollens"[34]. In letzterem findet sich wiederum das freundschaftliche Element, das hier ganz ähnlich wie von Bodin verstanden wird. „Gegenseitiges Wohlwollen und einvernehmliche Übereinstimmung", schreibt Althusius, „sind der Ausdruck freundschaftlicher Gesinnung und Zuneigung der Kollegen untereinander, dank derer sie ohne Zwietracht zu ihrem gemeinsamen Nutzen dasselbe wollen bzw. nicht wollen."[35] Das Wohlwollen wird – wie bei Bodin die Freundschaft[36] – mit Tischgemeinschaften und geselligem Zusammensein gepflegt[37].

Die eigentlich privaten symbiotischen Gemeinschaften der Eheleute, der Verwandten und der Kollegen bilden die Grundlage der öffentlichen Gemeinschaft; sie besitzen daher gemäß Althusius politische Natur und sind deshalb logischer Teil einer Politiklehre[38]. Die öffentliche Gemeinschaft entsteht nämlich durch die Verbindung mehrerer privater Gemeinschaften, die sich zur Gründung einer rechtlich verfassten Ordnung zusammenschließen[39]. Diese Körperschaft (*universitas*) definiert Althusius als eine „durch feste Gesetze gebildete Gemeinschaft"[40], in der die einzelnen Glieder das Recht „der gemeinschaftlichen Teilnahme und Teilhabe" an den nützlichen und notwendigen Dingen haben[41]. Zuneigung spielt dabei keine definitorische Rolle mehr. Da aber die menschliche Gesellschaft nach Althusius in Stufen von den kleineren privaten zu den größeren öffentlichen Gemeinschaften aufgebaut ist, kann letztlich gefolgert werden, dass Freundschaft, Zuneigung und Konsens die Basis der politischen Gemeinschaft sind, auch wenn Althusius dies in keiner derart starken Aussage wie Bodins *flamme sacrée* fasst. Immerhin findet sich auch bei Althusius die ganz allgemeine Aussage: „Ohne diese Übereinstimmung und wechselseitige Eintracht kann keine Gemeinschaft und Freundschaft bestehen."[42]

---

33 Ebd., Kap. 4: Die Gemeinschaft der Kollegen, §§ 1–4.

34 Ebd., § 8.

35 Ebd., § 23.

36 *Bodin*, Staat (Anm. 5), 3. Buch, Kap. 7, 524.

37 *Althusius*, Politik (Anm.4), Kap. 4: Die Gemeinschaft der Kollegen, § 23.

38 Ebd., Kap. 3: Die Gemeinschaft der Verwandten, § 42.

39 Ebd., Kap. 5: Die körperschaftliche Gemeinschaft und ihre Grundlagen, § 1.

40 Ebd., § 8.

41 Ebd., § 5.

Dass Staat und Gesellschaft über gemeinsam geschlossene Verträge abgesichert sind, spielt auch bei Althusius eine Rolle, ist aber ein Element unter anderen: *consensus* und vor allem der Begriff der *consociatio* sind neben *pactum* die tragenden Pfeiler seiner Staatslehre. Die späteren Politiklehren stützen sich hingegen maßgeblich auf den Vertrag als Basis einer gesellschaftlichen und politischen Gemeinschaft. Damit ist im 17. Jahrhundert ein deutlicher Bruch in der „Soziallehre"[43] festzustellen, dessen theoretische Folgen aufzufangen erst Rousseau wieder versuchen wird[44]. Die Vertreter der Vertragslehre – Hobbes kann hier als der berühmteste unter ihnen genannt werden[45] – bauen ihre politischen Theorien auf völlig anderen gesellschaftlichen Grundannahmen auf, als dies noch bei Bodin und Althusius der Fall war. Ihre Theorien sind von Misstrauen gegenüber dem menschlichen Wesen geprägt – von Freundschaft ist jedenfalls nicht mehr die Rede.

2. *Pufendorf*

Als einer der wichtigsten deutschsprachigen Vertreter des Kontraktualismus soll Pufendorf mit seinem erstmals 1673 erschienenen Werk *De officio hominis et civis juxta legem naturalem*[46] als Beispiel dieses theoretischen Zugriffs dienen. Der Mensch, so die Grundannahme Pufendorfs, liebt vor allem sich selbst, ist aber von Natur aus schwach, hilflos und kann alleine nicht überleben. Um zu überleben, müssen sich Menschen zu einer Gemeinschaft zusammenschließen – dies entspricht zwar ihrer Neigung, aber zugleich sind sie auch jederzeit fähig, anderen Schaden zuzufügen. Denn der Mensch ist, so Pufendorf, „böswillig, angriffslustig und leicht reizbar"[47]. Das Naturrecht gibt die Regeln des Zusammenlebens vor, damit sich die Menschen nicht bei jeder Gelegenheit schaden: „Gebot des Naturrechts

---

42 Ebd., Kap. 2: Die private häusliche und natürliche Gemeinschaft, insbesondere die Ehe, § 9.

43 Vgl. *Wyduckel,* Einleitung (Anm. 4).

44 Vgl. *Wolfgang Kersting,* Vom Vertragsstaat zur Tugendrepublik. Die politische Philosophie Jean-Jacques Rousseaus, in: Die Republik der Tugend. Jean-Jacques Rousseaus Staatsverständnis, hrsg. v. dems., Baden-Baden 2003, 11–24, hier 15.

45 Die „Spurensuche" ist bewusst – gemäß Anlage des Kolloquiums – auf den deutsch- und französischsprachigen Raum beschränkt, weshalb die bedeutenden Staatstheorien von John Locke und Thomas Hobbes, mit welchen Pufendorf sich auseinandergesetzt hatte, hier nicht berücksichtigt werden. Zu Pufendorf und Hobbes vgl. *Denzer,* Spätaristotelismus (Anm. 4), 249 f.

46 Zur Interpretation Pufendorfs vgl. *Thomas Behme,* Samuel von Pufendorf: Naturrecht und Staat. Eine Analyse und Interpretation seiner Theorie, ihrer Grundlagen und Probleme, Göttingen 1995.

47 *Samuel von Pufendorf,* Über die Pflicht des Menschen und des Bürgers nach dem Gesetz der Natur, hrsg. und übers. v. Klaus Luig (Bibliothek des deutschen Staatsdenkens, 1), Frankfurt a. M./Leipzig 1994, 1. Buch, Kap. 3: Über das Naturrecht, § 7, 47.

ist alles, was für das Leben in der Gemeinschaft notwendig und nützlich ist; was stört und schadet, ist verboten. Alle übrigen Vorschriften, deren Richtigkeit im Lichte der natürlichen Vernunft, die dem Menschen gegeben ist, unmittelbar einleuchtet, sind nur Folgesätze dieses obersten Grundsatzes."[48] Das Naturrecht wiederum ist von Gott gegeben und daher muss der Mensch dem Naturrecht gehorchen, denn Gott hat den Menschen „das Leben in einer geordneten Gemeinschaft befohlen" und sie zur Befolgung des Naturrechts „verpflichtet"[49]. Damit ist einer der wichtigsten Begriffe gefallen, der auch Pufendorfs auflagenstarkem Werk[50] den Namen gab: *De officio hominis et civis,* von der Pflicht des Menschen und Bürgers. Pufendorf formuliert dabei verschiedenste Pflichten, wobei an erster Stelle die Pflicht des Menschen gegenüber Gott, die Pflicht gegenüber sich selber und die Pflicht aller gegenüber allen Mitmenschen stehen. Die Pflicht gegenüber Gott gebietet, ihn als Schöpfer des Kosmos sowie als Regent dieser Welt und der Menschen anzuerkennen. Die „Religion" ist für Pufendorf demgemäß „das wichtigste und festeste Band der menschlichen Gesellschaft"[51]. Ohne Gottesfurcht würde sich der Mensch alles erlauben können. Die Furcht vor Bestrafung durch ein menschliches Gericht, die Dankbarkeit gegenüber der Obrigkeit, welche es ermöglicht, die aus dem Naturzustand resultierenden menschlichen Mängel abzuwehren, wären nicht ausreichend, um Ungehorsam und Boshaftigkeit eines Menschen zu verhindern. Nur die Furcht vor Gottes Strafe bringt den Menschen dazu, dem Naturrecht zu gehorchen und die von ihm auferlegten Pflichten zu erfüllen.

Die Pflicht gegenüber sich selbst beinhaltet die Pflege von Geist und Körper, um der Gemeinschaft ein nützliches Mitglied zu sein. Insbesondere muss der Geist zu „Verständnis und Liebe zur Pflicht" erzogen werden[52]. Die Pflicht aller gegenüber allen ist an erster Stelle negativ formuliert, und zwar im Verbot, den Mitmenschen Schaden zuzufügen, sei es nun physischer oder materieller Art, unmittelbar oder mittelbar[53]. Immerhin nennt Pufendorf noch zwei weitere, diesmal positiv gewandte Gebote des Naturrechts, die zur Pflicht aller gegenüber allen gehören: Diese bestehen einerseits in der Achtung der natürlichen Gleichheit aller Menschen[54] und andererseits in der Pflicht, den Vorteil des Nächsten zu wollen – insofern dies ohne eigene Einbuße möglich ist. In der Begründung dieser Pflicht kann mit etwas gutem Willen der Nachhall des Bodinschen oder Althusianischen Gesellschaftsverständnisses gehört werden.

48 Ebd., § 9, 48.

49 Ebd., § 11, 49.

50 Von Pufendorfs *De officio hominis et civis* erschienen über 100 Ausgaben, vgl. *Denzer,* Spätaristotelismus (Anm. 4), 239.

51 *Pufendorf,* Über die Pflicht des Menschen (Anm. 47), 1. Buch, Kap. 4, § 9, 56.

52 Ebd., 1. Buch, Kap. 5, § 2, 59.

53 Ebd., 1. Buch, Kap. 6.

54 Ebd., 1. Buch, Kap. 7.

Pufendorf stellt nämlich eine natürliche Verwandtschaft unter den Menschen fest, weshalb es zu bescheiden wäre, die Pflichten auf jegliche Schädigung, Verletzung oder Verachtung der Mitmenschen zu beschränken: „Vielmehr muss man den anderen alles zuteil werden und sich alles gegenseitig zukommen lassen, woraus das gegenseitige Wohlwollen unter den Menschen gespeist wird.“[55] Dieses „gegenseitige Wohlwollen“ erinnert entfernt an die „Freundschaft“ Bodins oder auch an Althusius' *consensus* und „wechselseitige Eintracht“. Für Pufendorf ist allerdings selbstverständlich, dass der jeweilige Empfänger von Hilfe und Unterstützung Dankbarkeit ausdrücken muss – ansonsten würde sich der Gebende betrogen fühlen. Das Pufendorfsche „gegenseitige Wohlwollen“ ist als Tauschgeschäft konzipiert – es kann zwar nicht gerichtlich eingeklagt werden, aber, so führt er aus, wenn es keinen Dank geben würde, „würden [...] alle Güte und Treue unter den Menschen beseitigt und zugleich damit auch alle gegenseitige Zuneigung, und es gäbe weder unentgeltliche Hilfe noch das Bemühen, Freunde zu gewinnen.“[56]

Absolute Pflichten sind aber nicht ausreichend, um das Zusammenleben in der Gemeinschaft abzusichern: dies kann erst mit Verträgen garantiert werden. Denn das Einhalten der vom Naturrecht gegebenen Pflichten gründet auf Gottesfurcht und kann vor keinem irdischen Gericht eingefordert werden – Verträge hingegen schon. Pufendorfs Ausführungen zu Bedingungen, Pflichten und Inhalten von Verträgen müssen in Bezug auf unsere Frage, was die Gesellschaften im Inneren zusammenhält, nicht weiter verfolgt werden, denn sie basieren auf den bereits erläuterten Axiomen. Festzuhalten ist allerdings, dass sich die Bedeutung der Verträge aus dem hervorgehobenen Stellenwert des Eigentums ergibt. Die Eigentumsfrage war aber weder für Bodins noch für Althusius' Staatslehre zentral; in allen nachfolgenden politischen Theorien hingegen ist die Eigentumssicherung ein nicht mehr wegzudenkendes Thema.

Auch auf das zweite Buch seines Werks, in dem Pufendorf die Pflichten des Bürgers erläutert und schließlich seine Staatslehre entwickelt, muss an dieser Stelle nicht in extenso eingegangen werden. Ein Element daraus ist aber der Vollständigkeit halber noch zu erwähnen, nämlich Pufendorfs Vorstellung, wie Staaten überhaupt entstanden sind. Auch Pufendorf geht davon aus, dass die Nachkommen der ersten Menschen schon früh ihren Herkunftsort verlassen, je eigene Familien gegründet und Häuser gebaut hatten. Während aber Bodin voraussetzt, dass diese frühen Menschen sich zum eigenen Schutz „in Freundschaft“ verbanden, und Althusius die staatliche Gemeinschaft als einen Zusammenschluss verschiedener auf Konsens und „wechselseitiger Eintracht“ gegründeter *consociationes* versteht, nimmt

---

55 Ebd., 1. Buch, Kap. 8, § 1, 82.

56 Ebd., 1. Buch, Kap. 8, § 7, 84.

Pufendorf an, dass durch diese Zerstreuung in alle Himmelsrichtungen die „verwandtschaftlichen Bande und darauf beruhende Zuneigung allmählich immer schwächer" wurden. Übrig blieb nur die „Verbindung, die sich aus der allen gemeinsamen Natur ergibt"[57].

3. *Rousseau*

Rousseau entwirft ein Gegenmodell zu den pessimistischen Grundannahmen Pufendorfs, allerdings ohne die korporativen Gesellschaftsstrukturen älterer Politiklehren wieder aufzunehmen. Er argumentiert nicht mit Freundschaft, hebt aber in seinem 1762 erschienen *Contrat social* die harten Kategorien von Pflicht und Gehorsam auf, obwohl auch er die Lösung in einem Gesellschaftsvertrag sieht. Der *Contrat social* geht von Grundannahmen des menschlichen Wesens aus, die Rousseau an anderer Stelle erläutert hatte. Zu deren Ergründung müssen daher weitere Schriften beigezogen werden.

Tout est bien, sortant des mains de l'auteur des choses; tout dégénère entre les mains de l'homme – so leitet Rousseau seinen berühmten *Emile* ein[58]. Der Mensch im Naturzustand kennt keine moralischen Kategorien, ist selber weder gut noch schlecht. Ihm ist instinktmäßig alles gegeben, was er zum Überleben benötigt[59], so dass er folglich auch nicht auf Gesellschaft angewiesen ist. Hingegen verfügt der *homme de la nature* über eine entscheidende vor-rationale Fähigkeit, die *pitié naturelle,* also den angeborenen Widerwillen, einen anderen Menschen leiden zu sehen. Aus dieser natürlichen Tugend, die dem Menschen noch vor der Entwicklung zur Vernunft eigen war, entwickelten sich alle sozialen Tugenden[60]. Denn, so fragt Rousseau in seinem *Discours sur l'origine de l'inégalité,* was anderes sind Großzügigkeit, Milde, Menschlichkeit, wenn nicht Mitleid mit den Schwachen, den Schuldigen und der gesamten Menschheit? *La Bienveillance et l'amitié même sont, à le bien prendre, des productions d'une pitié constante fixée sur un objet particulier: car désirer que quelqu'un ne souffre point, qu'est-ce autre chose, que désirer qu'il soit heureux?*[61] Dieses natürliche Gefühl trägt denn auch im Wesentlichen zur Erhaltung des menschlichen Geschlechts bei[62]. Um die natürlichen Fähigkeiten entwickeln zu können,

---

57 Ebd., 2. Buch, Kap. 1, § 7, 143.

58 *Jean-Jacques Rousseau,* Emile ou de l'éducation, in: ders., Œuvres complètes (Bibliothèque de la Pléiade). Bd. 4, Paris 1969, 239–868, hier 1. Buch, 245.

59 *Jean-Jacques Rousseau,* Discours sur l'origine et les fondemens de l'inégalité parmi les hommes, in: ders., Œuvres complètes (Bibliothèque de la Pléiade). Bd. 3, Paris 1964, 109–223, hier 1. Teil, 152. An dieser Stelle wendet sich Rousseau auch explizit gegen die Grundannahmen von Hobbes (ebd., 153).

60 Ebd., 155.

61 Ebd., 155.

bedarf der Mensch der Gesellschaft; andererseits ist es gerade die Vergesellschaftung, die den Menschen korrumpiert hat, wobei an erster Stelle die Anerkennung von Eigentum steht: *Le premier qui, ayant enclos un terrain, s'avisa de dire, ceci est à moi, et trouva des gens assés simples pour le croire, fut le vrai fondateur de la société civile*[63]. Das gehorsame Akzeptieren sozialer Ungleichheit und schließlich deren rechtliche Festschreibung und Institutionalisierung im „Betrugsvertrag" führte zur Gesellschaft, wie Rousseau sie vorfand und analysierte[64].

Als Gründe dafür, dass sich die Menschen zu einer Gemeinschaft zusammenschlossen, führt Rousseau äußere Umstände an: mangelnde Nahrung aufgrund eiskalter Winter oder zu trockener Sommer. Doch die ersten gemeinschaftlichen Verbände, die Familien, lebten noch in Frieden, denn sie verband einzig *l'attachement mutuel et la liberté;* es waren somit freiwillige und auf gegenseitiger Achtung gegründete kleine Gesellschaften[65]. Das Übel begann mit der Arbeitsteilung, mit der Landwirtschaft, die Eigentum zu definieren begann, und schließlich mit der Erfindung und Weiterentwicklung verschiedenster handwerklicher Techniken. Rousseau beschreibt die Entwicklung der Ungleichheit hin zum monarchischen Despotismus und zieht den bitteren Schluss: *ce qu'on doit penser à cet egard de la sorte d'inégalité qui regne parmi tous les Peuples policés; puisqu'il est manifestement contre la Loi de Nature, de quelque maniére qu'on la définisse, qu'un enfant commande à un vieillard, qu'un imbécile conduise un homme sage, et qu'une poignée de gens regorge de superfluités, tandis que la multitude affamée manque du nécessaire*[66]. Dieser Missstand kann nur durch einen echten, republikanischen Vertrag behoben werden, mit dem sich der Mensch gleichzeitig moralisch verwandelt.

Der *Contrat social* ist in mehrfacher Hinsicht ein besonderer Vertrag, erläutert Rousseau in seinem sechsten Brief der *Lettres écrites de la montagne.* Zunächst, weil sich durch ihn alle gegenüber allen verpflichten, wobei die Gegenseitigkeit das unmittelbare Objekt der Vereinigung ist. Diejenigen, die den Vertrag schließen, unterwerfen sich niemandem, denn ihr gemeinsamer Wille gibt die Regeln vor und belässt jedem seine Freiheit. Die gegenseitige Verbindung ist absolut, ohne Bedingung und ohne Vorbehalte. Sie kann somit weder ungerecht sein, noch Missbräuche generieren, denn *il n'est pas possible que le corps se veuille nuire à lui-même, tant que le tout ne veut que pour tous*[67]. Mit dem Vertrag wird der *Corps politique* geschaf-

---

62 Ebd., 156–157.

63 Ebd., 2. Teil, 165.

64 Vgl. *Dieter Sturma*, Rousseaus Kulturphilosophie, in: Die Republik der Tugend (Anm. 44), 27–53, hier 40.

65 *Rousseau,* Discours sur l'origine (Anm. 59), 2. Teil, 168.

66 Ebd., 194.

fen, wodurch die Vertragsschließenden zu Bürgern werden, deren Wollen und Handeln sich allein am Gemeinwohl orientieren und damit eine bedeutende Verwandlung erfahren. Der Mensch beraubt sich zwar einiger Vorteile des Naturzustands, gewinnt dafür aber umso größere dazu: ... *ses facultés s'exercent et se développent, ses idées s'étendent, ses sentimens s'ennoblissent, son ame toute entiere s'éleve à tel point, qu'il [...] devroit bénir sans cesse l'instant heureux qui l'en arracha pour jamais, et qui, d'un animal stupide et borné, fit un être intelligent et un homme*[68]. Diese Menschwerdung erfolgt außerhalb rechtlicher Normen, ist weder durch freundschaftliche Gefühle erreichbar noch durch Pflicht erzwingbar, sondern vollzieht sich allein durch die Tatsache, dass das freiwillige Eingehen des Gesellschaftsvertrages die Menschen moralisch verändert. Dass dies mit den Menschen, wie sie sind, nicht möglich ist, wusste auch Rousseau. Er führt deshalb im zweiten Teil seines *Contrat social* einen ersten Gesetzgeber ein, der besser ist als alle anderen Menschen – in der Art eines Philosophenkönigs, ohne dass er dies so genannt hätte.

An dieser Stelle kann eine erste Zwischenbilanz gezogen werden. „Freundschaft" ist für moderne Gesellschafts- und Politiktheorien offensichtlich keine taugliche Kategorie. Sie leistet gute Dienste, solange die ständische soziale Ordnung auch in der politischen Theorie als „gute Ordnung" galt. Sobald eine staatliche Gemeinschaft aber als Einheit gedacht wird, in der die einzelnen Individuen grundsätzlich frei und mit gleichen Rechten ausgestattet sind, kann nicht mehr davon ausgegangen werden, dass diese zahlreichen Individuen, die sich nun nicht mehr in einer überschaubaren Korporation zusammenfinden, durch freundschaftliche Bande zusammengehalten werden. Entscheidend ist sicherlich, dass Gesellschafts- und Politiktheorien seit dem 17. Jahrhundert an zentraler Stelle die Eigentumssicherung reflektieren. Über unterschiedliche Eigentumsverteilung, die als solche legitimiert oder eben theoretisch gesichert wird, geraten aber die Individuen einer staatlichen Gemeinschaft in Konflikt miteinander. Theoretische Konzepte müssen eine Lösung anbieten, damit diese Unterschiede und die daraus folgenden Konflikte eine staatliche Einheit nicht zersetzen. Dies kann, wie bei Pufendorf, über Pflicht und vor allem über einen Vertrag geleistet werden. Rousseaus Gesellschaftsvertrag bietet hierbei eine besonders komplexe und „sympathische" Antwort an, wobei sein radikal-demokratisches Konzept Utopie bleiben muss, da sich die moralischen Qualitäten der Menschen auch in Demokratien nicht grundsätzlich verändern, und sich auch kein Weiser finden lässt, der für diesen Prozess das gesetzliche Rüstzeug zur Verfügung stellen würde.

---

67 *Jean-Jacques Rousseau,* Lettres écrites de la montagne, in: ders., Œuvres complètes. Bd. 3 (Anm. 59), 683–897, hier 6. Brief, 807.

68 *Jean-Jacques Rousseau,* Du contrat social, in: ders., Œuvres complètes. Bd. 3 (Anm. 59), 347–470, hier 1. Buch, Kap. 8, 364.

III. Die Bedeutung der Freundschaft für die Außenbeziehungen

Wenngleich „Freundschaft“ seit den Kontraktualisten nicht mehr als Begründung für den inneren Zusammenhalt einer Gesellschaft dient, so bleibt der Begriff für die Beschreibung von Außenbeziehungen[69] aber durchaus präsent.

Im ersten Buch seiner „Sechs Bücher über den Staat“ unterscheidet Jean Bodin drei Arten von Verträgen zwischen Fürsten, nämlich unter Freunden, Feinden oder Neutralen[70]. Verträge unter Feinden entsprechen entweder Waffenstillstandsverträgen oder sie beenden einen Krieg. Diese werden „um Frieden und Freundschaft willen“[71] geschlossen. Verträge unter Freunden werden Allianzen, Schirmherrschaften oder gleichberechtigte Bündnisse genannt, wobei letztere, so betont Bodin, immer „Abmachungen [...] über Freundschaft, Handel und Gastfreundschaft“ beinhalten[72]. Die stärkste Form von Bündnis geht so weit, dass „Freund und Feind des einen Teils auch Freund und Feind des anderen ist“[73]. Bodin illustriert diese Definitionen mit zahlreichen Beispielen aus der Geschichte, wobei er die bündische Struktur der Eidgenossenschaft ausgiebig referiert[74]. Im fünften Buch widmet Bodin den Bündnissen und Verträgen zwischen Fürsten nochmals ein ganzes Kapitel[75]. Er erläutert wiederum anhand von Beispielen die rechtliche Qualität der unterschiedlichen Formen von Verträgen und Bündnissen und verweist auf zahlreiche Vertragsbrüche. Zur Sicherung von Bündnissen appelliert Bodin daher an die Aufrichtigkeit der Fürsten, da Bündnisse auf Treu und Glauben fußen, abgesehen davon, dass die Verträge eigentlich natur- und völkerrechtlich abgesichert sind[76]. Um auch solche Bündnisse zu bewahren, die ewige Freundschaft versprechen, empfiehlt Bodin, diese in einem bestimmten Rhythmus durch Eid bekräftigen zu lassen: „Selbst wenn man sich ewiger Freundschaft sicher sein könnte und keinerlei Benachteiligung vorläge, ist es doch so, dass Freundschaften sich abkühlen und oft der Erneuerung und Wiederbelebung durch neue Verträge bedürfen“, und auch hier werden an erster Stelle wieder Bündnisse unter den eidgenössischen Orten als Belege angeführt[77].

---

69 Vgl. hierzu genauer den Beitrag von Andreas Würgler in diesem Band.

70 *Bodin,* Staat (Anm. 5), 1. Buch, Kap. 7, 191 f.

71 Ebd., 191.

72 Ebd., 192.

73 Ebd., vgl. zu den mittelalterlichen Vorläufern dieser Auffassung die Dissertation von *Claudia Garnier,* Amicus amicis – inimicus inimicis. Politische Freundschaft und fürstliche Netzwerke im 13. Jahrhundert (Monographien zur Geschichte des Mittelalters, 46), Stuttgart 2000.

74 *Bodin,* Staat (Anm. 5), 1. Buch, Kap. 7, 195–198.

75 Ebd., 5. Buch, Kap. 6, 259–305.

76 Ebd., 277.

77 Ebd., 300.

Die explizite Begründung für den Zusammenhang zwischen Freundschaft und Außenbeziehungen gibt Bodin aber an anderer Stelle: Freundschaft erwuchs für ihn aus Gemeinsamkeit und Gemeinschaft, die sich als *flamme sacrée* erstmals in der Verbindung zwischen Frau und Mann entzündete. Diese Flamme brannte in der Beziehung zwischen Eltern und Kindern, zwischen Verwandten und sprang „schließlich auf deren Beziehungen zu den Verbündeten über“[78]. Sie wäre aber erloschen, fährt Bodin fort, wenn sie nicht „durch Bündnisse“ erhalten worden wäre. Diese letztlich naturrechtliche Argumentation findet sich später in Hugo Grotius' Werk „Vom Recht des Krieges und des Friedens“ von 1625 in voll entfalteter Form wieder: Bündnisse sind im Naturrecht begründet, welches besagt, dass „zwischen allen Menschen eine natürliche Verwandtschaft besteht und deshalb die Verletzung des einen durch den anderen ein Unrecht ist, nicht nur vor der Sintflut, sondern auch nach derselben durch die Sittenverderbnis allmählich in Vergessenheit geraten war.“[79] Deshalb, so folgert Grotius, waren auch Bündnisse unter Nicht-Feinden notwendig. Aufgrund dieser Argumentation müsste weiter abgeklärt werden, welchen Stellenwert der Freundschaftsbegriff in völkerrechtlichen Schriften erhält.

Althusius geht ebenfalls auf die Qualität von Bündnissen ein, die er mit der „Sorge für die Güter des Gemeinschaftskörpers“ – so lautet der Titel des entsprechenden Kapitels – in Verbindung setzt. Mit Bündnissen können nämlich die gemeinschaftlichen Güter vermehrt werden, was insbesondere durch eine Konföderation erreicht wird, die Althusius hier als freiwilliges Zusammenschließen zweier souveräner Gemeinschaften in einer Rechtsgemeinschaft definiert[80]: „So besteht zwischen den Konföderierten eine gemeinsame Freundschaft, das Recht auf gastliche Aufnahme, auf Handelsgeschäfte, die Erlaubnis, das Gebiet der Bundesgenossen zu betreten, sich dort zu betätigen, Handelsgeschäfte zu betreiben und Verträge abzuschließen, [...]“[81]. Aus zwei souveränen Gemeinschaften entsteht somit eine einzige, allerdings nachdem vorgängig die Bedingungen gemeinsam geregelt wurden. Althusius nennt als zweite Form die „nicht vollständigen Bündnisse“, bei denen die jeweiligen Souveränitätsrechte unverändert bestehen bleiben[82]. Hier sei auf Ausgewogenheit zu achten, so dass beide oder alle Bündnispartner gleichen Nutzen daraus ziehen und gleiche Verpflichtungen zu tragen haben[83]. Diese Bündnisse dienen der „Pflege von Frieden und

78 Ebd., 3. Buch, Kap. 7, 523.

79 *Hugo Grotius,* De jure belli ac pacis libri tres. Drei Bücher vom Recht des Krieges und des Friedens [Paris 1625], übers. von Walter Schätzel, Tübingen 1950, 2. Buch, Kap. 15, V, 277.

80 *Althusius,* Politik (Anm. 4), Kap. 17: Die Sorge für die Güter des Gemeinschaftskörpers, §§ 25–29.

81 Ebd., § 28, 159.

82 Ebd., § 41, 161.

83 Ebd., § 30 und § 31, 160.

Freundschaft untereinander, zu gemeinsamen Freundschaften, oder bei gemeinsam getragenen Kosten, auch zu Feindschaften. Darüber wird untereinander feierlich ein Bündnis oder Vertrag für eine festgesetzte Zeit oder, was besser ist, für unbestimmte Zeit geschlossen."[84] Was Althusius als ein unvollständiges Bündnis bezeichnet, wurde von Bodin als dessen stärkste Form charakterisiert. Althusius sieht offenbar keinen Grund, die mit Bündnissen verbundene „Freundschaft" weiter zu begründen. Es werden keine Bibelstellen zitiert, weder auf die göttliche Schöpfungsordnung noch auf die Entstehungsgeschichte menschlichen Zusammenlebens verwiesen. Die freundschaftliche Verbindung zwischen zwei Staaten erscheint wie bei Bodin als logische Fortsetzung des Ausgangspunktes jeglicher staatlichen Gemeinschaften: diese können nur bestehen, wenn deren Glieder in Freundschaft verbunden sind. In Analogie wird diese Grundannahme auf das friedliche Zusammenleben verschiedener staatlicher Gemeinschaften übertragen.

Pufendorf äußert sich nur kurz im zweiten Teil seiner Schrift „Über die Pflicht des Menschen und des Bürgers nach dem Gesetz der Natur" zum Charakter von Außenbeziehungen, spricht dabei allerdings ebenfalls von Freundschaft in Zusammenhang mit Bündnisverträgen. Er erörtert die unterschiedlichen Formen von Bündnissen, wobei er diese in Bündnisse unterteilt, die Leistungen zusichern, „die auch ohne Vertrag bereits nach Naturrecht geschuldet" sind, und in solche, die Leistungen festhalten, welche über naturrechtliche Pflichten hinausgehen. Letztere sind Bündnisse, wie sie von Bodin beschrieben werden, erstere könnte man mit den vollständigen Bündnissen gleichsetzen, wie sie Althusius definiert. In diesen ersten, naturrechtlich begründeten Bündnissen versprechen sich die Bündnispartner gegenseitig, „schlichte Gebote der Menschlichkeit zu erfüllen und Schädigungen zu vermeiden. Dazu gehört alles, wodurch eine normale Freundschaft, die keine besonderen Leistungen erfordert, bekräftigt wird und wodurch die Ausübung des Rechts der Gastfreundschaft und der Handelsfreiheit, [...], gesichert wird."[85] Der Freundschaftsbegriff eignet sich hingegen für die Beschreibung der zweiten Bündnisform nicht, und Pufendorf liefert hierfür an anderer Stelle die Begründung. Als die Menschen die Häuser ihrer Vorfahren verließen, um die Erde zu besiedeln, ließen sie sich an unterschiedlichen Orten nieder und gründeten eigene Familien. Ihre Nachfahren zogen wiederum in alle Himmelsrichtungen: „Daher wurden die verwandtschaftlichen Bande und darauf beruhende Zuneigung allmählich immer schwächer. Bestehen blieb nur die Verbindung, die sich aus der allen gemeinsamen Natur ergibt."[86] Die Nachteile der Vereinzelung führten zur Gründung staatlicher Gemeinschaften. Zwischen den einzelnen Staaten

---

84 Ebd., § 30, 160.

85 *Pufendorf,* Über die Pflicht des Menschen (Anm. 47), 2. Buch, Kap. 17, § 2, 208.

86 Ebd., 2. Buch, Kap. 1, § 7, 143.

hingegen gibt es keine Gemeinsamkeiten, außer derjenigen der menschlichen Natur. Deshalb „besteht zwischen ihnen immer noch der Naturzustand“[87]. Bündnisse müssen daher zusätzlich über Verträge abgesichert werden. Damit kommt Pufendorf zu einem anderen Schluss als Grotius. Zwar gehen beide von den gleichen naturrechtlichen Annahmen aus, aber Bündnisse und deren regelmäßige Erneuerung und Bestätigung erhalten gemäß Grotius die Freundschaft zwischen staatlichen Gemeinschaften, während für Pufendorf Verträge die Freundschaft ersetzen, die im Laufe der Menschheitsgeschichte verloren gegangen ist.

Regimentstraktate gehen wesentlich detaillierter auf die Freundschaftspflege zwischen Fürsten und staatlichen Gemeinschaften ein, weshalb es sinnvoll erscheint, zur Illustrierung der idealen Freundschaftspflege in den Außenbeziehungen den 1656 erstmals erschienenen „Deutschen Fürstenstaat“ von Veit Ludwig von Seckendorff beizuziehen. Im zweiten Teil seines Werks gibt Seckendorff für die Beziehungen eines Fürsten zu seinen Freunden folgende Ratschläge: Ein Landesfürst muss sich bemühen, nicht nur mit Blutsverwandten, sondern auch mit benachbarten Fürsten „in guter freundschafft und vernehmen“ zu stehen[88]. Er definiert anschließend unterschiedliche Grade von Freundschaft. Die engsten Freundschaften bestehen mit Blutsverwandten, den unmittelbaren Nachbarn und mit „Religionsverwandten“[89]. Zur Freundschaftspflege ganz allgemein gehören Grüße, Nachfragen nach der Befindlichkeit, Neujahrswünsche, Bewirtung und höflicher Empfang, wenn befreundete Fürsten durchs Land reisen, der Empfang ihrer Gesandten und Boten mit allen erforderlichen Ehren und die Bereitschaft, sie zollfrei passieren zu lassen, wenn sie Waren durchs Land führen. Ist die „verwandtschafft und vertraulichkeit“, wie Seckendorff sagt, enger, dann teilt der Fürst zudem alle freudigen Ereignisse – Geburten, Heirat, wichtige Verträge – und alle betrüblichen Nachrichten – Todesfälle – den Freunden mit; diese wiederum antworten mit Gratulations- oder Kondolenzschreiben. Außerdem pflegt ein guter Fürst auch persönlichen Kontakt mit seinen Freunden, besucht sie, geht mit auf die Jagd und bittet sie um die Patenschaft seiner Kinder. Wirklich vertraute Freunde teilen aber auch politische Sorgen und unterstützen sich mit Geld, Soldaten, Lebensmitteln. Bei weniger engen oder auch weniger gewünschten Freundschaften muss, um Seckendorffs Ratschläge kurz zusammenzufassen, zumindest die Form gewahrt werden. Wenn es sich um Nachbarn handelt, dann ist es allerdings zum Wohle des eigenen Landes wichtig, ein gutes Einvernehmen zu erhalten und regelmäßig Informationen auszutauschen[90].

---

87 Ebd.

88 *Veit Ludwig von Seckendorff,* Deutscher Fürstenstaat, Jena 1737 [ND Aalen 1972].

89 Ebd., Anderer Theil, Kap. 7, 183 – 184.

90 Ebd., 184 – 190.

Eine zweite Zwischenbilanz kann somit aus der Darstellung des Freundschaftsbegriffs im Zusammenhang mit Außenbeziehungen gezogen werden: Die frühneuzeitlichen Theoretiker setzen implizit rechtliche Verbindlichkeiten (Bündnisse, Verträge) mit Freundschaftsbeziehungen gleich. Die Begründung dieser offensichtlich selbstverständlichen Gleichsetzung wird von den Theoretikern nicht direkt gegeben, sondern lässt sich jeweils auf der Grundlage der Erörterungen zu den Ursprüngen des gesellschaftlichen Zusammenschlusses – Mann und Frau, Familie, Verwandtschaft, Gemeinschaft – erschließen. Den engen Bezug zum „privaten", häuslichen Bereich illustrieren Seckendorffs Ratschläge zur Freundschaftspflege unter Fürsten, denn er verwendet zur Präzisierung des Freundschaftsbegriffs ganz dezidiert Ausdrücke wie „Vertraulichkeit" und „Verwandtschaft". Ein freundschaftlicher Umgang zwischen den Herrschern und ihren Häusern garantiert den freundschaftlichen Umgang zwischen den durch sie verkörperten staatlichen Gemeinschaften. Es stellt sich somit zum Schluss die Frage, inwiefern der Begriff „Freundschaft" für die Definition häuslicher Gemeinschaft entscheidend war.

IV. Die Bedeutung der Freundschaft für die häusliche Gemeinschaft

Unter den Theoretikern besteht Einigkeit, dass Ehe und Familie die Grundlage staatlicher Gemeinschaft sind. So entzündete sich die Flamme der Freundschaft – folgt man Bodin – in der Verbindung zwischen Frau und Mann, und die Familie ist „der eigentliche Quell und Ursprung jedes Staates und sein wichtigstes Glied"[91]. Althusius definiert die private als ersten Baustein der öffentlichen Gemeinschaft. Zu diesen symbiotischen Gemeinschaften privater Art zählt er „Hausgenossen, Ehegatten, Blutsverwandte und Kollegen"[92], deren Symbiose sich durch die „Übereinstimmung der Herzen" auszeichne[93]. „Glühendes Verlangen" wurde vom Schöpfer vorgesehen, damit Mann und Frau eine Ehe eingehen und nicht nur Freuden, sondern auch die Mühen gerne auf sich nehmen, meint Pufendorf[94]. Eheschließung ist somit ein naturrechtliches Gebot und ohne Ehe „kann keine gesittete und wohlgeordnete Gemeinschaft [...] unter den Menschen bestehen"[95]. Die Familien, die durch eheliche und väterliche Liebe entstanden sind und ausschließlich durch sie zusammengehalten werden, bildeten die ersten kleinen Gesellschaften, wie auch Rousseau erklärt: *Chaque famille*

---

91 *Bodin,* Staat (Anm. 5), 1. Buch, Kap. 2, 107.

92 *Althusius,* Politik (Anm. 4), Kap. 3, § 42.

93 Ebd., Kap. 2, § 8.

94 *Pufendorf,* Über die Pflicht des Menschen (Anm. 47), 2. Buch, Kap. 2, § 2; vgl. auch *Behme,* Samuel von Pufendorf (Anm. 46), 106 f.

95 *Pufendorf,* Über die Pflicht des Menschen (Anm. 47), 2. Buch, Kap. 2, § 3.

devint une petite Société d'autant mieux unie que l'attachement réciproque et la liberté en étoient les seuls liens[96]. Liebe, die sich bei Bodin und Althusius als Freundschaft auf Verwandte und Kollegen übertrug, ist die Quelle der ersten Gemeinschaften. Doch diese sind bei Bodin vorstaatlicher Natur. Er trennt private Verbundenheit scharf von Gestalt und Funktion von Hausgemeinschaften innerhalb eines konstituierten Staates.

„Unter Haushaltung versteht man eine rechtmäßige Herrschaft über mehrere einem Familienoberhaupt zum Gehorsam verpflichtete Untertanen und das was ihnen gehört“[97] – dergestalt definiert Bodin die Hausgemeinschaft als Glied und Vorbild der Regierung eines Staates. Aber nicht nur der Familienverband, sondern auch die Ehe wird als Herrschaftsverhältnis begriffen. Die Familienoberhäupter üben häusliche, private Gewalt aus (im Gegensatz zur öffentlichen Gewalt, die beim Souverän liegt). Diese besteht in vierfacher Weise: der Ehemann gebietet über seine Ehefrau, der Vater über seine Kinder, der Herr über seine Sklaven sowie über seine Dienstboten[98]. Bodin präzisiert an dieser Stelle, worin „Quell und Ursprung jeglicher menschlicher Gemeinschaft“ liegen: in der „Gewalt des Ehemanns über seine Frau“[99]. Diese über Befehl und Gehorsam, Herrschaft und Unterwerfung geordneten „Häuser“ sind das eigentliche Fundament eines Staates, der über deren Zusammenschluss entstand[100].

Althusius hingegen fasst explizit Eheleute, Familie, Verwandte und somit die privaten Gemeinschaften als politischen Teil eines staatlichen Gebildes: „Jedes symbiotische Gemeinschaftsleben gehört naturgemäß zur Politik und entspricht ihrem Wesen.“[101] Wie bereits erläutert, baut sich in seiner Perspektive die staatliche Gemeinschaft von unten her auf, womit die privaten symbiotischen Gemeinschaften zu den ersten Gliedern werden. Die Ehe beruht auf einem Vertrag, wobei der Ehemann der Gemeinschaft vorsteht, Ehefrau und Familie haben zu gehorchen[102]. Dennoch definiert Althusius Ehe und Familie nicht bloß als Herrschaftsverhältnis, sondern betont gleichermaßen die Gegenseitigkeit. So teilen Eheleute „Vorzüge und Lasten“, wozu Althusius „zärtlichen Umgang, vertraute und innige Freundschaft, gegenseitige Liebe, Treue und Geduld“ sowie „Gemeinschaft aller Güter und des Rechts“ zählt[103]. Diese Logik zieht sich in die nächstgrößere Gemeinschaft, die Verwandtschaft, weiter. Es gibt Familienvorsteher, die über die Sippe gebieten, doch zu den gemeinsamen Vorrechten zählen „Zu-

96 *Rousseau,* Discours sur l'origine (Anm. 59), 2. Teil, 168.
97 *Bodin,* Staat (Anm. 5), 1. Buch, Kap. 2, 107.
98 Ebd., 1. Buch, Kap. 3, 115.
99 Ebd., 116.
100 Vgl. auch *Bermbach,* Widerstandsrecht (Anm. 8), 138–139.
101 *Althusius,* Politik (Anm. 4), Kap. 3, § 42.
102 Ebd., Kap. 2, §§ 2 und 40.
103 Ebd., § 46.

neigung, Liebe und Wohlwollen"[104]. Der Hausgemeinschaft stehen Hausmutter und -vater vor. Bedienstete und Knechte haben das Recht auf Schutz und Schirm und sind ihrerseits zu treuen Diensten verpflichtet[105].

Pufendorf weist Ehe, Familie und Hausgemeinschaft unterschiedliche Bereiche zu; die Skala reicht von naturrechtlich begründeten privaten Verträgen bis zu herrschaftlich definierten Abhängigkeitsverhältnissen. Die Ehe hat gemäß Pufendorf zwei Grundlagen: einerseits entspricht sie einem naturrechtlichen Gebot, andererseits wird sie über einen Vertrag definiert[106]. Dieser Vertrag beinhaltet gegenseitige Treue (wobei diese nur für die Gattin als unabdingbar vorausgesetzt wird). Wenn auch der Mann keine absolute Herrschaft über seine Ehefrau hat – insbesondere steht ihm weder „das Recht über Leben und Tod", noch „ein strenges Züchtigungsrecht" oder „volle Verfügungsgewalt über das gesamte Vermögen"[107] zu –, so liegt doch die Leitung der familiären Angelegenheiten beim Gatten. Zu den naturrechtlichen Pflichten sowohl des Mannes wie auch der Frau gehören gegenseitige Liebe und der gegenseitige Beistand. „Auf jeden Fall erfordert es die Natur einer so engen Verbindung, dass die Gatten Glück und Unglück miteinander teilen."[108] Wird die Ehegemeinschaft zur Familie, finden auch bei Pufendorf die Begriffe Herrschaft, Gewalt und Unterordnung Eingang in seine theoretischen Erörterungen. Der Vater ist das Familienoberhaupt und die Kinder stehen unter der Herrschaft der Eltern. Die väterliche Gewalt hat allerdings Grenzen: Sie dient nur dazu, die Kinder zu nützlichen Mitgliedern der Gesellschaft zu erziehen. Sobald sie für sich selber aufkommen können, sind sie den Eltern zwar noch Respekt schuldig, unterstehen aber nicht mehr ihrer Herrschaft[109]. Hingegen ist die Beziehung zwischen einem Herrn und seinen Knechten innerhalb einer Hausgemeinschaft als Herrschaftsverhältnis mit Befehlsgewalt des Hausvaters und Gehorsamspflicht der Knechte definiert[110].

Der *Contrat social* Rousseaus basiert auf einem Zusammenschluss freier und gleichberechtigter Menschen – ob es sich dabei um Hausväter handelt, kann höchstens erahnt werden. Rousseau äußert sich wenig präzise dazu, wie Ehe- und Familiengemeinschaft konstituiert sind. Die erste, älteste und einzig natürliche Gesellschaft ist die Familie. Die Kinder bleiben aber nur so lange mit dem Elternhaus verbunden, wie sie es zum eigenen Unterhalt benötigen. Sobald dies nicht mehr der Fall ist, wird die natürliche Abhän-

104 Ebd., §§ 17 und 19.

105 Ebd., Kap. 3, §§ 39–41.

106 Vgl. *Behme,* Samuel von Pufendorf (Anm. 46), 106.

107 *Pufendorf,* Über die Pflicht des Menschen (Anm. 47), 2. Buch, Kap. 2, § 4.

108 Ebd., § 10.

109 Ebd., Kap. 3, §§ 1, 2, 4, 8.

110 Ebd., Kap. 4. Zu den teilweise widersprüchlichen Aussagen Pufendorfs vgl. *Behme,* Samuel von Pufendorf (Anm. 46), 109–111.

gigkeit aufgelöst. Die Kinder sind ihrer Gehorsamspflicht entbunden, der Vater seiner Unterhaltspflicht, wodurch alle gleichermaßen unabhängig voneinander werden. Ab diesem Zeitpunkt ist die Familiengemeinschaft keine natürliche mehr, sondern eine gewollte, und wird daher durch eine freiwillige Übereinkunft unter Gleichberechtigten zusammengehalten[111].

Die Spurensuche brachte somit zumindest diese Klärung: Bodins Konzept der Freundschaft erfuhr in der frühneuzeitlichen Staatstheorie keine Fortsetzung, geschweige denn eine Erweiterung. Selbst für Bodin ist „Freundschaft" zwar unabdingbar, um die Formierung der ersten Gesellschaften zu begründen. Doch für Ehe und Familie, die Basis der staatlichen Gemeinschaft, ist Freundschaft kein konstitutives Element, um deren staatstragende Rolle zu erklären. Freundschaft (und Liebe) ist für die Theoretiker eine vor-gesellschaftliche, vor-staatliche Notwendigkeit, der vielleicht wichtigste Grund für den Zusammenschluss der Menschen zu einem Herrschaftsverband oder einer *consociatio*. Sobald es aber um die Erläuterung der inneren Struktur dieses Verbandes geht, verschwindet „Freundschaft" als Argument.

Dies gilt allerdings nicht für die Beziehungen zwischen den staatlichen Gemeinschaften. Zwar werden die „Freundschaft" und ihre Funktion in den hier untersuchten Schriften nicht weiter theoretisch begründet, implizit liegt ihre Fundamentierung aber deutlich im Naturrecht. Eine nähere Untersuchung von völkerrechtlichen Schriften würde eventuell eine Traditionslinie herausarbeiten können. Interessant ist jedenfalls, dass sich dieser frühneuzeitliche diplomatische Sprachgebrauch[112] bis heute hält – Politiker operieren nach wie vor mit dem Freundschaftsbegriff, um die Tragweite einer Außenbeziehung deutlich zu machen. So belastete beispielsweise der jüngste Irak-Krieg die „deutsch-amerikanische Freundschaft" sehr und Annäherungen zwischen China und Russland werden als „freundschaftliche Beziehungen" bezeichnet.

Résumé français

Selon Jean Bodin, toutes les communautés humaines reposent sur l'amitié, qu'il décrit comme „flamme sacrée". En partant de l'hypothèse que cette analyse de Bodin ait laissé des traces dans la théorie politique de l'Ancien

---

[111] *Rousseau,* Contrat social (Anm. 68), 352.

[112] Für weitere Beispiele s. den Beitrag von Andreas Würgler in diesem Band oder das von Christian Windler zusammengestellte Quellendossier für seinen Beitrag „Les pratiques de l'entretien à l'épreuve des différences politiques et confessionelles: une mission milanaise auprès des cantons suisses en 1565" zum Seminar „Le négociateur face à ses interlocuteurs: l'entretien dans la pratique diplomatique de la fin du Moyen Age à la première Guerre mondiale", Ecole française de Rome, 26 novembre 2005 (im Druck).

Régime, Andrea Iseli offre une analyse des œuvres d'Althusius, de Pufendorf et de Rousseau qui permet de constater une rupture décisive au XVIIème siècle. La pensée politique de Bodin et d'Althusius repose encore sur le principe que seul le respect mutuel, l'attachement et la solidarité entre les hommes puissent garantir l'existence d'une communauté. Pufendorf et Rousseau, au contraire, ne partagent plus la vision d'une société qui serait liée par l'amour et l'amitié – facteurs qu'ils remplacent avec l'obligation et le contrat. L'amitié perd donc son rôle fondamental dans la pensée politique moderne et fait place au contrat social qui assure la liberté et la propriété des individus.

Und willst du nicht mein Bruder sein, so ... Freundschaft als politisches Medium in Bündnissen und Korrespondenzen der Eidgenossenschaft (1291–1501)

Von *Michael Jucker*, Münster

Der Titel meines Beitrages mag etwas verwirrend klingen, insbesondere für einen Artikel über das Spätmittelalter und seine doch so anders gearteten Freundschaftskonzepte: „Und willst du nicht mein Bruder sein, so schlag ich dir den Schädel ein", ist bekanntlich kein mittelalterliches, sondern ein ins Deutsche übersetztes jakobinisches Zitat. Trotzdem scheint es mir gut zu dem zu passen, was ich zur Diskussion stellen möchte. Die Auswahl des Zitats ist einerseits der Tatsache geschuldet, dass es aus der politischen Sprache kommt, um die es im Folgenden gehen wird. Andererseits ist sie damit zu begründen, dass hier nicht der familiäre, sondern eben der politische Bruder gemeint ist, und damit ein Brüderlichkeitsaspekt tangiert wird, den ich gegen Ende meines Beitrages erläutern möchte. Darüber hinaus, so wird auch zu zeigen sein, mutet das ausgewählte Zitat gar nicht so modern oder revolutionär an, wenn man sich mit der eidgenössischen Akten- und Urkundensprache beschäftigt und feststellt, dass auch im Spätmittelalter die Freundschafts- und Brüderlichkeitsmetaphorik einen zwar nicht gerade tödlichen, aber immerhin spürbaren Zwangscharakter haben konnte. Trotzdem muss natürlich festgehalten werden, dass wir es bei der spätmittelalterlichen Freundschaft und der Brüderlichkeit mit etwas völlig anderem zu tun haben als mit der revolutionären *fraternité* in Frankreich, welche eine Abschaffung der Rangunterschiede implizierte, die selbst in der mittelalterlichen Eidgenossenschaft nicht angestrebt wurde[1].

Damit ist aber gleichzeitig auch gesagt (und das wird sich weiter zeigen), dass Freundschaft wie Brüderlichkeit im politischen Bereich nicht losgelöst von, sondern stark verbunden mit sich wandelnden Machtstrukturen vorhanden waren und deshalb vor diesem Hintergrund analysiert werden müssen. Politische Machtverhältnisse bestimmten, wer wessen Freund oder Bruder war. Nicht immer ist es der gütige „Vater Staat" oder die fürsorgliche „Patria" – oder in der Schweiz die „Mutter Helvetia" –, welche ihre Arme

1 *Wolfgang Schieder*, Brüderlichkeit. Bruderschaft, Brüderschaft, Verbrüderung, Bruderliebe, in: Geschichtliche Grundbegriffe 2 (1972), 551–581.

schützend über die Bürger(-Söhne) hält. Nicht immer ist es die brüderliche Solidarität unter Staaten oder Völkern die vorherrschend ist oder war. Freundschafts- und Verwandtschaftsmetaphern können durchaus auch Ungleichheit zum Vorschein bringen oder diese vertuschen. Freundschaft, Verwandtschaft und Brüderlichkeit sind nicht immer mit paternalistischem Schutz, politischer Gleichheit oder horizontalen Bindungen zu erklären. Dies ist eine Grundthese, die ich hier erläutern will. Zudem soll untersucht werden, was die Zeitgenossen auf dem Gebiet der heutigen Schweiz unter Freundschaft und Brüderlichkeit verstanden. Woher stammten diese Begriffe und wie kamen sie in die Kanzleien und in die Aktensprache? Warum bezeichneten sich die Eidgenossen als „liebe Freunde" und „getreue Eidgenossen" und später erst als „liebe Brüder"? Wer waren die Freunde und Verwandten in der Eidgenossenschaft?

Mit solchen und ähnlichen Fragen hat sich die Forschung noch kaum beschäftigt. Es ist leider zu konstatieren, dass die schweizerische mediävistische Geschichtswissenschaft im Bereich der Freundschaftsforschung wahrlich noch in den Kinderschuhen steckt, um hier ein weiteres Bild aus der Verwandtschaft zu bemühen. Dies ist erstaunlich, denn die archivalische Situation ist meist besser als in den umliegenden heutigen Nachbarstaaten, die durch Kriege viele Akten und Urkunden verloren haben. Sicher, auch innerhalb der heutigen Schweiz sind die Überlieferungszustände sehr unterschiedlich ausgebildet, da die Archivierung der mittelalterlichen Bestände je nach Ort unterschiedlich organisiert und der Grad an Schriftlichkeit dementsprechend verschieden war[2]. Erst in den letzten Jahren haben sich jüngere Forscherinnen und Forscher dem Thema der Freundschaft gewidmet. Man kann die wichtigste Literatur und Forschung zur Freundschaft und Verwandtschaftsthematik im Bereich der Politik allerdings an einer Hand abzählen: Hervorzuheben ist die Arbeit von Simon Teuscher, der Soziabilitätsformen aus bernischem Archivmaterial rekonstruierte. Er konnte zeigen, dass Freundschaft und Klientelismus in der bernischen Führungsschicht eng miteinander verwoben waren und dass die aus heutiger

---

2 Einen kurzen Überblick zur Archivsituation in der heutigen Schweiz gibt es leider nicht, vgl. aber *Randolph C. Head,* Knowing Like a State. The Transformation of Political Knowledge in Swiss Archives, 1450–1770, in: The Journal of Modern History 75 (2003), 745–782; *Paul Schweizer,* Geschichte des Staatsarchivs zu Zürich (Inventar Schweizerischer Archive. 2. Teil), Bern 1899, 1–110; *Anton Gössi,* Die Verwaltung der Stadt Luzern und ihr Schriftgut im späten 14. Jahrhundert, in: Luzern, 1178–1978. Beiträge zur Geschichte der Stadt Luzern, Luzern 1978, 171–197; *ders.*, Archivordnungen und Kanzleiregistraturen in Luzern bis ins 18. Jh., in: Mitteilungen der Vereinigung Schweizerischer Archivare 27 (1976), 3–25; *Peter Rück,* Zur Diskussion um die Archivgeschichte. Die Anfänge des Archivwesens in der Schweiz (800–1400), in: Mitteilungen der Vereinigung schweizerischer Archivare 26 (1975), 5–40; *Hans Conrad Peyer,* Das Staatsarchiv Zürich. Bestände – Aufgaben – Benützung. Separatdruck aus dem Zürcher Taschenbuch auf das Jahr 1968, Zürich 1968; *ders.*, Das Archiv der Feste Baden. Dorsualregesten und Archivordnung im Mittelalter, in: Festgabe Hans von Greyerz zum 60. Geburtstag, hrsg. v. Ernst Walder u. a., Bern 1967, 685–698.

Sicht leicht als korrupt erscheinende Mikropolitik die Entwicklung staatlicher Strukturen durchaus voranbringen konnte[3]. Anhand von Privatbriefen erläuterte er zudem in einem grundlegenden Aufsatz, wie Freundschaft und Verwandtschaft über räumliche Distanz aufrechterhalten wurden[4]. Auf der Grundlage des reichhaltigen Quellenmaterials in Zürich legte Ulrich Vonrufs kürzlich eine Studie zu Freundschaft, Patronage und Netzwerken im Umfeld des 1489 gestürzten Bürgermeisters Hans Waldmann vor[5].

Ebenfalls um soziale, teils auch politische Beziehungen und Soziabilitäten geht es in Valentin Groebners „Gefährlichen Geschenken“: Geschenke erhielten die politische Freundschaft – dies eine der Hauptaussagen Groebners. Im Bereich der politischen Freundschaft wurde durch Groebners zahlreiche Arbeiten sicherlich deutlich, dass der Begriff auch negativ besetzt sein konnte und dass das Reden über Korruption und Schenken genauso wichtige Funktionen hatte wie die Gabe selbst[6]. Freunde wurden bisweilen zeitgenössisch gleichgesetzt mit bestechlichen Personen aus der Führungsschicht, die zunehmend unter Druck von unten geriet und verleumdet wurde[7].

Zu erwähnen sind zudem ein Aufsatz von Regula Schmid über Brüderlichkeitsmetaphorik in der eidgenössischen Chronistik sowie ein demnächst

3 *Simon Teuscher*, Bekannte – Klienten – Verwandte. Soziabilität und Politik in der Stadt Bern um 1500 (Norm und Struktur, 9), Köln / Weimar / Wien 1998.

4 *Ders.*, Bernische Privatbriefe aus der Zeit um 1500. Überlegungen zu ihren zeitgenössischen Funktionen und zu Möglichkeiten ihrer historischen Auswertung, in: Mittelalterliche Literatur im Lebenszusammenhang, hrsg. v. Conrad Eckart Lutz (Scrinium Friburgense, 8), Freiburg i. Ü. 1997, 359–385.

5 *Ulrich Vonrufs*, Die politische Führungsgruppe Zürichs zur Zeit von Hans Waldmann (1450–1489): Struktur, politische Networks und die sozialen Beziehungstypen, Verwandtschaft, Freundschaft und Patron-Klient-Beziehungen (Geist und Werk der Zeiten, 94), Bern 2002. Zu Waldmann vgl. jetzt *Michael Jucker*, Negotiating and Establishing Peace. Between Gestures and Written Documents: The Waldmann-Process in Late Medieval Zurich (1489), in: Symbolic Communication in Late Medieval Towns, hrsg. v. Jacqueline van Leeuwen (Mediaevalia Lovaniensia. Ser. 1, 37), Leuven 2006, 101–123. Eine deutsche, ausgeweitete Version demnächst in einem von Theo Brockmann und mir herausgegebenen Band zu symbolischer Kommunikation am Oberrhein und in der Eidgenossenschaft (Münster 2007); siehe auch: *Mireille Othenin-Girard*, Aufstand der Zürcher Landschaft 1489 unter besonderer Berücksichtigung der Beschwerden, in: Zürcher Taschenbuch 107 (1987), 32–54.

6 *Valentin Groebner*, Invisible Gifts. Secrecy, Corruption and the Politics of Information at the Beginning of the 16th Century, in: Zeitsprünge. Forschungen zur Frühen Neuzeit 6 (2002), Heft 1–4, 98–110; *ders.*, Gefährliche Geschenke. Ritual, Politik und die Sprache der Korruption in der Eidgenossenschaft im späten Mittelalter und am Beginn der Neuzeit (Konflikte und Kultur – Historische Perspektiven, 4), Konstanz 2000. Zu den falschen Freunden in der Eidgenossenschaft, auf die ich an dieser Stelle nicht weiter eingehe, vgl. auch den Beitrag von Andreas Würgler in diesem Band.

7 Vgl. *Michael Jucker*, Gesandte, Schreiber, Akten. Politische Kommunikation auf eidgenössischen Tagsatzungen des Spätmittelalters, Zürich 2004; *ders.*, Gesten, Kleider und Körperschmähungen. Ordnungsbrüche und ihre Wahrnehmung im Gesandtschaftswesen des Spätmittelalters und der Frühen Neuzeit, in: Ordnung und Distinktion. Praktiken sozialer Repräsentation in der ständischen Gesellschaft, hrsg. v. Marian Füssel / Thomas Weller, Münster 2005, 215–237.

erscheinender Beitrag von ihr zur Integration der Bündnispartner in der Eidgenossenschaft. Diese für den letzten Teil meines Beitrages grundlegenden Aufsätze zeigen, dass die „Brüderlichkeit" in der eidgenössischen Politik ein erst in den 1470er Jahren aufkommender Begriff war. Der politische Begriff der Brüderlichkeit kommt gemäß Schmid aus der Berner Chronistik von Diebold Schilling und fließt dann in die Burgrechtsverträge ein. Die Begrifflichkeit zeigt sich jedoch nicht nur in der Vertragssprache und in den Chroniken, sondern manifestierte sich in den gegenseitigen Besuchen der Eidgenossen bzw. der örtlichen Eliten. In Empfangsritualen und Reden wurde Brüderlichkeit unter den eidgenössischen Führungsschichten bekräftigt und durch Rituale gefestigt[8]. Es bleibt allerdings offen, wie genau und aus welchen Gründen der Begriff 1474 in die Kanzlei Berns kam.

Randolph Head verfasste bereits 1995 einen wichtigen Aufsatz zur Brüderlichkeitsmetaphorik in der Eidgenossenschaft der Frühen Neuzeit. Er stellte aufgrund der von ihm untersuchten Chroniken fest, dass: „In fact, Swiss political rhetoric from the late Middle Ages did not usually use brotherhood as a metaphor for political order. The Tell story and chronicles before the seventeenth century are singularly devoid of metaphors comparing the cantons of their leagues to the human family. In both literary and political documents, Swiss men described their fellow Swiss as league or oath comrades (*Bundesgenossen, Eidgenossen*) rather than as brothers. This suggests that little of the naturalism so typical of sixteenth-century political thought appeared in Switzerland around 1500."[9] Ob sich dieser Mangel an gebrauchten Begriffen wie „Brüder" oder „Brüderlichkeit" im politischen Bereich ebenfalls so konstatieren lässt, ist aufgrund der von Schmid erbrachten Forschung wohl eher anzuzweifeln und soll weiter unten ebenfalls anhand von Aktenmaterial diskutiert werden. Zum Freundschafts- und Brüderlichkeitsgebrauch in der Zwinglianischen Rhetorik ist am Rande unseres Themas noch Wandel Lee Palmer zu erwähnen[10].

---

[8] Ich danke Regula Schmid für die Manuskriptfassungen ihrer grundlegenden Aufsätze: *Regula Schmid*, ‚Liebe Brüder.' Empfangsrituale und politische Sprache in der spätmittelalterlichen Eidgenossenschaft, in: Adventusstudien. Bd. 1, hrsg. v. Peter Johanek (vorauss. Münster 2007); *dies.*, Die schweizerische Eidgenossenschaft – Ein Sonderfall gelungener politischer Integration?, in: Fragen der politischen Integration im mittelalterlichen Europa, hrsg. v. Werner Maleczek (VuF, 63), Ostfildern 2005, 413–448. Siehe demnächst von Schmid auch die Habilitationsschrift zu Chronistik und Ritualen in den Städten der Eidgenossenschaft und am Oberrhein. Vgl. zu Soziabilitäten in den Berner Ratsgremien *dies.*, Reden, rufen, Zeichen setzen. Politisches Handeln während des Berner Twingherrenstreits 1469–1471, Zürich 1995.

[9] *Randolph C. Head*, William Tell and His Comrades: Association and Fraternity in the Propaganda of Fifteenth- and Sixteenth-Century Switzerland, in: The Journal of Modern History 67 (1995), 527–557, hier 527.

[10] *Wandel Lee Palmer*, Brothers and Neighbours. The Language of Community in Zwingli's Preaching, in: Zwingliana 17 (1988), 361–374; ebenfalls indirekt um Soziabilitäten und Freundschaftskonnotationen geht es in *Elisabeth Wechsler*, Ehre und Politik. Ein Beitrag zur Erfassung politischer Verhaltensweisen in der Eidgenossenschaft (1440–1500) unter historisch-anthropologischen Aspekten, Zürich 1991, die

Arbeiten zu Freundschaft allgemein oder zu Freundschafts- und Versöhnungsgesten, wie sie beispielsweise in der deutschen Forschung durch Gerd Althoff für das Hochmittelalter[11], durch Klaus van Eickels zu Frankreich und England[12], durch Klaus Oschema zu Gesten der Nähe und Freundschaft zwischen Herrschern[13], und von weiteren Forschern verfasst wurden bzw. werden, fehlen für die eidgenössische Politik praktisch gänzlich. Wir wissen immer noch zu wenig über das gestisch-freundschaftliche Verhalten städtischer Würdenträger beispielsweise bei Vertragsabschlüssen in Städten, in der Eidgenossenschaft insbesondere auch in der Interaktion mit fremden Gesandten oder bei Inszenierungen von Friedensabkommen[14]. Ebenso wenig ist bekannt, wie Gesten allgemein und vor allem solche der Freundschaft in die Schriftform Eingang fanden. So ist noch weitgehend unerforscht, wie und weshalb welche Gesten und welches symbolische Handeln

---

zwar methodisch teilweise fragwürdig vorgeht, jedoch zahlreiche neue Quellenbeispiele zu Tage gefördert hat.

11 Von ihm unter vielen Publikationen wichtig für unser Thema: *Gerd Althoff,* Verwandte, Freunde und Getreue. Zum politischen Stellenwert der Gruppenbindungen im frühen Mittelalter, Darmstadt 1990; *ders.*, Freund und Freundschaft. § 2: Historisches, in: RGA 9 (1995), 577–582; *ders.*, Das Privileg der deditio. Formen gütlicher Konfliktbeendigung in der mittelalterlichen Adelsgesellschaft, in: ders., Spielregeln der Politik im Mittelalter. Kommunikation in Frieden und Fehde, Darmstadt 1997, 99–125, *ders.*, Inszenierung verpflichtet. Zum Verständnis ritueller Akte bei Papst-Kaiser-Begegnungen im 12. Jahrhundert, in: FMSt 35 (2001), 61–84; *ders.*, Die Macht der Rituale. Symbolik und Herrschaft im Mittelalter, Darmstadt 2003. Zu Freundschaft allgemein ist die Literatur mittlerweile kaum zu überblicken, weshalb hier keinerlei Vollständigkeit beansprucht wird; wichtig sicher *Verena Epp,* Amicitia. Zur Geschichte personaler, sozialer, politischer und geistlicher Beziehungen im frühen Mittelalter (Monographien zur Geschichte des Mittelalters, 44), Stuttgart 1999. Vgl. auch die Literatur in Anm. 12 bis 16.

12 *Klaus van Eickels,* Kuss und Kinngriff, Umarmung und verschränkte Hände. Zeichen personaler Bindung und ihre Funktion in der symbolischen Kommunikation des Mittelalters, in: Geschichtswissenschaft und „performative turn". Ritual, Inszenierung und Performanz vom Mittelalter bis zur Neuzeit, hrsg. v. Jürgen Martschukat / Steffen Patzold (Norm und Struktur, 19), Köln / Weimar / Wien 2003, 133–159; *ders.*, Vom inszenierten Konsens zum systematisierten Konflikt. Die englisch-französischen Beziehungen und ihre Wahrnehmung an der Wende vom Hoch- zum Spätmittelalter (Mittelalter-Forschungen, 10), Stuttgart 2002.

13 *Klaus Oschema,* Freundschaft / Liebe, caritas, amicitia, in: Enzyklopädie des Mittelalters. 2 Bde., hrsg. v. Gert Melville / Martial Staub, Darmstadt 2007 (im Druck); *ders.*, ‚Si fut moult grande perte...' L'attitude paradoxale de l'idéologie chevaleresque envers la mort (XVe-XVIe siècles), in: Francia 31 / 1 (2004), 95–120; *ders.*, Freundschaft und Nähe im spätmittelalterlichen Burgund. Studien zum Spannungsfeld von Emotion und Institution (Norm und Struktur, 26), Köln / Weimar / Wien 2006. Die Forschung ist außerhalb des deutschsprachigen Raumes meines Wissens weiter fortgeschritten zu Frankreich, vgl. etwa *Nicolas Offenstadt,* Le discours et les gestes de la paix pendant la guerre de cent ans, Paris (Diss., Université de Paris I – Sorbonne-Panthéon) 2001 (Druck angekündigt für 2007 unter dem Titel „Faire la paix au Moyen Age").

14 Zu Ritualen vgl. die Literatur von Gerd Althoff in Anm. 11; nun auch mit umfassender Bibliographie *Gerrit Jasper Schenk,* Zeremoniell und Politik. Herrschereinzüge im spätmittelalterlichen Reich (RI. Beih., 21), Köln / Weimar / Wien 2003. Zu Gesten im Umfeld eidgenössischer Gesandter vgl. *Jucker,* Gesten (Anm. 7), und *ders.*, Gesandte (Anm. 7). Zu Gestik und Ritualen im diplomatischen Bereich sind zum französischen Hof und auch zum 100jährigen Krieg weitere Publikationen geplant.

in Gesandtenberichten oder Chroniken aufgeschrieben wurden, welche Aspekte weggelassen und wie dies abermals von den Rezipienten wahrgenommen wurde[15]. Andere Forschungsrichtungen haben die Akten- und Vertragssprache analysiert. Auch in diesem Bereich ist, abgesehen von Schmid, für die spätmittelalterliche Eidgenossenschaft ebenfalls noch kaum Forschung erbracht worden. Eine Studie über die politische Freundschaft in der Aktensprache oder über Freundschaftsverträge, wie sie Claudia Garnier für die fürstlichen Netzwerke im Reich des 13. Jahrhunderts verfasste, existiert in der schweizerischen Forschungslandschaft ebenfalls nicht[16].

Diese Lücke soll hier nicht gerade geschlossen, aber immerhin etwas verkleinert werden. Im Bereich der Vertrags-, Bündnis- und Aktensprache sowie der diplomatischen Praxis soll vorliegender Beitrag erste Ansätze und Gedanken zur Freundschafts- und Brüderlichkeitsbegrifflichkeit liefern. In diesem Rahmen können allerdings nur einige wenige Befunde aus dem umfangreichen Material der städtischen Archive der heutigen Schweiz geboten werden. Zwar sind die Bündnisverträge unter den eidgenössischen Orten ebenso wie jene mit fremden Machthabern meist gut ediert[17], im Bereich der politischen Korrespondenz und Akten, die hier ebenso untersucht werden sollen, ist man aber auf die meist unvollständig erschlossene, noch kaum bearbeitete archivalische Überlieferung und auf teils weniger gute Editionen angewiesen[18]. Auf eine Kategorisierung des Materials wird deshalb vorläufig verzichtet, da insbesondere zum Aspekt der Korrespon-

---

15 Dazu erste Gedanken in *Michael Jucker*, Körper und Plurimedialität. Überlegungen zur spätmittelalterlichen Kommunikationspraxis im eidgenössischen Gesandtschaftswesen, in: Das Mittelalter 8 (2003), 68–83; zur Wahrnehmung von Gesten der Nähe s. *Oschema*, Freundschaft und Nähe (Anm. 13).

16 *Claudia Garnier*, Amicus amicis – inimicus inimicis. Politische Freundschaft und fürstliche Netzwerke im 13. Jahrhundert (Monographien zur Geschichte des Mittelalters, 46), Stuttgart 2000 (mit ausführlicher Bibliographie); vgl. zum ähnlichen Bereich des Vertrauens *Michael Jucker*, Vertrauen, Symbolik, Reziprozität, Das Korrespondenzwesen eidgenössischer Städte im Spätmittelalter als kommunikative Praxis, in: Zeitschrift für historische Forschung 34 (2007) (im Druck). Grundlegend jetzt die Einleitung zum Tagungsdossier „Vertrauensbildung durch symbolisches Handeln" von *Gerd Althoff*, Einführung in die Thematik der Tagung, in: FMSt 39 (2005), 247–252; s. a. *Claudia Garnier*, Wie vertraut man seinem Feind? Vertrauensbildung und Konsensfindung der rheinischen Kurfürsten um 1400, in: ebd., 271–291; *Klaus van Eickels*, Vertrauen im Spiegel des Verrats. Die Überlieferungschance vertrauensbildender Gesten in der mittelalterlichen Historiographie, in: ebd., 377–385. Vgl. jüngst *Claudia Garnier*, Freundschaft und Vertrauen in der politischen Kommunikation des Spätmittelalters, in: Freundschaft. Motive und Bedeutungen, hrsg. v. Sibylle Appuhn-Radtke/Esther P. Wipfler (Veröffentlichungen des Zentralinstituts für Kunstgeschichte in München, 19), München 2006, 117–136. Vergleichende Betrachtungen bietet *Tamara Münger*, Hanse und Eidgenossenschaft – zwei mittelalterliche Gemeinschaften im Vergleich, in: Hansische Geschichtsblätter 119 (2001), 5–48.

17 Vgl. dazu auch die Bemerkungen unten in Anm. 32 .

18 Vgl. *Jucker*, Gesandte (Anm. 7), insbes. 195–201; zur archivalischen Situation vgl. die Literatur in Anm. 2 . Viele Editionen lassen auch die Arengen von Urkunden und Briefen aus. Für die vorliegende Untersuchung wurde, wo notwendig, auf Originale zurückgegriffen.

denz hier keinerlei Vollständigkeit erreicht werden kann, sondern nur Schlaglichter zu einzelnen Phänomenen möglich sind.

In einem ersten Teil werden die Freundschafts- und Bündnisverträge des 13. bis 15. Jahrhunderts vorgestellt. Es soll gezeigt werden, welche Verträge überhaupt den Freundschaftsbegriff aufnehmen. Hieran schließen erste Überlegungen zu den Gründen für ein Fehlen in gewissen Bündnissen an. Zudem interessiert, woher der Freundschaftsbegriff in das Bündnissystem einfloss. Eine solche Analyse zeigt unter anderem Aspekte des zeitgenössischen politischen Denkens und der Vorstellungen zur politischen Freundschaft auf. Es soll in diesem Teil zudem deutlich gemacht werden, dass die Bezeichnung der politischen Vertragspartner als Freund auch in asymmetrischen Beziehungsgeflechten vorkam bzw. diese verhüllen konnte.

In einem zweiten Teil soll die Ebene des eidgenössischen Korrespondenzwesens zwischen den einzelnen Orten und Städten angesprochen werden. Dabei werden die Anredeformen und die semantischen Felder in den Briefen genauer untersucht. Es soll gezeigt werden, welche Anredeformen Freundschaft ausdrückten. Auch sollen Gründe für asymmetrische Freundschaften und fehlende Bezeichnungen untersucht werden. Im dritten und letzten Teil wird der Begriff der Brüderlichkeit diskutiert und aufgezeigt, wo, wann und weshalb er in der politischen Sprache auftaucht, und welche zur Freundschaft divergierenden Bedeutungen ihm zugemessen wurden.

Außen vor lassen werde ich soziale Freundschaften und politische Freundschaftsbezeichnungen unter Einzelpersonen, wie sie beispielsweise unter Gesandten oder Mitgliedern der Obrigkeit vorkamen; individuelle homosoziale Bindungen und die Frage der Verwandtschaft unter den einzelnen politischen Würdenträgern in der Eidgenossenschaft werden aus der Untersuchung ebenfalls ausgeklammert. Gerade jener letzte Aspekt stellt ein Desiderat der schweizerischen Forschung dar: Eine prosopographische Untersuchung der Verwandtschaftsbeziehungen und des überregionalen Konnubiums würde sicherlich interessante Einblicke in politische Netzwerke und in die Funktionsweise der Politik ergeben[19]. Es geht hier im Folgenden allerdings vornehmlich um kollektive Vorstellungen von Freundschaft im übergeordneten makropolitischen, teils auch verfassungshistorischen Bereich.

---

19 Zu Bern s. *Teuscher,* Bekannte (Anm. 3), und *Schmid,* Reden (Anm. 8); zu Zürich s. *Vonrufs,* Führungsgruppen (Anm. 5); *Ulrich Pfister,* Politische Eliten im frühneuzeitlichen Zürich, in: Alter Adel – neuer Adel? Zürcher Adel zwischen Spätmittelalter und Früher Neuzeit, hrsg. v. Peter Niederhäuser (Mitteilungen der Antiquarischen Gesellschaft in Zürich, 70), Zürich 2003, 211–230; *ders.*, Politischer Klientelismus in der frühneuzeitlichen Schweiz, in: Schweizerische Zeitschrift für Geschichte 42 (1992), 28–68; zu Luzern s. *Kurt Messmer / Peter Hoppe* (Hrsg.), Luzerner Patriziat. Sozial- und wirtschaftsgeschichtliche Studien zur Entstehung und Entwicklung im 16. und 17. Jahrhundert (Luzerner Historische Veröffentlichungen, 5), Luzern 1976, und *Josef Kurmann,* Die politische Führungsschicht in Luzern 1450–1500, Luzern 1976.

I. Freunde und Bündnisse

Beginnen wir mit der sogenannten Gründungsgeschichte und der Bündnispolitik im Gebiet der spätmittelalterlichen Eidgenossenschaft. Die ältere Forschung betrachtete die Entwicklung der Eidgenossenschaft von einer rechtshistorischen Warte aus als die Genese eines sich aus den frühen Bündnissen heraus entwickelnden Staats. Die Verfasstheit der Eidgenossenschaft sei hier bereits festgelegt gewesen, so lautete die gängige traditionelle Ansicht. Durch die Mythologisierung des Bundesbriefes von 1291, der sogenannten ersten Gründungsurkunde der Eidgenossenschaft, wurde diese Vorstellung seit dem 19. Jahrhundert zementiert und weiter tradiert[20]. Die Eidgenossenschaft galt als bäuerlich-bürgerlicher Bund der Eidgenossen, der 1291 im sogenannten Rütlischwur erstmals beeidet wurde und sich gegen Habsburg richtete. „Wir wollen sein ein einzig Volk von Brüdern, in keiner Not uns trennen, und Gefahr" – so das später vom selbst ohne Brüder aufgewachsenen Friedrich Schiller den Eidgenossen angedichtete Freiheits- und Brüderlichkeitscredo. Ein Credo, das 2005 im Todesjahr von Schiller und in Zeiten europapolitischer Volksabstimmungen und der Osterweiterung der EU ein großes *revival* erlebte[21].

---

[20] *Manfred Hettling,* Geschichtlichkeit. Zwerge auf den Schultern von Riesen, in: Eine kleine Geschichte der Schweiz. Der Bundesstaat und seine Traditionen, hrsg. v. dems. u. a., Frankfurt a. M. 1998, 91–132; *Guy P. Marchal,* Das „Schweizeralpenland": eine imagologische Bastelei, in: Erfundene Schweiz. Konstruktion nationaler Identität, hrsg. v. dems. / Aram Mattioli (Clio Lucernensis, 1) Zürich 1992, 37–49; *ders.*, Die „alten Eidgenossen" im Wandel der Zeiten. Das Bild der frühen Eidgenossen im Traditionsbewusstsein und in der Identitätsvorstellung der Schweizer vom 15. bis ins 20. Jahrhundert, in: Innerschweiz und frühe Eidgenossenschaft. Jubiläumsschrift 700 Jahre Eidgenossenschaft. Bd. 2: Gesellschaft, Alltag, Geschichtsbild, hrsg. v. Historischen Verein der fünf Orte, Olten 1990, 307–403; *ders.*, Geschichtsbild im Wandel 1732–1982. Historische Betrachtungen zum Geschichtsbewusstsein der Luzerner im Spiegel der Gedenkfeiern zu 1322 und 1386, Luzern 1982; *Roger Sablonier,* Die „Bauernstaat"-Ideologie, in: Neue Studien zum Schweizerischen Nationalbewusstsein – Nouvelles approches de la conscience nationale suisse (Itinera, 13), Basel 1992, 9–22; *Matthias Weishaupt,* Bruderliebe und Heldentod. Geschichtsbilder und Geschichtskultur in Festreden am schweizerischen Schützenfest in Glarus 1847, in: Die Schweiz 1798–1998. Staat – Gesellschaft – Politik. Bd. 1: Revolution und Innovation. Die konfliktreiche Entstehung des schweizerischen Bundesstaates von 1848, hrsg. v. Andreas Ernst / Albert Tanner / Matthias Weishaupt, Zürich 1998, 61–78; *ders.*, Bauern, Hirten und „frume edel puren". Bauern- und Bauernstaatsideologie in der spätmittelalterlichen Eidgenossenschaft und der nationalen Geschichtsschreibung der Schweiz. Basel 1992; *ders.*, Hirten, „Bauern & Bürger" und Bauernsoldaten. Die ideologische Vereinnahmung der mittelalterlichen Bauern in der nationalen Geschichtsschreibung der Schweiz, in: Die Bauern in der Geschichte der Schweiz, hrgs. v. Albert Tanner / Anne-Lise Head-König (Schweizerische Gesellschaft für Wirtschafts- und Sozialgeschichte, 10) Zürich 1992, 23–39.

[21] Vgl. beispielsweise die problematischen Aussagen des heutigen Justizministers Christoph Blocher im Grauen Brief der AUNS vom Juli 2003, einzusehen auf URL http://www.auns.ch/de/gb/gb90.pdf, 15. 03. 2007. Die AUNS ist eine rechtspopulistische Bewegung, die sich sowohl ausländer- wie auch europafeindlich zu profilieren versucht. Friedrich Schillers „Alle Menschen werden Brüder" ist sicher bekannter als das Tell-Zitat.

Neben den politisch aufgewärmten Brüderlichkeitsmetaphern werden auch die Bündnisse der Eidgenossen analog instrumentalisiert und absurderweise ausgerechnet gegen die bilateralen Verträge mit der Europäischen Union ausgespielt, deren Hymne ebenfalls auf Schillers Brüderlichkeit aufbaut. Die schweizerische Mystifikation der Brüderlichkeit kommt nicht von ungefähr, denn Brüderlichkeit und Wehrhaftigkeit (im Sinne eines männerbündlerischen Freiheitskampfes) waren der älteren Historiographie gemäß die Grundfesten der sich sukzessive zu einem Staat hin entwickelnden Eidgenossenschaft. Die eidgenössische Brüderlichkeit und die lieben, getreuen, solidarischen Eidgenossen, waren demzufolge politische Ideen beziehungsweise Ideologeme, die aus der Innerschweiz kamen. Diese Gründungsgeschichte ist in der modernen Literatur hauptsächlich widerlegt, in der Bevölkerung jedoch nach wie vor stark verwurzelt[22]. Ob die Freundschaft und Brüderlichkeit aus der Innerschweiz stammten, wird sich weiter unten zeigen.

Auf dem Gebiet der heutigen Schweiz existierten vielmehr ein äußerst komplexes Geflecht und eine Vielzahl von Bündnissen, was für das Spätmittelalter keine Besonderheit war[23]. In ihrer Funktion waren sie sicher nicht ausschließlich antihabsburgische Verteidigungsbündnisse. Einige dieser Verträge hatten eher ephemeren Charakter, häufig reichten sie auch weit in den oberrheinischen, schwäbischen Raum hinein und hatten also wenig mit einer eidgenössischen Staatsgründung zu tun. Allerdings sind diese Bündnisse des 13. und 14. Jahrhunderts in ihrer Funktion durchaus ernst zu nehmen, aber nicht aus patriotischer oder verteidigungspolitischer Perspektive: Vielmehr galt ihre Funktion, wie Peter Blickle betonte, der Friedenssicherung und -wahrung[24]. Festgehalten wurden sie in Urkunden, wie dies

---

22 *Guy P. Marchal,* Neue Aspekte der frühen Schweizer Geschichte, in: Schweizerische Zeitschrift für Geschichte 41 (1991), 235–248; *Michael Jucker,* Kommunikation schafft Räume: Die spätmittelalterliche Eidgenossenschaft als imaginierter und realer Ort, in: Virtuelle Räume. Raumwahrnehmung und Raumvorstellung im Mittelalter (Akten des 10. Symposiums des Mediävistenverbandes in Krems, 24.–26. März 2003), hrsg. v. Elisabeth Vavra, Berlin 2005, 13–34, mit der wichtigsten Literatur. Einen guten Einblick in die Forschungsproblematik liefern *Peter Stadler,* Neuere Historiographie. Beiträge der deutschen Schweiz seit 1945, in: Schweizerische Zeitschrift für Geschichte 41 (1991), 10–28, und *Alois Niederstätter,* Habsburg und die Eidgenossen im Spätmittelalter. Zum Forschungsstand über eine „Erbfeindschaft", in: Schriften des Vereins für Geschichte des Bodensees und seiner Umgebung 116 (1988), 1–22. Vgl. zuletzt auch: *Roger Sablonier,* Schweizergeschichte: Ein Sonderfall?, in: Traverse 11/2 (2004), 23–40.

23 Siehe bereits *Andreas Heusler,* Schweizerische Verfassungsgeschichte, Basel 1920; *Karl Siegfried Bader,* Der deutsche Südwesten in seiner territorialstaatlichen Entwicklung, Stuttgart 1950; *Peter Moraw,* Die Funktion von Einungen und Bünden im spätmittelalterlichen Reich, in: Alternativen zur Reichsverfassung in der Frühen Neuzeit?, hrsg. v. Volker Press u. a. (Schriften des Historischen Kollegs. Kolloquien, 23), München 1995, 1–21; *ders.*, Reich, König und Eidgenossen, in: Jahrbuch der Historischen Gesellschaft Luzern 4 (1986), 15–33. Vgl. *Garnier,* Amicus amicis (Anm. 16), 27–30, 297–308 u. öfters.

24 *Peter Blickle,* Friede und Verfassung. Voraussetzungen und Folgen der Eidgenossenschaft von 1291, in: Innerschweiz und frühe Eidgenossenschaft. Jubiläums-

auch aus dem sonstigen süddeutschen Raum – beispielsweise im Umfeld der oberrheinischen Städte – in der Forschung bekannt ist[25]. Speziell ist sicher, dass auf dem Gebiet der späteren Schweiz ländliche und städtische Kommunen zusammen solche Bündnisse eingingen und dass das Geflecht langen Bestand hatte[26]. Stettler fasst die Funktion der Bündnisse wie folgt zusammen:

„Solche Verträge wurden mit unterschiedl. Dauer abgeschlossen, kurz- und längerfristig, periodisch erneuerbar oder ‚ewig', d. h. zeitlich unbeschränkt. In ihren Zielen waren sie auf die jeweilige Situation abgestimmt. Im 13. und 14. Jh. standen Besitzstandwahrung und gemeinsame Sorge für den Landfrieden im Vordergrund. Langfristige Planung war jener Zeit fremd. ‚Staatengründungen' wurden jedenfalls nicht auf diesem Weg versucht, denn Herrschaft beruhte nicht auf Bündnissen, sondern auf dynast. Besitz, lehensrechtl. Einbindung und Privilegierung durch das Reich."[27]

Im Vordergrund standen somit friedenswahrende Hilfeleistungen und die Abhandlung von Schiedsverfahren. Die Abkommen waren alle bi- oder multilateraler, nicht aber unilateraler, umfassender Art[28]. Bis 1481 existierte zudem kein multilaterales Bündnis, welches alle eidgenössischen Orte, also Zürich, Bern, Luzern, Uri, Schwyz, Unterwalden, Zug und Glarus (später auch Solothurn und Freiburg) einschloss und alle innenpolitischen Bereiche regelte. Auch außenpolitisch gab es sehr lange keine Bündnisse, die von allen Orten gesiegelt beziehungsweise unterzeichnet wurden. Erst 1452 schlossen die eidgenössischen Orte einen Freundschaftsvertrag mit dem

---

schrift 700 Jahre Eidgenossenschaft. Bd. 1: Verfassung, Kirche, Kunst, hrsg. v. Historischen Verein der fünf Orte, Olten 1990, 13–202; vgl. auch *Martina Stercken,* Herrschaftsausübung und Landesausbau. Zu den Landfrieden der Habsburger in ihren westlichen Herrschaftsgebieten, in: Landfrieden – Anspruch und Wirklichkeit, hrsg. v. Arno Buschmann / Elmar Wadle (Rechts- und staatswissenschaftliche Veröffentlichungen der Görres-Gesellschaft. N.F., 98), Paderborn 2002, 185–211, bes. 185–195 und 205–211.

25 Schon relativierend *Hans Conrad Peyer,* Verfassungsgeschichte der alten Schweiz, Zürich 1978.

26 Immer noch grundlegend *Wilhelm Oechsli,* Die Benennungen der alten Eidgenossenschaft und ihrer Glieder, in: Jahrbuch für Schweizerische Geschichte 41 (1916), 51–230 und 42 (1917), 87–258; *ders.*, Orte und Zugewandte: Eine Studie zur Geschichte des schweizerischen Bundesrechtes, in: Jahrbuch für Schweizerische Geschichte 13 (1888), 1–497.

27 *Bernhard Stettler,* Bundesbriefe, in: Historisches Lexikon der Schweiz (HLS), URL http://www.hls.ch, 15. 03. 2007 (Abkürzungen im Text beibehalten).

28 *Roger Sablonier,* Schweizer Eidgenossenschaft im 15. Jahrhundert. Staatlichkeit, Politik und Selbstverständnis, in: Die Entstehung der Schweiz. Vom Bundesbrief 1291 zur nationalen Geschichtskultur des 20. Jahrhunderts, hrsg. v. Josef Wiget, Schwyz 1999, 9–42, bes. 24; s. a. *Münger,* Hanse (Anm. 16). Vgl. *Dorothea A. Christ,* Stabilisierende Konflikte und verbindende Abgrenzungen: Die Eidgenossen und ihre Bündnisse im Spätmittelalter, in: Kommunikation und Region, hrsg. v. Carl A. Hoffmann / Rolf Kießling (Forum Suevicum, 4), Konstanz 2001, 139–161.

französischen König[29]. Das bedeutet allerdings, dass die Orte im Prinzip ein außenpolitisches Bündnis vor einem innenpolitischen gemeinsam siegelten. Von Staatlichkeit oder Souveränität ist für das 14. und 15. Jahrhundert deshalb und aus weiteren Gründen kaum zu sprechen. Im Mittelalter fühlte man sich noch als Teil des Reichs[30]: Bekanntlich erlangte die Eidgenossenschaft ihre völkerrechtliche Souveränität erst auf dem Friedenskongress in Münster 1648[31].

Doch betrachtet man die frühen Bündnisse genauer, so fällt auf, dass im Bündnis von 1291 zwischen Uri, Schwyz und Unterwalden, Freundschaft oder Brüderlichkeit begrifflich weder in der lateinischen noch in der deutschen Version vorkommen. Auch das Bündnis der drei Orte von 1315 kennt die Begriffe nicht[32]. Die Bündnispartner werden 1315 erstmals als „Eitgenozzen" bezeichnet, was allerdings nicht mehr heißt, als „diejenigen, die einen gemeinsamen Eid geschworen haben"[33] – den Begriff kannte man schon früher auch außerhalb des Gebietes der heutigen Schweiz[34]. Der Befund für den Luzernerbund von 1332, dem Bündnis zwischen Luzern und

29 Der Freundschaftsvertrag mit Frankreich 1452 war der erste gesamteidgenössische außenpolitische Vertrag, vgl. *Michael Jucker,* Verstetigung und Verrechtlichung der Diplomatie. Krieg als Innovationsfaktor für die Politik (1415–1460), in: Ein „Bruderkrieg" macht Geschichte. Neue Zugänge zum Alten Zürichkrieg, hrsg. v. Peter Niederhäuser / Christian Sieber (Mitteilungen der Antiquarischen Gesellschaft in Zürich, 73), Zürich 2006, 43–53, hier 49; s. demnächst *ders.*, Der Friede von Ensisheim 1444, oder: Der Beginn einer außergewöhnlichen Freundschaft, in einem von Heinhard Steiger (Gießen) herausgegebenen Tagungsband. Vgl. *Theodor von Liebenau,* Die Beziehungen der Eidgenossenschaft zum Auslande in den Jahren 1447 bis 1459, in: Der schweizerische Geschichtsfreund 32 (1877), 1–106; *Rudolf Thommen,* Friedensverträge und Bünde der Eidgenossenschaft mit Frankreich, in: Basler Zeitschrift für Geschichtswissenschaft und Altertumskunde 15 (1916), 117–214; Histoire de la représentation diplomatique de la France auprès des cantons suisses, de leurs alliés et de leurs confedérés. Bd. 1: 1430–1529, hrsg. v. *Edouard Rott,* Bern 1900.

30 Was sich durch den Gebrauch der Reichssymbolik zeigt, s. *Schmid,* Integration (Anm. 8).

31 *Marco Jorio* (Hrsg.), 1648: Die Schweiz und Europa. Aussenpolitik zur Zeit des westfälischen Friedens, Zürich 1999.

32 Amtliche Sammlung der ältern Eidgenössischen Abschiede. Bd. I: Die Eidgenössischen Abschiede aus dem Zeitraume von 1245 bis 1420, hrsg. v. *Anton Philipp von Segesser,* Luzern 1874 (künftig zit. EA I), hier Beilagen Nr. 1 und 3. Zur Problematik der EA s. *Jucker,* Gesandte (Anm. 7), 33–62. Die Beilagen der Edition sind im Gegensatz zu den Akten im Hauptteil meist kritisch ediert, so dass sie durchaus benutzt werden können. Zum Vergleich wurde aber auch herangezogen *Hans Nabholz / Paul Kläui* (Bearb.), Quellenbuch zur Verfassungsgeschichte der Schweizerischen Eidgenossenschaft und der Kantone, 3. Aufl., Aarau 1947. Vgl. auch die Liste im Beitrag von Andreas Würgler im vorliegenden Band.

33 Später auch als „Aidgnossen", „Aidgnossin" etc., vgl. *Herbert Drüppel,* Eidgenosse, Eidgenossenschaft, in: Lexikon des Mittelalters 3 (1986), 1695 f. (nicht zu verwechseln mit dem Artikel zur schweizerischen Eidgenossenschaft von Ulrich Imhof).

34 In den Bündnissen der drei Orte mit dem deutschen Städtebund von 1327 ist von Treue und gegenseitiger Hilfe die Rede – „Freundschaft" oder „Freunde" erscheinen nicht.

den drei Orten Uri Schwyz, und Unterwalden, ist ebenfalls negativ[35]. Freundschaft kommt nicht vor. Dies erstaunt insofern, als sonst im süddeutschen oder auch oberitalienischen Raum die Begrifflichkeit der *amicitia* in der Vertragssprache bereits existent war und ein Einfluss aus diesen Gebieten durchaus vorstellbar wäre[36].

Erst im Bündnis zwischen Zürich, Luzern, Uri, Schwyz und Unterwalden, welches am 1. Mai 1351 in Zürich besiegelt wurde, findet sich in der Arenga folgendes Zitat: „Tund kund, allen die disen brieff sehend oder hörend lesen, das wir mit guttem rat und mit synneklicher vorbetrachtung, durch guotten frid und schirmung unser lib und guttes, unser Stett, unser lender und lüten, durch nutz und fromung willen gemeinlich des Landes einer ewigen buntniss und fruntschaft uberein komen syen.“[37]

Die Vertragspartner verkündeten demzufolge öffentlich, dass sie nach gutem Rat und Betrachtungen übereingekommen seien, ein ewiges Bündnis und eine Freundschaft zu schließen. Man könnte nun erwarten, dass die zukünftigen Verträge, die bekanntlich die Zürcherurkunde von 1351 oft als Vorlage benutzten, gleichlautende Freundschaftsbezeichnungen aufwiesen. Dies ist jedoch nur eingeschränkt der Fall: Zwei Jahre später, am 4. Juni 1353, trat (wenn man so will) der Ort Glarus dem eidgenössischen Bündnissystem bei. In dieser Urkunde findet sich erstmals die Bezeichnung eines etwas anderen semantischen Felds, da die Bündnispartner gelobten, dass sie durch guten Frieden ihrer Städte und Länder, zur Sicherheit und zum Schirm von Leib und Gut, eine „getrüwe“, also eine treue Freundschaft und ein ewiges Bündnis beschlossen hatten[38].

Zugleich kann hier aber erstmals ein Freundschaftsverhältnis der Ungleichheit angenommen werden: Glarus hatte nicht dieselben Rechte wie die anderen Vertragspartner[39]. So durfte es ohne Erlaubnis keine Verträge schließen und keine selbstständigen Kriege führen.

Am 27. Juni desselben Jahres schloss der Ort Zug ein Bündnis mit Zürich, Luzern, Uri, Schwyz und Unterwalden, in dem wiederum von ewigem Bündnis und Freundschaft die Rede war[40]. Es handelt sich um einen Vertrag zwischen gleichberechtigten Unterzeichnenden. Ein Jahr später kam es zu einem Bündnis zwischen Bern und den drei Ländern Uri, Schwyz und Unterwalden, dem sich indirekt auch Zürich und Luzern anschlossen[41].

35 EA I (Anm. 32), Beilage Nr. 18 (7. November 1332).

36 *Schieder*, Brüderlichkeit (Anm. 1), 557 – 559.

37 EA I (Anm. 32), Beilage Nr. 20 (1. Mai 1351).

38 EA I (Anm. 32), Beilage Nr. 22 (4. Juni 1352).

39 *Stettler*, Bundesbriefe (Anm. 27); vgl. auch EA I (Anm. 32), Nr. 44.

40 EA I (Anm. 32), Beilage Nr. 23, erscheint in der *narratio* erstmals die „getrüwe gesellschaft“.

41 Ebd., Nr. 25 (6. März 1353).

Hier spricht die Arenga von einem „ewig büntnis und früntschaft". Geregelt wurde in der Urkunde die gegenseitige militärische und friedliche Hilfe und selbstverständlich, wie auch in den früheren Bündnissen, die schiedsgerichtliche Konfliktregelung. Aussagekräftiger ist der einen Tag später besiegelte, sogenannte Beibrief, in dem sich Luzern mit den drei Urkantonen verpflichtete, Bern im Kriegsfalle zur Hilfe zu mahnen. In dieser verteidigungspolitischen Urkunde werden erstmals die Vertragspartner als „unser[n] gueti[n] Fründe[n] und liebe[n] Eidgenossen" betitelt. Dasselbe kann für den Beibrief der Stadt Zürich und denjenigen von Uri, Schwyz und Unterwalden mit der Stadt Bern festgestellt werden. Mit diesen Beibriefen wurden zudem zwei unterschiedliche Bündnissysteme gewissermaßen zueinander in Relation gestellt. Es bestanden nun vertragliche Verbindungen, wenngleich auf indirektem Weg, zwischen den drei mächtigsten und einflussreichsten Orten Bern, Zürich und Luzern. Neu wurde folglich ab 1353 argumentiert, dass man sich erstens auf eine ewig dauernde Freundschaft geeinigt habe, und dass zweitens die anderen siegelnden Eidgenossen ebenfalls Freunde seien.

Doch warum erscheint der Begriff der Freundschaft erst 1351 und nicht bereits 1291 in den Urkunden, insbesondere wenn er in der lateinischen Urkundensprache der umliegenden Territorien bereits bekannt war? Es liegt nahe, die Gründe dafür in der Bündnisstruktur und im neuen Mitglied dieses Landfriedens zu sehen. Erst ab 1351 beginnt der städtische Faktor tatsächlich zu spielen. Zwar war das habsburgische Luzern als Verwaltungsstadt wichtig, aber mit Zürich als freier Reichsstadt kam ein neues Element hinzu. Mit dem Bündnis, das Zürich mit den ländlichen Orten schloss, wurde die Limmatstadt zur gewichtigsten politischen Macht in diesem Geflecht und der Region. Es ist deshalb zu vermuten, dass mit Zürich erst die Freundschaftsidee als politisches Konzept greifen konnte, weil die Reichsstadt durch ihre Verbindungen in den süddeutschen Raum den Begriff bereits kannte. Vermutlich nahm Zürich durch Schiedsgerichte, die durch Adlige vermittelt wurden, den Begriff in sein Repertoire auf[42]. So berichtet eine Schiedsgerichtsurkunde vom 4. April 1347, dass Luzern und Zürich sich in Zukunft wie Freunde verhalten sollten. Hier scheint der Begriff noch stark durch adlige Vermittler aus der näheren Umgebung geprägt zu sein[43]. Augenfälliger wird dies durch eine weitere Schiedsgerichtsurkunde: 1350 vermittelte in Königsfelden Königin Agnes von Ungarn zwischen den Städten Straßburg und Basel einerseits und Zürich anderseits in einem zwischen ihnen entstandenen Streit. Agnes urteilt, dass beide Parteien wieder Freunde sein und alle Gefangenen freilassen sollten[44]. Da sich das von der Köni-

---

42 So z. B. bei *Garnier,* Amicus amicis (Anm. 16); vgl. auch Regesta Imperii. Bd. VIII, hrsg. v. bearb. v. *Alfons Huber,* Innsbruck 1877, Nr. 898 und 930.

43 Urkundenregesten des Staatsarchivs des Kantons Zürich 1336 – 1445. 6 Bde., bearb. v. *Dieter Brubpacher* u. a., Zürich 1987 – 2005, Nr. 626 (4. April 1347).

44 Ebd., Nr. 831 (6. Juli 1350); vgl. EA I (Anm. 32), Anhang Nr. 235 (als Regest).

gin besiegelte Pergament in Zürich befand, könnte ein indirekter Zusammenhang mit dem Bündnis von 1351 durchaus vorhanden sein. Die zeitliche und inhaltliche Nähe zum Bündnis dieses Jahres lassen zumindest vermuten, dass der Freundschaftsbegriff über Zürich vermittelt wurde und aus der Schiedsgerichtsidee stammte.

II. Begriffe und Zukunftsversprechen

Die Freundschaftsmetapher der Einigung findet man nun sporadisch auch in Friedensverträgen oder in außenpolitischen Verträgen einzelner oder mehrerer Orte. So erscheint der Begriff beispielsweise im Regensburger Frieden zwischen Zürich und Herzog Albrecht von Österreich von 1355[45]. Die Freundschaft steht hier allerdings für den gefundenen Konsens der Vertragspartner, wie auch die Bestätigungsurkunde Kaiser Karls IV. belegt[46]. In diesen Urkunden sind die Vertragspartner allerdings nicht als Eidgenossen angesprochen, was vermutlich aus Gründen der Souveränität Karls nicht möglich gewesen wäre. Daraus zu schließen, dass sich der Begriff der „fründe" in Verbindung mit „eidgnossen" nur auf eidgenössische Bündnispartner oder solche die es noch werden sollten, beschränkte, beziehungsweise dass alle „eidgenossen" automatisch auch „fründe" gewesen wären, stellte aber einen Trugschluss dar. Als 1359 die Luzerner, Urner, Schwyzer und Unterwaldner ein Bündnis mit den beiden Kirchgemeinden Weggis und Gersau schlossen, bezeichneten sie diese zwar als ihre zukünftigen Eidgenossen, nicht aber als ihre Freunde. In der Urkunde sind sie zudem als ihre „Nachburn" verzeichnet[47]. Dies ist insofern interessant, als das politische Verhältnis der Unterzeichnenden 1359 noch nicht endgültig festgelegt war. Bis zu jenem Zeitpunkt war nicht entschieden, ob Gersau und Weggis nicht noch zu einem gleichberechtigten Ort im Bündnissystem werden konnten[48]. Eidgenossen waren alle, die vertraglich verbunden waren – aber nicht alle waren deshalb automatisch Freunde.

Im für die Verfassungsentwicklung der Eidgenossenschaft aus innenpolitischer Sicht einmaligen Pfaffenbrief von 1370 fehlen Freundschaftsbegriffe gänzlich[49]. Warum ausgerechnet dieses konfliktmindernde Bündnis der Or-

---

45 EA I (Anm. 32), Nr. 27; nicht aber im Thorbergischen Frieden von 1368 und nicht im Bündnis mit Hz. Leopold, Zürich und Bern, s. ebd., Beilage Nr. 33.

46 Ebd., Nr. 27, A, B und C.

47 Ebd., Nr. 28: Für die zwei Orte sollen die gleichen Rechte gelten wie für die anderen Bündnispartner Uri, Schwyz, Unterwalden und Luzern; der Begriff Freundschaft fehlt.

48 Dasselbe gilt für fürstliche und kirchliche Herrschaften, wie z. B. die Klöster Engelberg, St. Gallen und Einsiedeln oder die Herren von Hallwyl.

49 EA I (Anm. 32), Nr. 31; vgl. *Carl Pfaff,* Pfaffenbrief, in: Historisches Lexikon der Schweiz, URL http://www.hls.ch, 15. 03. 2007, und *Ferdinand Elsener,* Der eidgenössische Pfaffenbrief von 1370, in: ZSRG Kan. Abt. 75 (1978), 104–180.

te Zürich, Luzern, Zug, Uri, Schwyz und Unterwalden, das ein Fehdeverbot enthielt und die innere Ordnung zu regeln versuchte, keine Freundschaftsbezeichnungen enthält, ist aber unklar. War Zürichs Einfluss zu wenig groß? War die Betonung der Freundschaft wieder vergessen?

1385 kam es zum großen Städtebund der rheinischen und schwäbischen Städte, dem sich auch die Städte Zürich, Bern, Solothurn und Zug anschlossen[50]. Dieses neun Jahre währende Abkommen wurde explizit als „fründliche Gesellschaft" und „getrüwes" Bündnis bezeichnet, das dem Heiligen Römischen Reich zur Ehre gereichen solle[51]. Interessant sind im Zusammenhang mit dem Beitritt der erwähnten eidgenössischen Städte wiederum die Beibriefe, da sich Luzern und Zürich in zwei Urkunden gegenseitige Hilfe zusicherten. Hier wird in unserem Material erstmals deutlich, dass politische Freundschaft semantisch eng mit dem Liebesbegriff zusammenhängen konnte, da es am Beginn der Urkunde heißt: „Das wir durch früntschaft und liebu, so wir haben zu unsern lieben Eitgenossen dem Schultheissen, dem Rat und dien burgern gemeinlich der Statt zu Luzern und inen ze danken vil nutzlicher getrüwer dienst, so si uns offt getan hant und noch fürbas wol thun mugent." Zürich bekundete seine Freundschaft und Liebe gegenüber den lieben Eidgenossen von Luzern aus Dank für geleistete Dienste – und verpflichtete sich zukünftig zu ebensolchen und militärischen Hilfeleistungen im Kriegsfalle[52]. In der Gegenurkunde Luzerns ist die Reziprozität der Freundschaft und der zu leistenden bzw. erwarteten Dienste ebenfalls erwähnt: „die früntlich nützlichen dienst, so die frommen wisen unser lieben Eitgenossen der [...] oft getrüwlich getan hant und in künftigen Ziten wol tun mugent, und das unser früntschaft zwischen Inen und uns ninant hin gesterkt und getruwlich gehaben werde, und das wir selben unser Eitgenossen von Zürich ir trüwe und früntschaft und ir früntlichen diensten ergetzen mugen."[53]

Doch was ist der Sinn dieser Erhöhung von Freundschaft und Liebe in diesen Verträgen? Der Begriff der Freundschaft weist, wie hier deutlich wird, einerseits in die Vergangenheit und andererseits in die Zukunft. Dies liegt vor allem daran, dass die vertraglich festgelegte Freundschaft dem Reziprozitätsprinzip folgte: Freundschaft war das, was die Bündnispartner angeblich schon lange hatten – teils aus Tradition und altem Herkommen, teils aufgrund von Verträgen – und weiterhin haben und pflegen wollten. Insofern deutete die vergangenheitsorientierte Semantik über die neu geschlos-

---

50 *Peter-Johannes Schuler,* Schwäbischer Städtebund, in: Lexikon des Mittelalters 7 (1995), 1608 f. Zu Bern vgl. *Urs Martin Zahnd,* Berns Bündnis- und Territorialpolitik in der Mitte des 14. Jahrhunderts, in: Berner Zeitschrift für Geschichte und Heimatkunde 53 (1991), 21–59.

51 EA I (Anm. 32), Beilage Nr. 35 A.

52 Ebd., Nr. 35 B.

53 Ebd., Nr. 35 C (28. Februar 1385).

senen, bündnispolitischen Beziehungen hinaus. Anders ausgedrückt: Politischer Konsens wurde nach außen hin, beim performativen Verlesen der Urkunde, als vergangenheitsträchtige Tradition einerseits und als vertraglich festgelegtes Zukunftsversprechen andererseits dokumentiert. Die Reziprozität der Freundschaft wurde nicht nur vertraglich als gegenseitige Hilfe bzw. Waffenhilfe festgelegt, sondern in der Arenga auch noch mehrmals bezeugt und als zukünftiges Handeln ausgesprochen. Das *do-ut-des*-Prinzip war hiermit deutlich sicht- und für die Zeitgenossen bei vorzulesenden Urkunden zusätzlich auch hörbar. In den Friedensverträgen fällt darüber hinaus auf, dass die vorgängige Verhandlung in Freundschaft und Treue betont wird. Somit wird der Konsens der Vertragspartner über den Inhalt selbst nach außen hin bekundet und öffentlich gemacht[54]. Friedensverträge sind folglich Schriftstücke, die als Konsensdokumente fungieren, da sie auch das korrekte friedliche und freundschaftliche Verfahren hin zum Konsens aufzeigen.

Gegenseitigkeit, rechtliche Gleichstellung, reziproke Versprechungen und langjährige Bündnistradition, wie sie beispielsweise zwischen Luzern und Zürich Bestand hatten, schienen jedoch nicht immer ein absolutes Erfordernis, wenn es darum ging, die Vertragspartner als Freunde zu bezeichnen. In den diversen Waffenstillständen zwischen den Eidgenossen und Österreich nach dem Sempacherkrieg von 1386 werden die vermittelnden Reichsstädte als „unsere bsunder guoten Fründ" bezeichnet.[55] Auffallend ist hier, dass die Vermittler als Freunde aufscheinen; als langjährige Bündnispartner kann man die Reichsstädte allerdings nicht bezeichnen. Dasselbe gilt für die Stadt Solothurn, die dem Waffenstillstand oder Frieden ebenfalls beitrat. Solothurn bezeichnet in diesem Beibrief die Luzerner als „getreue Eidgenossen und besonders *alte* Freunde" [Hervorheb. MJ] – und dies obwohl eigentlich keine Bündnistradition zwischen den beiden Orten bestand. Mit den alten Freunden verweist die Urkunde in eine vertragslose, eher imaginierte Vergangenheit Solothurns und gleichzeitig in eine vertraglich abgesicherte Zukunft.

Im ersten und lange einzigen gesamteidgenössischen Vertrag zu innereidgenössischen Gegenständen, dem so genannten Sempacherbrief von 1393, fehlt aber jegliche Freundschaftsbezeichnung. Dies ist umso erstaunlicher,

---

54 Zur Öffentlichkeit-Privatheits-Debatte im Mittelalter vgl. nun theoretisch fundiert *Arié Malz*, Der Begriff ‚Öffentlichkeit' als historisches Analyseinstrument: Eine Annäherung aus kommunikations- und systemtheoretischer Sicht, in: Kommunikation im Spätmittelalter: Spielarten – Deutungen – Wahrnehmungen, hrsg. v. Romy Günthart / Michael Jucker, Zürich 2005, 8–21. Zum Inszenierungscharakter s. demnächst *Offenstadt*, Faire la paix (Anm. 13); zu Friedensverträgen *Randall Lesaffer* (Hrsg.), Peace Treaties and International Law in European History. From the Late Middle Ages to World War One, Cambridge 2004.

55 EA I (Anm. 32), Beilagen Nr. 37. Zu Sempach s. *Guy P. Marchal*, Sempach 1386. Von den Anfängen des Territorialstaates Luzern. Beiträge zur Frühgeschichte des Kantons Luzern, Basel 1986.

als doch gerade dieser Vertrag eine eigentliche Kriegsordnung enthielt[56]. Man könnte folglich erwarten, dass eine solche Übereinkunft, die konfliktmindernd wirken sollte und breit abgestützt war, Freundschaft als Konzept aufweisen sollte. Auch im 20jährigen Frieden von 1394 mit Habsburg-Österreich fehlt solch ein Bezug[57].

Im 15. Jahrhundert kam es dann zu mehrfachen Erneuerungen der bi- und multilateralen Verhältnisse zwischen den eidgenössischen Orten[58]. In der Erneuerung des Bündnisses zwischen Zürich und Glarus von 1408 ist von einem „früntschaftlich" Bündnis die Rede. Sonst wird die Freundschaftsmetaphorik zu Beginn des 15. Jahrhunderts aber kaum gebraucht; erst nach der Eroberung des Aargaus durch die Eidgenossen im Jahr 1415, welche die gemeinsame Verwaltung des Territoriums nötig machte, erscheint der Begriff erneut in den Quellen[59]. Beim Eintritt Berns in die Pfandschaft, die durch König Sigmund zuerst Zürich und dann indirekt den anderen Orten gewährt wurde, bezeichnet Zürich die Berner als „liebe" Eidgenossen; der Grund des Vertrages sei die besonders liebe und gute Freundschaft zu ihnen gewesen[60].

Bei Burgrechtsverträgen ist festzustellen, dass diese im 15. Jahrhundert teils die Bezeichnung der „lieben, guten Freunde" oder der „lieben Freunde" enthalten konnten, aber nicht unbedingt mussten[61]. Gerade Burgrechtsverträge zeigen, wie asymmetrisch solche Freundschaftsbeziehungen sein konnten, insbesondere im Vergleich zu Freundschaftsverträgen, was im nächsten Abschnitt noch detailliert ausgeführt werden soll.

III. Freundschaft – Feindschaft und Asymmetrie

Ein besonderes Augenmerk verdienen eidgenössische Freundschaftsverträge[62]. Sie wurden teilweise auch dann unter den einzelnen eidgenössi-

---

56 *Bernhard Stettler,* Der Sempacherbrief von 1393 – ein verkanntes Dokument aus der älteren Schweizergeschichte, in: Schweizerische Zeitschrift für Geschichte 35 (1985), 1–20.

57 EA I (Anm. 32), Beilagen Nr. 41 und 42.

58 Vgl. *Rappard,* Renouvellement (Anm. 64); *Bernhard Stettler,* Die Zwanziger Jahre des 15. Jahrhunderts – Einzelörtische Konsolidierung und eidgenössische Solidarität im Widerstreit, in: Aegidius Tschudi, Chronicon Helveticum, Bd. 9, bearb. v. Bernhard Stettler, Bern 1992, 22*–158*.

59 *Martin Kintzinger,* Westbindungen im spätmittelalterlichen Europa. Auswärtige Politik zwischen dem Reich, Frankreich, Burgund und England in der Regierungszeit Kaiser Sigmunds (Mittelalter-Forschungen, 2), Stuttgart 2000; *Sabine Wefers,* Das politische System Kaiser Sigmunds (Veröffentlichungen des Instituts für Europäische Geschichte Mainz. Abt. Universalgeschichte, 138), Stuttgart 1989.

60 EA I (Anm. 32), Beilagen Nr. 46 und 353.

61 Ebd., Nr. 45 (keine Freundschaft), Nr. 49 (dto.), und Nr. 53: „Unser guoten fründ der Schultheiss und Landlüte".

schen Orten geschlossen, wenn diese bereits in Bündnissen untereinander verbunden waren, was auf den ersten Blick eher absurd anmutet. Denn warum sollte man eine Freundschaft mehrmals vertraglich festlegen, wenn die alten Bündnisse noch gültig waren? Doch diese extra angefertigten Bündnisse wiesen meist inhaltlich über den allgemeinen Bündnischarakter hinaus: Sie betonten die Freundschaft. So schlossen beispielsweise am 1. März 1421 Bern und Luzern eine öffentlich bezeugte „gut fruntschaft", in der auch Gerichtszugehörigkeiten und Schiedsgerichtsverfahren zwischen den Orten geregelt wurden. Für uns von Interesse sind die performativen Aspekte dieser Freundschaft, die im Bündnis von 1421 explizit erwähnt werden. Wir stoßen hier erstmals auf ausdrücklichere Freundschaftsbezeichnungen und auf den öffentlichen Darstellungscharakter der beschworenen Freundschaft. Die Freundschaft zwischen den beiden Partnern, die zudem bereits ihre Vorfahren treulich und von Gottes Gnaden miteinander gepflegt hätten und die noch ewig währen solle, wird von neuem befestigt und soll zu einer besonderen neuen, ewigen Freundschaft und zu einem Bündnis führen. Dies hätten sie mit Leib und Gut bei den Heiligen beschworen, mit aufgehaltenen Händen für sich selbst und ihre Nachkommen. Die folgende *narratio* regelt vor allem Fragen der Verteidigung und Kriegshilfe, so dass die Freundschaft vorwiegend militärisch-solidarischen Charakter besitzt.

Bemerkenswert an dieser Urkunde ist allerdings, dass am Schluss nochmals die gemeinsame Freundschaft hervorgehoben wird und die Festlegung folgt, dass sie für Jung und Alt gültig sein und alle 10 Jahre neu beschworen werden solle[63]. Freundschaft unter den Orten wurde folglich nicht nur öffentlich bezeugt, sondern in einem für alle sichtbaren Eid bekräftigt und dadurch in Szene gesetzt, beziehungsweise als politische Tatsache wirksam gemacht[64]. Erst durch die Performanz erhielten die politische Freundschaft und der damit verbundene Konsens ihre breite politische Bedeutung.

---

62 Vgl. *Garnier,* Amicus amicis (Anm. 16).

63 Amtliche Sammlung der ältern Eidgenössischen Abschiede. Bd. II: Die Eidgenössischen Abschiede aus dem Zeitraume von 1421 bis 1477, hrsg. v. *Anton Philipp von Segesser,* Luzern 1865 (künftig zit. als EA II), Beilage Nr. 1: „[...] früntschaft, die wir und unsern vordern bishar lang zit getrüwlich von den gnaden Gottes mit und zu einander gehebt haben und ob Got will zwüschent uns und unseren nachkomen ewenklichen werdenund bestan sol. sunderllich von nüwen ze festnen und ze befestigen, einer besunderen ewigen früntschaft und buntnus mit enander zehabenne, wissentlich und mit gantzen trüwen In ein komen sigen, ze sament gelopt und gesworn haben liplich und gelert eide zu got und den heiligen, mit uffgehebten henden, für uns und alle unser nachkomen [...]."

64 Vgl. *William E. Rappard,* Du renouvellement des pactes confédéraux (1351–1798), Zürich 1944, v.a. 16–44, der für das Mittelalter auf rund 16 Beschwörungen der Bündnisse kommt; s. a. *André Holenstein,* Die Huldigung der Untertanen. Rechtskultur und Herrschaftsordnung (800–1800) (Quellen und Forschungen zur Agrargeschichte, 36), Stuttgart 1991; *Paolo Prodi,* Das Sakrament der Herrschaft. Der politische Eid in der Verfassung des Okzidents (Schriften des Italienisch-Deutschen Historischen Instituts in Trient, 11), Trient 1997.

Ein inhaltlich ähnliches Freundschaftsbündis zwischen Bern und Zürich vom 22. Januar 1423 verstärkt den Eindruck des performativen und kriegerischen Aspektes von solchen Verträgen. Eine Formulierung dieser in der Forschung noch wenig beachteten Urkunde hebt dies hervor: Die beiden Städte erklären, sich derart stark beistehen zu wollen, „dz wir beid stette und alle unser guten fründ dester stergker und aber alle unser vygend dester krenker gesechen werden,“[65] also dass sie und alle ihre guten Freunde als stärker und ihre Feinde als umso schlechter betrachtet würden. Freundschaft taucht hier erstmals als Gegensatz von Feindschaft auf. Der militärische Charakter des ewigen Freundschaftsvertrages legt dies zwar nahe, aber es handelt sich um eine im eidgenössischen Bündnissystem einmalige, ausdrückliche urkundliche Erwähnung von Freund und Feind als explizite semantische Gegensätze. Mit den Freunden sind hier wohl die anderen Bündnispartner gemeint; vermutlich ist das Freundschaftsbündnis im Zusammenhang mit den von den innerschweizerischen Orten geplanten und vorangetriebenen Expansionsplänen in Richtung Süden, gegen das Herzogtum Mailand, zu verstehen. Diese eigensinnigen Pläne Uris belasteten das ohnehin fragile Bündnisgeflecht unter den Orten stark: Zürich wehrte sich lange gegen diese Expansion und wollte sich nicht an den Kriegszügen beteiligen[66]. Dass Bern und Zürich hier also eine eigene freundschaftliche Allianz eingingen, die den militärischen und vor allem politischen Zusammenhalt der beiden mächtigsten Städte der Eidgenossenschaft befestigen sollte, liegt zumindest nahe[67].

Im 15. Jahrhundert finden wir zudem vermehrt innereidgenössische Schiedsgerichte, welche rechtliche Konflikte zwischen den eidgenössischen Orten regelten[68]. Diese Konfliktlösungsmechanismen fanden unabhängig

65 EA II (Anm. 63), Beilage Nr. 2.

66 *Karl Tanner*, Der Kampf ums Eschental und der Verrat von Domodossola im Zusammenhang mit der Erwerbung des Tessins, in: Schweizer Studien zur Geschichtswissenschaft 9 (1917), 325–655.

67 Vgl. *Jucker*, Gesandte (Anm. 7), 147–152. Das Freundschaftsbündnis könnte evtl. im Zusammenhang mit den habsburgischen Revindikationsversuchen stehen, vgl. *Walter Schaufelberger*, Spätmittelalter, in: Handbuch der Schweizer Geschichte. Bd. 1, Zürich 1972, 239–388, hier 283.

68 *Emil Usteri*, Das öffentlich-rechtliche Schiedsgericht in der Schweizerischen Eidgenossenschaft des 13.–15. Jahrhunderts. Ein Beitrag zur Institutionengeschichte und zum Völkerrecht, Zürich 1925; *Gerhard Rill*, Arbitrium – tertia pars. Beobachtungen zur Völkerrechtspraxis der frühen Neuzeit, in: Recht und Reich im Zeitalter der Reformation. Festschrift für Horst Rabe, Frankfurt a. M. u. a. 1996, 97–119, v.a. 98–100; *Ingeborg Most*, Schiedsgericht, rechtlicheres Rechtgebot, ordentliches Gericht, Kammergericht. Zur Technik fürstlicher Politik im 15. Jahrhundert, in: Aus Reichstagen des 15. und 16. Jahrhunderts. Festgabe dargebracht der Historischen Kommission zur Feier ihres Hundertjährigen Bestehens von den Herausgebern der Deutschen Reichstagsakten (Schriftenreihe der Historischen Kommission bei der Bayerischen Akademie der Wissenschaften, 5), Göttingen 1958, 116–153; *Hermann Kamp*, Friedensstifter und Vermittler im Mittelalter (Symbolische Kommunikation in der Vormoderne), Darmstadt 2001; *Christoph Kampmann*, Arbiter und Friedensstiftung. Die Auseinandersetzung um den politischen Schiedsrichter im Europa der

oder parallel zu den politischen Verhandlungen auf den Tagsatzungen statt. In den dabei erstellten Urkunden, Reden und Gegenreden werden die Konfliktpartner oft als „liebe Fründ und getrüwe Eidgnossen“ angesprochen oder betitelt. Diese Bezeichnung wird mehr und mehr zum Standard der Vertrags- und Aktensprache[69]. Die Rede von „Freund und lieber Eidgenosse“ übertüncht auch hier politische und vor allem rechtliche Differenzen, was anhand von schiedsgerichtlichem Material noch eingehender untersucht werden müsste.

Doch wer waren nun diese lieben Freunde und getreuen Eidgenossen? Sicher ist, dass sich die Eidgenossen nicht immer mochten und sich nicht immer wie Freunde benahmen – dafür sind die Konflikte unter ihnen zu häufig[70]. Feststellen lässt sich aber auch, dass unter den acht Orten die Bezeichnungen „Freunde“ oder „getreue Eidgenossen“ trotz allem üblich und sehr häufig waren – sie waren aber auch in Basel oder Freiburg geläufig[71]. Dasselbe gilt für das Land Appenzell, das 1452 ein Bündnis mit den sieben Orten der Eidgenossenschaft einging[72]; auch die Städte Rottweil und Mülhausen, die zwar mit einzelnen eidgenössischen Orten vertraglich verbunden waren, wurden als „sundern gutten fründen und lieben getrüwen Eidgnossen“ bezeichnet.

Freunde waren mehr als politisch-vertraglich verbundene, gleichwertige Partner, und Freundschaft galt nicht nur unter den politisch gleichberechtigten acht alten Orten Zürich, Bern, Luzern, Uri, Schwyz, Unterwalden, Zug und Glarus. Vielmehr waren politische Freunde diejenigen, welche ähnliche Interessen besaßen oder die in irgendeiner Weise direkt oder indirekt verbündet waren. Der Begriff der „besonders guten Freunde“ und „lieben getreuen Eidgenossen“ umfasste folglich mehr politische Entitäten und hatte deshalb eine Brückenfunktion über die eigentlichen politischen Partizipationsmöglichkeiten innerhalb des tatsächlichen Territoriums hinweg. Selbstverständlich hatten die Freundschaftsbezeugungen auch ihre Grenzen. So findet man zwar in der Korrespondenz der einzelnen Orte mit den weiter nördlich gelegenen oberdeutschen Städten ebenfalls die Be-

---

Frühen Neuzeit (Quellen und Forschungen aus dem Gebiete der Geschichte, 21), Paderborn u. a. 2001.

69 Vgl. die frühen Belege in Anm. 43.

70 Vgl. *Jucker,* Gesandte (Anm. 7), 250–252.

71 Staatsarchiv Bern, Deutsches Missivenbuch A, fol. 109; alte Missiven, fol. 222; vgl. auch *Welti* (Hrsg.), Alte Missiven (Anm. 82), Nr. 100, 111 und 191.

72 EA II (Anm. 63), Beilage Nr. 32. Nicht als „Freunde“ bezeichnet im Burg- und Landrecht vom 24. November 1411, abgedruckt in *Nabholz,* Quellenbuch (Anm. 32), 44–47; stark asymmetrische Anlage: Appenzell darf nicht ohne Erlaubnis in den Krieg ziehen (Art. 4). Vgl. das Burg- und Landrecht von Luzern, Uri und Unterwalden mit Ernen und Münster im Wallis vom 15. Dezember 1416: Dort wird der Anteil an Eroberungen im Süden als „früntschaft“ bezeichnet (ebd., 47–51); vgl. auch ebd., 51 f., mit weiteren identischen Burg- und Landrechten mit Walliser Gemeinden um 1417.

zeichnung als „liebe getreue Freunde“, aber der „eidgenössische“ Zusatz fehlt.

Anhand der Burgrechtsverträge lässt sich zudem deutlich machen, dass Freundschaft in gewissen Fällen recht wenig mit Gleichheit auf politischer Ebene zu tun haben konnte, was bereits anhand des Glarner Bundes von 1353 angedeutet wurde. In den 1450er Jahren kommt es zu neuen Burgrechtsverträgen und Bündnissen zwischen mehreren eidgenössischen Orten und einzelnen Bündnispartnern oder Kommunen, wie beispielsweise dem bereits erwähnten Land Appenzell oder dem Abt und der Stadt St. Gallen sowie der Stadt Schaffhausen[73].

In allen Verträgen ist von ewiger Freundschaft und teils auch von Liebe und Treue die Rede. Doch rechtlich gesehen – und das ist wichtig festzuhalten – bestand keine Gleichheit unter diesen Freunden. Die eidgenössischen Orte behielten sich das Recht vor, andere Bündnisse zu schließen, während dies den neuen Partnern nur mit ausdrücklicher Erlaubnis der Eidgenossen zugestanden wurde; dasselbe galt für die Kriegsführung. Kriegszüge waren nur mit Genehmigung der eidgenössischen Orte erlaubt, während sich diese nicht einschränken mussten.

Besonders offensichtlich wird dies in einem 15jährigen Freundschaftsbündnis der acht Orte mit der Stadt Rottweil[74]: In der Arenga wird die langjährige Freundschaft und Treue der Rottweiler beschworen, die noch ewig währen solle[75]. Explizit werden die Rottweiler als „unser Fründ“ bezeichnet. Inhaltlich und rechtlich legte dieser Vertrag jedoch ganz klar einen ungleichgewichtigen Zustand fest. Insbesondere die Regelung der militärischen Hilfe verdeutlicht dies: Zwar wurde diese gegenseitig garantiert, doch hatten die Rottweiler im Kriegsfalle den eidgenössischen Söldnern vier Rheinische Gulden zu bezahlen. Im Gegenzug hatte das Neckar-Städtchen den Eidgenossen aber im Konflikt ohne Entgelt Truppen zur Verfügung zu stellen. Die Eidgenossen konnten auch bestimmen, wie groß dieses Kontingent jeweils sein sollte[76]. Wir haben es folglich mit einer Freundschaftsbeziehung zu tun, die weder als rein horizontal noch als rein vertikal beschrieben werden kann. Horizontal wäre sie, wenn beide Vertragspartner gleichberechtigt wären, vertikal wäre sie dann, wenn wir eine klare Hierarchie vor uns hätten. Letzteres ist aber in Burgrechtsverträgen in der Eidge-

---

73 *Schaufelberger,* Spätmittelalter (Anm. 66); vgl. *Oechsli,* Orte und Zugewandte (Anm. 26); *ders.*, Benennung (Anm. 26).

74 Zu den Zugewandten s. *Oechsli,* Orte und Zugewandte (Anm. 26); *Wolfgang Kaiser / Claudius Sieber-Lehmann* (Hrsg.), Eidgenössische „Grenzfälle“ = En marge de la confédération. Mülhausen und Genf (Basler Beiträge zur Geschichtswissenschaft, 172), Basel 2001, darin v.a. *Raymond Oberlé,* Le „zugewandter Ort“ Mulhouse. Amitié, assistance et fidélité, 59 – 100.

75 EA II (Anm. 63), Beilage Nr. 39.

76 Ebd.

nossenschaft und in ähnlichen Verträgen nicht feststellbar. Ich schlage deshalb den Begriff der asymmetrischen Freundschaftsbeziehung vor: Gerade in Burgrechtsverträgen werden auf beiden Seiten Pflichten festgelegt, wobei die politisch schwächere Seite immer etwas mehr Pflichten hat als die mächtigere. Dies ist auch in den Burgrechtsverträgen einzelner Orte der Eidgenossenschaft festzustellen. Freundschaft und der Freundschaftsbegriff lassen sich somit nicht losgelöst von den rechtlichen Inhalten von Verträgen und den realen Machtverhältnissen denken und analysieren. Auch wenn die Freundschaft an sich von beiden Seiten nicht einklagbar war, so war zumindest klar, wer in dieser Art von Vertrags-Beziehungen bestimmte, wie sie sich gestaltete und wie sie auszusehen hatte.

Insgesamt kann als Zwischenergebnis festgehalten werden, dass die Freundschaftsbezeichnung vielfältige Facetten besaß. In den Bündnissen wurden einerseits die Einigungen an sich als Freundschaft oder als freundliche Vereinigungen (teils mit Ewigkeitscharakter) bezeichnet. Andererseits werden die Vertragspartner als liebe gute Freunde und meist auch als Eidgenossen betitelt. Das semantische Feld der Freundschaftsbezeichnung ist sowohl vergangenheits- wie auch zukunftsorientiert und stets mit einem promissorischen Eid verbunden, der auch performative Aspekte wie das Schwören mit erhobenen Händen enthielt und das Gelöbnis, Leib und Gut für die Freundschaft einzusetzen[77]. Freundschaft kam in bilateralen und unilateralen Verträgen vor, in symmetrischen wie in asymmetrischen Beziehungen. Sie bezeichnet folglich ein Beziehungsverhältnis, welches auch auf vor- und außervertragliche oder ungleiche Beziehungen verweist und gleichzeitig absichernd für künftige Zeiten wirken soll. Allen vertraglich festgelegten Freundschaftsbezeichnungen scheint gemein zu sein, dass das *do-ut-des*-Prinzip vorherrschend war; zudem wird deutlich, dass politische Freundschaftsbeziehungen auf Reziprozität angewiesen waren, wenn auch nicht alle Vertragspartner gleich berechtigt erschienen.

IV. Freundschaft in Briefen

Die Reziprozität der Freundschaft möchte ich mittels einer anderen Quellengattung erläutern, nämlich der eidgenössischen politischen Korrespondenz, deren umfassende Erforschung noch weitgehend aussteht[78]. Die Dis-

[77] Zu Zürich s. *Christian Sieber*, Eidleistung und Schwörtage im spätmittelalterlichen Zürich, in: Zürich 650 Jahre eidgenössisch, hrsg. v. Staatsarchiv des Kantons Zürich und von der Zentralbibliothek, Zürich 2001, 19–58, sowie *Jucker*, Negotiating (Anm. 5); vgl. *Rappard*, Renouvellement (Anm. 64).

[78] Nun *Jucker*, Gesandte (Anm. 7), 195–224; *Teuscher*, Privatbriefe (Anm. 4); *Klara Hübner*, ‚Nüwe mer us Lamparten'. Entstehung, Organisation und Funktionsweise spätmittelalterlicher Botenwesen am Beispiel Berns, in: Gesandtschaftswesen und Botenwesen im spätmittelalterlichen Europa, hrsg. v. Rainer C. Schwinges / Klaus Wriedt (VuF, 60), Stuttgart 2003, 265–286.

kussion führt uns also weg von Verträgen und schriftlich fixierten Normen, hin zu rhetorischen Prinzipien, die teilweise aus der Brieflehre stammen – und damit auch hin zu den Feinheiten der Anredeformen. Dass sich Briefpartner als Freunde oder Brüder bezeichnen, hat eine lange Tradition, die ins Frühmittelalter und noch weiter zurück reicht[79]. Anhand von städtischem Briefmaterial werde ich nur einzelne Aspekte der Freundschaftsbezeichnungen des 15. Jahrhunderts vorstellen können.

Ich halte die Anreden allerdings nicht nur für bloßen rhetorischen Schmuck. Selbst wenn es sich um kollektive Adressaten handelte und eine persönliche Erhöhung der Freundschaft somit unmöglich war, dienten Anreden als politisches Kohäsionsmittel und zur Etablierung von gegenseitigem Vertrauen. Sie konnten mit vielen Attributen geschmückt sein, wie eine Missive Berns an Luzern zeigt: „Den fürsichtigen frommen und wisen schultheisen und rât zu Lutzern, unsern besundern guoten fründ und getruwen lieben eidgnossen."[80]

Generell schrieben sich die Orte als gute Freunde und getreue liebe Eidgenossen an. Dass der Begriff der „lieben eidgenossen" eher weit gefasst wurde und über Bündnisverträge hinausreichte, zeigen Schreiben zwischen Basel und Bern[81]. Basel gehörte bis 1501 noch nicht zur Eidgenossenschaft und hatte keine Bündnistradition mit Bern; die Obrigkeiten wurden aber trotzdem als „fründ" und „liebe eidgenossen" angeschrieben. Wie in der Urkundensprache verweist die gebrauchte Freundschaftsbezeichnung über vertragliche, politische oder verfassungsmäßige Normen hinaus. Meistens ist sie reziproker Natur. So schreibt Basel im Jahr 1448 Bern als „fürsichtige", weise, besonders liebe, gute Freunde und getreue Eidgenossen an. Die Basler Räte bezeichnen Bern als ‚liebe und gute Freundschaft' und bitten die Stadt, zu vernehmen, dass Basel in allen ihnen möglichen Dingen ihre

---

79 *Helene Harth,* Überlegungen zur Öffentlichkeit des humanistischen Briefs am Beispiel der Poggio-Korrespondenz, in: Kommunikationspraxis und Korrespondenzwesen im Mittelalter und in der Renaissance, hrsg. v. Heinz-Dieter Heimann/Ivan Hlaváček, Paderborn u. a. 1998, 127–137; *Peter Koch,* Urkunde, Brief und Öffentliche Rede. Eine diskurstraditionelle Filiation im ‚Medienwechsel', in: Artes im Medienwechsel, hrsg. v. Ursula Schaefer (Das Mittelalter 3/1 [1998]), 13–44; *Georg Steinhausen,* Geschichte des deutschen Briefes. Zur Kulturgeschichte des deutschen Volkes. Erster Teil, Berlin 1899; *Horst Wenzel,* Boten und Briefe. Zum Verhältnis körperlicher und nichtkörperlicher Nachrichtenträger, in: Gespräche–Boten–Briefe. Körpergedächtnis und Schriftgedächtnis im Mittelalter, hrsg. v. dems. (Philologische Studien und Quellen, 143), Berlin 1997, 86–105; *Beate-Esther Körber,* Der soziale Ort des Briefs im 16. Jahrhundert, in: ebd., 244–258; *Franz-Josef Worstbrock* (Hrsg.), Der Brief im Zeitalter der Renaissance (Kommission für Humanismusforschung, 9), Weinheim 1983. Vgl. auch *Franz-Josef Schmale* u. a., Brief, in: Lexikon des Mittelalters 2 (1982), 648–682.

80 Staatsarchiv Bern, Deutsche Missive A III, 4: B. fol. 199.

81 Dokumente zur Geschichte des Bürgermeisters Hans Waldmann. Bd. 1–2, hrsg. v. *Ernst Gagliardi* (Quellen zur Schweizer Geschichte, N. F., Abt. II, 1–2), Basel 1911–1913, hier Bd. 2, Nr. 264 (11. April 1489). Zu Waldmann vgl. die Literatur in Anm. 5 .

Freundschaft erweisen werde. Besonders auffällig an diesem Brief von 1448 erscheint, dass hier das Gegenteil von Freundschaft ebenfalls erwähnt wird: Die Absender schreiben, dass sie aufgrund der „unfrüntschaft", die zwischen Bern und seinen Freunden der Stadt Fribourg entstanden sei, bereit wären, zu vermitteln und ihre Gesandten noch am selben Tag nach Fribourg zu senden. Bei der Unfreundschaft handelt es sich wohl um einen ephemeren Basler Neologismus des damaligen Stadtschreibers[82].

Liebe und Freundschaft stehen in der zwischenörtlichen Korrespondenz allgemein für zwei Dinge:

1. Sie werden dem Gegenüber angeboten und reziprok dazu vom Partner zukünftig erwartet[83]. Dies zeigt sich auch an häufigen Schlussformeln in den Briefen, in denen gegenseitige Freundschaft und die Mitteilung von Informationen bekräftigt werden.

2. Sind die Substantive „Liebe" und „gute Freundschaft" auch eine Bezeichnung oder Anredeform für „eure Gnaden", oder „ihr Herren"[84].

Nicht ganz so elaboriert ging es zu, wenn sich beispielsweise die Berner an den ihnen feindlich gesinnten burgundischen Landvogt von Ensisheim, Peter von Hagenbach im Elsass wandten. Dann hieß es schlicht „Vnnser frúntlich dienst bevor. Lieber herr landtvogt!"[85]

Verschlechterte sich die politische Stimmung unter den Briefpartnern, so wurde zwar die löbliche Anrede in der *salutatio* aufrechterhalten, der Treue- und Liebesdiskurs jedoch in der *narratio* nicht mehr aufgenommen. Appellationen an intrinsische Werte der Kommunikationspartner sind somit durchaus Indikatoren der politischen Stimmung und der Herrschaftsverhältnisse. Besonders eindrücklich lässt sich dies am Verhältnis Freiburgs i.Ü. und Berns in den 1440er Jahren zeigen[86].

---

82 Alte Missiven 1444–1448, hrsg. v. *Friedrich Emil Welti*, in: Archiv des Historischen Vereins des Kantons Bern 21 (1912), 1–50, hier Nr. 100 (9. Januar 1448).

83 Zur Reziprozität im Korrespondenzwesen vgl. *Jucker*, Gesandte (Anm. 7), 195–223.

84 So zumindest Basels Begehren an „üwer liebe und gute Fründschaft". Zur substantivischen Anrede in Briefen s. *Giles Constable*, The Abstraction of Personal Qualities in the Middle Ages, in: Unverwechselbarkeit. Persönliche Identität und Identifikation in der vormodernen Gesellschaft, hrsg. v. Peter von Moos (Norm und Struktur, 23), Köln / Weimar / Wien 2004, 99–122.

85 Staatsarchiv Bern, Deutsche Missiven, C 77 (an Peter von Hagenbach, 26. Juli 1473); vgl. *Hildburg Brauer-Gramm*, Der Landvogt Peter von Hagenbach. Die burgundische Herrschaft am Oberrhein 1469–1474, Göttingen / Berlin / Frankfurt 1957; *Werner Paravicini*, Hagenbachs Hochzeit. Ritterlich-höfische Kultur zwischen Burgund und dem Reich im 15. Jahrhundert, in: Zwischen Habsburg und Burgund. Der Oberrhein als europäische Landschaft im 15. Jahrhundert, hrsg. v. Konrad Krimm / Rainer Brüning (Oberrheinische Studien, 21), Stuttgart 2003, 13–60; *Claudius Sieber-Lehmann*, Burgund und die Eidgenossenschaft – zwei politische Aufsteiger, in: ebd., 95–111.

86 Zum Freiburgerkrieg vgl. die Einleitung in *Welti* (Hrsg.), Alte Missiven (Anm. 82), 1–50.

So schrieb Freiburg zu Beginn des Konfliktes an Bern, sie wüssten nicht, wie sie sich gegenüber dem Herzogtum Savoyen verhalten sollten. Dabei taucht die Appellation an die gemeinsame, lange währende Freundschaft mehrmals auf[87]. Im Verlaufe des entstehenden Konfliktes, der dann zum Krieg führte, nehmen solche Freundschaftsbezeugungen sukzessive ab. Spätestens zu Beginn des Jahres 1446, als sowohl Bern wie auch Freiburg sich gegenseitig die zu besteuernden Untertanen streitig machten, kühlte die Freundschaft merklich ab. Zwar findet sich in den Anreden immer noch die Bezeichnung als gute Freunde und liebe Mitbürger. Bern hielt sich jedoch in der *narratio* sehr zurück mit weiteren Freundschaftsbezeugungen, während Freiburg diese länger aufrecht erhielt, bis sie dann auch hier abflauten[88]. Auf dem Höhepunkt des Konfliktes schrieben sich die beiden Zähringerstädte überhaupt nicht mehr. Erst als es wieder um Friedensverhandlungen ging, wurde die Korrespondenz erneut aufgenommen – dann sind die Epitheta wiederum freundschaftlicher Art[89].

Doch auch das Gegenteil konnte vorkommen: Politische Spannungen führten auch zu überschwenglichen Freundschaftsappellationen. Im besagten Konflikt war Bern auf militärische Hilfe angewiesen; wie erwähnt, war diese in Allianzen geregelt, unter anderem auch zwischen Bern und den Kleinstädten Biel und Solothurn. Trotz vertraglicher Regelung bat Bern die beiden Städte inständig und unter Bezeugung der lange anhaltenden Freundschaft, ihnen Truppen zukommen zu lassen[90]. Als Biel sich weigerte, Truppen zu stellen, appellierte Bern massiv an die gemeinsame, lange währende Freundschaft, drohte aber gleichzeitig mit rechtlichen Konsequenzen. Freundschaft war somit ein Register, das in zugespitzten Situationen auch als Druckmittel eingesetzt werden konnte[91]. Reziproke Solidarität und Freundschaften wurden dann aktualisiert, wenn sie gebraucht wurden. Man zwang den Kommunikationspartner zu freundschaftlicher Militärhilfe. Freundschaft wurde somit zu einem Medium, das je nach politischer Situation eingesetzt werden konnte und dessen Ausdrucksbreite von gleichberechtigter Reziprozität bis hin zu Zwang und ‚Liebesentzug' reichte.

87 Ebd., Nr. 15: „Und darumb, besundern guten fründ und lieben getrüwen mitburgerer, wie wol wir üwer wisheit wol getrüwen und wir von dem anfang diss kriegs und ouch vormals in langen ziten in guter fründtschafft sin gewesen und ewenklich sin werden, ob got will, [...]." Bern soll sie beim Boten wissen lassen, „wie ihr üwer und üwer eidgenossen halb uns darinne halten wellent, und ob wir und die unseren sitzen sullen und in sölich frid und früntschafft von dishin, als wir biss har gewesen sind [...]".

88 Ebd., Nr. 34 ff.; für Berns Zurückhaltung vgl. ebd., Nr. 46.

89 Ebd., Nr. 216.

90 Ebd., Nr. 91 und 92.

91 Ebd., Nr. 92. Zum Verhältnis zwischen Bern und dem Wallis s. ebd., Nr. 19, 23 und 24.

V. Freunde und Brüder: Einblicke und Ausblicke

Ich komme abschließend noch kurz auf den Aspekt der Brüderlichkeit zu sprechen: Wie bereits erwähnt, ist Randolph Head der Auffassung, dass dieser den Eidgenossen fremd oder von ihnen zumindest wenig gebraucht war – begründen ließe sich dieser Sachverhalt mit der allgemeinen Abneigung gegen einen Begriff, der zu stark an die naturrechtliche Kosmologie und die christliche Fraterninät angelehnt gewesen sei[92]. Auf der Grundlage innerschweizerischer Chroniken kann man durchaus zu diesem Resultat kommen. Verlässt man aber die chronikalische Überlieferung, so stellt man fest, dass sicher ab 1474 der Brüderlichkeitsbegriff in den Briefen Berns an Freiburg i. Ü. – alte Feinde werden bekanntlich immer die besten Freunde – vorkommt. Regula Schmid hält diesbezüglich fest: „... zwischen Bern und Freiburg wird die Anrede als ‚Brüder' in ganz spezifischem, auf das Verhältnis der beiden Städte ausgerichteten Sinn gebraucht. Im Briefverkehr der Städte während der Burgunderkriege (ab 1474) ist der Verweis auf die Brüderlichkeit so geläufig, dass die Berner Kanzlei die standardisierte Anrede ‚Uwer Brüderlich Lieb' verwendet. Zumindest in den publizierten Missiven ist diese Anrede ausschließlich den Freiburgern vorbehalten."[93]

Schmids These, dass der Begriff erstmals durch Diebold Schilling geprägt wurde, in dessen amtlicher Chronik 1474 sie die Bezeichnung erstmals festmacht[94], zeigt auf, dass es sich hier um ein Berner Phänomen handelt. Der Weg des Begriffs in die Kanzleisprache ist damit allerdings noch nicht aufgeschlüsselt, zumal die amtliche Chronik erst viel später den Berner Behörden überreicht wurde[95]. Die Beschränkung der Brüderlichkeit auf Freiburg

---

92 *Head,* William Tell (Anm. 9), 556 f.

93 *Schmid,* ‚Liebe Brüder' (Anm. 8), Anm. 65*; dort die von ihr zusammengestellten Belege aus: Aktenstücke zur Geschichte des Schwabenkrieges nebst einer Freiburger Chronik über die Ereignisse von 1499, hrsg. v. *Albert Büchi* (Quellen zur Schweizergeschichte, 20), Basel 1901, sowie aus Freiburger Missiven zur Geschichte des Burgunderkrieges, hrsg. v. *Albert Büchi,* in: Freiburger Geschichtsblätter 13 (1906), 1–102, z. B. Nr. 12 (15. Dezember 1474), Nr. 26 (20. März 1475), Nr. 49 (6. Juli 1475), Nr. 73 (11. Februar 1476), Nr. 75 (13. Februar 1476), Nr. 80 (28. April 1476), Nr. 84 (29. November 1476), Nr. 85 (27. Oktober 1476) und Nr. 86 (23. Dezember 1477). Für den Verweis auf die Brüderlichkeit vgl. neben den Freiburger Missiven, ebd., Nr. 49, 52 und 64, die bei *Claudius Sieber-Lehmann,* Spätmittelalterlicher Nationalismus. Die Burgunderkriege am Oberrhein und in der Eidgenossenschaft (VMPG, 116), Göttingen 1995, 233, Anm. 401, aufgeführten. Weitere Belege stammen z. T. ebenfalls aus den Sammlungen von Büchi sowie den Missivenbüchern Berns: Die Anrede als „Brüder" in den Freiburger Missiven, Nr. 64 (an Bern, 27. Oktober 1475), Nr. 70 (Bern an Freiburg, 13. Januar 1476: „Getrüwen brüder!"), Nr. 80 (an Freiburg, 28. April 1476: „Liebe brüderliche Fründ"), sowie Nr. 65 (Freiburg an Bern, 23. November 1475: „unser brüderliche Freunde"). Schmid weist weitere Belege aus dem 16. Jahrhundert nach, zwischen 1476 und 1500 scheint eine Lücke zu bestehen.

94 *Schmid,* Integration (Anm. 8).

95 *Ernst Walder,* „Von raten und burgern verhört und corrigiert". Diebold Schillings drei Redaktionen der Berner Chronik der Burgunderkriege, in: Berner Zeit-

muss also relativiert werden, denn bereits im März 1474 findet sich in den Berner Ratsmanualen für die Luzerner Obrigkeit die Bezeichnung als „liebe Freunde und Brüder“[96]. Einen Monat später wird auch in einem Schreiben an Solothurn die „brüderliche Liebe“ deutlich eingefordert[97]. Vermutlich gelangte diese Terminologie durch den Stadtschreiber Thüring Fricker in die Kanzleisprache Berns, was weiter unten noch gezeigt wird.

Tatsächlich gilt aber, dass der Brüderlichkeitsbegriff seit den Burgunderkriegen vermehrt in den Briefen Berns und später auch der anderen eidgenössischen Orte erscheint, wobei Orte wie Uri, Schwyz und Unterwalden ihn sehr wenig gebrauchten, wenn man Schmid folgt[98]. Dass dies unter anderem an der relativ wenig ausdifferenzierten Schriftlichkeit und der schwächer belegten Korrespondenz der ländlichen Orte liegt, ist zumindest zu vermuten und müsste auch bei Heads Thesen mitbedacht werden[99]. Dass Bern, wie Schmid zeigt, die Bezeichnung „liebe Brüder“ mehrheitlich für mit der Aarestadt verburgrechtete Städte wie Freiburg oder Biel benutzte, bestätigt jedoch indirekt, dass der Brüderlichkeitsbegriff ebenfalls in asymmetrischen Verhältnissen vorhanden war. Der Zwangscharakter muss deshalb integriert behandelt werden[100]. Die Beschränkung auf Burgrechtsverhältnisse kann ergänzt werden durch die Beobachtung, dass im Zusammenhang mit den auf die Burgunderkriege folgenden diplomatischen Verhandlungen mit dem französischen König in Arras (1477) Bern den Zürcher Rat als besonders gute, brüderliche Freunde und Getreue sowie als liebe Mitbürger und Eidgenossen bezeichnete[101]. Weder der Brüderlichkeits-, noch der Mitbürgerbegriff wurden ausschließlich für verburgrechtete Partner Berns benutzt. Vielmehr ist festzuhalten, dass auch der Brüderlichkeitsbegriff dem *do-ut-des*-Prinzip folgte und durch seinen starken Appellcharakter gekennzeichnet ist. Im obigen Berner Schreiben wird die Brüderlich-

---

schrift für Geschichte und Altertumskunde 48 (1986), 87–117, hier 87–90: Walder spricht hier vom 26. Dezember 1483.

96 Instruktion für Nikolaus von Diesbach und Peter von Wabern (nicht erhalten): „Getrüwen, lieben mitträte. Wöllend dis sachen hertzlich und gruntlich betrachten [...] unser ganz gemeind innerlich begerend, und sunderlich unsern allerliebsten fründen und brüdern von Lutzern unsern willen und hertz zu erkennen geben sich von uns in disen dingen nit zu scheiden, so wöllen wir in allen sachen unser lib und vermügend Inen ouch mitteilen und zu allen ziten mechtigen bystand tun, dann wir Inen vor aller welt vertruwen und unser gemüt ganz zu Inen“, s. EA II (Anm. 63), 738, ad a (16. März 1474).

97 Staatsarchiv Bern, Deutsche Missiven, C 250 (29. April 1474); freundlicher Hinweis von Herrn Bastian Walter (Münster), dem ich die Transkription zu verdanken habe.

98 *Schmid*, ‚Liebe Brüder‘ (Anm. 8).

99 Vgl. dazu *Jucker*, Gesandte (Anm. 7), 232 f.

100 *Schmid*, Integration (Anm. 8), 425: „Der Bruderbegriff hat gemeinschaftsstiftenden Charakter und kennzeichnet einen Verband von Gleichen, welche nicht in einem Herrschaftsverhältnis zueinander stehen.“

101 *Gagliardi*, Waldmann. Bd. 1 (Anm. 81), Nr. 144 u (1. November 1477).

keitsbezeichnung am Schluss nochmals aufgenommen und an die Zürcherische brüderliche Treue, Ehre und Freundschaft appelliert, welche Bern ihnen ebenfalls erweisen werde[102].

Man geht wohl kaum fehl in der Annahme, dass Bern die Verwandtschaftsmetapher hauptsächlich in bedrohlichen Notsituationen sozusagen aus dem Köcher zog, waren die Berner Obrigkeiten doch sehr besorgt, dass durch die gescheiterten Verhandlungen in Arras, die proburgundische Seite in der Eidgenossenschaft wieder erstarken könnte[103]. In solchen Fällen war es wichtig, an politische Verbindlichkeiten und Werte zu appellieren. Überhaupt scheint es, dass der Brüderlichkeitsbegriff dann abgerufen wurde, wenn innere Krisen ein labiles politisches Verhältnis bedrohten: 1474 stand Karl der Kühne praktisch vor den Toren Berns, im November 1477 scheiterten die Verhandlungen in Arras (Berns Gesandter Adrian von Bubenberg floh sogar verkleidet) und im selben Jahr schlossen die eidgenössischen Städte Zürich, Bern, Luzern, Freiburg und Solothurn ein Bündnis, das die brüderliche Freundschaft, Liebe und Nachbarschaft heraufbeschwor[104]. Anlass für das Bündnis war unter anderem die Furcht vor ländlichen Aufständen und geheimen Tagsatzungen. 1481 drohte das Auseinanderfallen des Bündnissystems und das Scheitern von Verhandlungen – man fügte genau dann den Bruderbegriff ins Stanser Verkommnis ein[105], vielleicht auch, um darüber hinwegzutäuschen, dass Solothurn und Freiburg in diesem Vertrag weniger Rechte erhielten. Im Gegensatz zum Freundschaftsbegriff hält sich der Brüderlichkeitsbegriff aber nicht durchgängig, weder in der Korrespondenz noch in der Vertragssprache. Er wird nur in speziellen, meist konfliktiven Situationen abgerufen[106]. Anders als die Freundschaft, scheint die Brüderlichkeit ein Ausnahmebegriff zu sein, der besonders gerne von Bern gebraucht wird.

Freundschaft, Freunde und Brüder sind allesamt integrative und appellative Begriffe. Sowohl Freundschaft, wie auch der ab 1474 aufkommende Begriff der „lieben Brüder“ wirkten als Brücken, die einerseits über Grenzen von Vertragsabkommen hinaus und andererseits in die Vergangenheit wie in die Zukunft wiesen. Auch nicht verbündete Städte und Herrschaftsträger wurden bisweilen als Eidgenossen oder Freunde bezeichnet. Dies zeigt so-

---

102 Ebd.; vgl. auch ebd., Nr. 144 ab (an Luzern, vom 3. Dezember 1477).

103 Vgl. dazu im Detail *Michael Jucker*, Secrets and Politics: Theoretical and Methodological Aspects of Late Medieval Diplomatic Communication, in: Micrologus 14 (2006), 275–309.

104 *Schmid*, Integration (Anm. 8), 427, gibt 1478 an; vgl. allerdings Walder (s. Anm. 110) mit der Angabe 1477.

105 *Schmid*, Integration (Anm. 8).

106 Er taucht im Bündnis Basels mit den eidgenössischen Orten auf, wo er das Ungleichheitsverhältnis gegenüber Freiburg und Solothurn verwischt, fehlt dann allerdings wieder in den Bündnissen mit Schaffhausen und Appenzell, s. *Nabholz*, Quellenbuch (Anm. 32), 75–95.

wohl die Analyse der Verträge wie des Korrespondenzwesens. Freundschaft wie Brüderlichkeit verwischten aber auch deutliche rechtliche und machtpolitische, hier als asymmetrisch bezeichnete Abhängigkeitsverhältnisse. Dieser Sachverhalt wiederum demonstriert, dass es stets notwendig ist, die Inhalte und Kontexte der überlieferten Quellen genau zu beachten. Erst dadurch wird verständlich, wie und aus welchen Gründen neue Vorstellungen und Begriffe in die Vertrags- und Kanzleisprache einfließen konnten.

Diesbezüglich ist für die Vertragssprache festzuhalten, dass der Freundschaftsbegriff vermutlich zuerst in Verträgen erscheint, die bei Schiedsgerichten im Zusammenhang mit Fehden der Stadt Zürich entstanden. Er kommt wohl 1350 durch Königin Agnes von Ungarn, die in Königsfelden residierte, in das Gebiet der heutigen Schweiz[107]. Es scheint sehr wahrscheinlich, dass Zürich den Begriff, als Ableitung aus königlichen Schiedsurkunden, in das Bündnissystem einbrachte. So findet er sich ab 1351 in Bündnissen Zürichs mit anderen Orten, kurz danach auch in Briefen. Bereits 1383 schreiben sich Zürcher und Schaffhauser Obrigkeiten als Freunde an[108]. Freundschaft bezeichnet einerseits das Bündnis an sich, andererseits werden aber auch die Vertragspartner als treue oder als gute Freunde bezeichnet. Nicht alle Freunde waren gleichzeitig auch Eidgenossen.

Es sollte deutlich geworden sein, dass Freundschaft sowohl in Urkunden wie in Briefen, auf der rechtlichen wie auf der appellativen Ebene einen Zwangscharakter besitzen konnte. Auch konnte die Bitte um Freundschaft kaum verweigert werden. Das Spektrum der politischen Freundschaft zwischen den eidgenössischen Kommunen reichte folglich von freundschaftlicher Reziprozität bis zu eindeutigen Abhängigkeitsverhältnissen.

Der Brüderlichkeitsbegriff kommt, wie oben gezeigt, in eidgenössischen Verträgen und in der Korrespondenz tatsächlich ab 1474 vor – was vorerst nicht erstaunlich ist, denn schon frühmittelalterliche Schreiber kannten den Begriff als Anredeformel und auch im kirchlichen Bereich war er geläufig[109]. In der politischen Sprache innerhalb der Eidgenossenschaft ist er allerdings neu; er verbreitet sich schnell von Bern aus und ist im Stanser Verkommnis von 1481 dann auch in der gesamteidgenössischen Urkundensprache erstmals fassbar, wie bereits Schmid (aufbauend auf Walder) festhielt[110]. Der Begriffsgebrauch scheint nicht exklusiv auf die politischen

---

107 Leider existiert hier keine jüngere Forschung, s. daher *Alfred Nevesimal*, Königin Agnes von Ungarn. Leben und Stellung in der habsburgischen Politik ihrer Zeit, Wien 1951.

108 Urkundenregesten des Staatsarchivs des Kantons Zürich (Anm. 43), Nr. 2862.

109 Vgl. dazu *Epp*, Amicitia (Anm. 11), 18 und 127; *Schieder*, Brüderlichkeit (Anm. 1), 556–557.

110 *Schmid*, ‚Liebe Brüder' (Anm. 8); *dies.*, Integration (Anm. 8); *Ernst Walder*, Das Stanser Verkommnis. Ein Kapitel eidgenössischer Geschichte neu untersucht: Die Entstehung des Verkommnisses von Stans in den Jahren 1477–1481 (Beiträge zur Geschichte Nidwaldens, 44), hrsg. v. Historischen Verein des Kantons Nidwalden,

Beziehungen der acht alten Orte beschränkt gewesen zu sein, sonst hätte Bischof Matthäus von Sitten 1501 in einem Schreiben an Bern seine gute Liebe und sein brüderliches Wesen nicht derart in den Vordergrund stellen können[111]. Beim heutigen Stand der Forschung kann man jedoch davon ausgehen, dass es sich um ein Konzept handelt, das erstmals in Bern angewandt wurde. Der Gedanke, dass es sich bei den eidgenössischen Brüdern um „brothers in arms" und bei der Brüderlichkeit um eine „brotherhood in arms" handeln könnte, ist zumindest verlockend und weiter zu verfolgen[112].

Thesenhaft könnte man formulieren, dass die Freundschaftsbündnisse aus dem königlichen Friedensdenken und der Schiedsidee des 14. Jahrhunderts herauswuchsen[113]. Die Brüderlichkeit wäre dann ein neues, späteres Element, welches mehr mit gegenseitiger Waffenhilfe und militärischen Allianzen zu tun hatte und insbesondere bei anstehender Bedrohung und möglichen Konflikten aktualisiert wurde, während die Freundschaft zumindest im 15. Jahrhundert in Urkunden und Korrespondenzen zum Allgemeingut wird. Handelt es sich bei der Brüderlichkeit sogar um ein adliges, ritterliches Phänomen, eine adlige politische Idee, die sich ab 1474 in der Eidgenossenschaft finden lässt? Sicher ist der Begriff erstmals 1474 in Bern auszumachen. Es liegt daher nahe, dass der akademisch und vor allem juristisch ausgebildete Stadtschreiber Thüring Fricker, der von 1465 bis 1492 in Berns Schreibstube tätig und auch häufig auf Gesandtentreffen anwesend war, den Begriff nach seinen Studien der Kanonistik in Italien aus Pavia nach Bern mitbrachte. Vermutlich kannte er den Begriff der *fraternitas* aus der Kanonistik, wo die Brüderlichkeit verbreiteter war als in der Vertragssprache des 15. Jahrhunderts[114]. Ebenfalls möglich ist es, dass er den Friedensplan des böhmischen Königs Georg von Podiebrad von 1462

Stans 1994; *ders.*, Rechtsgeschichtliche Anmerkungen zum Stanser Verkommnis von 1481, in: 500 Jahre Stanser Verkommnis. Beiträge zu einem Zeitbild, hrsg. v. Ferdinand Elsener, Stans 1981, 123–181. Ein früheres Auftauchen wäre gar nicht möglich, da nach 1474 vorher kein gesamteidgenössischer innenpolitischer Vertrag geschlossen wurde.

111 Korrespondenzen und Akten zur Geschichte des Kardinals Matthäus Schiner. Bd. 1, hrsg. v. *Albert Büchi*, Basel 1910, Nr. 85 (2. Mai 1501). Auch hier ist allerdings offensichtlich, dass die Brüderlichkeit dann aktualisiert wird, wenn ein Konflikt droht. Bern klagt beim Bischof zuvor, er habe gegen die Stadt Schmähungen ausgesprochen.

112 Vgl. dazu die Bemerkung von Klaus van Eickels im Protokoll Nr. 389, hrsg. v. *Konstanzer Arbeitskreis für Mittelalterliche Geschichte e. V.*, 47 f., zum Vortrag und zur Begrifflichkeit von Regula Schmid.

113 Bereits angedeutet im Bündnisvertrag von Ivry (1177) zwischen Ludwig VII. von Frankreich und Heinrich II. von England, s. *van Eickels*, Vom inszenierten Konsens (Anm. 12), 49, 102 und 340–342.

114 Vgl. *Randall Lesaffer*, Amicitia in Renaissance Peace and Alliance Treaties, in: Journal of the History of International Law 4 (2002), 77–99, hier v.a. 93. Lesaffer betont jedoch gleichzeitig zu Recht, dass es keine rechtliche Doktrin der Freundschaft gab, s. ebd., 96.

kannte[115]. Da Fricker selbst, obwohl ursprünglich nicht adlig, Mitglied der adligen Stuben zum Narren und zum Distelzwang war, wäre es zumindest verständlich, dass er außerdem eine Vorliebe für solche Konzepte hatte[116]. Das zeitliche Zusammenfallen des neuen Begriffes mit den Verhandlungen zur ewigen Richtung und der kurz zuvor erfolgten Promotion Frickers zum „doctor in decretis“ nach leichtem Druck der eidgenössischen Gesandten gegenüber dem mailändischen Herzog lassen vermuten, dass Fricker und nicht Schilling der Urheber des Begriffes in der Berner Kanzlei war[117]. Schilling hätte dann den Begriff als Substitut in der Schreibstube von Fricker übernommen.

Würde diese These zutreffen, so hätten wir es sowohl bei der Freundschaft als auch bei der Brüderlichkeit mit eher adlig oder kanonistisch geprägten Importprodukten aus zwei verschiedenen Richtungen zu tun. Die Freundschaft als politisches Konzept kam über Königin Agnes und ihre Schiedsfunktion im Zusammenhang mit Zürich in das politische System der Eidgenossenschaft, die Brüderlichkeit aus dem Süden oder Osten via Bern – beide prägten das System nachhaltig. Dieser Gedanke ließe sich weiterverfolgen und man müsste eigentlich zum Schluss kommen, dass eidgenössische Brüder und Freunde recht viel mit ritterlichen Konzepten und Vorstellungen aus der Kanonistik zu tun hatten und viel weniger mit den bürgerlichen liberalen Gleichheits- und Freiheitsvorstellungen, wie sie den Eidgenossen durch Friedrich Schiller angedichtet wurden.

Résumé français

D'un certain point de vue, les métaphores de l'amitié et de la parenté constituent des formules rhétoriques de la langue épistolaire et diplomatique.

---

115 In diesem internationalen Friedensplan ist die *fraternitas* sehr prominent, s. Fontes Historiae Iuris Gentium. Bd. 1, hrsg. v. *Wilhelm G. Grewe,* Berlin / New York 1995, 254 – 264.

116 Zu Fricker nun *Jucker,* Gesandte (Anm. 7), 108, 114 – 117, 122, 125, 127, 203 und 220, sowie *Regula Schmid,* Fricker, Thüring, in: Historisches Lexikon der Schweiz, URL http: //www.hls.ch, 15. 03. 2007 (dort auch deutlich mit Bezug zum Adel Berns). Zur Bildung der Schreiber vgl. auch *Michael Jucker,* Vom klerikalen Teilzeitangestellten zum gnädigen Kanzler: Aspekte der spätmittelalterlichen Bildungswege der Stadtschreiber in der Eidgenossenschaft, in: Traverse 27 / 3 (2002), 45 – 54; *Urs Martin Zahnd,* Studium und Kanzlei. Der Bildungsweg von Stadt- und Ratsschreibern in eidgenössischen Städten des ausgehenden Mittelalters, in: Gelehrte im Reich. Zur Sozial- und Wirtschaftsgeschichte akademischer Eliten des 14. bis 16. Jahrhunderts, hrsg. v. Rainer C. Schwinges (ZHF. Beihefte, 18), Berlin 1996, 453 – 476.

117 So kann das Schreiben an Zürich (s. Anm. 101) eindeutig Fricker zugeordnet werden. Zur Kanzleiarbeit Berns s. a. *Arnold Esch,* Alltag der Entscheidung. Berns Weg in den Burgunderkrieg, in: Berner Zeitschrift für Geschichte und Heimatkunde 50 (1988), 3 – 64, sowie jüngst *Barbara Studer Immenhauser,* Verwaltung zwischen Innovation und Tradition. Die Stadt Bern und ihr Untertanengebiet 1250 – 1550 (Mittelalter-Forschungen, 19), Ostfildern 2006.

Elles pouvaient cependant développer une force de cohésion politique et donc soutenir l'intégration politique dans des structures confédérationnelles. L'utilisation des notions d'amitié et de fraternité dans des contrats et dans la correspondance politique est encore peu analysée. Cette contribution propose de montrer, à travers l'exemple du système d'alliances des confédérés suisses du XIIIe au XVe siècle, que les métaphores de l'amitié et de la fraternité pouvaient tout à fait servir à mettre au jour ou à dissimuler des inégalités. Amitié, parenté et fraternité ne s'expliquent pas toujours avec les seules références à la protection, à l'égalité politique ou à l'existence des liens horizontaux. L'article montre ce que les contemporains entendaient alors par amitié et fraternité, qu'elles en sont les origines et les modifications ainsi que leur utilisation pratique à des fins politiques.

Freunde, *amis, amici.* Freundschaft in Politik und Diplomatie der frühneuzeitlichen Eidgenossenschaft

Von *Andreas Würgler,* Bern

Im Zentrum dieses Beitrags steht der Gebrauch des Wortes „Freundschaft“ bzw. „Freund“ in Politik und Diplomatie des 16. und 17. Jahrhunderts aus der Perspektive der Eidgenossenschaft. Dabei wird bewusst darauf verzichtet, die verschiedenen philosophischen und psychologischen, historischen und soziologischen Definitionen und Konzepte von Freund und Freundschaft zu sichten und zu referieren[1]. Denn es geht nicht primär um abstrakte, gar ahistorisch fixierte Bedeutungen, sondern eben um den Gebrauch der Termini in konkreten politischen und diplomatischen Texten und Kontexten, gemäß der Einsicht: „Die Bedeutung eines Wortes ist sein Gebrauch in der Sprache.“[2]

Die räumliche Begrenzung der Untersuchung auf die Eidgenossenschaft und die zeitliche auf das 16. und 17. Jahrhundert[3] wird teilweise dadurch wettgemacht, dass sich in diesem Raum zu jener Zeit die damals wichtigsten europäischen Sprachen – Italienisch, Französisch, Deutsch und Latein – politisch, sozial und linguistisch kreuzten.

Daher werde ich versuchen, zumindest in Teilen der folgenden Ausführungen diese sprachliche Vielfalt zu berücksichtigen. Um aber einem häufigen Missverständnis vorzubeugen, möchte ich vorab ausdrücklich betonen, dass die Vielsprachigkeit zwar ein sozio-linguistisches – der Historiker Norbert Furrer spricht von der „vierzigsprachigen Schweiz“ der Frühen Neuzeit[4]–, aber kein politisches Charakteristikum der Alten Eidgenossenschaft darstellt, denn die politische Sprache der alten Eidgenossen war einzig und allein das Deutsche (beziehungsweise das, was sie dafür hielten). Die Spra-

---

1 Vgl. für die philosophischen, soziologischen und historischen Zugänge *Klaus Oschema,* Freundschaft und Nähe im spätmittelalterlichen Burgund. Studien zum Spannungsfeld von Emotion und Institution (Norm und Struktur, 26), Köln / Weimar / Wien 2006, bes. Kap. II, 1 – 3 und III.

2 *Ludwig Wittgenstein,* Philosophische Untersuchungen [1949], in: ders., Werkausgabe in 8 Bänden. Bd. 1, Frankfurt a. M. 1984, 225 – 580, hier 262.

3 Diese Begrenzungen waren vom Tagungskonzept her begründet.

4 *Norbert Furrer,* Die vierzigsprachige Schweiz. Sprachkontakte und Mehrsprachigkeit in der vorindustriellen Schweiz (15.-19. Jahrhundert). 2 Bde, Zürich 2002.

chenvielfalt resultierte vielmehr aus den Kontakten mit den drei wichtigsten europäischen Idiomen der Zeit, die sich auf Grund der intensiven Außenbeziehungen und diplomatischen Verflechtungen der Eidgenossenschaft mit den Mächten Europas ergaben[5]. Daher möchte ich meinen *tour d'horizon* zu den „Freunden" in der Politik und Diplomatie der frühneuzeitlichen Eidgenossenschaft dort beginnen, wo wir Freundschaft vom heutigen Alltagsverständnis des Begriffes her nicht primär erwarten würden, nämlich zunächst auf völkerrechtlicher Ebene in bi- und multilateralen Verträgen, bevor ich dann zweitens auf sozialer Ebene die eidgenössischen „Freunde" der fremden Diplomaten und drittens jene sozialen Formen thematisiere, die in der Schweiz als Symbole des „Freund-eidgenössischen" stilisiert wurden.

I. „Freundschaft" und Friede: die Außenbeziehungen

Der Begriff Freundschaft ist in den staatsrechtlichen Verträgen der Eidgenossenschaft mit fremden Mächten zumindest in der Zeit von 1500 bis 1700 so stark verbreitet, dass er auf den ersten Blick kaum noch distinktiv wirkt. In sehr vielen Verträgen, Friedensschlüssen, Burgrechten, Kapitulaten, Bündnissen etc. kommt er bereits in der Präambel oder in einem der ersten Artikel vor, und zwar in allen vier Sprachen. So nennt sich etwa der Vertrag zwischen dem Wallis und Frankreich aus dem Jahr 1500 *liga et confoederatio seu amicitia*[6] und die Verbindung der Republiken Venedig, Zürich und Bern aus dem Jahre 1712 – als einer der letzten Verträge noch in Latein verfasst – *sincera amicitia et vicinia*[7].

Auf Deutsch nannte die Vereinung zwischen den zehn Orten der Eidgenossenschaft und dem Herzog von Württemberg im Jahre 1500 als ihr Ziel, „solich trüw liebe vnd früntschafft, so [...] wir [...] gehept" zu befestigen[8], und die Allianz mit Spanien aus dem Jahr 1587 wird bei der Erneuerung 1604 als „lobliche Fründtschafft, Vereinung, vnd Pündtnuss" tituliert[9]. Auf

---

5 Vgl. zur alten Eidgenossenschaft *Hans Conrad Peyer*, Verfassungsgeschichte der alten Schweiz, Zürich 1978; *Andreas Würgler*, Eidgenossenschaft, in: Historisches Lexikon der Schweiz, URL http://www.hls.ch, 15. 03. 2007; jetzt gedruckt in: Historisches Lexikon der Schweiz. Bd. 4, Basel 2005, 114–121.

6 Die eidgenössischen Abschiede aus dem Zeitraume von 1421 bis 1477, bearb. v. *Anton Philipp Segesser* (Amtliche Sammlung der älteren eidgenössischen Abschiede, Bd. 3, Abt. 2), Luzern 1863 [zit. als EA 3/2], 1281.

7 Die eidgenössischen Abschiede aus dem Zeitraume von 1681 bis 1712, bearb. v. *Martin Kothing / Johannes B. Kälin* (Amtliche Sammlung der älteren eidgenössischen Abschiede, Bd. 6, Abt. 2), Einsiedeln 1882 [zit. als EA 6/2], 2312.

8 EA 3/2 (Anm. 6), 1283.

9 Die eidgenössischen Abschiede aus dem Zeitraume von 1587 bis 1617, bearb. v. *Joseph Karl Krütli / Jakob Kaiser* (Amtliche Sammlung der älteren eidgenössischen Abschiede, Bd. 5, Abt. 1), Bern 1872 [zit. als EA 5/1], 1915.

die *ancienne paix, amitié, alliance et confederacion* beziehen sich Verträge mit Frankreich aus dem 16. und 17. Jahrhundert, wenn sie auf die Allianz von 1521 rekurrieren[10], und die reformierten Niederlande und Bern erklären im Vertrag vom 21. Juni 1712 ihre neue Verbindung mit den Worten *ayans depuis longtems [...] une veritable et sincere amitié;* die Allianz sollte denn auch dazu dienen, *a cimenter indissolublement les sentimens d'amitié et de confiance, qu'ils ont eu, jusques ici les uns pour les autres*[11]. Auf Italienisch hieß die „Pündtnuß, gute Verständtnuß vnd Fründtschafft" der katholischen Orte mit Mailand-Spanien aus dem Jahr 1587 *lega, intelligenza et amicitia*[12].

Die Beispiele ließen sich vermehren, ohne dass damit gesagt sein soll, dass es keine Verträge ohne Verweis auf den Freundschaftsbegriff gegeben habe. So fehlt er beispielsweise in der wichtigen Erbeinung mit Österreich (1511)[13].

Der Freundschaftsbegriff (*amitié / amicitia / amicitia*) – auch das geht aus den eben zitierten Stellen hervor – steht meist nicht isoliert, sondern in Kombination mit anderen Termini. Am häufigsten erscheint er mit vertragsrechtlichen Begriffen wie „Brief", „Bündnis", „Vereinung", „Traktat", „Kapitulation", „Allianz" (oder ähnlich), die aber den Charakter der „Freundschaft" nicht näher zu präzisieren scheinen. Dies vermögen eher die anderen Begriffe, mit denen Freundschaft ebenfalls oft kombiniert oder kumuliert wird, und die sich drei Feldern zuordnen lassen, nämlich Nachbarschaft, Friede sowie Treue und Liebe. Ohne eine umfassende Quantifizierung bieten zu können, lässt sich doch sagen, dass in den von den Eidgenossen zwischen 1500 und 1700 mit nicht-eidgenössischen Partnern geschlossenen Verträgen, die mit dem Freundschaftsbegriff operieren, die Kombination mit dem Begriff der „Nachbarschaft" am häufigsten anzutreffen ist, diejenige mit Liebe und Treue am seltensten, während die Formel „Freundschaft und Friede" in der Mitte liegt[14].

Mit „Liebe" und „Treue" argumentierten in der Tendenz eher Verträge aus dem frühen 16. Jahrhundert und wohl vor allem Burgrechte – aber das wäre noch zu überprüfen[15]. Die Belege für „Freundschaft und Frieden" um-

10 EA 5 / 1 (Anm. 9), 1935 (31. Januar 1602).

11 EA 6 / 2 (Anm. 7), 1351.

12 EA 5 / 1 (Anm. 9), 1870.

13 EA 3 / 2 (Anm. 6), 1343 ff. Auch der Vorläufervertrag, die „Ewige Richtung" (Senlis 11. Juni 1474), enthält zwar die Anrede „vnnsern besundern guten fründen", aber der Vertrag wird als „Abschied", „Brief" oder „Richtung" bezeichnet, s. EA 3 / 2, 913 – 916.

14 Diese Aussage stützt sich auf 45 Verträge der Eidgenossen mit europäischen Mächten zwischen 1500 und 1712, die alle in den EA dokumentiert sind.

15 Vgl. z. B. die Verträge der Eidgenossen mit dem Herzog von Württemberg („solich trüw liebe vnd früntschafft, so [...] wir [..] gehept", Vereinung vom 15. März 1500, in: EA 3 / 2 (Anm. 6), 1283; „die trüw, liebe vnd früntschaft, so vnser vordern

fassen zwar Vertragspartner wie den Papst (1514)[16] und Savoyen (1512, 1560 und 1577)[17], doch stammen die meisten aus den Allianzen mit Frankreich (1516, 1521, 1549, [1559], 1602, 1605, 1663)[18].

Die meisten staatsrechtlichen Verträge galten aber einer Freundschaft, die sich in der Sicherung der Nachbarschaft konkretisierte. Sie verteilen sich relativ gleichmäßig über den Untersuchungszeitraum. Dabei fällt auf, dass auch Vertragspartner, die keine gemeinsame Grenze haben und also nicht im eigentlichen Sinne Nachbarn waren, sich trotzdem vornahmen, ihre *mutua amicitia et bona vicinitate politiae et respublicae* zu fördern, wie es die Verträge zwischen Zürich, Bern und Venedig 1615 und 1706 formulierten[19]. Auch das Bündnis Zürichs und Berns mit Straßburg von 1588 operierte mit dem Nachbarschaftsbegriff, wiewohl sich die Territorien der drei Städte nirgendwo berührten[20]. Doch die meisten Nachbarschaftsverträge schlossen die Eidgenossen mit Anrainerstaaten, vor allem dem Herzogtum Mailand (sei es unter der Herrschaft der Mailänder Herzoge, des Kaisers oder Spaniens)[21], aber auch mit dem Herzogtum Savoyen (1512, 1560, 1564, 1577, 1617)[22].

---

vnd wir [...] gehept", Vereinigung vom 31. Juli 1509, in: EA 3/2, 1332), ein Burgrecht der katholischen Orte mit dem Wallis (vom 12. März 1529: „die großen trüw, früntschaft und liebe", in: Die eidgenössischen Abschiede aus dem Zeitraume von 1529 bis 1532, bearb. v. *Johannes Strickler* (Amtliche Sammlung der älteren eidgenössischen Abschiede, Bd. 4, Abt. 1b), Zürich 1876, 1464) und – allerdings in Kombination mit Nachbarschaft – die Erneuerung der französischen Allianz vom 21. Juli 1564 (dass Gott „der waren Fründschafft vnnd Liebe das einig Fundament sye", „unverbrochne nachpurschafft, Fründtschafft, einigkheit vnnd verpündtnuß", s. Die eidgenössischen Abschiede aus dem Zeitraume von 1556 bis 1586, bearb. v. *Joseph Karl Krütli* (Amtliche Sammlung der älteren eidgenössischen Abschiede, Bd. 4, Abt. 2), Bern 1861 [zit. als EA 4/2], 1509–1510).

16 „Pündtnis, früntschafft, eynung, verstentnis, frid oder bestand", Bund vom 9. Dezember 1514, in: EA 3/2 (Anm. 6), 1366.

17 „Ein gutter warer Frid, fründtschafft, Pündtnuß, vereinung vnnd Nachpurschafft"; „allt fründtschafft vnnd pündtnus"; „ewige fründtschafft, pündtnus vnnd vereinung", Bündnis vom 11. November 1560; „Gegenfründtschafft"; „frid, Fründtschafft, ouch sondere gutte nachpurschafft, pündtnuß vnd vereinung", Bündnis vom 8. Mai 1577, in: EA 4/2 (Anm. 15), 1461 und 1541.

18 So etwa „frid und fründschaft, zuo ewigen ziten werende/pax et amicitia perpetuis", Allianz vom 5. Mai 1521, in: Die eidgenössischen Abschiede aus dem Zeitraume von 1521 bis 1528, bearb. v. *Johannes Strickler* (Amtliche Sammlung der älteren eidgenössischen Abschiede, Bd. 4, Abt. 1a), Brugg 1873, 1492, und *lancienne paix, amitié, alliance et confederacion,* Erklärung zum französischen Bündnis vom 20. September 1605, in: EA 5/1 (Anm. 9), 1935.

19 EA 4/2 (Anm. 15), 1954 und 1955 (1615); EA 6/2 (Anm. 7), 2312 (1706): *Promovere, vt ita sincera amicitia et vicinia Politiae et Respublicae [...], verum etiam, quia firmissima inter Respublicas amicitia.*

20 EA 5/1 (Anm. 9), 1845.

21 Die aus dem 15. Jahrhundert stammende Tradition der Mailänder Kapitulate wurde 1531, 1533, 1557, 1615, 1622 und 1639 fortgesetzt.

22 „Sölcher Früntschaft vnd liebe vnd guter nachpurschaft ein fundament dermaß zesetzen", Zwanzigjähriges Bündnis der acht Orte mit Savoyen vom 27. August 1512, in: EA 3/2 (Anm. 6), 1348; „Ein gutter warer Frid, fründtschafft, Pündtnuß, ver-

Inhaltlich schrieben die Verträge das Verhältnis der Partner zueinander fest. Ohne zu sehr ins Detail gehen zu können und zu wollen, lassen sie sich etwa wie folgt zusammenfassen: *Friedensschlüsse* regeln nach feindlichen und kriegerischen Auseinandersetzungen Fragen wie Kriegskosten, -entschädigung und Amnestie; *Nachbarschaftsverträge* reglementieren Alltagsprobleme wie Grenzen, Zölle und Rechtshilfe; *Allianzen* und (militärische) *Bündnisse* fixieren die Bedingungen und Formen gegenseitiger Waffenhilfe im Bedarfsfall, das sogenannte „getreue Aufsehen" (militärische Bereitschaft). Nicht wenige Bündnisse kombinierten Elemente von Friedens-, Freundschafts- und Allianzverträgen und installierten zudem gewaltfreie Konfliktlösungsverfahren wie etwa Schiedsgerichte.

In völkerrechtlichen Verträgen charakterisiert der Freundschaftsbegriff offensichtlich eine Haltung, aus der heraus die grundlegende Zielsetzung der Abmachungen – der Friedenszustand – erreicht werden kann. So gesehen erscheint Freundschaft im staatsrechtlich-diplomatischen Feld als atmosphärisch-emotionales Pendant zum Frieden, während umgekehrt die Feindschaft die Disposition zum Krieg beschreibt. Dieser Gegensatz von Freundschaft und Freindschaft war sachlich und sprachlich längst etabliert, als Carl Schmitt ihn in zuspitzender Verkürzung als „das Politische" schlechthin definierte[23]. Denn zweifellos gehört Polarisierung zu den fundamentalen und typischen Mechanismen in der Politik, doch die krude Verengung auf zwei mögliche Positionen – Freund-Freind, *pro-contra* – und die Fixierung auf den physischen Vernichtungskampf verkennen den Variantenreichtum politischer Konstellationen, Koalitionen und Kompromisse. Auf diese Vielfalt deuten auch die Leitbegriffe, die in den völkerrechtlichen Verträgen abgerufen werden: Es ist nicht nur die Freundschaft (vs. Feindschaft), es sind auch Nachbarschaft, Friede, Liebe und Treue.

Wenn die Freundschaft bzw. der Friede zwischen Staaten (oder Mächten, falls „Staat" zu modern klingt) einmal etabliert war, manifestierten sie sich in dem, was die Zeitgenossen „gute correspondenz" oder – im Vertrag Berns mit Savoyen von 1617 – *bonne voisinance, amitié et correspondance*[24] nannten – oder moderner ausgedrückt: in funktionierender Kommunikation.

---

einung vnnd Nachpurschafft", Bündnis der katholischen Kantone und Zürichs mit Savoyen vom 11. November 1560; „nachpurlichen Fründtschafft", Schiedsvertrag zwischen Savoyen und Bern, 30. Oktober 1564, in: EA 4/2 (Anm. 15), 1497; „mitt nachpuren vnd allten fründen Jn einigkeit vnd gutter verstendtnuß", „frid, Fründtschafft, ouch sondere gutte nachpurschafft, pündtnuß vnd vereinung", Bündnis der katholischen Kantone mit Savoyen vom 8. Mai 1577, in: EA 4/2, 1461 und 1541; *bonne voisinance, amitié et correspondance,* Bündnis Berns mit Savoyen, 23. Juni 1617, in: EA 5/1 (Anm. 9), 1971.

23 *Carl Schmitt,* Der Begriff des Politischen. Text von 1932 mit einem Vorwort und drei Corollarien, 6. Aufl., Berlin 1963 [ND 1996], 20–78, bes. 28–39 und 46–54.

24 EA 5/1 (Anm. 9), 1971; vgl. *Hans Berner,* „Die gute correspondenz". Die Politik der Stadt Basel gegenüber dem Fürstbistum Basel in den Jahren 1525–1585 (Basler Beiträge zur Geschichtswissenschaft, 158), Basel 1989.

Folglich findet sich die Freundschaftsrhetorik auch in den Anreden und Adressen des diplomatischen Schriftverkehrs. Die französischen Könige von Franz I.[25] über Heinrich IV.[26] bis Ludwig XIII.[27] und XIV.[28] – bzw. deren Kanzleien – titulierten die Eidgenossen in ihren Briefen mit *Très chers & grands amis, Confederés & Alliés*. Dasselbe taten die französischen Gesandten[29]. Allerdings scheinen umgekehrt die Eidgenossen den französischen König *nicht* als *ami* angesprochen zu haben. Die Anrede lautete vielmehr – hier im Beispiel aus dem Jahr 1600: „Dem Aller Durchluechtigisten, Aller Christenlichisten Fuersten und Herren, Herrn Heinrico, Kuenig zu Frankrych und Naverra, unserm aller gnaedigisten Herren und Pundtsgenosen“[30]. Der *confédéré* grüßt die *amis,* die Freunde grüßen den Herrn und Bundesgenossen. In der vormodernen Diplomatie war Reziprozität noch kein Dogma[31] und asymmetrische Anreden in der diplomatischen Korrespondenz daher nichts Ungewöhnliches. Auch in sozialen Beziehungen sei laut Natalie Davis im Frankreich des 16. Jahrhunderts die Initiative zum Gebrauch der Bezeichnung *ami* stets von oben nach unten ergriffen worden[32].

Der römische König oder Kaiser adressierte seine Schreiben an Eidgenossen mit „Vnnsern vnnd des reichs lieben getrewenn“, wie etwa Maximilian I.

---

25 *Kurt-Werner Meier / Josef Schenker / Rainer Stöckli* (Bearb.), Sammlung Zurlauben. Regesten und Register zu den Acta Helvetica, Gallica, Germanica, Hispanica, Sabaudica etc. necnon Genealogica Stemmatis Zur-Laubiani. Bd. 113 – 115, Aarau / Frankfurt a. M. / Salzburg 1996 [zit. als Zurlaubiana AH (Bandnummer) / (Dokumentnummer)], 115 / 35, Paris 19. Mai 1534, Franz I. an Bürgermeister und Rat der Stadt Biel.

26 Heinrich IV. bestätigt die Privilegien der Kaufleute von St. Gallen, Schaffhausen und der anderen schweizerischen Kantone, Paris, Mai 1594, in: *Hermann Wartmann* (Hrsg.), Jakob Hochreutiners Gesandtschaftsbericht. 1663 September 30 – 1664 März 27. Ein Beitrag zur Schweizerischen Handelsgeschichte aus dem Archiv des Kaufmännischen Directoriums in St. Gallen, St. Gallen 1906, 144.

27 Zurlaubiana (Anm. 25), AH 113 / 61, Moulins, 29. August 1632, Ludwig XIII. an die neun katholischen Orte.

28 *Kurt-Werner Meier / Josef Schenker / Rainer Stöckli* (Bearb.), Sammlung Zurlauben. Regesten und Register zu den Acta Helvetica, Gallica, Germanica, Hispanica, Sabaudica etc. necnon Genealogica Stemmatis Zur-Laubiani, Bd. 100 – 102, Aarau / Frankfurt a. M. / Salzburg 1994, 100 / 37, Saint-Germain-en-Laye, 3. September 1670, Ludwig XIV. an die 9 – 13 Orte, vgl. *Paul Schweizer* (Hrsg.), Correspondenz der Französischen Gesandtschaft in der Schweiz 1664 – 1671 (Quellen zur Schweizer Geschichte, 4), Basel 1880, Nr. 532.

29 *Nos tres chers et bons amys* / „Gantz die uwren guten frund“, Staatsarchiv des Kantons Luzern, Luzern [StALU]: A1 F1 Schachtel [SCH] 4, die Gesandten Ludwig von Orlians, Rione von Lamoÿe, Humbert von Villenoie an Luzern und Zürich, Neuenburg, Karfreitag 1512. Vgl. Zurlaubiana (Anm. 25), AH 115 / 34, Bern, 2. August 1526, Morelet an Bürgermeister und Rat der Stadt Biel.

30 Die Eidgenossen an den König von Frankreich, 7. Oktober 1600, in: *Edouard Rott,* Méry de Vic et Padavino (Quellen zur Schweizer Geschichte, 5), Basel 1881, Nr. I, 61.

31 *Matthew Smith Anderson,* The Rise of Modern Diplomacy 1450 – 1919, London / New York 1993, 11.

32 *Natalie Zemon Davis,* The Gift in Sixteenth-Century France, Madison / London 2000, 20.

im Jahr 1516[33]. Dagegen richteten 1520 die kaiserlichen Gesandten oder Räte, wie sie meist genannt wurden, ihre Briefe an die „edln strengen vesten ersamen vnd weisen vnsern besonndern lieben vnd guten freunnden [...] gemainer Eydgenosschaft reten vnd santpoten"[34]. Während gekrönte Häupter also den Freundschaftsbegriff nicht auf sich anwenden ließen, führten ihn ihre Kanzleien im Repertoire. So auch die mailändische Kanzlei, welche die Eidgenossen als *Spectabilibus Amicis nostris charissimis*[35] anzuschreiben pflegte (1499).

Die Verwendung des Freundesbegriffes war weit verbreitet[36]. So gebrauchten ihn auch die Gesandten verschiedener fremder Mächte im Verkehr untereinander, wenn sie sich in der Eidgenossenschaft begegneten. Der päpstliche Nuntius Ladislao d'Aquino nannte 1614 als explizites Ziel jedes Diplomaten des Heiligen Stuhles in der Schweiz: *Il Nuntio dunque ha necessità d'aver buona amicizia con tutti questi ministri de principi;* wichtig sei vor allem, *farsi amico l'a[m]basciatore di Francia*[37]. Bei diesem inflationären Gebrauch für nahezu alle nicht gerade feindlichen Beziehungen musste sich der Freundschaftsbegriff zwangsläufig inhaltlich entwerten. Beim Reden über andere konnte zum Beispiel ein französischer Ambassadeur wie der Marquis de Puyzieulx um 1700 durchaus freundschaftliche von bloß höflichen Beziehungen unterscheiden: *J'ai toujours été en commerce d'honnêteté avec ce ministre du Pape; mais nos relations n'ont jamais roulé que sur des compliments et des honnêtetés*[38]. Daher wurden insbesondere in Notsituationen „echte" von „falschen" Freunden unterschieden, wie etwa an der Tagsatzung vom 8. September 1555 in Baden. Ein Votum gab zu bedenken, die Erhaltung der Eidgenossenschaft, „hange nur von der Einigkeit der Eidgenossen ab; zuverlässige Freunde haben diese, außer Gott und sich selbst, wenige; wenn auch Fürsten und Herren ihnen gute glatte Worte geben, sei doch hierauf nicht zu bauen."[39]

---

33 Staatsarchiv des Kantons Zürich, Zürich [StAZH]: A 176.1, Nr. 283, 13. November 1516, Maximilian an Zürich.

34 „Ytz auf dem tag zu Lucern versamelt", StALU: A1 F1 SCH 62 Österreich, a) Gesandte, 29. Januar 1520.

35 *Dominis oratoribus Bernensium, Lucernensium, Suitensium et Underualdensium in Lucerna congregatis,* StALU: A1 F1 SCH 101, 20. Februar 1499, Creditiv für den mailändischen Gesandten Torinellus.

36 Selbst im Englischen: „The greatest Monarchs do most sollicitously seek their [the Swiss'] Friendship", s. *Algernon Sidney,* Discourses concerning Government [...], 2. Aufl., London 1704, 144 [orig. 1698].

37 *Ladislao d'Aquino,* Relatione spettante alla Nunziatura de Svizzeri [1613], in: Johann Georg Mayer, Das Konzil von Trient und die Gegenreformation in der Schweiz. 2 Bde., Stans 1901-1903, Bd. 2, 301-329, hier 303.

38 *Puyzieulx,* Charactères des ministres étrangers (1708), in: Jean de Boislisle, Les Suisses et le Marquis de Puyzieulx ambassadeur de Louis XIV (1698-1708). Documents inédits précédés d'une notice historique, Paris 1906, 80.

39 Die eidgenössischen Abschiede aus dem Zeitraume von 1549 bis 1555, bearb. v. *Karl Deschwanden* (Amtliche Sammlung der älteren eidgenössischen Abschiede,

Aufgrund der Vielzahl und Komplexität der Bündnisbeziehungen kam es nicht selten vor, dass die aus verschiedenen Freundschaftsbindungen erwachsenden Pflichten in Widerspruch zueinander gerieten. Dann wurde mit dem Argument der Freundschaft durchaus gestritten, wie ein Beispiel erhellen mag: Im Jahre 1560 bemühte sich der Herzog von Savoyen um ein Bündnis mit allen dreizehn Orten der Eidgenossenschaft. Gegen dieses Ansinnen warb der Kanton Bern bei den übrigen Eidgenossen mit dem Hinweis darauf, dass er sich mit dem Herzogtum hinsichtlich der savoyischen Gebiete rund um den Genfersee, die er 1536 erobert habe, noch im Kriegszustand befinde; es seien aber gütliche Verhandlungen zur Lösung der Streitfrage bereits terminiert (sie fanden dann aber erst 1564 im Frieden von Lausanne ihre abschließende Lösung). Daher bitte Bern die übrigen Orte, „wäder mit hochgesagtem herren hertzog von Saffoÿ noch Jemandes andrem [...] einiche *fründtschafft noch püntnuß* Jnen g[nädigen] h[erren von Bern] zů nachtheil machen, sonnders die *pündt vnnd burgrecht* ouch *Eÿdtgnossische trüw fründtschafft vnnd liebe,* mit der sÿ einer Statt Bernn vnd hinwiderumb ein Statt Bernn Jnen Zůgethan, Jnn söllicher achtung halten, das sÿ dennen zůwider nüt fürnemmen noch hanndlen, sonnders dieselbigen an min g[nädigen] H[e]rren [von Bern] (wie sÿ dan Jrs theils ouch zethůnd gesinnet) Jreer trostlichenn Zuuersicht nach trüwlich haltenn."[40] Freundschaft konnte also durchaus ein gewichtiges Argument in den bündnispolitischen Beratungen darstellen. Stand Freundschaft gegen Freundschaft, so kam es auf ihre Dauer, Intensität und Aktualität an.

II. Diplomaten und ihre „Freunde in den Kantonen"

Neben dieser offiziellen Ebene des diplomatischen Protokolls benutzten die Gesandten fremder Mächte den Begriff „Freund" / *ami* / *amico* aber auch in anderer Weise. Wenn sie von „unseren Freunden in den Kantonen" sprachen, meinten sie damit nicht einfach unterschiedslos alle Eidgenossen, sondern eben nur ganz bestimmte, wie beispielsweise der burgundische Gesandte Adrien de Thomassin, Sieur de Mercey, der als Quelle seiner Informationen *un mien amy, principal du Consel de Fribourg* benannte[41].

Der französische Ambassadeur Saint Romain beschrieb dies in seinem Bericht von 1676 – den ich in einer deutschen Übersetzung zitiere – wie folgt: „Ich unterhielt einen sehr ausgedehnten Briefwechsel mit allen *Freun-*

Bd. 4, Abt. 1e), Lucern 1886 [zit. als EA 4 / 1e], Nr. 409bb (Baden, 8. September 1555), Regest.

40 Instruktion des Berner Rates für die Gesandten Niklaus von Diesbach und Hieronimus Manuel an die Tagsatzung vom 7. Mai 1560 in Baden, Staatsarchiv des Kantons Bern [StAB], A IV 194, fol. 479^{r-v} (Hervorheb. AW).

41 Thomassin an Delafaille, Stäfis, 18. Januar 1625, in: *Alphons Rivier,* Berichte Burgundischer Agenten in der Schweiz von 1619 bis 1629, Zürich 1875, 56.

den in den Kantonen, theils um genauen Bericht über alles, was dort vorgieng, einzuziehen, theils auch um ihnen schnell und unverfälscht die Neuigkeiten mitzutheilen, die sie sonst nur aus den Zeitungen unserer Feinde und zwar mit allem darin liegenden Gifte vernommen hätten. In allen unsern Angelegenheiten gab ich ihnen die Gründe an die Hand, womit sie unsere Sache in ihren Rathssitzungen verfechten und unterstützen sollten."[42]

Freunde heißen seine Kontaktpersonen, die ihn mit Nachrichten versorgen, und die er ebenso mit Nachrichten beliefert. Über dieses wechselseitige Geschäft mit Informationen hinaus geht es Saint Romain auch um die ganz direkte politische Beeinflussung von eidgenössischen Entscheidungsträgern im Interesse der französischen Krone. Diese Beeinflussungsversuche umfassen nicht nur das hier genannte Bereitstellen einschlägiger Argumente, wie Saint Romain in seinen Bericht weiter deutlich werden lässt: denn die Freunde sind zugleich die Pensionäre der französischen Krone. Sie empfangen nicht nur die offiziellen Pensionen, also Geldzahlungen, sondern vom Ambassadeur zusätzlich für ihre politischen Dienstleistungen auch sogenannte ‚heimliche Pensionen', die man auch Bestechungsgelder nennen könnte. Was der Volksmund von dieser Form der Freundschaft hielt, offenbart sich im Spottnamen, den er für die eidgenössischen Empfänger der französischen Goldsonnenkronen prägte: „Kronenfresser"[43].

Derartige Verbindungen zu Freunden in den Kantonen setzten die fremden Gesandten zum Beispiel dazu ein, Freundschaftsverträge mit den Eidgenossen auszuhandeln. Der mailändisch-kaiserliche Gesandte in der Eidgenossenschaft, Angelo Ritio, berichtete 1549 in der Relation an seinen Nachfolger Ascanio Marso, wie der *trattato fatto per l'amicitia et vicinità* [von 1533] *tra il Stato di Milano et questi signori [svizzeri]* zustande gekommen war: Nachdem Ritio zunächst betont, wie schwierig sich Verhandlungen mit den Eidgenossen gestalteten, weil daran so viele Personen mit wechselhaften Meinungen beteiligt seien, die zudem noch auf das Volk Rücksicht zu nehmen hätten, kommt er zur Sache: Es gebe zwei Arten mit den Herren Eidgenossen zu verhandeln, nämlich eine öffentliche und eine geheime. Um einem Geschäft zum Erfolg zu verhelfen, müsse man zunächst die *particolari,* einzelne einflussreiche Politiker oder eben Freunde, vorbereiten und ins Bild setzen. Erst dann könne das Anliegen öffentlich vorgebracht werden, wobei die besagten *particolari* mit verschiedenen, ihnen passend erscheinenden Mitteln dazu beitrügen, dass das Geschäft zu einem

---

42 [*Baron de Saint Romain,*] Des französischen Gesandten bei der Eidgenossenschaft, Baron von Saint Romain, Denkschrift über die Schweiz im Jahre 1676 (aus der französischen Handschrift übersetzt), in: Helvetia 1 (1823), 61–85, 76 (Hervorheb. AW).

43 *Bruno Koch,* Kronenfresser und deutsche Franzosen. Zur Sozialgeschichte der Reisläuferei aus Bern, Solothurn und Biel zur Zeit der Mailänderkriege, in: Schweizerische Zeitschrift für Geschichte 46 (1996), 151–184.

guten Ende komme. Diesen Dienst der *particolari* könne man nicht erhalten ohne Geschenke wie Geld, Seidenstoffe, Goldketten, Silbergefäße sowie der Aussicht auf heimliche Pensionen, also weitere verdeckte Zahlungen[44].

Wie das Sprichwort weiß, erhalten Geschenke die Freundschaft[45]. 1608 rechnete der venezianische Gesandte in der Schweiz, Giovanni Battista Padavino, nach, dass der französische König Heinrich IV. den Eidgenossen seit 1602 jährlich 400 000 Scudi an offenen und heimlichen Pensionen ausgerichtet hatte. Diese Summe verleitete ihn zur spöttischen Bemerkung, dass der französische König die Eidgenossen nicht ohne Grund *li suoi ,cari Svizzeri'* nenne, oder eben: die *,tres chers' amis*[46]. Einer dieser sehr teuren Freunde Frankreichs, der Zuger Spitzenpolitiker Beat II. Zurlauben, notierte sich im April 1650, „das us frankhrych geschriben worden, H[err] Ambass[adeur] habe 70 000 lb. empfangen, [um] Jn den ohrten *guote Fründt Zemachen.* Und wan ich nur gen Solothurn [wo der französische Botschafter residierte, AW] schrybe, wurde er mer geldt schikhen: aber dem gmein man werde Nüt, Nur etlichen heimlich."[47] Freunde waren dafür besorgt, die Geschenke oder Geldströme zwischen den Staaten so zu lenken, dass sie nicht in zu viele Taschen flossen, damit sie politisch etwas bewirkten[48].

Amys vallent mieux qu'argent, weiß dagegen ein anderes Sprichwort[49]. Dies mochte sich zeigen, wenn die einmal aufgebauten Freundschaftsbeziehungen zu den Eidgenossen auch dann noch hielten, wenn die Mission des fremden Gesandten bereits abgelaufen war[50]. Offizielle Schreiben von Bern

---

44 [*Angelo Ritio,*] Informatione 1549, in: Der Discorso dei Sguizzeri des Ascanio Marso von 1558. Mit verwandten Texten hrsg. u. bearb. v. Leonhard Haas (Quellen zur Schweizer Geschichte. NF, 3. Abteilung, 6), Basel 1956, 1–10, hier 1: *Il negotiare con questi signori consiste in due modi, cioè uno in pubblico et l'altro in secreto, et per guidare a buon porto li negotii cè necessario prima disponere li particolari et farli capaci di quello si desidera, et puoi proponerlo in pubblico, et detti particolari come informati con diversi mezzi, modi et maniere, secondo giudicano espediente, persuadeno, facilitano et aiutano che li negotii habbino buon fine, et questo officio da particolari non si può ottenere, se non mediante doni, presentanei di denari, drappi di seta, collane d'oro, vasi d'argento, o altre simili cose, con promessa di pensioni secreta.*

45 *Davis,* The Gift (Anm. 32), 23: „Gifts that, on the whole, created amity rather than enmity."

46 *Giovanni Battista Padavino,* Del governo e stato dei signori Svizzeri. Relazione fatta l'anno 1606 [d.i. 1608], hrsg. von Vittorio Ceresole, Venedig 1874, 103: *Onde ella [la Maesta Cristianissima] non senza causa suole chiamar li suoi ,cari Svizzeri'.*

47 Zurlaubiana (Anm. 25), AH 98/164A [16] (Hervorheb. AW).

48 Vgl. zu dieser Thematik *Valentin Groebner,* Gefährliche Geschenke. Ritual, Politik und die Sprache der Korruption in der Eidgenossenschaft im späten Mittelalter und am Beginn der Neuzeit (Konflikte und Kultur – Historische Perspektiven, 4), Konstanz 2000.

49 *Jean Papon,* Premier Tome des Trois Notaires, Lyon 1568, 326, zit. bei *Davis,* The Gift (Anm. 32), 19 und 140, Anm. 20.

50 Zu den Kontakten der eidgenössischen Politiker mit den Gesandten fremder Mächte vgl. *Andreas Würgler,* Boten und Gesandte an der eidgenössischen Tagsatzung. Diplomatische Praxis im Spätmittelalter, in: Rainer C. Schwinges/Klaus

und Luzern, sowie weitere Schreiben einzelner Luzerner Räte an den Herzog von Mailand beteuerten 1497, dass der mailändische Gesandte Giovanni Moresini, der nach seiner Rückkehr in die Lombardei in die Kritik geraten war, sein Bestes gegeben habe und am Scheitern seiner Mission keine persönliche Schuld trage[51]. In einem Empfehlungsschreiben an den Gouverneur von Mailand schützte die gesamte Tagsatzung 1552 den kaiserlich-mailändischen Gesandten Ascanio Marso gegen den Vorwurf, er habe nach protestantischer Art gelebt, mit Lutheranern verkehrt und an Freitagen Fleisch gegessen. Diese Intervention scheint zur Rehabilitierung Marsos beigetragen zu haben[52]. Für den in der Bastille inhaftieren ehemaligen französischen Ambassadeur, den Marschall de Bassompierre verfasste die Tagsatzung im Mai 1631 gar ein Freilassungsgesuch an den französischen König[53].

Als Versuche, labile Freundschaftsbeziehungen sozial zu stabilisieren, können die Patenschaften gelten. So stellten sich Gesandte fremder Herren als Paten für Sprösslinge eidgenössischer Politiker zur Verfügung, wie etwa der spanisch-mailändische Gesandte Alfonso Casati (1594–1621)[54] oder der Nuntius Ciriaco Rocci. Als dieser 1628/29 mehrere Monate im Haus des Urner Altlandammanns Karl Emanuel von Roll in Altdorf wohnte, wurde er Pate („Daufgöte") der sechsten Tochter des Gastgebers, die während seines Aufenthaltes geboren wurde[55].

Sichtbares Zeugnis der Patenschaft legte oft die Namensgebung ab. Der Urner Jakob a Pro, der 1553 seinen politischen Freund, den kaiserlich-mailändischen Gesandten Ascanio Marso zeitweilig in seinem Haus beherbergte, nannte seinen zweiten Sohn „Ascanio"[56]. 1636 gewann der spätere

Wriedt (Hrsg.), Gesandtschafts- und Botenwesen im spätmittelalterlichen Europa (VuF, 60), Ostfildern 2003, 287–312.

51 *Ernst Gagliardi,* Mailänder und Franzosen in der Schweiz 1495–1499. Eidgenössische Zustände im Zeitalter des Schwabenkriegs. 1. Teil, in: Jahrbuch für Schweizerische Geschichte 39 (1914), 1*-283*, hier 156*-157*, Anm. 3. Giovanni Moresini war von 9. Juli 1495 bis in den September 1498 in Luzern.

52 *Leonhard Haas,* Einleitung, in: Der ‚Discorso de i Sguizzeri' des Ascanio Marso von 1558. Mit verwandten Texten hrsg. v. dems. (Quellen zur Schweizer Geschichte. NF, 3. Abteilung, 6), Basel 1956, xiv-lxix, hier xxx.

53 Die eidgenössischen Abschiede aus dem Zeitraume von 1618 bis 1648, bearb. v. *Jakob Vogel / Daniel Albert Fechter* (Amtliche Sammlung der älteren eidgenössischen Abschiede, Bd. 5, Abt. 2), Basel 1875 [zit. als EA 5/2], Nr. 556d (Baden, 12.-22. Mai 1631).

54 *Rudolf Bolzern,* Spanien, Mailand und die katholische Eidgenossenschaft: militärische, wirtschaftliche und politische Beziehungen zur Zeit des Gesandten Alfonso Casati (1594–1621) (Luzerner Historische Veröffentlichungen, 16), Luzern / Stuttgart 1982, 45.

55 *Eduard Wymann,* Der päpstliche Nuntius als Gast in Altdorf (1628/29), in: Anzeiger für Schweizerische Geschichte NF 9 (1916), 177 f.

56 *Haas,* Einleitung (Anm. 52), xxxi, Anm. 2. Zur Biographie a Pros vgl. *Gustav Muheim,* Die Tagsatzungs-Gesandten von Uri. Abteilung 2: 1517–1600, in: 16. Historisches Neujahrsblatt (auf das Jahr 1910) (1909), 1–199, hier 71–75.

Luzerner Kleinrat Heinrich Segesser von Brunegg (1599–1677) den päpstlichen Nuntius Ranuccio Scotti als Pate für seinen Sohn, den er „Jost Ranutius“ (1636–1714) taufen ließ[57]. Indem eidgenössische Politiker fremde Gesandte als Paten zu verpflichten suchten, übertrugen sie ein vertrautes Konzept der politischen Vergesellschaftung aus ihrem familiären, kantonalen und eidgenössischen Erfahrungsraum, wo Patenschaften ein gängiges Instrument der Familienpolitik darstellten[58], auf den Bereich der Außenbeziehungen.

Die Vermischung politischer und familiärer Dimensionen oder die Beschreibung der familiären und machtpolitischen Sphären mit ein und demselben Konzept versinnbildlicht sich darin, dass auf „staatlicher“ Ebene die Eidgenossen – alle dreizehn Orte oder einige von ihnen – Patenschaften übernahmen für Kinder von Königen (etwa Franz I. 1522 und Heinrich II. 1547) im 16. Jahrhundert und von Fürsten vor allem aus dem Reich im 17. und 18. Jahrhundert (bis 1732)[59].

Weil die Bezeichnung „Freunde“ ohne rechtliche Bedeutung und sozial so offen und flexibel war, eignete sie sich offenbar gut zur gegenseitigen Anrede für Personen, die aus verschiedenen politischen Kulturen, sozialen Systemen und staatlichen Hierarchien stammten, welche allesamt untereinander nicht kompatibel waren, wie im Falle der republikanischen Eidgenossenschaft und den diplomatischen Vertretern der (meist) monarchischen (kaiserlich, königlichen oder fürstlichen) europäischen Mächte. Die relative Unverbindlichkeit in rechtlich-sozialer Hinsicht und die grundsätzlich positiven Konnotationen, die er auslöste, machten den Freundschaftsbegriff zum idealen Instrument für den freundlichen Umgang ohne verpflichtende Folgen im diplomatischen Raum, dessen auch zeremoniell verfestigte Regeln immer wieder umkämpft waren und neu ausgehandelt werden mussten.

---

57 *Pierre-Louis Surchat,* Die Nuntiatur von Ranuccio Scotti in Luzern, 1630–39. Studien zur päpstlichen Diplomatie und zur Nuntiaturgeschichte des XVII. Jahrhunderts (Römische Quartalschrift für christliche Altertumskunde und Kirchengeschichte. Supplement, 36), Rom/Freiburg i. Br./Wien 1979, 140. Vgl. auch die Patenschaften, die der Zürcher Gesandte Caspar Hirzel und der Berner Gesandte Samuel Frisching anlässlich ihrer Mission in Genf übernahmen, s. *Barbara Braun-Bucher,* Der Berner Schultheiss Samuel Frisching 1605–1683. Schrifttum, Bildung, Verfassung und Politik des 17. Jahrhunderts auf Grund einer Biographie, Bern 1991, 356.

58 Vgl. *Simon Teuscher,* Bekannte – Klienten – Verwandte. Soziabilität und Politik in der Stadt Bern um 1500 (Norm und Struktur, 9), Köln/Weimar/Wien 1998, 115–134.

59 *Hans Jacob Leu,* Gevatterschaften, in: ders., Allgemeines Helvetisches, Eydgeno(e)ssisches, Oder Schweitzerisches Lexicon [...]. VIII. Theil, Zürich 1754, 490–492.

III. „Freund – eidgenössisch"

Der Freundschaftsbegriff war keineswegs für die Außenpolitik reserviert. Vielmehr spielte er im politischen Alltag auch innereidgenössisch und innerkantonal eine prominente Rolle.

Zwar verwendeten die ältesten bekannten Bündnisse (1291, 1315, 1332) zwischen den späteren Kantonen der Eidgenossenschaft die Vokabel Freundschaft nicht, denn in diesen Kontrakten ging es zentral um den Frieden (entfaltete sich die frühe Eidgenossenschaft doch zunächst als Friedensbewegung)[60]. Aber seit dem Zürcher Bund von 1351 nannten sich die spätmittelalterlichen ewigen Bündnisse unter den Eidgenossen konsequent „buntnu(i)ss und fru(i)ntschaft". Dass diese aus „trüw unnd liebe" entstünden, vermerkten die Bündnistexte seit 1481. Von Nachbarschaft, die ja räumlich durchaus existierte, war indessen nicht die Rede[61].

60 *Peter Blickle*, Friede und Verfassung. Voraussetzungen und Folgen der Eidgenossenschaft von 1291, in: Innerschweiz und frühe Eidgenossenschaft. Jubiläumsschrift 700 Jahre Eidgenossenschaft. 2 Bde., hrsg. v. Historischen Verein der Fünf Orte, Olten 1990, Bd. 1, 13–202.

61 *Hans Nabholz / Paul Kläui* (Bearb.), Quellenbuch zur Verfassungsgeschichte der Schweizerischen Eidgenossenschaft und der Kantone, 3. Aufl., Aarau 1947, Präambel, 14; vgl. die folgende Tabelle „Freundschaft in Bundesbriefen":

Jahr	Freundschaft	Nachweis: *Nabholz / Kläui* (Bearb.), Quellenbuch [oder EA]
1291 UR SZ UW	Nein	1–5
1315 UR SZ UW	Nein	5–8
1332 LU	Nein	8–11
1351 ZH	Ja	„ewigen buntnuͥss und fruͥntschaft", Präambel, 14
1352 ZG	Ja	„ewigen buntnisse und früntschafft"; „getrüwen geselschafft vnd ewigen puntniß" [EA 1, 275]
1352 GL	Ja	„getruͥwen fruͥntschaft und einer ewigen buntnuss", 20
1353 BE	Ja	„einer ewigen buntnuͥst und fruͥntschaft", 25
1406 BE-ne	Ja	„einer ewigen getruͥwen fruͥntschaft uͥbereinkomen", 39
1411 AP	Nein	[EA 1, 341 f.]
1454 sg	Ja	„eine ewige fruͥntschafft miteinandern gemacht", 57
1481 FR SO	Ja	„ditz ewig getruͤw fruͤndtschafft und buntnuͤß", 67 „das wir mit guͦttem hertzen betrachtet haben soͤlliche truͤw, liebe und fruͤndtliche einhelligkeit", 67
1497 ZH LU UR SZ UW ZG GL mit Grauer Bund	Ja	„diese ewig vnd getrüw früntschaft vnd puntnisse"; „soliche trüw, liebe vnd alte früntliche einhellikeit" [EA 3 / 1, 745]
1498		„diese Ewige vnd getrüwe Frünntschafft vnd Püntnuß"; „söliche Trüw, Liebe vnd allte früntliche Einhellikeit" [EA 3 / 1, 753]

Dem zentralen Charakter von Freundschaftsbündnissen entsprach die offizielle Anrede, die unter Eidgenossen seit dem 15. Jahrhundert gebräuchlich wurde. Die Orte schrieben sich an mit „Unsern insonders guten Freunden und getreuen Lieben Eidgenossen“[62]. Unter den acht alten, schon seit spätestens 1353 verbündeten Orten, kam im 16. Jahrhundert gelegentlich die feine, aber distinktive Ergänzung „vnnsern insonders guͦten fruͦnden vnnd getruwen liebenn *allten* Eÿdtgnossen“ hinzu[63]. In der Schwundform

Jahr	Freundschaft	Nachweis: *Nabholz / Kläui* (Bearb.), Quellenbuch [oder EA]
1501 BS	Ja	„getrüwen, ewigen pündtniß unnd frunnttschafft“, 77 „das wir bedacht haben die grosß fruntschafft, trüw unnd liebe von unsern selgen altvordern lang zytt unnd jar gegen eynandern gebrucht“, 76
1501 SH	Ja	„soͤlich fruͥntschaft, vereinung, und punttnusß, truw und liebe“; „die ewig getruͥw fruͥnntschaft und puͥntt-nusß“, 86
1513 AP	Ja	„das wir mit guͦttem hertzen soͤlich fruͥntschafft, vereynung und pundtnuͥß, truͥw und liebe“; „diser ewigen getruwen fruͥntschafft und puͥndtnuß“, 91
1515 mü	Ja	„ein ewig früntschaft mit einandern gemacht“ „sölich trüw, liebe und früntschaft, so vnser vordern vnd ouch wir lange zyt mit einandern gehept hand“ [EA 3/2, 1379]
1519 rw	Ja	„ein ewig früntschaft mit einander gemacht“ „sölich trüw, liebe und fründtschafft, so vnser vordern vnd ouch wir langezit mit einander gehept hand“ [EA 3/2, 1425]

AP = Appenzell
as = Abt St. Gallen
BE = Bern
BS = Basel
FR = Freiburg
GL = Glarus
LU = Luzern
mü = Mülhausen (im Elsass)
ne = Neuenburg
rw = Rottweil (am Neckar)
sg = Stadt St. Gallen
SH = Schaffhausen
SO = Solothurn
SZ = Schwyz
UR = Uri
UW = Unterwalden
ZG = Zug
ZH = Zürich

62 *Wilhelm Oechsli,* Die Benennungen der alten Eidgenossenschaft und ihrer Glieder, in: Jahrbuch für schweizerische Geschichte 41–42 (1916), 51–230, hier 72. Vgl. StALU: A1 F1 SCH 54 (Bern an Luzern, 20. April 1495): „Den frommen fursichtigenn wisenn schultheiss vnnd Ratt zu Lucern vnns[ern] guten frunden vnd getrewen lieben Eidgnossen.“

63 StALU: A1 F1 Sch 148 (Bern an Uri, 1. Oktober 1546). Vgl. *G. Kurz,* Ueber die Hauptformeln des eidgenössischen Briefstils, in: Politisches Jahrbuch der Schweizerischen Eidgenossenschaft 27 (1913), 279–313.

„getreue liebe Eidgenossen“ ist diese Floskel im Schriftverkehr zwischen Kantonen teilweise bis heute in Gebrauch[64].

Die Tagsatzungsgesandten pflegten analog zu den Ratsmitgliedern in den einzelnen Kantonen auch als „rats*freunde*“ bezeichnet zu werden[65]. Diese Formel konnte auch variiert werden, wie etwa vom Basler Syndikatsherr Hans Jakob Faesch, der seine Kollegen 1682 an einer Sitzung in Lugano als „getrüew Lieb Eydt- und Bundesgenossen, *wahre und aller beste Freundt*“ ansprach[66]. Die Wortkombination „wahrer Freund“ lässt schließen, dass es mitunter auch „falsche Freunde“ geben konnte – ein großes Thema im 18. Jahrhundert, als viel von Scheinfreundschaft im Gegensatz zu echter Freundschaft die Rede war.

Freundschaft will gepflegt sein, sagt man, und dazu ließen sich die Eidgenossen einiges einfallen. Waren bis zur Reformation die Freundschafts-Bündnisse der Kantone regelmäßig alle fünf bis zehn Jahre mit viel Aufwand öffentlich neu beschworen worden[67], so setzte die konfessionelle Spaltung dieser Tradition ein Ende. Weil sich die reformierten Kantone weigerten, die Bündnisse „bei den Heiligen“ zu beschwören, und weil sich die katholischen Kantone weigerten, die Eidformel zu verändern, konnten keine gemeinsamen Bundesbeschwörungen mehr stattfinden. Gewissermaßen als Ersatz entstand die sogenannte „eidgenössische Begrüßung“.

Aus der banalen Begrüßungsfloskel der Teilnehmer an den jährlich mehrmals stattfindenden Versammlungen der eidgenössischen Orte, Tagsatzungen genannt, entwickelte sich seit dem späten 16. Jahrhundert eine ausgedehnte, im 18. Jahrhundert bis zu drei Stunden dauernde Begrüßungszeremonie, die vornehmlich aus den Reden der Deputierten der einzelnen Kantone bestand. In diesen Reden wurden in unendlichen Variationen die Themen Vaterland und Treue, Einigkeit und Wohlstand sowie Freiheit und eben auch „Freundschaft“ abgehandelt[68]. So haben die Tagsatzungsherren

---

64 Vgl. die Web-Ausstellung des Zürcher Staatsarchivs, URL http://www.staatsarchiv.zh.ch/vitrine07.php, 15. 03. 2007, mit einem Brief der Zürcher Kantonsregierung an diejenige von Basel-Stadt vom 15. Dezember 1994.

65 Für die Tagsatzung: Schweizerisches Idiotikon. Wörterbuch der schweizerdeutschen Sprache. 11 Bde. und 1 Registerband, Frauenfeld 1881–1990, hier Bd. 1 (1881), 1305; für den Kanton Bern vgl. *Teuscher,* Bekannte (Anm. 58), 77.

66 *Hans Jakob Faesch,* Jenseiths Bürgische Reiß-Beschreibung (1682), in: Frühe Freunde des Tessins. Sechs Reiseberichte aus zwei Jahrhunderten. Auswahl der Texte, Einleitungen und Anmerkungen von Willi A. Vetterli. Geleitwort von Eduard Korrodi, Zürich 1944, 27–50, hier 38: „Hoch geacht, wohl Edell, Gestreng, Edell Ehren und Nott Vest, Fromb Führnemmb Fürsichtig und Weiß, Groß- und Hoch Ehrende Herren, getrüew Lieb Eydt- und Bundesgenossen, wahre und aller beste Freundt.“

67 *William E. Rappard,* Du renouvellement des pactes confédéraux (1351–1798) (Beschwörung und Erneuerung der Bünde), Zürich 1944; *Christian Sieber,* Eidleistungen und Schwörtage im spätmittelalterlichen Zürich, in: Zürich 650 Jahre eidgenössisch, hrsg. v. Staatsarchiv des Kantons Zürich und von der Zentralbibliothek, Zürich 2001, 19–58.

am 5. Juli 1716 „nach bißharigem Brauch den *Eÿdtg[enössischen] Grueß* gegen einandern abgelegt, und aller *Eÿdtg[enössischen] Freündtschafft* vnd auffrichtigkeit versicheret". Der Freiburger Gesandte forderte seine Kollegen zudem auf, „die wahre *Freündt=Eÿdtgn[össische] Vertrauwlichkeit* vnndt *vnion* in vnserem lieben *Vatterlandt* weiters" zu erhalten, damit die „allgemeine ohnschäzbahre *Freÿheit*" nicht verloren gehe[69]. Es gab also mittlerweile eine spezielle „eidgenössische Freundschaft", die sich in *„freundeidgenössischer"* Gesinnung manifestierte.

Der Pflege dieser freundeidgenössischen Gesinnung zwischen den Orten (und ihren Bevölkerungen) dienten auch symbolische Freundschaftsbilder[70] oder gegenseitige, festlich inszenierte Freundschaftsbesuche. Als zum Beispiel 1584 eine Delegation von 232 Zürchern nach Bern ritt, führten die Berner zu Ehren der Gäste ein Theater auf, dessen Text unter dem Titel „Glückwünschung zu der erneuerten alten Eidsgenössischen Treu und Freundschaft beyder" Städte gedruckt wurde. Das Spiel endete mit den Versen:

Gott woll' Euch Euere Freundschaft mehren –
Und Uebel und Streit weit von Euch kehren!
In Treu und Lieb' Euch steif erhalten
Bey'n Jungen so wohl als bey den Alten!

Der anonyme Berichterstatter notierte auch die Reaktionen der Zuschauer nach der Aufführung des Stückes: „‚Das geb' unser liebe Herr Gott!', sagten da ein Paar Großväter vor mir zu; und ein Anderer, hinter mir: ‚Da käm eine geng das grinen [Weinen, AW] an!' – Es war aber auch darnach! Mir Jungen fielen Thränen von den Augen. – So etwas macht gutes Blut, auf hundert Jahr, und nihmt die Herzen mit!"[71] Die politische Allianz zwischen zwei staatlichen Gebilden wird hier als personalisierte Freundschaft medial so inszeniert, dass die Zuschauer emotional berührt werden. Die Ergriffenheit und Erquickung, die aus den Kommentaren spricht, dürfte auch wieder politisch instrumentalisierbar gewesen sein.

Emotionen spielten aber nicht nur auf Seiten des Publikums eine Rolle, sondern auch bei den führenden Politikern. Der Basler Kaufmann und

---

68 Vgl. *Andreas Würgler*, Die Tagsatzung der Eidgenossen. Politik, Kommunikation und Symbolik einer repräsentativen Institution im europäischen Kontext, Bern (Habil. masch.) 2004.

69 StAB, A IV 69 (AEA WWW 1713–1718), fol. 187r (Frauenfeld, 5. Juli 1716) (Hervorheb. AW).

70 Vgl. *Regula Schmid*, Geschichte im Bild – Geschichte im Text: Bedeutungen und Funktionen des Freundschaftsbildes Uri-Luzern und seiner Kopien (ca. 1450 bis 1570), in: Literatur und Wandmalerei. Bd. 1, hrsg. v. Eckart Conrad Lutz u. a., Tübingen 2002, 529–561.

71 *W. Kern-Fueter* (Hrsg.), Ehren- und Freuden-Ritt der Zürcher nach Bern im Jahre 1584, in: Blätter für bernische Geschichte, Kunst und Altertumskunde 17 (1921), 293–304, hier 300.

Ratsherr Andreas Ryff – er lebte von 1550–1603 – entwickelte aus seinen reichen Erfahrungen in der eidgenössischen Politik seine Ansicht von der großen Bedeutung der Freundschaft. Er geht von der Beobachtung aus, dass in der Eidgenossenschaft

„vylerley völcker wohnen, so nit allein mehrerley sprachen reeden alß erstlich deitsch, frantzösisch, burgundisch, saffoysch, italianisch, chuurwelsch [rätoromanisch], so von wegen anstossender grentzlenderen ein jedes ein besondere sprach ist, und dernhalben von verendrung der sprachen wegen (wie die ervahrung mitbringt) auch andere sitten, gebärden, brych und gewonheitten, ja durchauß andere gmietter und hertzen gibt; das aber noch vyl mehr ist, sy sind nit eines glaubens und religion; [...] Noch sind sy in gemeine gscheften des vatterlandts woll eins; sy rothen und reden mit einander vom gmeinen nutz [...]".

Angesichts dieser Diversität fragt Ryff nach den Bedingungen für ein erfolgreiches gemeinsames „haußhalten", wie er sich ausdrückt. Er sieht dafür zwei Grundlagen. Zum einen die Gnade Gottes, zum anderen aber

„die zusamenkunfften irer *tagsatzungen*, jorrechnungen, entscheid der gespänen [Vermittlung von Konflikten], so zwischen den obrikeitten des landts biswylen entstondt, der vnd anderer ursachen halb eß fyl zusamenkunften durchs jorr über gibt, [...] Das bringt ein guotte corespotentz, freindtschaft und einigkeit, [...]. Also, wan schon etwaß grollen, widerwillen und misverstend zwischen inen hangen, so werden sy gmeinlich durch solliche freindtliche conversatziones usgelescht, vertilcket und abgethon, und wirt also beiderseits der alte bundt wider renoviert und gemeheret."[72]

Diese enthusiastische Einschätzung der Freundschaft kann aber nicht verdecken, dass es auch zwischen diesen eidgenössischen Freunden zu vielen Konflikten und – allein im Untersuchungszeitraum – zu zwei Bürgerkriegen gekommen ist.

IV. Fazit

Aus diesem *tour d'horizon* zur Verwendung des Terminus Freundschaft in verschiedenen politischen und diplomatischen Kontexten des 16. und 17. Jahrhunderts lässt sich das folgende Fazit ziehen:

Durch die Konzentration auf die Felder Politik und Diplomatie ergab sich auf der gewählten Quellenbasis der Eindruck, dass die Begriffe „Freundschaft" / „Freunde" und ihre nationalsprachlichen Entsprechungen so häufig vorkommen, dass sich eine differenziertere Analyse aufdrängt. Dabei zeigte sich zunächst, dass aus der eingenommenen Perspektive im zwischensprachlichen Vergleich keine nationalsprachlichen Varianten auszumachen sind. Möglicherweise haben gerade die soziale Offenheit und die inhaltliche

---

72 Andreas Ryff (1550–1603). Liber Legationum, hrsg. und eingel. von *Friedrich Meyer*, in: Basler Zeitschrift für Geschichte und Altertumskunde 59 (1959), 1–109, hier 14–16.

Unbestimmtheit des Begriffs seine Verwendung erleichtert und es ermöglicht, dass divergierende Konzepte aus verschiedenen Sprachen miteinander in Kontakt treten konnten. Möglicherweise hat auch die mehrsprachige Praxis mit ihren vielfältigen Übersetzungs- und Transfervorgängen dazu beigetragen, die Begriffe „Freundschaft“ und „Freund“ in den verschiedenen Sprachen in relativ ähnlicher Offenheit zu gebrauchen.

Ein vorläufiger Befund könnte sich etwa so zusammenfassen lassen: Freundschaft war eine wichtige, wenn auch inhaltlich schwankende Kategorie nicht nur im Völkerrecht und im eidgenössischen Staatsrecht, sondern auch in der europäischen Diplomatie und in der eidgenössischen Politik.

Der Freundschaftsbegriff konnotierte von der zwischenmenschlichen bis zur zwischenstaatlichen Ebene viele Dimensionen, nämlich:

1. Die hier bisher nicht genannte, weil lapidare, *biologische Dimension* insofern, als Freundschaft oft synonym oder zumindest überlappend mit Verwandtschaft gebraucht wurde[73]. Wenn sich also im 16. und 17. Jahrhundert politische Akteure als „Freunde“ bezeichneten[74] – ohne blutsverwandt und verschwägert zu sein –, so drückten sie damit wohl aus, dass es sich um eine intensive und verbindliche Beziehung handle. Diese metaphorische Redeweise kann als Versuch gedeutet werden, flüchtigen und instabilen politischen Bindungen mehr Dauerhaftigkeit und Zuverlässigkeit anzuwünschen.

2. Die *rechtliche Dimension,* sowohl auf staats- und bundesrechtlicher als auch – diesen Aspekt habe ich aus Zeitgründen und weil er auf der Hand liegt, ebenfalls ausgespart – auf privatrechtlicher Ebene (Ehe). Auch die rechtlich sanktionierte Bindung zweier Familien durch zwei Individuen – auch eheliche „Allianzen“ genannt – dienten oft dem Versuch, (neue) freundschaftliche Verbindungen auf Dauer zu stellen. Heiratspolitik durch Ehe-Allianzen gehörte nicht nur im dynastischen Europa, sondern auch in der politischen Elite der republikanischen Eidgenossenschaft zum selbstverständlichen Instrumentarium im Streben nach Machterwerb und Machterhalt.

3. Die *soziale Dimension.* Sozusagen eine Verbindlichkeitsstufe unter der Ehe-Allianz als Rechtsinstitut fungierten soziale Formen der Institutionali-

73 Schweizerisches Idiotikon (Anm. 65), Bd. 1 (1881), 1303; *Teuscher,* Bekannte (Anm. 58), 75–84, v.a. 76: „Familienangehörige schlechthin wurden in Bern um 1500 meist ‚fründe‘ genannt. [...] Noch weitläufiger war die Verwendung des Ausdrucks ‚verwandte‘. Dieser umschrieb an sich Nahestehende unterschiedlichster Art. Um Familienangehörige im heutigen Sinn zu bezeichnen, bedurfte ‚verwandte‘ einer Präzisierung, wie *mit geplu(e)t verwandt* oder *mit frúntschaft ganz nach verwandt.*“ Ein Berner Mandat betreffend die Befangenheit bei Wahl- und Rechtsgeschäften definiert „Freundschaft“ noch 1609 als – modern gesprochen – Verwandtschaft (Blutsverwandte und Verschwägerte), s. ebd., 78.

74 *Teuscher,* Bekannte (Anm. 58), 77.

sierung wie die Patenschaften. Sie sollten an sich flüchtige Beziehungen, wie sie Freundschaften darstellen, stabilisieren. Patenschaften wurden ja nicht nur zwischen Individuen bzw. Familien, sondern auch etwa zwischen der Eidgenossenschaft und Königen oder Fürsten geschlossen.

4. Die *kommunikative Dimension,* mit der ich die vielfältigen Beziehungen im Bereich von Politik und Diplomatie, im Spannungsfeld funktionaler und persönlicher Begegnungen meine. Hier konkretisierte sich Freundschaft in ihrer kommunikativen Aktualisierung. Hier wurde der Ehrentitel „Freund" zugestanden oder aberkannt, hier wurden bilaterale Verträge als „Freundschaften" definiert oder nicht. Weil sich die persönlichen Freundschaften gerade im diplomatischen Bereich stark von den Geschenken und Dienstleistungen nähren, die in ihrem Namen ausgetauscht werden, wurde gerade dieser kommunikative Bereich auf der personalisierten Ebene üblicherweise mit den Konzepten Patronage und Klientelismus[75] oder Verflechtung[76] und ähnlichem untersucht.

5. Die *psychologische oder emotionale Dimension,* die alle anderen Dimensionen einzufärben vermag. Sie manifestiert sich etwa in der gezielten Beziehungspflege durch Feste, Besuche oder Begrüßungszeremonien. Überhaupt scheint der Gebrauch des Begriffes Freundschaft oft vor allem die Hoffnung auf Freundschaft zu beschwören, die Hoffnung, es möge sich in den jeweiligen Beziehungen Freundschaft einstellen und nicht Feindschaft.

Alle diese Dimensionen spielten in konkreten Situationen und Konstellationen ineinander, was durch die analytische Trennung allerdings teilweise ausgeblendet wurde. In allen Dimensionen erwies sich der Freundschaftsbegriff als mehrfach ambivalent: Zum einen gibt es wahre und falsche Freunde (das Sprichwort sagt sogar: „Gott schütze mich vor meinen Freunden" – mit dem Hintersinn: vor meinen Feinden kann ich mich selbst schützen)[77]. Zum andern ist es so, dass Freundschaft, indem sie bindet, zugleich auch abhängig macht: Einen sehr schönen symbolischen Ausdruck fand diese Ambivalenz in einem Disput zwischen den Eidgenossen und dem franzö-

---

[75] *Sharon Kettering,* Patrons, Brokers, and Clients in Seventeenth-Century France, New York / Oxford 1986; *Ulrich Pfister,* Politischer Klientelismus in der Schweiz, in: Schweizerische Zeitschrift für Geschichte 42 (1992), 28–68.

[76] *Wolfgang Reinhard,* Freunde und Kreaturen. „Verflechtung" als Konzept zur Erforschung historischer Führungsgruppen. Römische Oligarchie um 1600 (Schriften der Philosophischen Fachbereiche der Universität Augsburg, 14), München 1979; vgl. jüngst *Birgit Emich / Nicole Reinhardt / Hillard von Thiessen / Christian Wieland,* Stand und Perspektiven der Patronageforschung. Zugleich eine Antwort auf Heiko Droste, in: ZHF 32 (2005), 233–265.

[77] *Manlius,* Loci communes, Frankfurt a. M. 1594, II, 246: *Rex ANTIGONUS iussit sacerdotem suum sacrificare, ut deus defenderet eum ab amicis. Interrogatus, quare non ab inimicis, respondit: Ab inimicis possum mihi ipsi cavere, ab amicis vero non,* zit. in: *Lutz Röhrich* (Hrsg.), Das große Lexikon der sprichwörtlichen Redensarten. Bd. 1, Freiburg / Basel / Wien 1991, 476.

sischen Ambassadeur. Dieser schlug vor, dass die eidgenössischen Deputierten bei der öffentlichen Beschwörung der Allianz mit Frankreich das traditionelle Geschenk des Königs, die goldene Kette, sichtbar um den Hals tragen sollten. Die Eidgenossen reagierten empört und meinten, *que les Suisses n'étoient point faits pour être enchainés,* worauf der Ambassadeur beschwichtigte, *que ces chaines ne pouvoient point être regardées comme un signe de dépendance, mais comme le symbole de l'amitié*[78].

Résumé français

L'article propose d'analyser l'usage du terme *amitié* ou bien *ami* dans un choix de contextes et de textes politiques et diplomatiques des XVIe et XVIIe siècles. L'utilisation fréquente de cette notion (dans ses variantes allemandes, françaises, italiennes et latines) dans des contrats internationaux, dans la correspondance diplomatique et la rhétorique employée par la Confédération pour régler ses affaires internes s'explique avant tout par son apparente franchise „sociale", l'absence d'obligation juridique spécifique, et la connotation positive qu'elle évoque, mais aussi par sa dimension sociale, émotionnelle et communicative qui fait également référence à des liens de parenté. Dans toutes les langues parlées au sein de la Confédération, la notion d'amitié se révèle un concept central pour la réflexion et l'expression de la vie sociale et politique propres aux communautés en question au cours de l'époque moderne.

78 Zit. bei *Georges Livet,* Suisse (Recueil des instructions données aux ambassadeurs et ministres de France des Traités de Westphalie jusqu'à la Révolution française, 30 / 1), Paris 1983, cxxxviii (1777). – Interessant ist in diesem Zusammenhang, dass sich die eidgenössischen Magistrate im 17. und 18. Jahrhundert auf ihren Porträts sehr gerne mit goldenen Ketten abbilden ließen, deren Medaillons mitunter noch den Spender im Porträt erkennen lassen, vgl. etwa das Porträt von Sebastian Peregrin Zwyer von Evebach, in: Wettstein – die Schweiz und Europa 1648. Katalog zur Ausstellung im Historischen Museum Basel, Basel 1998, 270 – 273, Abb. 155 (271), und andere mehr.

Autorinnen und Autoren

Jérémie Foa (Clermont-Ferrand)

Als Absolvent der École Normale Supérieure in Fontenay-Saint-Cloud arbeitet Jérémie Foa derzeit an einer von Olivier Christin (Lyon) betreuten Dissertation über die „Application des édits de pacification sous le règne de Charles IX". Er hat unter anderem veröffentlicht: Making Peace: The Commissions for enforcing the Pacification Edicts in the Reign of Charles IX (1560–1574), in: French History 18 (2004), 256–274; *Mysopolème* ou les contraintes de la parole. Dire et fonder la paix pendant les guerres de Religion, in: Paroles de paix en temps de guerre, hrsg. v. S. Caucanas / R. Cazals / N. Offenstadt, Toulouse 2006, 51–62, und An unequal apportionment. The Conflict over Space Between Protestants and Catholics at the Beginning of the Wars of Religion, in: French History 20 (2006), 369–386.

Claudia Garnier (Münster)

Studium der Geschichte und Slavistik an der Universität Gießen; 1995–97 Wissenschaftliche Mitarbeiterin an der Universität Bonn; 1997–2000 Wissenschaftliche Mitarbeiterin an den Universität Münster; 1998 Promotion (Amicus amicis – inimicus inimicis. Politische Freundschaft und fürstliche Netzwerke im 13. Jahrhundert [Monographien zur Geschichte des Mittelalters, 46], Stuttgart 2000); seit 2000 Wissenschaftliche Assistentin an der Universität Münster (Habilitationsprojekt: „Die Kultur der Bitte. Herrschaft und Kommunikation im Mittelalterlichen Reich").

Forschungsschwerpunkte: Politische Netzwerkbildung im ausgehenden Mittelalter; Konfliktbeilegung und Schiedsgerichtsbarkeit im späten Mittelalter; Fehdeführung im Spätmittelalter; Kommunikationsformen in der mittelalterlichen Herrschaftsordnung; Interkulturelle Kommunikation zwischen Ost und West.

Andrea Iseli (Bern)

Nach dem Studium der Geschichte und Politikwissenschaften in Bern und Paris wurde Andrea Iseli im Jahr 2000 an der Universität Bern mit einer Arbeit über „«Bonne police». Frühneuzeitliches Verständnis von der guten Ordnung eines Staates in Frankreich" promoviert (publiziert Epfendorf 2003 [Frühneuzeit-Forschungen, 11]). Bis 2006 war sie als Wissenschaftliche Assistentin an der Abteilung für Frühe Neuzeit der Universität Bern tätig, zur Zeit ist sie Dozentin an der Schweizerischen Hochschule für Landwirtschaft. Weitere Publikationen: ‚Pour la République une et indivisible'. Die Entmündigung der französischen Städte durch die Revolution, in: Peter Blickle / Andreas Schmauder (Hrsg.), Die Mediatisierung der oberschwäbischen Reischsstädte im europäischen Kontext, Epfendorf 2003, 271–290; Die „bonne police" als Zivilisierung des öffentlichen Lebens. Ein Interpretationsversuch am Beispiel der „voirie" von Marseille im 18. Jahrhundert, in: Karl Härter (Hrsg.), Policey und frühneuzeitliche Gesellschaft (Ius Commune. Sonderheft, 129), Frankfurt a. M. 2000, 497–523.

Michael Jucker (Münster)

Nach dem Studium der allgemeinen Geschichte in Zürich und York wurde Michael Jucker 2003 in Zürich mit einer Studie zur spätmittelalterlichen politischen Kommunikation im eidgenössischen Gesandtschaftswesen promoviert (publiziert Zürich 2004), wo er Wissenschaftlicher Assistent und Postdoc-Stipendiat war (2000–2004). Seit 2004 ist er Wissenschaftlicher Mitarbeiter an der Universität Münster (seit 2006 am SFB 496) und arbeitet an einer Habilitationsschrift zur Geschichte der Plünderungen und des Kulturgüterraubes im Mittelalter. Seine Publikationen gelten vor allem der spätmittelalterlichen Diplomatie- und Kommunikationsgeschichte, dem Völkerrecht und der Militärgeschichte, u. a. Negotiating and Establishing Peace. Between Gestures and Written Documents: The Waldmann-Process in Late Medieval Zurich (1489), in: Symbolic Communication in Late Medieval Towns, hrsg. v. Jacqueline van Leeuwen (Mediaevalia Lovaniensia. Ser. 1, 37), Leuven 2006, 101–123; Secrets and Politics: Theoretical and Methodological Aspects of Late Medieval Diplomatic Communication, in: Micrologus 14 (2006), 275–309; Plünderung-Beute-Raubgut: Überlegungen zur wirtschaftlichen und symbolischen Ordnung des spätmittelalterlichen Krieges 1300–1500, in: Sebastien Gueux / Valentin Groebner / Jakob Tanner (Hrsg.), Kriegswirtschaft, Wirtschaftskriege, Zürich 2007 (im Druck).

Nicolas Offenstadt (Paris)

Nach der *Agrégation* und dem Erwerb eines Doktorats in Geschichte sowie eines Diploms des Institut d'Etudes Politiques (Paris), ist Nicolas Offenstadt derzeit *Maître de conférences* an der Universität Paris I – Panthéon-Sorbonne. Seine Arbeiten beschäftigen sich mit den Praktiken des Krieges und des Friedensschlusses am Ende des Mittelalters und in der Gegenwart bzw. jüngeren Geschichte. Seine Dissertation, die 2007 im Verlag Odile Jacob unter dem Titel „Faire la paix au Moyen Age" erscheinen wird, beschäftigte sich mit dem Diskurs und den Gesten des Friedens während des 100jährigen Kriegs. Ein aktuelles Forschungsprojekt untersucht die Informationsverbreitung durch öffentlichen Ausruf – erste Ergebnisse wurden im gemeinsam mit Didier Lett herausgegebenen Band Haro! Noël! Oyé! Pratiques du cri au Moyen Age, Paris 2003, publiziert. Die Lehrtätigkeit an der Universität Paris I bezieht auch Fragen der Historiographie mit ein; hierauf baut die Mitautorschaft an Les mots de l'historien, Toulouse 2005, auf. Aus den Publikationen zur Neuesten Geschichte sei verwiesen auf einen von Offenstadt herausgegebenen Band zur Schlacht des *Chemin des Dames:* Le Chemin des Dames, de l'événement à la mémoire, Paris 2004.

Klaus Oschema (Bern)

Nach dem Studium in Bamberg und Paris X-Nanterre wurde Klaus Oschema 2004 in einem *co-tutelle*-Verfahren an der École Pratique des Hautes Études (Paris) und der TU Dresden mit einer Arbeit zu „Freundschaft und Nähe im spätmittelalterlichen Burgund" (publ. Köln / Weimar / Wien 2006) promoviert. Seit 2002 Wiss. Assistent an der Universität Bern. Publikationen zur Geschichte des spätmittelalterlichen Adels, insbes. Burgunds, symbolischer Kommunikation und Europa-Konzept des Mittelalters, u. a. Blood-brothers: a ritual of friendship and the construction of the imagined barbarian in the middle ages, in: Journal of Medieval History 32 (2006), 275–301; Europa in der mediävistischen Forschung – eine Skizze, in: Europa im späten Mittelalter. Politik – Gesellschaft – Kultur, hrsg.

v. Rainer C. Schwinges / Christian Hesse / Peter Moraw, München 2006 (HZ. Beiheft, 40), 11–32.

Klaus van Eickels (Bamberg)
Klaus van Eickels wurde 1993 an der Universität Düsseldorf mit einer Arbeit über „Die Deutschordensballei Koblenz und ihre wirtschaftliche Entwicklung im Spätmittelalter“ promoviert (publiziert Marburg 1995 [Quellen und Studien zur Geschichte des Deutschen Ordens, 52]). Von 1994 bis 2001 war er als Wissenschaftlicher Assistent an der Universität Bamberg tätig, wo er sich 2001 mit der Studie „Vom inszenierten Konsens zum systematisierten Konflikt. Die englisch-französischen Beziehungen und ihre Wahrnehmung an der Wende vom Hoch- zum Spätmittelalter“ habilitierte (publiziert Stuttgart 2002 [Mittelalter-Forschungen, 10]). Nach einer Professurvertretung in Bielefeld und einer Professur an der Universität des Saarlands hat Klaus van Eickels seit 2005 den Lehrstuhl für Mittelalterliche Geschichte an der Universität Bamberg inne. Seine Forschungsschwerpunkte umfassen: Westeuropa im Mittelalter; personale Bindungen im Mittelalter (Ehe, Verwandtschaft, Freundschaft, Lehenstreue); Geschichte der Sexualitäten; Friedrich II.; Richard Löwenherz; Wirtschafts- und Sozialgeschichte der Ritterorden. Zu seinen zahlreichen Publikationen gehört der gemeinsam mit Tanja Brüsch publizierte Band: Kaiser Friedrich II. Leben und Persönlichkeit in Quellen des Mittelalters, Düsseldorf 2000.

Andreas Würgler (Bern)
Privatdozent für Neuere Geschichte an der Universität Bern. Seit 2000 leitet er gemeinsam mit Cecilia Nubola (Trient) das internationale Projekt „Petitionen und Gravamina in Europa 15.-18. Jahrhundert“, aus dem zuletzt der Sammelband Praktiken des Widerstandes. Suppliken, Gravamina und Revolten in Europa (1400–1800), Berlin / Bologna 2006, hervorgegangen ist. Monographien: Unruhen und Öffentlichkeit. Städtische und ländliche Protestbewegungen im 18. Jahrhundert, Tübingen 1995; Die Tagsatzung der Eidgenossen. Politik, Kommunikation und Symbolik einer repräsentativen Institution in europäischer Perspektive (1470–1798) (in Vorbereitung). Artikel „Eidgenossenschaft“, „Tagsatzung“ u. a. in: Historisches Lexikon der Schweiz, URL http: //www.hls.ch.

Personen- und Ortsregister

Erstellt von Thomas Schwitter (Bern).

Aufgenommen wurden die Ortsverweise und Personennamen aus dem Text sowie, soweit sie signifikant erschienen, aus dem Anmerkungsapparat. Personennamen sortieren bis in die Mitte des 16. Jhs. nach Vornamen, später nach Familiennamen. Die Namen von Autoren moderner Forschungsbeiträge sind kursiv gesetzt.